Tanz und WahnSinn
Dance and ChoreoMania

Jahrbuch Tanzforschung
Bd. 21

herausgegeben im Auftrag der

Gesellschaft für Tanzforschung (GTF)

Wissenschaftliche Beirätin:
Eila Goldhahn

Johannes Birringer / Josephine Fenger (Hg.)

Tanz und WahnSinn
Dance and ChoreoMania

HENSCHEL

www.henschel-verlag.de
www.seemann-henschel.de

Bibliografische Information Der Deutschen Nationalbibliothek
Die Deutsche Bibliothek verzeichnet diese Publikation in der
Deutschen Nationalbibliografie; detaillierte bibliografische Daten sind im
Internet über http://dnb.ddb.de abrufbar.

ISBN: 978-3-89487-710-1

Umschlaggestaltung: AnnA Stein
Titelfotos (von oben nach unten):
Lenz*, Regie: Laurent Chétouane, Performer: Fabian Hinrichs.
© Photo: Oliver Fantitsch.
An Unfinished Story, directed by Per Roar, Viječnica, June 2006. Photo: (From left)
Peder Horgen, Marija Opsenica, Kristianne Mo, and Terje Tjøme Mossige.
© Photo: Foco Fuoxos.
Glow, co-created by Chunky Move and Frieder Weiss, featuring performer Kristy Ayre,
2006. © Photo: Artur Radeki.
Giselle, Choreographie: Mats Ek, Bayerisches Staatsballett. Mit freundlicher
Genehmigung der Bayerischen Staatsoper und durch Herrn Wilfried Hösl.
© Photo: Wilfried Hösl.
Animal Magnetism 2, with Kristien Karåla Øren, at Black Box, Oslo 2009.
Choreography: Henriette Pedersen. © Photo: Sveinn Fannar Johannsson.
Satz und Gestaltung: Bild1Druck GmbH, Berlin
Druck und Bindung: GGP Media GmbH, Pößneck
Printed in Germany

Gedruckt auf alterungsbeständigem Papier mit chlorfrei gebleichtem Zellstoff

INHALT

Josephine Fenger
Chorea – Krise und Katharsis. 9

Danksagung/Acknowledgments 28

Johannes Birringer
Is You Me? Dance and Choreomania 29

I. Enthusiasmus und Ekstase: Historische, kritische und theoretische Perspektiven zur Geschichte des Wahns im Tanz/ Enthusiasm and Ecstasy: Historical, Critical and Theoretical Perceptions on the History of Mania in Dance

Gregor Rohmann
Vom „Enthusiasmus" zur „Tanzwut": Die Rezeption der
platonischen „Mania" in der mittelalterlichen Medizin 46

Katharina Stoye
Die „Tanzwut"-Bewegung von 1374. Individueller Tanzwahn,
tanzepidemischer „Flashmob" oder performativer Höhepunkt
einer emanzipativen Laienfrömmigkeit? 62

Kélina Gotman
Chorea Minor, Chorea Major, Choreomania: Entangled Medical
and Colonial Histories. 83

Aura Cumita
Der Seiltänzer und die „große Vernunft": Tanz als
Schlüsselkunst in Nietzsches Werk 98

Alexander Schwan
Tanz, Wahnsinn und Gesetz. Eine kritische *relecture* von Pierre
Legendre und Daniel Sibony 111

Yvonne Bahn
DrehSinn und LiebesRausch. Die Inszenierung von Wahnsinn und
Ekstase im rituellen Drehtanz 120

II. Tanzwahn und Therapie/Choreomania and Dance Therapy

Anja Weber
Tanz als Therapie und Therapie für Tänzer: Impulse aus
Neurowissenschaft und Psychotherapieforschung 131

Alexa Junge
Tanzekstase und Transformation. Die Eigendynamik des Tanzes
als Transformation der Wirklichkeit 151

III. Schizoanalyse und Erotomanie/Schizoanalysis and Erotomania

Hanna Walsdorf
„Rasend wie ein Hexenkreisel." Zur Salomanie bei und
nach Oscar Wilde 166

Annette Hartmann
Verrückt durch Liebe:
Zum Phänomen des Wahnsinns in Mats Eks *Giselle* 183

Anna Furse
Making a Spectacle of Herself: Charcot's Augustine and the
Hysteric Dance. 197

IV. Tanz, Wahnsinn und Performance/Performance and Choreomania

Nastascha Siouzouli
Die Spaltung im Blick. Krise und ihre Aufhebung in der Arbeit
Laurent Chétouanes... 211

Nicolas Salazar-Sutil
Paradox to Paradance: Schizoanalysis of the Dance Equation
"I am not I" 223

Sidsel Pape
Animal Magnetism – The Dance of Hysteria, the Hysteria of Dance . . 236

Eila Goldhahn
Being Seen Digitally: A Filmic Visualization of a "Long Circle".
Movers and Witnesses in "Authentic Movement" 248

Neil Ellis Orts
The Camera Tells No Lies – Except When It Does 259

Fabrizio Manco
Bodied Experiences of Madness: A *Tarantato*'s Perception 264

V. *Ad Narragoniam* – Soziale und Politische Pathologie/ Social and Political Pathology

Per Roar
An Unfinished Story: On Ghostly Matters and a Mission
Impossible. 284

Helmut Ploebst
Die gestörte Wunschmaschine: Spuren einer pathologischen
Normativität des Tanzes im Film von Fritz Lang bis
Darren Aronofsky... 306

Zu den Autorinnen und Autoren 322

Bildnachweis 331

Josephine Fenger

Chorea – Krise und Katharsis

Chorea, mania, choreomania

Eine Geschichte der Beziehung von Tanz und Wahnsinn wäre sehr lang. Seit der Antike aber hat es immer wieder Ereignisse gegeben, durch die diese spezifische Interdependenz besonders hervortrat, sei es in religiöser, medizinischer oder künstlerischer Hinsicht. Einige von ihnen stellen Schlüsselmomente der Tanzgeschichte dar. Immer wieder tritt Tanz als Medium der Performanz des Wahnsinns auf. Auf Naturkatastrophen, Kriege und Krisen folgten durch Jahrhunderte Ausbrüche wahnhaften Massentanzes,[1] künstlerische Kreativität wird durch die wissenschaftliche Agenda inspiriert oder, wie in der Romantik, Wahnsinn im Tanz manieristisch inszeniert.

Was uns an der gemeinsamen Kulturgeschichte von Tanz und Wahnsinn in diesem Buch besonders interessiert, sind die interdisziplinären tanzwissenschaftlichen Annäherungen und die Reflexionen des Themas im zeitgenössischen Theatertanz und in der Tanztherapie. Tanz als – zuweilen unbewusste – Bewältigungsstrategie wahnhafter Krisenzustände begleitet das Niveau des Wahnsinns – nach Foucault verstanden als Gegendiskurs zur Normalität, also als mentale und ästhetische Anarchie. Schon das antike Mänadentum war nicht auf eine Kultur oder eine Zeit begrenzbar, und bezeichnenderweise sind auch in diesem Buch interkulturelle Formen des Wahntanzes vergleichend reflektiert.[2]

Ausdruck und Bewältigung des Wahnsinns zugleich – diese Formel im Tanz findet in diesem Buch in ihrer individuellen Ausprägung, als Massen-Wahn und vollends als gesellschaftlich übergreifendes Phänomen Aufnahme. Vor der Folie der zeitgenössischen Forschungslandschaft und Kunst kristallisieren sich neue Perspektiven für Tanz und Tanzforschung auf die historische Allianz beider Phänomene. Die interdisziplinäre Öffnung, die unseren Blickwinkel charakterisiert, ist ihrerseits signifikant, weil sie die Wahrnehmung dieser Verbindung – wieder einmal – neu be-

---

1 s. Gotman. Sofern nicht anders vermerkt, beziehen sich die Erwähnungen der Namen von Autorinnen und Autoren dieses Bandes generell auf ihre Beiträge in demselben.

2 s. Manco, S. 264–283.

leuchtet und verändert. Im Diskurs des Buches wird sich zeigen, wie nicht nur die Auffassung des Wahnsinns und Tanzwahns, sondern auch das Verständnis des Tanzes selbst anhand seiner Beziehung zu pathologischen und neurologischen Wahnzuständen veränderbar ist.

„Wahnsinn" *(mania)*, verstanden als Krise, als mental oder pathologisch bestimmter Ausnahmezustand – oder die Intention seiner Heilung – kann sich in Tanz und Bewegung manifestieren.[3] Dieser Zustand, keiner bestimmten Ursache zugeordnet, keinem bestimmten Phänomen der Geschichte des wahnhaften Tanzes individuell zugehörig, sei im Folgenden als ein „altered state of consciousness",[4] ein abweichender Bewusstseinszustand verstanden, zeitlos und allumfassend. Dies ist bewusst keine eingrenzende Definition, sondern eine Sinnklammer der individuellen und kollektiven Wahn-Sinne, die in diesem Buch in ihrer Beziehung zum Tanz und in ihrer Verkörperung durch Tanz und Bewegung betrachtet werden.[5]

Das Ausdruckspotential im Wahntanz erscheint zweigeteilt: als Rebellion des Körpers aufgrund innerer mentaler oder pathologischer Verrückung (wie in der Hysterie) und als Rebellion durch den Körper als Widerstand gegen innere Störungen – oder äußere Zustände. Im Diskurs der Geschichte zeigt sich immer wieder, dass beides oft interdependent erscheint.[6] Tanz und Bewegung, verursacht durch Wahnsinn in Form von mentalen oder körperlichen Ausnahmezuständen steht Tanz für einen Sinn im Wahn gegenüber, der einen Ausnahmezustand provozieren, durch Ekstase auf eine andere Sinnebene führen soll. Und es gibt den Tanz gegen den Wahnsinn – den individuell mental erlebten wie den gesellschaftlich umfassenden – das kann die Form einer kollektiven Therapie oder auch Anarchie annehmen.

Expressionen des Wahnsinns im Tanz, auch pathologisch bedingte, verlaufen nach sozial und kulturell konnotierten Mustern: „even when we lose control, we often do so in culturally prescribed ways."[7] Choreomanische Symptome sind also nur im Kontext ihrer soziokulturellen Bedingungen

---

3   *Choreia* (χορεία) oder *chorea* bedeutet nicht nur Tanz, sondern ist auch der Überbegriff von Krankheiten, die sich in Bewegung äußern.

4   Bremmer, S. 281.

5   Zu historischen Definitionen von *chorea, mania, choreomania* und ihrer Diskussion s. a. die Beiträge von Gotman und Rohmann in diesem Buch.

6   Vgl. Rohmann, S. 46–61 über medizinhistorische Auffassungen von entsprechenden Formen der *mania*. Midelfort führt am Beispiel des Veitstanzes aus, wie identische Symptome von verschiedenen Historikern kontrastierend ausgelegt wurden, als regulierter, religiöser Heiltanz und als krankhafte Bewegungsstörung. Vgl. Midelfort 2000, S. 46.

7   Waller 2008, S. 121. Der *Tarantismo* ist ein anschauliches Beispiel dafür.

verständlich.[8] Wie das Verhältnis von Wahnsinn und Gesellschaft historischen Veränderungen unterliegt, so betrifft dies auch das Verhältnis der
Gesellschaft zum Tanz, interessanterweise mit einigen – z. B. religiös bedingten – sehr verwandten Indikatoren. Wenn Wahnsinn durch Tanz verkörpert wird, entstehen kulturgeschichtliche Momentaufnahmen, die nicht
nur Herausforderungen für die Forschung darstellen, sondern Zeugnisse
der verstörenden und heilenden Kraft von Bewegung.

*„[...] medieval times, when the dancing was alternatively condemned as a disease
and engaged in as a cure."*[9]

Die Epidemie der „Tanzwut", *chorea* oder *choreomania* trat vor allem vom 14.
bis zum 16. Jh. mehrfach in Mitteleuropa auf.[10] Ihre Ursachen sind bis
heute vage – neben Vergiftungen ist die Rede von Massendepressionen
und, seinerzeit, von „Besessenheit" und „Raserei".[11] Massenhysterie, in diesem Fall inszeniert, war auch fester Bestandteil des antiken Dionysoskults,
indem die Raserei auf die wilden Mänaden kathartische Wirkung hatte – im
Leben jenseits des Kults unauffällige Frauen, zogen sie anschließend für
den Rest des Jahres geläutert heim. Dies macht auch die Strafe oder Kur
einleuchtend, die, vom „Tanzwunder" als Straflegende über den „Veitstanz"
bis zum *Tarantismo*, vom Mittelalter bis zur Renaissance, den krankhaften
Tanz bekämpfen sollte: ebenfalls Tanz! Dieser Analogiezauber von Tanz als
Krankheit und Kur, der durch sich selbst bekämpft wird, zieht sich seit der
Antike als roter Faden durch die zahlreichen Beispiele, in denen Tanz in
Verbindung mit Wahnsinn auftritt, als dessen Ausdruck, als Symptom und
als Therapie. *Similia similibus curentur* – das Ähnlichkeitsprinzip der
Homöopathie, Gleiches mit Gleichem heilen, hatte nach Galenus und Hip-
pokrates, bezeichnenderweise auch Paracelsus erkannt, der als erster die
„Besessenheit" als eine Krankheit definierte. Er diagnostizierte – nachdem
500 Jahre lang Auffassungen als Wunder, Fluch und dämonische Besessenheit dominiert hatten, im frühen 16. Jh. Tanzwut als Krankheit und definierte die zentrale Differenzierung der drei Typen der *chorea*.[12]
    Tanzwunder und -legenden reichen als ein Leitmotiv von Tanz und
Wahnsinn vom Mittelalter bis in die Neuzeit und bieten in der Überlieferung der begleitenden Forschung einen Spiegel ihrer historischen Betrach-

---

8   s. Midelfort 2000, S. 32–49.
9   Dale et al 2007, S. 94.
10 s. Hecker 1832, Waller 2008 für einen Überblick sowie die Beiträge von Gotman,
    Rohmann und Stoye.
11 s. Rohmann, S. 46.
12 s. Stoye, Gotman.

tung.[13] Kultur-, Religions- und Medizingeschichte haben die Tanzwut in all ihren Facetten mit den jeweiligen Perspektiven ihrer Zeit analysiert. Aufgrund der heterogenen Interpretationen der Ursachen der mittelalterlichen *chorea* zwischen Religion, Angst, Pathologie, Psychologie und Anarchie ist trotz kontinuierlicher Forschung die Vorstellung der Tanzwut auch mythisch konnotiert geblieben.[14] Die Tanzforschung hat heute u. a. folgende Gründe, diese interdisziplinären Resultate zu reflektieren: Der künstlerische Tanz ist, auch den Aspekt *choreomania* betreffend, nicht nur Inspiration, sondern sogar Ausgangspunkt für Forschungsaspekte – wie McCarren anhand des Romantischen Balletts als Keimzelle für die Hysterieforschung dokumentiert[15] – die ihrerseits wiederum künstlerisch einflussreich wurden, wie z. B. die „Salomanie" der Jahrhundertwende oder der Ausdruckstanz zeigen. Auch die in diesem Band thematisierten Performances bezeugen eine kontinuierliche Wechselwirkung zwischen – zeitgenössischer wie historischer – Forschung und Choreographie. Der Gesellschaftstanz ist als Form kollektiver Krisenbewältigung auch in heutigen zeitgenössischen Rave, Flashmob und *Neotarantismo*-Wellen,[16] in Anarchie- und Protestmanifestationen ein kulturgeschichtlicher Spiegel. Nicht zuletzt sind die Systematisierung und Instrumentalisierung des kathartischen Potentials des Trance- und Heiltanzes ein wichtiger Faktor von Tanz- und Bewegungstherapie.

Wenn – nach Foucault – Normalität und Wahnsinn als Diskurse nebeneinander laufen,[17] so ist der Tanz zugleich Indikator für das Abweichen von der Normalität, den Wahnsinn, und ästhetisches Medium zwischen beiden Diskursen. Über den individuellen mentalen oder pathologischen Wahn, die gelebte innere Gegenwelt, erzeugen kollektive Phänomene des Tanzwahns in mehreren historischen Fällen gar Formen eines ideologischen Gegen-Diskurses, einer Gegen-*Communitas* und Modelle einer alternativen Realität oder Auffassung von Vernunft.

Eine interdisziplinäre Annäherung an ein uraltes Phänomen, das in so vielen unterschiedlichen Formen auftritt und aus diversen Perspektiven erforscht worden ist, erscheint uns heute besonders interessant, weil es nicht mehr darum geht, Erklärungen ritueller oder pathologischer Natur

---

13   s. Rohmann 2009, s. a. Rohmann in diesem Band.

14   Von den „Roten Schuhen" des Andersen-Märchens, die auf die St. Veitstänzer zurückgehen (s. z. B. Midelfort, S. 36) bis zur Sage des Kölbigker Tanzes (1021) in der Sammlung der Gebrüder Grimm.

15   McCarren 1998 u. a. S. 44–48, S. 105–112.

16   s. die Beiträge von Stoye und Manco in diesem Band. Der Begriff des Raves hat, neben seiner zeitgenössischen Konnotation, eine bis in die Antike reichende Geschichte als Medium der Bewältigung durch Bewegung. s. z. B. Bremmer, S. 280.

17   Foucault 1996.

für den ekstatischen, den wahnhaften, den besessenen Tanz mit den Methoden einer bestimmten Forschungsdisziplin zu suchen, sondern das Motiv des Wahnsinns in der Tanzgeschichte in seiner großen Diversität zum Gegenstand ästhetischer Tanzbetrachtung zu machen. Der Fokus liegt also auf dem Wahn im Tanz und dem Tanz im Wahn gleichermaßen mit der Intention, beider Potential für eine phänomenologische Betrachtung dieses Themas zu befragen.

Im Interesse der Tanzforschung liegt gerade diese Reflektion aus multiplen Perspektiven und Forschungsrichtungen, die veranschaulichen soll, wie Varianten des Wahnsinns und des Tanzwahns über eine lange historische Tradition hinweg den künstlerischen und therapeutischen Tanz sowie sozialgeschichtliche Diskurse beeinflussen, als Ausdruck des Ausnahmezustands, als Vehikel zur Ekstase wie als Bewältigungsstrategie.

Ein hoher Prozentsatz der Beiträge dieses Bandes sind Berichte aus der Praxis des künstlerischen Tanzes – also links zwischen Tanzkunst und -forschung – ein charakteristischer Aspekt heutiger Tanzkultur, der noch vor wenigen Jahrzehnten ebenso undenkbar gewesen wäre wie die Verbindung zwischen naturwissenschaftlichen (hier: medizinhistorischen) Aspekten, ethnologischen, kultur- und stadthistorischen und künstlerischen Perspektiven und Methoden. Konsequent vermittelt dieses Buch auch zwischen der Forschung und direkten Dokumenten aus Performance und Therapie.[18] Die Betrachtung tanzsoziologischer Aspekte wie die Inszenierung der rituellen Dreh- und Trancetänze, von Tanzwut- und Hysterieforschung schlägt eine Brücke zwischen historischen und zeitgenössischen Aspekten von Kunst- und Gesellschaftstanz. Ergänzt wird dieser Blickwinkel durch den Fokus auf getanzte Politik, die einige Beiträge veranschaulichen – der Wahnsinn des Krieges, der sozialen Hierarchieebenen und der zivilisationsbedingten Naturkatastrophen lässt dieses Jahresthema auf zeitgenössische Brennpunkte fokussiert erscheinen.

1832 ist das Schlüsselwerk des deutschen Arztes Justus Hecker über die „großen Krankheiten des Mittelalters" – darunter die Tanzwut – Ausgangspunkt intensiver Forschung, die z. B. die Hysterieforschung Jean-Martin Charcots integrierte, einen zentralen Ausgangspunkt moderner Neurologie. Kélina Gotman[19] dokumentiert, wie die Rezeption von Heckers Buch fast 500 Jahre nach Paracelsus' Definition der Tanzwut als Krankheit einen wissenschaftshistorischen Schlüsselmoment im europäischen Raum bezeichnete und die Auffassung wahnhafter Bewegungszustände vom Aberglauben in den Forschungsbereich der Pathologie und Neurologie transportierte. Im Diskurs dieses Buches wird deutlich werden, dass die zeitgenössische

---

18 s. www.choreomania.org.
19 Gotman, S. 83–97.

Auffassung der Beziehung von Tanz und Wahnsinn immer ein kultur- und wissenschaftshistorischer Indikator ist.

Zusammenfassend könnten wir mit Foucault sagen, dass, wenn sich die Diskurse des Wahnsinns und der Normalität ständig in ihrem Verhältnis zueinander verändern, dies ebenso für die Expression des Wahnsinns im Tanz gilt. Ein Zeitalter, in dem „Wahnsinns-Szenen" choreographiert werden, Somnambule und besessen sich-im-Wahn-zu-Tode tanzende *femmes fatales* und Frühlingsopfer auftreten, gerät hier in Erinnerung, die Zeitspanne von der Romantik bis nach dem *fin de siècle*, und derzeit fällt auf, dass auf der Tanzbühne Themen aus der Geschichte des Wahnsinns als Gegendiskurs thematisiert werden: Hysterieforschung, mediale Verrückung der Perspektive – und des Sinns – sind Aspekte von Inszenierungen, die in diesem Jahrbuch Gegenstand von Beiträgen sind.

Die Kulturgeschichte von Tanz und Wahnsinn erfährt heute einen weiteren Perspektivwechsel: die Erweiterung des Tanzverständnisses und der wissenschaftlichen Tanzbetrachtung in interdisziplinärer Wahrnehmung verantwortet aufgrund des gemeinsamen natur- und geisteswissenschaftlichen Blickwinkels eine erneute Neudefinition von Tanz, Wahnsinn und dem Phänomen ihres gemeinsamen Auftretens. Die Kreativität dieses Ansatzes lenkt die Aufmerksamkeit auf die Inspiration der hier vorgestellten künstlerischen Tanzprojekte – mehrere von ihnen gehen auf wissenschaftshistorische Themen zurück;[20] sie sind somit auch Dokumente der gemeinsamen Forschungsgeschichte von Bewegung und mentalem Ausnahmezustand.

Gregor Rohmann führt in die Geschichte der Perspektiven auf die *choreomania* ein. Seine medizinhistorische Studie beleuchtet vergleichend die Symptome *„mania"* und „Enthusiasmus" und verweist auf die antiken Ursprünge der Doppeldeutigkeit von „Trance und Wahnsinn, von Tanz und Krankheit", von medizinischer und religiöser Interpretation des Phänomens, die bei der historischen Betrachtung von Tanz und Wahnsinn immer wieder ins Zentrum der Diskussion tritt.[21]

---

20   So die Performances, die Furse, Pape und Salazar-Sutil vorstellen.
21   Rohmann, S. 46–61.

Gegenwelten und Paradoxe

„[...] the power of the dance is a dangerous power [...] it is easier to begin than to stop. [...] Also the thing is highly infectious."[22]

Anders sein im Tanz, durch Tanz, irritiert und gilt meist gegenüber der Konvention als suspekt und symbolisiert z. B. alternative Lebensphilosophie. Heutige Raves und mittelalterliche Tanzkommunen distanzieren sich gleichermaßen vom Rest der Gesellschaft und demonstrieren durch den gemeinsamen Tanz zugleich ihre Einheit im ‚Anderen'; ihr Wahn- ist zugleich Eigen-Sinn, der Tanz Symbol für ihre Distanzierung von herrschender Ideologie. Manischer Tanz als eine Form von Gegenkultur wird anschaulich in Katharina Stoyes Vergleich von kollektiven Krisenbewältigungsprojekten: sie stellt historischen Tanzwut-Ausbrüchen und deren Folgen, überliefert in städtischen Chroniken, zeitgenössische Flashmobs gegenüber. Alternativen Lebens- und Leidensgemeinschaften von einst entspricht heute eine digitale *community*, die aufgrund von Trauer, Angst, Wut oder Protest spontan tanzend den öffentlichen Raum einnimmt. „Who's bad?" fragt Stoye, das ‚Reale', ‚Vernünftige' oder das ‚Wahnsinnige', die „Däntzer"?[23]

Tanz als Ästhetik des Widerspruchs nimmt weitere Formen an: Nicolas Salazar-Sutil und Alexander Schwan stellen die Gesetze der Logik und der Konvention in Frage: Salazar-Sutil stellt eine Choreographie von – in einer psychiatrischen Anstalt entwickelten – Theorien des Mathematikers Georg Cantor vor, die die Gesetze der Bewegung *ad absurdum* führt – Bewegung = Stillstand – und zeigt an den Gesetzen der schizophrenen Mathematik, wie Normalität und Wahnsinn einander bedingen. In Konsequenz muss er erklären, „was ein schizophrener Tanz ist".[24]

Schwan bricht anhand der Relation von Tanz und Wahnsinn sogar den tradierten Tanzbegriff auf – im Sinne einer intentionellen, kontrollierten Bewegung – und bezieht Bewegung jenseits eines normierten Regelsystems in seine Thesen ein: „unkontrollierte Zuckungen" sind ebenso Tanz wie reglementiertes Ballett; ob Ausbruch des Wahns oder Inszenierung – das ‚Normale', das Reale erscheint destabilisiert.[25]

---

22 Dodds 1940, S. 157.

23 Stoye, S. 82.

24 Salazar-Sutil, S. 233–235, S. 231.

25 Schwan, S. 111–119. Vor dem Hintergrund der Hysterikerinnen-Performances (s. u.) wird Schwans Frage anschaulich, warum „neurotische und psychotische Anfälle im zeitgenössischen Choreographiebegriff nicht längst als *écriture corporelle* begriffen werden" (s. S. 111).

Krise und Kur

„Endlich zogen denn auch Schaaren versunkener Müssiggänger, welche die
Geberden und die Zuckungen der Kranken trefflich nachzuahmen verstanden,
Unterhalt und Abenteuer suchend, von Ort zu Ort [...] denn bei Krankheiten
dieser Art werden Empfängliche eben so leicht von dem Schein wie von der Wirk-
lichkeit ergriffen.“[26]

‚Realer' und ‚imitierter' Wahntanz sind visuell im Prinzip nicht zu unterscheiden: In der Trance und der Krankheit ist die Grenze zur Imitation, zur
Performance gleichermaßen fragil. *Chorea* balanciert immer an der Grenze
des Theatralen. Der Unterschied zwischen dem ‚Echten' und dem ‚Imitierten' ist unsichtbar für den Betrachter; dieses Verschwimmen der Grenzen
zwischen Spiel und Wirklichkeit ist ein Hauptgrund für das ästhetische
und performative Potential wahnhaften Tanzes. Platon hat in seinen Dialo-
gen zwischen der „klinischen" und der „kreativen" Manie unterschieden –
aber auch präzisiert, dass wirkliche Kunst immer unter dem Einfluss kreativen Wahnsinns geschieht.[27] Der Zustand der Besessenheit, ob durch Gott,
den Teufel oder Dämon, oder durch kreative Musen zeigt in all diesen Fällen und Auslegungen identische Symptome. Diese theatrale ‚Verabredung'
spiegelt sich auch in vielen Varianten des Tanzwahns, die sich rhythmisch,
zyklisch wiederholen, so zu den Festtagen der Heiligen, die das Phänomen
angeblich zugleich verursachten und heilten – St. Veit, St. Johannes, nach
denen mittelalterliche Tanzwut-Vorkommen benannt sind ebenso wie der
Schutzheilige der *Tarantati*, San Paolo.[28]

Der Wahntanz liefert als Kult, Ritus oder Krankheit gleichermaßen eine
gute Show: „wo dergleichen vorging, da lief das Volk schaarenweise zusammen, um mit gierigen Blicken sich an dem grauenvollen Schauspiel zu
weiden,"[29] „sich an den Tänzen der Besessenen zu ergötzen und das Gift
der geistigen Ansteckung begierig einzusaugen."[30] Und von Erasmus und
Paracelsus bis zu Foucault entscheidet über ‚echten' oder imitierten Wahn
der Blickwinkel des Betrachters: Ob ‚Normal' oder ‚Wahnsinn' ist eine

---

26 Carus, S. 17 f.

27 „[...], sowenig [wie] die, welche vom tanzenden Wahnsinn befallen sind, in vernünf-
    tigem Bewußtsein tanzen, so dichten auch die Liederdichter nicht bei vernünftigem
    Bewußtsein diese schönen Lieder, sondern wenn sie der Harmonie und des Rhyth-
    mos erfüllt sind, dann werden sie den Bakchen ähnlich [...]"Platon: Ion Gesetze,
    [533c–535a].

28 s. Midelfort 2000, S. 32–49.

29 Hecker, S. 145.

30 Carus, S. 17.

Frage der Perspektive – wie Deleuze formuliert: „Two are necessary for being mad; one is always mad *in tandem*."[31]

Neil Ellis Orts dokumentiert, wie dieser Dualismus durch die Perspektive der Kamera dialektisch wechseln kann. Warum akzeptieren wir im Film eine manipulierte Realität als real? Und kann John Travolta wirklich tanzen?[32]

Eila Goldhahn ermöglicht einen Einblick in eine ungewöhnliche Gruppenimprovisation, in der Akteure und Zuschauer ihre Position während eines gemeinsamen Projektes nach eigener Intention wechseln: es erfolgt ein ästhetisch-therapeutischer Austausch extremer Emotion durch Bewegung in einem „collective body". ‚Verrückt' kann von außen erscheinen, was es als Bewegungserfahrung keineswegs ist![33] Als Theatersituation stellt dagegen Natascha Siouzouli das Moment dieses „Zwischenzeitraums" der Krise zwischen Realität und Spiel anhand von Arbeiten des Regisseurs Laurent Chétouane dar:[34] die Erfahrbarkeit des Prozesses zwischen Krise, Bewältigung und Heilung ist jedoch auch ebenso im therapeutischen Bereich denkbar.

Anja Weber berichtet aus der tanztherapeutischen Praxis von neurowissenschaftlichen Erkenntnissen, die neue emotionale Bewältigungsstrategien durch Bewegungstechniken und Tanzimprovisation ermöglichen: zentral ist an der Auffassung des „Embodiment" die Aufhebung des Verständnisses der cartesischen Körper-Geist-Spaltung, wodurch das „Körperwissen des Tanzes" für emotionale Ausnahmestände in einem komplexeren Zusammenhang wahrgenommen und angewendet werden kann.[35]

Tarantismo

„allmählich wurde die Heilung der ‚Tarantati' ein wahres Volksfest, das man mit ungeduldiger Freude erwartete. Begreiflich mehrten sich nun auch die Zufälle der sonderbaren Krankheit [...]."[36]

Immer wieder wird der süditalienische *Tarantismo* zum Thema Wahntanz vergleichend herangezogen, als einer der von Mitte bis Ende des 20. Jahrhunderts viel untersuchten, noch bis weit ins 20. Jahrhundert hinein prak-

---

31 Deleuze 2004, zit. nach Salazar-Sutil, S. 228
32 Ellis Orts, S. 259.
33 Goldhahn, S. 257.
34 Siouzouli, S. 211–222.
35 Weber, S. 131–150.
36 Hecker, S. 172.

tizierten rituellen kathartischen Heiltänze.[37] Er weist die inzwischen ver-
traute Dichotomie von Krise und Kur auf, „dass eben dieser Tanz bei
Gemüthskrankheiten [...] durch die Bewegung [...] sehr heilsam seyn kann;
auf der anderen Seite sieht man aber auch, dass dieser Tanz ohne äußere
Veranlassung selbst in eine Krankheit ausarten könne."[38]

Historische und zeitgenössische Ritualtänze, die durch intentionell her-
beigeführte tranceartige Zustände kathartische Bewältigungsstrategien repräsentieren, stellen einen wichtigen Aspekt interkulturell vergleichender
Tanz- und Forschungskultur dar.

Das seit dem 15. Jahrhundert bekannte tradierte Krankheitsphänomen
des *Tarantismo* wurde, nachdem erst in den 1970er Jahren die lokale Praxis
des Heilritus aus dem Alltag weitgehend verschwunden und schamhaft als
rückständiger Aberglaube negiert worden war, in den 1990er Jahren als
Folklore und künstlerische Inspiration wiederentdeckt und re-evaluiert im
Neotarantismo, einer regionalen Rave-Variante. Allsommerliche Konzertrei-
hen und Massenspektakel[39] haben nicht nur die Region des süditalienischen
Salento in der zeitgenössischen Unterhaltungsmusik- und Tanzszene bekannt gemacht, sondern seit den 1990er Jahren auch einen Forschungs-
boom zu *Tarantismo* und *Neotarantismo* unter italienischen und internationalen Wissenschaftlern hervorgebracht.[40] Mehrfach werden in Beiträgen
dieses Buches Aspekte der Hysterie wie auch des Trancetanzes mit solchen
des *Tarantismo* verglichen.[41] Der Ritus verläuft in tradierten choreutischen
Zyklen (vergleichbar der Hysterie); das Bewegungsvokabular der Kranken
zur Musik der *pizzica tarantata* folgt einem tradierten, jedoch rhythmisch
und zeitlich individualisierten Repertoire – einem „un-dance" kulturell pro-
grammierter Bewegung[42] an der Grenze zwischen krankhafter und kontrollierter Motorik. Durch das zyklische Auftreten des „Wiedergebissen-Wer-
dens", des allsommerlichen *rimorso* wurde der *Tarantismo* oft mit den
kanalisierten Ekstaseritualen der antiken Mänaden des Dionysoskults verglichen und geht nach der Ansicht der meisten Forscher tatsächlich auf

---

37   Bahn, S. 120.

38   Goethe 1887, S. 364. Der Tanz, den Goethe detailliert beschreibt, kommt, was Bewe-
      gung, Choreographie, Tänzerinnen und Instrumentierung betrifft, unter den zahl-
      reichen regional und kulturell verschiedenen Tarantellen Italiens allerdings der
      tammurriata am Nächsten, die in der Vesuvgegend als Volkstanz verbreitet ist: die
      tammurriata, getanzt zum dem Herzschlag nachempfundenen Rhythmus der gro-
      ßen Trommel („tammorra") oder des Tamburins intendiert, beim Tänzer eine me-
      ditative Trance zu erzeugen, ist jedoch nicht zu verwechseln mit dem ekstatischen
      Heiltanz der *pizzica tarantata* des *Tarantismo*.

39   s. www.lanottedellataranta.it.

40   s. z. B. Lüdtke 2009, Daboo 2010, Gala 1999–2010.

41   s. a. Beiträge von Bahn, Furse, Gotman, Junge, Rohmann.

42   Manco, S. 281.

diese zurück; vergleichbar sind u. U. die Rolle der Musik, des Rhythmus und die soziale Funktion, die oft überarbeiteten und gesellschaftlich marginalisierten unterdrückten Frauen,[43] aber auch Männern der armen, ruralen Region einen Ausbruch aus ihrem freudlosen Alltag ermöglichte. Nachdem Ernesto De Martino durch seine Studien an den salentinischen *Tarantati* den Weg des Jahrhunderte alten regionalen Kults zum kathartischen Vehikel der Landarbeiter/innen der Nachkriegszeit dokumentierte,[44] wurde auch das archaische Vorbild pragmatischer gedeutet: „Rasen und toben wird die Maenade, bis sie erschöpft zusammenbricht. [...] sie hat sich ausgetobt, und durch die Entladung der in dem dumpfen Getriebe des Tageslebens niedergehaltenen Sehnsucht nach ungebundener Lebenslust erleichtert mag sie unter das Joch des Alltags zurückkehren."[45] Dieser älteste bekannte Aspekt des Tanzwahns hatte also, wie Bremmer enttäuscht feststellt, ebenfalls eine soziale Katalysatorfunktion anstelle wahrhaft archaischer und anarchischer Züge „[...] just as visits to the disco" [...] maenadism as a Saturday Night Fever avant la lettre [...]"[46] – von der göttlichen Besessenheit zur Love Parade.

Fabrizio Manco reflektiert auch in seiner künstlerischen Arbeit Aspekte des *Tarantismo*. Dem „historisch und ethnisch spezifischen para-theatralischen Phänomen" ist er selbst durch familiäre Wurzeln verhaftet; er vergleicht in seinem Beitrag Charakteristika des *Tarantismo* mit solchen des Butoh.[47] Traditioneller ritueller Wahntanz, wie es die interkulturell vergleichenden Ansätze zeigen, ist auch ein Vehikel für kulturelle Identität und für deren Analyse, wie die Wahrnehmung des *Tarantismo* als „lebendes Archiv" (Manco) somatischen Wissens dokumentiert.

Wie in Tanz und Wahnsinn das „Besessene", der kollektive und individuelle Rausch mit der politisch-anarchischen Dimension verschmilzt, zeigt sich vor allem in und in Folge der Romantik.

43   Auch Ibsens „Nora" indiziert 1879 ihren Ausbruch aus ihrer „normalen" sozialen Lebenswelt durch eine Tarantella – den ekstatischen Tanz hatte der Autor kennengelernt, als er „Nora" in Amalfi schrieb. Zur These, Ibsen sei hierzu zugleich durch die Hysterieforschung inspiriert worden vgl. Pape in diesem Band.

44   De Martino 1961. Manco bietet einen Überblick über diese Studie an den z. T. alljährlich durch das Ritual therapierten Landarbeiter/innen , die vielen noch immer als Schlüsselwerk zu den Symptomen und Praktiken des *Tarantismo* gilt.

45   Wilamowitz, Griechische Tragödien IV, Berlin 1923, S. 130 f, zit. n. Bremmer, 1984, S. 286, Anm. 91.

46   Bremmer, S. 286.

47   Manco, S. 264–283.

Choreographien des Wahnsinns

*„Was aber sagte dieser Tanz? Ich konnte es nicht verstehen, so leidenschaftlich
auch diese Sprache sich gebärdete. Ich ahnte nur manchmal, daß von etwas
grauenhaft Schmerzlichem die Rede war."*[48]

Das war kein klassischer Tanz ... resümiert Heine, dieses Andere, das im
ekstatischen Tanz der Mademoiselle Laurence zum Ausdruck kommt, aber
nicht zu verstehen ist, erinnert an archaische Rituale. Wie auch anhand der
Tanz-besessenen Wilis desselben Autors wird so deutlich, dass das „dionysische" Gedankengut, Tanz als Medium eines anderen, eines Über- oder
Gegensinns, einer mystischen oder wahnhaften Bedeutungsebene, in der
Ästhetik der Romantik und im Romantischen Ballett performativ bereits
präsent war und voraus nahm, was fast unmittelbar darauf anhand der Hysterieforschung zum Forschungsgegenstand wurde.[49] Zugleich konzentriert
sich auch die Kunst weiter darauf: die bacchantischen Tänze der Mänaden
will Wagner in seinem Tannhäuser-Bacchanal wiederbeleben (das Resultat
in geordneter *danse d'école*-Manier statt Manie enttäuschte ihn bekanntlich
bitter[50]), ebenfalls anhand des Tanzes philosophiert Nietzsche von einer
„großen Vernunft" des Leibes, einem rauschhaften Wissen jenseits der kognitiven „kleinen" Vernunft des Geistes, wie Aura Cumita ausführt. Die
„größere Vernunft des Leibes" geht mit dem Wahn einher. In Nietzsches
Philosophie sind Tanz und Wahnsinn einander also sehr nah und interdependent. Und nicht suspekt, sondern privilegiert: das Andere ist das wirklich „Wahre"! Die Praxis des Tanzes, die mentale Ebene des Wahns werden – lange vor der im postmodernen Tanzforschungsrepertoire zentralen
These „Tanzen ist Denken" – als Modell, als Paradigma des kreativen, wissenschaftlichen Denkens propagiert.[51]

Das mit dem Interesse an der mittelalterlichen Mystik einhergehende
,Andere', der Diskurs einer Gegen-Realität entfaltete in Ballett und Oper
der Romantik in seiner künstlerischen Inszenierung seine hauptsächliche
Wirkung. Heines Wilis bringen das Phänomen der Tanzwut ästhetisiert auf
die Ballettbühne, und McCarren weist den Weg von der Hysterie-Inszenie-
rung im Romantischen Ballett zur Pathologie als Performance, zur Eigen-
inszenierung der Hysterikerinnen und ihrer performativen Analyse. Der
„Pathologisierung des Wahnsinns" (Foucaults These folgend) schließe sich

---

48   Heine (1833) 1987, S. 231.
49   Am Beispiel *Giselle* führt McCarren die „Dramatisierung" der visuellen Ähnlichkeit
     von Tanz und Formen des Wahnsinns aus. Vgl. McCarren, u. a. S. 20 f, S. 112.
50   Fenger 1998, S. 117 f.
51   Cumita, S. 98–110. Vgl. Schulze/Traub 2003.

im 19. Jh. die „Pathologisierung des Tanzes" an, die sich in den Patientinnenvorführungen Charcots verbinde.[52] Die getanzte Welt der Weißen Akte, die im Zwielicht Seelenzustände einer irrealen Gegenebene symbolisieren,[53] ist oft auch die Welt des Wahnsinns (in *Giselle* die der tanzwütigen Wilis, der „todten Bacchantinnen" Heines). Wahnsinn ist die Gegen-Realität, in die man eintritt, wenn man an den Gegebenheiten der Realität scheitert – oft sind es irrsinnige Fakten wie Intrigen, Lügen und Ungerechtigkeit, durch die die kollektive ‚Vernunft' die dem Wahnsinn Verfallenden bricht.[54] Die Lobotomie ist intentionell eine Wiederherstellung der ‚Vernunft' – nicht durch Exorzismus oder Therapie, sondern durch einen chirurgischen Eingriff in die Hirnfunktion. Als Erbe der frühen Neurologie-Forschung wurde dieser Eingriff in der ersten Hälfte des 20. Jh.s an vielen tausenden Patienten durchgeführt. Anhand von Mats Eks *Giselle* im Kontext der 1940er Jahre in der schwedischen Provinz (als das Verfahren in Schweden gebräuchlich wurde) verdeutlicht Annette Hartmann, wie die mystische Auffassung eines anderen Sinns in der Romantik – hier: der *Dansomanie* und der *Erotomanie*, die die Titelheldin, verrückt nach Tanz und verrückt vor Liebe, emotional zerstören – und seine Inszenierung im Tanz – durch eine pragmatische und gewaltsame Zerstörung der Persönlichkeit ersetzt wird. Ebenso wie die Inszenierungen an der Salpetrière[55] wirft dies auf die Frage zurück, welcher Perspektive der Wahnsinn zuzuordnen ist. Eks *Giselle* (UA 1982) umfasst retrospektiv den kulturhistorischen Diskurs von der ästhetisierten Wahn-Wahrnehmung der Romantik, der Wahnsinns-Inszenierung auf der Bühne, bevor sie in der Forschung stattfindet, bis zur Psychiatrie des früheren 20. Jahrhunderts, wo Andersartigkeit – auch in der Bewegung – nicht dramatisiert, sondern weggeschnitten und ausgegrenzt wird.

Der Autor der Wilis (zu denen ihn ihrerseits die „tanzwütigen Pariserinnen" inspiriert hatten[56]) thematisierte den Wahnsinn im Tanz, den „Tanz auf dem Vulkan"[57] auch als Metapher des ganz realen Tanzgeschehens, das den Beginn des Industriezeitalters und des gesellschaftlichen Wandels

---

52 Vgl. McCarren, S. 27. McCarren weist zugleich auf die „Besessenheiten" der Tanzwut zurück, die in der Wahnsinnsszene in *Giselle* ebenfalls anklinge. Ebd., S. 107.

53 Vgl. Dangel-Pelloquin, S. 231.

54 Vgl. z. B. Wahnsinnsszenen in der Oper bei Donizetti: Anna Bolena (1830), La Somnambula (1831), Lucia di Lammermoor (1835). Eine spannende Parallele zum anhand der einander widerspiegelnden zerstörerischen Gesellschaft und des „perversen Zirkus des Balletts" dargestellten Konfliktes in dem Film *Black Swan* (2010) thematisiert Helmut Ploebst, S. 319 f.

55 Vgl. Furse, S. 197–210.

56 Heine (1833) 1987, S. 238.

57 Vgl. Heine (1854) 1988 , S.131.

durch ein auch hier zugleich anarchisches und angstgetriebenes Potential gegen beleuchtete: „Tanz oben und unten, Sein und Schein, Rausch und phantasmagorische Angst sind hier als Jahrhundertthema angeschlagen." Der Cancan, nur unter Polizeikontrolle zu tanzen, wird ihm zum Symbol einer „spöttische[n] Gegenwelt gegen die offizielle Gesellschaft",[58] im Tanz wird „die unterschwellige Negation der offiziellen Gesellschaft, der verborgene ‚Vulkan' anschaulich", und das „teuflische Toben verbindet unterdrückte heidnische Sinnlichkeit und soziales Aufbegehren zugleich",[59] eine „getanzte Persiflage, die nicht nur die geschlechtlichen Beziehungen verspottet, sondern auch die bürgerlichen [...]."[60] Die Weltfluchten des Romantischen Balletts in die Wahn-, Traum- und Rauschwelten der Weißen Akte als unheimliches Abbild einer erstarrten Gesellschaft werden zum „satanischen Spektakel":[61] „Heine macht am Tanzen deutlich, dass da eine Revolution heranreift."[62] Oben, unten, Sein und Schein und die unsichtbare Grenze zwischen ‚wahrer' und ‚imitierter' *chorea* klingen hier noch deutlicher an als in den mittelalterlichen Gegen-*Communitas*-Bewegungen.

Hysteria: die Inszenierung des pathologischen Wahntanzes

„Denn der Wahnsinn der Menschen ist ein göttliches Schauspiel."
(Erasmus, Lob der Torheit, 1509)

Primaballerinen des Wahnsinns transportieren dessen Bild im überzeitlichen Wandel – wie das Bild der *Salome*, der *Giselle*-Inszenierungen zeigt – und auch die Perspektive ist verändert: Der medizinische Blickwinkel des Neurologie-Pioniers Charcot verwandelt die Patientinnen in Darstellerinnen, die Krankheit in eine Performance, die die Symptome der Hysterie sowie der Kur reflektiert:[63] "[...] hysteria-as-spectacle [...] appearing in different forms and with different labels according to the prevalent religious, scientific, medical and cultural hegemony: [...] *The illness itself is a performer,* mimicking other illnesses. It is, in effect, a *simulacrum,* a physical drama without organic origin."[64]

Den Vorführungen der Patientinnen des M. Charcot sind in diesem Buch zwei Beiträge gewidmet: Anna Furse thematisiert die fließende Grenze zwi-

---

58 Wagner 2006.
59 Wagner 2006.
60 Heine (1854) 1988, S. 158.
61 Heine ebd.
62 Wagner 2006.
63 Vgl. Marschall 2007, S. 414.
64 Furse, S. 203.

schen „Symptom" und „Inszenierung" und Sidsel Pape diskutiert eine zeitgenössische Tanztrilogie, die durch die Patientinnen-Performances inspiriert wurde. Wiederum stellt sich die Frage nach der Grenze, der *Peripeteia* zwischen Wahnsinn und Performance, Symptom und Darstellung. Henriette Pedersens Trilogie *Animal Magnetism* reflektiert diese Situation, in dem das Publikum als teilnehmende Beobachter/inn/en den Raum mit den Akteur/in/nen teilt: Pape beschreibt, wie Charcots Taxonomie eine Art Libretto für das Stück und die von ihm definierten Symptome ein „choreologisches Kompendium" für die Tänzer/innen darstellte.[65]

Furse konzentriert ihre Studie auf Charcots „Starhysterikerin" und Modellpatientin Augustine, der es schließlich, bezeichenderweise als Mann verkleidet, gelang, dem Wahnsinn der Salpetrière, dem Reich der Patientinnendomptur und der Ovarienpressen, zu entfliehen.[66] Die transformatorische Perspektive dieses „innovative sci-art lab" (Furse) auf die Krankheitals-Kunst scheint wissenschaftshistorisch charakteristisch für ihre Zeit – aber, aus dem entgegen gesetzten Blickwinkel, merkwürdig aktuell.

Chorolla: Bewegungsformeln

Zu den neurologischen Charakteristika von Tanz gehört, dass er Schwindel, Rausch, Ekstase und Trance bei Tänzer *und* Betrachter erzeugen kann. Ur-Formen des Tanzes sind der Drehtanz und der Reigen, die Katalysatoren des Schwindels, die rein neurologisch den Ausnahmezustand provozieren und in vielen Riten – religiöser, sozialer oder politischer Natur – den dem Tanz eigenen mentalen Schwindel- oder Trancezustand ins Verhältnis zu einer Formensprache der ‚Vernunft' setzen.

Als „wirrer Reigen" (*chorolla confusionis*) ist uns der Tanz zu Kölbigk[67] überliefert und über die Elemente des Walzers, eines Drehtanzes, der auf dem Höhepunkt seiner Popularität um 1800 eine wahre gesellschaftliche *Dansomanie* auslöste,[68] oder die *pizzica tarantata* im *Tarantismo* wird das schwindelerregende Drehen konkret wie auch metaphorisch eingesetzt, um ein Außer-Sich-Geraten im Tanz zu vermitteln.[69]

---

65 Pape, S. 240.

66 Furse, S. 200.

67 Zum Tanz von Kölbigk, einem der frühesten und meistüberlieferten Fälle eines Wahntanzes s. Rohmann, s. Stoye, S. 66–73, s. a. Rohmann, S. 56, Rohmann 2009.

68 Claire, 2009. Das Thema inspirierte seinerzeit auch ein *Dansomanie* betiteltes Ballett (Chor. Pierre Gardel, Paris 1800, vgl. Claire, S. 204). Nach Claire waren zeitgenössische Diagnosen, die den Walzer als bes. für Frauen medizinisch bedenklich hielten, eine Basis für Charcots Forschung ab 1830; vgl. a. a. O., S. 224.

69 „Drehsucht" ist ein anderer Ausdruck für Tanzwut.

Yvonne K. Bahn untersucht den rituellen *Mevlevi*-Drehtanz, in dem ein bewusst veränderter Geisteszustand durch Körperrotation erzielt wird; trotz des auch hier zentralen ekstatischen Moments folgt der Tanz des *Sema* tradierten Regeln, die sich in ihrer Choreographie an kosmischen Ordnungsprinzipien orientieren.[70]

Im Rave dagegen wird buchstäblich getanzt, um die Kontrolle zu verlieren – und mittels dieser durch sensorische Reizüberflutung erzeugten Bewusstlosigkeit zu sich selbst zurück zu finden: wie im *Tarantismo* ist das ununterbrochene Tanzen ein kathartischer Akt, der laut Alexa Junge mit oder ohne rituelles Bezugssystem bereits durch die Eigendynamik des Tanzes heilsames Potential besitzt.[71] Die „Transformation von Wirklichkeit" (Junge) durch organisierte Bewegungserfahrung scheint „sehr tief in der menschlichen Natur begründet zu sein [...]" gewisse rhythmische Bewegungen, gleichzeitig durch eine größere Anzahl Personen ausgeführt, so zwar, dass diese Bewegungen durchaus nur ihr eigener Zweck werden [...]" besitzen „stets den Ausdruck eines gewissen mythischen Vorganges."[72]

Die „besessene", epileptische Form der Bewegung und ihre Inszenierung am Beispiel der rückwärtigen Beugung, des Bewegungsmotivs des „Mänadenbogens" der antiken Fresken bezeichnet Brandstetter als „Pathosformel des Dionysischen" und vergleicht sie mit dem *„arc en cercle"*, dem Sich-Liegend-Aufbäumen der „Königinnen der Hysterie" Charcots.[73] Interessanterweise mutmaßte Meige, dass der Kontrollverlust der Hysterikerinnen zu Zuständen der „Besessenheit" führe – und stellte umgekehrt die These auf, die antiken Seherinnen in ihrer Trance seien Hysterikerinnen gewesen: „[...] a tremor seizes her [...] it is the god who approaches [...] Then, unfolds the crisis which, in the eyes of the ancients, was a certain index of divine Mania, and in which one recognizes [...] an attack of *la grande hysterie*"[74] – oder, kurzum, *„choreomania"* – so sei der Tanz eine einzigartige Kunst, die krankhafte Zustände als göttliche Besessenheit inszeniere![75]

Kein Zufall also, dass Salome, eine Ikone der Wahn-Tänzerinnen, wiederholt in der Mänaden-Pose dargestellt wird: auf einem mittelalterlichen Bild

---

70   Bahn, S. 120–130.

71   Junge, S. 151–165.

72   Carus, S. 21.

73   Brandstetter 1995, S. 183, vgl. ebd. S. 188 ff. Brandstetter führt die Pose zugleich als charakteristisch für den Ausdruckstanz an. Vgl. ebd. Die Parallele zwischen den Bewegungsmustern der Hysterikerinnen und der Mänaden zog bereits Charcots Kollege Paul Richer (1902). Vgl. Marshall 2007, S. 421.

74   Meige, Pythie 1894, S. 15, zit. n. Marschall 2007, S. 422.

75   Vgl. ebd. Zur Hysterie und zur Erforschung der Krankheit und ihrer performativen Darstellung gibt Pape einen Überblick und dokumentiert, dass sowohl Tänzerinnen Hysterikerinnen wurden – als auch umgekehrt.

schließt sich ihr Körper sogar hinterrücks zum Ring[76] – die Pose wurde als „Orgasmus" oder „Geburtsmetapher" interpretiert[77] und „at all times and everywhere" als charakteristisch für ekstatischen rituellen Tanz konnotiert.[78] Auch Heines Mademoiselle Laurence erinnert an die tradierte Bewegungsformel, wenn sie „[...] ihr Haupt rückwärts warf, in der frevelhaft kühnen Weise jener Bachantinnen, die wir auf den Reliefs der antiquen Vasen mit Erstaunen betrachten."[79] Das Kopf-Werfen führte in Verbindung mit dem Status des Schwindels, der Trance und Faktoren wie dem Rhythmus der Musik, Lichteffekten, Schlaf- und Sauerstoffmangel neurologisch zu einer Art Vergiftung, die zum rauschhaften Zustand der Mänaden beitrug – bis hin zu Visionen.[80]

Das Phänomen „Mänadentum", vielleicht auf die Kurzformel des ekstatischen Tanzes als einer der Formen der *chorea* zu bringen, ist „a real and recurrent state of mind, not a poetic fiction",[81] der also, wie die Posen und die Rhythmen, die mit ihm einhergehen, weniger archaisch als überzeitlich ist. Kulturgeschichtlich ist jedoch evident, dass die Bewegungsanalysen durch die Hysterikerinnen in ihrer Konnotation des „Femininen" der Ekstase die Konjunktur der Salomanie propagierten: Die Ikonisierung der tanzenden *femme fatale* kulminiert in der Salome-Figur der Jahrhundertwende.[82] Wie die biblische Figur aus dem Geist des *fin de siècle* und der Hysterieforschung neu erfunden wird, dokumentiert Hanna Walsdorf, die die Rolle des Tanzes in zwei *Salome*-Adaptationen des frühen 20. Jh.s vergleicht, in dem ihm via Musik „eine Dosis Wahnsinn" beigefügt wurde.[83]

Ad Narragoniam: Kollektiver Wahnsinn und Massenwahn im Tanz

Dem Außer-Sich-Sein des Individuums und der Manie der Massen schließt sich kulminierend der Zustand an, in dem die Welt aus den Fugen gerät, der Wahnsinn ganze Zivilisationen und Gesellschaftsmodelle betrifft. Im *Narrenschiff* des Sebastian Brant (1492) gerät die Flotte der Narren auf dem Weg ins Land der Narrheit *Narragonia* schließlich in einen Sturm und der

---

76 Tanz der Salome, Miniatur in Missale (1323), in Zimmermann, S. 361.

77 vgl. Furse, S. 204.

78 Dodds 1942, S. 160.

79 Heine (1833) (1987), S. 231.

80 Bremmer 1984, S. 280. Das zeitgenössische Headbanging, um ähnliche Effekte zu erreichen, drängt sich assoziativ auf.

81 Dodds 1942, S. 168.

82 Vgl. McCarren, S. 151 f.

83 Vgl. Walsdorf, S. 180.

Wahnsinn wird allumfassend. *Ad Narragoniam* führt Helmut Ploebst anhand von Tanzsequenzen im Film, in denen der Tanz den Wahn absolutis-
tischer gesellschaftlicher Systeme (auch Tanzsysteme) transportiert. Nach
Ploebst ist nie der Tanz verrückt, sondern die Machtstrukturen, die ihn in-
strumentalisieren. Tanz wird Wahnsinn *per se*: keineswegs als Medium der
Ekstase oder Anarchie, sondern als Repräsentation „pathologischer
Ideologien".[84]

Per Roar beschreibt auf verstörende Weise, wie eine Annäherung im
Tanztheaterformat an irrsinnige, traumatisierende Verbrechen, die Balkan-
kriege, den Genozid von Screbrenica (1995) inszeniert wird, eine Auseinandersetzung und Bewußtseinsschaffung mit dem Abwesenden, dem Nicht-
Darstellbaren durch performative Präsenz.[85] „The impossible task: dancing
the other" – begreift sich als künstlerische Nicht-Bewältigung und diese
Lücke zwischen der Realität und dem Unbegreiflichen als Position der
Kunst in einem kollektiven Akt der Trauer. Diese Trauerarbeit zwischen
Feldforschung und Performance schloss Selbstversuche der nicht-bosni-
schen Künstler ein, die sich, um den psychischen Zustand der Betroffenen
zu begreifen, mithilfe von Traumatologen selbst synthetischen Trauma-
erfahrungen aussetzten.[86]

Gotman und Per Roar schließen die Sinnklammer der Wahnsinne um
Individuum, Epochen, philosophische- und Forschungsperspektiven und
politische Inszenierung und führen zum leitmotivisch wiederkehrenden
Moment des Tanzes als Katharsis, als Bewältigungsstrategie überwältigen-
der Katastrophen zurück. Von den Epidemien und Kriegen des Mittelalters
über die Verstörung zu Beginn des Industriezeitalters zu den Traumata
durch die Balkankriege oder die durch das fatale Zusammenwirken von
Zivilisation und Natur verursachte Reaktorkatastrophe von Fukushima.
Choreographisch und wissenschaftlich vereinen sich in *Tanz und Wahn-
Sinn/Dance and ChoreoMania* Zeugnisse dafür, dass der Faktor Wahnsinn
als Aspekt der Bewusstseinsverrückung durch Tanz und Bewegung und
somit als ästhetisches und therapeutisches Instrument auf uralte Weise
und in vielfältig neuer Perspektivierung unverändert bedeutsam ist.

Literatur

Brant, Sebastian, *Das Narrenschiff* (1494), Straßburg 1913.
Brandstetter, Gabriele, *Tanzlektüren*, Frankfurt a. M. 1995.
Bremmer, Jan, N., „Greek Maenadism Reconsidered", *Zeitschrift für Papyrologie und Epi-
graphik* Bd. 55, 1984, S. 267–286.
Carus, Carl Gustav, *Über Geistes-Epidemien der Menschheit*, Leipzig/Meissen 1852.

---

84 Ploebst, S. 318.
85 Per Roar, S. 284–305.
86 Vgl. Per Roar, S. 296 f.

Claire, Elizabeth, „Monstrous Choreographies: Waltzing, Madness, and Miscarriage", *Studies in Eighteenth Century Culture* vol. 38, 2009, pp. 199–235.

Daboo, Jerri, *Ritual, rapture and remorse: a study of tarantism and pizzica in Salento*, Bern 2010.

Dale, Alexander, Janyce Hyatt & Jeff Hollermann, „The Neuroscience of Dance and The Dance of Neuroscience: Defining a Path of Inquiry", *Journal of Aesthetic Education* vol. 4, No. 3, 2007, pp. 89–110.

Dangel-Pelloquin, Elsbeth, „Kopflose Jagd. Zu Heines Inszenierung der Salome-Figur", Vöhler, Martin & Bernd Seidensticker (Hg.), *Mythenkorrekturen. Zu einer paradoxen Form der Mythenrezeption*, Berlin 2005, S. 221–242.

De Martino, Ernesto, *La terra del rimorso*, Milano 2009 (1961).

Dodds, E. R., „Maenadim in the Bachae", *The Harvard Theological Review* vol. 33, No. 3, July 1940, pp. 155–176.

Fenger, U. Josephine, „*Welcher* Tanz? Richard Wagners Frage nach dem Tanz der Zukunft", Jahrbuch Tanzforschung Bd. 9, 1998, S. 106–139.

Foucault, Michel, *Wahnsinn und Gesellschaft*, Frankfurt a. M. 1996.

Gala, Giuseppe Michele, „Alcuni riferimenti bibliografici sulla tarantella (ed il tarantismo)". (Bibliographie italienischsprachiger Publikationen zum Thema Tarantella und *Tarantismo*). http://www.taranta.it/tarantella.html (29.05.2011).

Goethe, Johann W. v., *Italienische Reise*, Werke, Bd. 32, Weimar 1887.

Hecker, Julius, *Die großen Volkskrankheiten des Mittelalters*, Hildesheim 1964.

Heine, Heinrich, *Florentinische Nächte*, Windfuhr, Manfred (Hg.), Heinrich Heine. Historisch-kritische Gesamtausgabe der Werke, Bd. 5, Hamburg 1987.

Heine, Heinrich, *Lutezia*, Windfuhr, Manfred (Hg.), Heinrich Heine. Historisch-kritische Gesamtausgabe der Werke, Bd. 13, Hamburg 1988.

Lüdtke, Karen, *Dances with Spiders. Crisis, Celebrity and Celebration in Southern Italy*, New York 2009.

Marschall, Jonathan, „The Priestesses of Apollo and the Heirs of Aesculapius: medical Art-Historical Approaches to Ancient Choreography After Charcot", *Forum Modern Language Studies* vol. 43, No 4, 2007, pp. 410–426.

McCarren, Felicia, *Dance Pathologies*, Stanford 1998.

Midelfort, Erik H. C., *A History of Madness in Sixteenth-Century Germany*, Stanford, 2000.

Rohmann, Gregor, „The Invention of Dancing Mania: Frankish Christianity, Platonic Cosmology and Bodily Expressions in Scared Space", *The Medieval History Journal* 12, 1, 2009, pp. 13–45. http://mhj.sagepub.com/cgi/content/abstract/12/1/13.

Schulze, Janine & Susanne Traub, *Moving Thoughts – Tanzen ist Denken*, Berlin 2003.

Wagner, Gerhard, „Zwischen Mondschein und Gaslicht. Heine in der ästhetischen Kultur des Industriezeitalters", *UTOPIE kreativ*, H. 184, Februar 2006, S. 137–148, http://www.linksnet.de/de/artikel/19749 (12.04.11).

Waller, John, „In a spin: the mysterious dancing epidemic of 1518", *Endeavour* vol. 32, No. 3, 2008.

Zimmermann, Julia, *Teufelsreigen – Engelstänze. Kontinuität und Wandel in mittelalterlichen Tanzdarstellungen*, Frankfurt a. M. 2007.

Danksagung/Acknowledgments

Die Herausgeber danken allen Autorinnen und Autoren für ihre Zeit und ihre Arbeit, die sie in unser gemeinsames Buch investiert haben und für all die Inspiration, die es durch sie erfahren hat. Eila Goldhahn, der wissenschaftlichen Beirätin und AnnA Stein, die mit viel Kreativität und Geduld das Cover gestaltete, sei ebenfalls herzlich gedankt.

Johannes Birringer möchte ich für eine wiederum fantastische Zusammenarbeit danken sowie für die Ermöglichung der website

www.choreomania.org

auf der Videoausschnitte von in den Beiträgen thematisierten Performances sowie kommentierendes und dokumentierendes Bild- und Textmaterial zu diesem Buch publiziert werden.

Berlin, im Mai 2011   Josephine Fenger

The editors wish to thank all authors for their time and effort, and for the inspirational energies they contributed to this volume. We also wish to thank our Reader, Eila Goldhahn, for her constructive support, AnnA Stein for the beautiful design of the cover, and our publishers for their generous assistance. We are pleased to offer our readers a range of essays in German and English; our website **www.choreomania.org** will present all abstracts in both languages along with additional images and films. All translations in this volume were provided by the authors and the editors.

Johannes Birringer

Is You me? Dance and Choreomania

Regimes of Madness

How is "madness" (re)presented on the theatre stage or embodied in performance? Why would bodies that appear to behave paradoxically or paranor-
mally be associated with dancing at all, rather than with illness? If illness is
recognized or diagnosed, it would not be considered an art form but a condition expressing itself, behaving and manifesting something in individuals
or the social body, in public and private sectors, in political and economic
regimes or, more generally, "regimes of signs,"[1] and thus it is projected into
the system of resonances. How do we then speak about a presumably reso-
nant phenomenon like *choreomania* – a "dancing madness" that spread
"epidemically" throughout Europe "in the fifteenth century [*sic*]", as Kélina
Gotman states at the beginning of her article?[2] The dictionary she quotes is
confused, placing the historical origins of an epidemic originating in Germany in the wrong century, forgetting earlier incidents of a "disease at present known by that name, a convulsive disorder, usually occurring in early
life, and characterized by irregular involuntary contractions of the muscles."

Even if trying to avoid historiographic vertigo, one is tempted to go back
further, perhaps to the beginnings of Dionysian rituals or – beyond the
Western hemisphere – to the epic literatures or oral traditions, the systems
of resonance in ancient cultures and cosmologies, perhaps tracking the sacred or the delusional in the figure of movement entered by spirit, by powerful avatars (a term we borrowed from Sanskrit). Since I'm not a historian,
I shall try to walk on my own two feet (keeping in mind Balzac's "Théorie

---

1   Gilles Deleuze refers to such semiotic regimes as "historical," suggesting they might
    equally well be called "pathological," and gives examples of how they "cross over
    very different 'stratifications,'" in a Milan lecture titled "Two Regimes of Madness"
    (1974). Cf. Deleuze 2007, p. 13. At the time, Deleuze was collaborating with Félix
    Guattari on *L'Anti-Oedipe* and *Mille Plateaux* (Paris 1972/1980), the two volumes of
    Capitalism and Schizophrenia. In our volume, Helmut Ploebst discovers "innorma-
    tive Bewegungserscheinungen" [...] – "*jenseits von Regeln* und sogar *jenseits der Inten-
    tion zu tanzen*" – when he discusses pathological social normativity.

2   See Kélina Gotman, in this volume.

de la demarche"), looking into the modern era, briefly focusing a camera lens on some writings and performances that have troubled and attracted me, sharing with the reader a few questions about the subject matter of this book. Madness (*Wahnsinn*), understood as an illness treated by clinical psychology and medical psychiatry under various names, is hardly a subject to be discussed comfortably. Using it as a metaphor or discursive machine, of interest to dance and performance scholarship as much as to artistic practitioners, requires sensitivity and a political mindset, in light of events witnessed in our new century, an era of paranoid warfare, buoyant revolutions, and destabilizing economic crises in a global theatre of "perverse biocapitalism."[3]

Our book shows ways of approaching the various paradoxes built into the idea of linking dance to madness, as suggested by Fenger's introduction to the cultural imaginary – the historical, philosophical, legal, medical and artistic discourses or practices which reflect the intricate connection between movement, perceived as happening inside ordinary, respected and normative dimensions, and movement perceived to fall outside such dimensions, resisting or failing to be recuperated under the guise of normativity. The historians in our book make remarkable forays into the normative controlspaces, with Fenger proposing that on historical grounds one can perceive *choreomania*, from its ancient ritual associations to more contemporary modes of carnivalization, as a double figure, a trance-inducing movement behavior that produces ecstasy and its cathartic or healing effects, and thus is both symptom and cure: a medium which stages – and is thus intricately theatrical – its own exorcisms.

However, what can movement exorcise, how can it ecstatically and therapeutically heal by amputating the elements of power and operate against the controlspace (Law, Theology, political and medical institutions)? What is there that needs healing or desires the ecstatic intensities, the "complete, streaming naked realizations" of the theatre of cruelty that Artaud raved about?[4] We must also assume that carnivalization, or the kind of hybrid constructions and polyphonies that Bakhtin espoused, is merely temporary. Its tearing down of social norms and its elimination of boundaries implicitly acknowledge entrenched hierarchies and the dominance of the normative order, and thus reinforce the distinctions made, say, between order and disorder, authentic movement and anarchic movement, permitted vocabu-

---

3   Boyan Manchev, in "Odpor plesa/The Resistance of Dance," *Maska* 25 (2010), pp. 9–19, finds comfort in dancing's potential to impede the total commodification of life forms under perverse capitalism. But he suggests that dance resists dancing. For a political context, see Per Roar's courageous engagement of war time traumata, in this volume.

4   Artaud 1958, p. 52.

lary and contestative culture jamming.[5] Exorcisms are temporary carnival-izations of the body, violent inversions that flash in the face of the reductive understanding we probably have of trauma and demonic possession, if Ar-taud's case offers any indication. In *Phantasmatic Radio*, Allen Weiss re-counts a description of Artaud's moving through his live reading of "Le Théâtre et la peste" in 1933 where he inverts himself – or becomes pos-sessed – into a seemingly impossible point of view of his own death:

> But then, imperceptibly almost, he let go of the thread we were following and be-gan to act out dying by plague. No one quite knew when it began. To illustrate his conference, he was acting out an agony, "La Peste" in French is so much more terrible than "The Plague" in English. But no word could describe what Artaud acted on the platform of the Sorbonne ... His face was contorted with anguish, one could see the perspiration dampening his hair. His eyes dilated, his muscles be-came cramped, his fingers struggled to retain their flexibility. He made one feel the parched and burning throat, the pains, the fever, the fire in the guts. He was in agony. He was screaming. He was delirious. He was enacting his own death, his own crucifixion.[6]

The description of this disruptive scene, which Weiss uses to introduce Ar-taud's 1947 recording of *Pour en finir avec le jugement de dieu*, in my view points to an important distinction – and convergence – between experience of pain and performance of pain. When I discussed it with London based psychiatrist Monia Brizzi, we came to think of Artaud's obsession with cruel necessities – the theatre he envisioned was to live with energetic de-lirious force, compared to the plague, where cosmic force was to become libidinal production and where the symbolic was to be transformed into the corporeal rhythms of collective human passions and torments – as a para-noid struggle against the judgement of others and, in extension, the judge-ment of God. Artaud's excruciating incantatory radio piece *Pour en finir avec le jugement de dieu*, fully mad and completely credible, is of course also a performance of becoming-mad, and of the experience, as Artaud claims, of "the absolute intrusion of my body, everywhere."[7] As contemporary psy-

5   Cf. Mikhail Bakhtin, *Problems of Dostoevsky's Poetics*, ed. and trans by Caryl Emerson, Minneapolis, 1984, pp. 129 ff. For approaches to culture jamming, see the African-American theories on signifyin', for example Henry Louis Gates 1988; Caponi 1999, but also more recent raps by DJ Spooky and others on hip hop and techno mixing.

6   Allen S. Weiss, quoting Anaïs Nin in chap. 1 ("From Schizophrenia to Schizophoni-ca: Antonin Artaud's To Have Done with the Judgment of God") of *Phantasmatic Radio*, 1995, pp. 9–10.

7   "Between the body and the body there is nothing, nothing but me. It is not a state, not an object, not a mind, nor a fact, even less the void of being, absolutely nothing of a spirit, or of a mind, not a body, it is intransplantable me. But not an ego, I don't

chiatry suggests, such experiential splitting (also implying a simultaneous acknowledgement and disavowal of the Oedipal law) is always based on the dissociation of "scapegoated" thirds in favor of agendas of certainty and security, of reintegration, but we must see the performance of pain also as relational, contextual, and temporal. Madness and its embodied manifestations are acrobatic, in the sense in which Nietzsche posits the positive physical movement, the integrative power of the Dionysian,[8] as a process of recognition on the edge of the abyss.

But such acrobatics, if we think of Nijinsky and his final traumatic performance at St. Moritz (his "marriage with God") before he slipped into delusional suffering and insanity, are a *skandalon*, and cultural critics of modernity argue that "scandalous choreography" might well be the master narrative of modernist performance with its emphases on the iconography of sacrifice.[9] At the same time, other master narratives such as Freudian psychoanalysis (during Freud's early work on obsessional neurosis and hysteria, he was influenced by Charcot and became interested in hysteria appearing in epidemics as a result of psychical contagion)[10] came to the fore, writing how bodies signify, and reading how foreign bodies (like traumata) enter our system. Charcot's and Freud's writing down the movements of patients (lest one forgets them, as Arbeau centuries earlier had named the technology of choreography) appealed to Henriette Pedersen's curiosity about the "chameleon disease," and when she choreographed "hysteria" in her trilogy *Animal Magnetism,* it was to foreground the obscene, burlesque, grotesque and vulgar details that especially female dancers and their chore-

---

have one. I don't have an ego ... what I am is without differentiation nor possible opposition, it is the absolute intrusion of my body, everywhere." (Artaud OE 14, p. 76).

8   For a careful examination of Nietzsche's philosophy in regard to the choreomanic tightrope walker (*Seiltänzer*), see Aura Cumita, in this volume.

9   Andrew Hewitt (2005, p. 156) comments on the dangerous faultline of gender and aesthetics (the gendering of modern dance as a viable and serious art form through pioneers such as Loïe Fuller, Isadora Duncan, Mary Wigman, Martha Graham, and others), suggesting that Nijinsky's "queering" of the "scandalous male icon" both disrupts the gender binarism of the "natural" and the "constructed" body and yet tends to refigure a male-oriented canon of modernism foregrounding "those moments of pain, suffering, discordance, work, and the like that have become commonplace in our vocabulary of the self-reflexive modernist artwork" (p. 175). Hewitt's main purpose is to propose a methodology of "social choreography," rooted in an effort to think the aesthetic as it operates at the base of social experience. His term "social choreography" denotes a tradition of thinking about *social order* and *cohesion* that derives its ideal from the aesthetic realm and seeks to instill that order directly at the level of the body. See also Manning 1993; McCarren 1998.

10   For a riveting account of Jean Martin Charcot's "innovative 'sci-art' lab where photography, sculpture and line drawings ... captured the hysteric's shape-shifting," see Anna Furse, in this volume.

ographers do not normally allow on stage, unless they want to be considered hysterical.[11] In another recent feminist rereading of hysteria, Anna Furse's production of *Augustine (Big Hysteria)* subjects Charcot's medical theatre to a close examination of different templates, the 19th century scientific psychology diagnosing a pathological condition and collecting the evidence of its topography, signs, stigmata and behavioral traits, filtered through a revisionist critique of Freudian interpretations of psychosomatic traits of hysterical symbol formation – Furse's protagonist, the hysteric diva Augustine, simulates real traumatic traces and real somatic pain in excessive theatrical gestures derived from the repertoire of choreomania.

Once we speak of "repertoire," we slide into analogies and metaphors, comparing non-sense, as Deleuze would say, warning us not to confuse the child, the poet, and the schizophrenic. For Freud and 20th century psychoanalysis, Furse argues, the dramatic gestures become a kind of forensic hieroglyphics from which to deduce traumatic cause. If this is the case, then how do we compare the institutionalized embodied posing to the choreomania on the streets in Southern Italy, where Salentine tarantism, in Fabrizio Manco's account, belongs to a bewildering folk tradition (perceived as shameful by some locals) now reconsidered positively as vibrant "somatic acts of emancipation" through which the *tarantati* danced their possession until collapse, aspiring to ecstatic transformation and re-integration in the community?[12] A remarkable case of profane "social choreography," tarantism seems to exemplify contextualized, "site-contingent" phenomena of a variegated kinaesthetic continuum that some of the authors in this book examine in different locations and historical periods,[13] and which Manco connects, in an unexpected transcultural maneuvre, with Tatsumi Hijikata's *Ankoku Butoh* (dance of darkness). Like tarantism, Manco claims, Hijikata's

---

11 See Sidsel Pape, in this volume.

12 See Fabrizio Manco's personal reflections on returning to the Salento peninsula, in this volume. See also Furse's comments on tarantism in her essay on hysteria, and Neil Ellis Orts's review of Joachim Koester's powerfully disturbing *Tarantism* (2007), a 16 mm black and white film exploring the tarantella ritual or dancing cure, staged for the camera as a choreography of frenzied, trance-like dancing performed by professional dancers (in this volume). Koester's film, exhibited in *Dance with Camera* at the Houston Contemporary Arts Museum, is included here as it yields provocative comparisons with Eila Goldhahn's filmic visualization of a "Long Circle" (Movers and Witnesses in Authentic Movement), as well as the staging of Mats Eks' *Giselle* described in Annette Hartmann's essay, Nicolas Salazar-Sutil's performance of *I am not I*, and Ploebst's analysis of films by Fritz Lang, Stanley Kramer, Jean Delannoy, and Darren Aronofsky, all in this volume.

13 See Gregor Rohmann, Katharina Stoye, Kélina Gotman, Alexander Schwan, and Yvonne Bahn, all in this volume. See our website (www.choreomania.org) for some of the films and visual documents.

"psychedelic" and pre-modern performances of the body *in extremis* presented a negative view of the social realities in rural Japan, re-connecting
and re-living trance dance as a rebellion celebrating peasant traditions in
the form of vitalism, animalism and debauchery (Manco cites Toshiharu
Kasai's reference to Hijikata's dance as an "un-dance").

In the second part of this essay, I shall connect butoh's "un-dance" first with
the appearances of European Konzepttanz pretending to mute dancing and
destructure the choreographic capture system, then with the technological
sublime in digital dance as another late form of choreomanic hysteria hacking into the social ontology of choreography through the currently available
technology of compensatory de-subjectivization or self-othering. Hijikata's
un-dance did not travel much into the West, but since the 1980s we have
seen a spread of butoh's "grotesque" image of torque, of bleached contorted
figures (in Sankai Juku's stylized stillness or Derevo's emaciated ghosts)
both in the landscapes and on theatre stages. Like Charcot's photographs of
Attitudes Passionnelles, images of butoh and of the self-lacerating performances of chaosmotic body art are our archive of 20th century paranoia-
machines, the Ontological-Hysteric Theatre (George Foreman), Hermann
Nitsch's Orgiastic-Mysteries Theatre, the Grotowskian sacred actors signalling through the flames, the crazed participatory mystiques initiated in Dionysian ritual "living theatres" of the 1960s and, less frequently, thereafter
(I remember the terror felt by audiences in some of the wilder performances
of La Fura dels Baus in the 1980s when they ran at us with chain saws).
Dancing, in recent years, rarely incited such holy terror nor produced the
schizoid bodies or the epidermic play of perversity Deleuze or Foucault had
imagined in their writings when Artaud's war against organs (the "Body
without Organs," Deleuze hoped, was full of ecstasy and dance following its
sado-masochistic track where "a dead God and sodomy are the thresholds
of a new metaphysical ellipse")[14] was already over, i.e. when choreomania
had become academic, or moved street level in the South Bronx (with early
break dancing) or underground to the secreted locations of techno rave parties, then above ground into the commercialized public Love Parades. With
the latest academic dispensation, "swarm behaviors" are studied in German
research think tanks and Swiss laboratories.[15]

---

14   I am paraphrasing Herbert Blau's psychedelic essay on "Performing in the Chaos-
     mos" (Blau 2009, p. 30).

15   For example at the Artificial Intelligence Laboratory (Universität Zürich) or the Son-
     derforschungsbereich Kulturen des Performativen (FU Berlin); regrettably, no essay
     on love parades or raves was submitted to the editors, but see Gabriele Brandstetter,
     Bettina Brandl-Risi, Kai van Eikels, eds., *Schwarm Emotion: Bewegung zwischen Af-
     fekt und Masse,* Freiburg 2007.

When Isadora Duncan reads the "epidemic" of popular culture (for example the convulsions of the Charleston and the ragtime which she abhorred), she sees only caricatures of the natural fluidity of movement. More precisely, in her (eugenic) obsession with beauty and health, Duncan reads "convulsions" as national and sexual caricatures that troubled her ideology of the national (her America) in ways that bear on the somatic terms used in medical discourses on hysteria at the time.[16] All this of course happening in an era of intense nationalisms and World War I, soon to be superseded by fierce racial ideologies and totalitarian formations ending in the camps.

In Foucault's genealogy of biopower, the somatic terms show up in the psychopathological configurations where medicine and law, after the decline of the classical model of sovereignty (*Discipline and Punish*), compete with new biopolitical *dispositifs* – technologies of power – which seek to take control of life and biological processes, ensuring that they are not disciplined but regularized or optimized, thereby intensifying the power directed both to the individual and the collective body.[17] From older deadly rituals and Nazi bio-thanatopolitics to more recent biopolitical strategies: capitalist societies now cannot safeguard the security of the subject (individual or multitudes), and new conceptualizations of the common (*communitas/immunitas*), shaped by new social formations of singularities connected by informational networks, would therefore imply changes in the way contact and contagion, or health and vulnerability, are named, and the body's "continual rebirth" (Esposito) fleshed out into the world – in the manner in which Francis Bacon visualized zones of indiscernibility, or *interbelonging*, amongst bodies. In his extraordinary paintings, Bacon performs what Esposito calls the "slippage of flesh."[18]

It is not easy to imagine what Esposito argues here, but the reference to the disfigured figures in Bacon is meant positively – excorporation or exteriorization as an opening out of the enclosure of the body, making the non-organic, material-like savage flesh stream or move centrifugally and anarchically. Esposito here also validates Merleau-Ponty's phenomenology of the flesh operating between body and world, constituting the tissue of relations between existence and world. The spatiality of the flesh, Merleau-Ponty suggests in *The Visible and the Invisible*,[19] moves and is thus temporal.

---

16 Cf. Hewitt 2005, p. 139.

17 Foucault 2003. For a critical rereading of Foucault and the origins of biopolitical discourse, see Esposito, 2008. The critique of biotechnologies and genetic engineering is relevant regarding the blurring between therapeutic and enhancing interventions, and the "extended operationalities" celebrated in the technological sublime of contemporary digital dance and art.

18 Esposito 2008, p. 168.

19 Merleau-Ponty 1968, pp. 258 f.

The temporal dimension of becoming, in the bodily return of the repressed, relates to the question of *chorea* – of dancing and the nonverbal, of movement toward and beyond the communicative gesture, independent of the kind of purpose that would tend to underlie the notion of the choreographic, in the sense in which William Forsythe considers it the organizing principle of moving bodies in time and space. But such a simple definition of choreography does not help us here, and it is also misleading vis à vis the complexity of Forsythe's propositional algorithms (the "little machines," as he calls them)[20] that generate the unfolding of temporal events in spacetimes, of bodies moving through – to use a mathematical or Deleuzian formulation – iterative equations that can evolve through the randomness of their difference in repetition. Dancing is not the same as choreography, Forsythe also reminds us repeatedly,[21] and the abovementioned notion of the *chorea* – and thus of *choreomania* – invites us to imagine dancing also as uncontrolled/involuntary forgetting and not knowing, consciousless purposeless or unconsciously proliferating with unreadable, "non-normative" bodily ejaculations. Not stumbling or flailing, as Balzac ironically observes movement "in everyday life," but folding dynamically and uncontrollably, propelled by a vast repertoire of emotion as the throb and rhythm of the ongoing changing process of experience at both the biological and psychosocial levels? The loss of the syntactical is what interests us here in this book – choreomania pointing above all at social phenomena and only secondarily at the more "controlled" aesthetics of the choreographic in theatrical performance. Some artists we read about here are imagining the choreomanic or faking it, as in the case of Joachim Koester's film, *Tarantism*.[22] Others have studied bodily disorganization, ritual possession, rapture or trance-inducing whirling, and seek to induce perturbances of normal patterns of perception and motion control in the dancers they work with.

The loss of the syntactical returns us to Artaud's theatre of cruelty and affective athleticism, and the artist's emergence (after World War II) from internment in psychiatric institutions where he endured electroshock and

---

20   Cf. Forsythe 2008.

21   "Choreography and dancing are two distinct and very different practices." Cf. Forsythe 2008, p. 5. More provocatively, he also asks: "is it possible for choreography to generate autonomous expressions of its principles, a choreographic object, without the body?" (ibid.).

22   See Yvonne Bahn, Annette Hartmann, Natascha Siouzouli, and Hanna Walsdorf, in this volume. On the other hand, see also Anja Weber's and Alexa Junge's s examinations of the possibilities of dance for expressing the unspeakable, engaging with preverbal and prethematic meaning subtleties in dance-based therapies that are receiving increasing attention in the mental health professions due to their capacity to address complex issues, such as trauma and dissociation, in a non-reductionist and democratic, first-person subject (rather than "expert") centered way.

insulin shock therapy (while he suffered from delusions, auditory hallucinations, internal torments and uncontrollable spasms as well as nearly total dispossession of his personal belongings, even though he continued writing and drawing). He was able to draw (on) his deliria, and then his disturbing drawings become radiophonic, when he recorded the incantatory screams and glossolalia of *Pour en finir avec le jugement de dieu*.

It is noticeable how critical Artaud's rapture becomes for Deleuze and Guattari's proliferating machines and machinic assemblages in their writings on schizophrenia and society, and their insistent emphasis on the primacy of "affect" and "becoming." Becoming-different, self-differing by variation or movement, appears to be an idea that has gained much currency in recent theories that reconnect performance to philosophy as well as to a politics that takes into account the continuing reconfigurations of the social and the technical in late capitalism (the becoming-digital). How paradox (as a mathematical problem) can be "dislocated" as a figure of thinking and moving, proposed by Nicolas Salazar-Sutil, therefore suggests a scientific dimension in our book which embraces the "schizophrenic body" as uncomfortably as political activism – in the case of Per Roar's fieldwork in Bosnia – encounters its limits in working through "griefscapes" of "traumatized bodies."[23] Coining the notion of "para-dance," Salazar-Sutil proposes that the schizophrenic body is not to be addressed in a clinical sense in his experiment, but that stereotypy can be considered a rendition of paradox through choreographic movements that might be circular, looped, or knotted. The subject of this movement, Salazar-Sutil argues, "denies its own predicate, in the sense that the decision to move is cancelled out by the folding back of the movement to its starting-point," deciding not to move or not to communicate the movement. Movement returning to itself in denial rudely violates the logic of dance: the effect of para-dance is ultimately to remain rooted to stillness. This provocative thesis suggests, contra Deleuze, that the para-dancer, like an autistic person repeating certain gestures, remains locked in repetition without difference, without emerging intensities or transitive moments at the level of the biogram. Neither passing into ecstasy nor catharsis, the para-dancer moves in the "total hereness of the cage," like a captive subject, a unanimous "I" that is also a double (I am not I), dancing with himself and unable to reach anyone outside the self.

---

23   See Nicolas Salazar-Sutil and Per Roar, in this volume.

Tracing Organ-Machines

In the context of contemporary postmedia, notions of foldings, becomings and "live traces" assume a complicated depth of meaning and touch on the maddening paradoxes of dance, if we were to understand it as a kind of choreographic object. The most ephemeral of art forms, dance has naturally refused the status of an object, and like music it tended to comprehend itself as purely time-based. It vanishes before it can be collected, it escapes the "apparatus of capture" implied by the organizational, enframing mechanisms of the choreographic or, in extension, the document of the choreographic.[24] Interesting interferences or dysfunctions happen, of course, between the vanishing and the recurrent mechanisms of "modification" that Deleuze and Guattari predicted, when in *Mille Plateaux* they imagined the replenishing floating movement of forms (and of sound), forms replaced by modifications of speed and affect. If you remember, Deleuze was also an admirer of the apparent non-performance of John Cage's *4'33"* of silence, not to be confused with the catatonic stasis of the body without organs alternating with outbreaks of delirium. Variations of Cage's music have been heard in a number of recent dance, or not-dance, performances even if they didn't trust the silence, while we were holding it together.

The Fact of Matter, as Forsythe titled a recent installation made for the exhibition *Move: Choreographing You* (Hayward Gallery, London), was neither a choreography nor a dance, as a matter of fact. Informal yet materially concrete, it pretended to be a "choreographic object" and looked like a loose gymnastics sculpture waiting to be acrobatically entered. I entered and hung in the ropes for a while, trying to float my body and climb through the rings, losing and gaining momentum, getting trapped in the physical crisis of effort. But what is this installation, and how could it choreograph me?

Concluding, I briefly trace the supplements of increasingly unstable forms in contemporary dance and dance technologies, looking especially at the risks involved in real-time systems and the unhinging of "dance" from its stage apparatuses and from perceptual integrations (again severely jammed by Forsythe's other machinic installation, *You made me a monster*). "Un-danced," the body felt dangling in the ropes, dislocated into contorsions and deformations obeying some unfamiliar sensomotoric il-logic without having recourse to control or will. Later, when the body had recovered, memories of postmedia dance vaguely returned – fragments of European Konzepttanz of the 1990s, for example Xavier Le Roy's becoming-an-

---

24   Lepecki 2007, p. 120. A crucial Deleuzian essay on organ machines and machinic connections/disjunctions is titled "Schizophrenia and Society," Deleuze 2007, pp. 17–28. See also chapter 6 in Deleuze/Guattari 1987.

Fig. 1 *William Forsythe*, The Fact of Matter, MOVE: Choreographing You, *2010*.
Photo: Michèle Danjoux/DAP-Lab.

imal in *Self Unfinished*, mingled with other associations from the stuttering engines and obsessional tics of bourgeois despair in Pina Bausch's early work (later parodied in Brazil by Wagner Schwartz)[25] or the Baconesque disfigure studies of Meg Stuart's no-longer-readymades.

What happens when the event (dangling in the ropes) moves into contradictory, liminal constellations, the no longer readymade organisms provided by the ill-defined form of installation art or projection art – the latter now also connected into the burgeoning world of online social networking where distributed biograms are passed around through asynchronic interactions (as in Susan Kozel's "IntuiTweet" or other flash mob phenomena)

---

25 For example, in *Wagner Ribot Pina Miranda Xavier le Schwartz Transobjeto* (shown on tour at the IN TRANSIT Festival, Haus der Kulturen der Welt, Berlin, 2006).

that permeate the social controlspace? Addressing such transductive forms of experience, Sher Doruff speaks of Web 2.0 non-places of real-time performance characterized by a kinesthetics of affective, vibratory intensities and polyrhythms. No longer choreographic objects that can be documented and "applied," as Forsythe's platform *Synchronous Objects* (http://synchronousobjects.osu.edu)[26] suggests, but the fracturing of perceptions of the emerging and perishing synaesthetic forms or affective modalities.[27]

I associate such transductions and complex assemblages with the dissolutions of form built into the amputational and manipulatory digital operations in contemporary choreomania. Such operations are predicated on the mutability of the data, the manic data scattering and differential filtering that can reveal how art and life are performed or how dancing/un-dancing can interrupt a given order. Live art hacktivism today implies both chaotic and constructive partitioning forces that can block or traverse the political controlspace which Deleuze had diagrammed after Foucault and Artaud's theatre of cruelty. To repeat: when I am speaking of choreomania here I think primarily of interruptions of the existing order of things, and this is the significance of Artaud's struggle against the *organs* and their cultural correlatives – syntax, organism, language, aesthetic form, identity, and of course representation/theatre itself. For choreographers working in the theatre of representation, such struggle may always be self-contradictory:

> The theatre of cruelty has to begin making the BwO, freeing life of its inauthentic attachment to representation and reconnecting it to the forces that underlie all forms. The theatre of cruelty is not therefore a theatre as such, but an entity defined by a fundamental *conflict* with theatre, a critique of all the institutional practices (the organs) of the theatre in the name of a principle of vitality that dissolves '*notre petite individualité humaine*' (our trivial human individuality). As such, it approaches the efficacy and liminality of ritual ...[28]

As ritual appeared mostly hollowed out in late industrial societies, Konzepttanz choreographers tried particular strategies of un-dancing that soon proliferated across Europe, slowing down the kinetic energies and accumulation principles of self-mobilizing subjectivation, resisting vitalism and interrogating self-presence – *notre petite individualité humaine* – in the on-

---

26   *Synchronous Objects* effectively presents itself as applied research, uncovering various interlocking systems of organization in Forsythe's *One Flat Thing, reproduced* (the prototype), through a series of "objects" that variably allow us to explore choreographic structures and elements, reimagining what else they might look like, where else they might take us.

27   Doruff 2009, p. 136.

28   Scheer 2009, p. 45.

tology of performance. Le Roy's *Self Unfinished* and Jérôme Bel's *Nom Donné par l'Auteur* (followed by *Jérôme Bel; The Last Performance*) relentlessy question the generation of form, and the functioning of the entire apparatus of recognized identity categories of authorship, subject, object, masculinity, femininity, human and animal, etc. Le Roy moves into unrecognizable form, machinic and organic, becoming pathetically distorted, faceless; while Bel dismantles the sense of choreography as such, quietly pulling apart the relations between an object (or subject) and its name, between "a 'you' and a 'me'"[29] or between singularities and multiplicities – thus pushing indetermination to the brink, which one might consider a Deleuzian strategy of bifurcation that seeks to escape, to have done with the judgement of God on the theological stage. Bel was caught in the Catch 22, working in the theatre, performing mutating roles ("Ich bin Susanne Linke," "I am Andre Agassi," "Je suis Jérôme Bel," etc), being or not being, and so he followed *The Last Performance* with more work, *The Show must go on*, realizing along with other performing artists that "madness" is a controlled technique (as "Hamlet" shows us) and has a method. Just as the whirling dervishes of the Mevlevi order – performing their accelerated Sufi ritual as tourist attraction – cannot spiritually transform their audiences, conceptual dancers cannot achieve catharsis nor contagion through their decelerated un-dancing in front of frustrated spectators.[30]

Some controller-tools are at work as well for contemporary dance seeking to affect or infect audiences through the technological sublime and the

---

29 Cf. Lepecki 2006, p. 50.

30 Further below, Yvonne Bahn argues, however, that trance-induction has been used therapeutically to treat obsessional neurosis; Natascha Siouzouli examines the performer-audience relations, precisely focussing attention on the difficulty of disarticulating the overcoded segmentarity of theatre. Artaud's vitalism (he does not mention the dervishes, but Balinese dancers and the Tarahumara Indians he witnessed in Mexico) desperately clings to symbols and allegories when it imagines theatre *as* life. Susanne Foellmer has published a huge "inventory" of carnivalized excesses, implosions and decompositions in contemporary dance, referring to them as "Verschiebetechniken"(Foellmer 2009, p. 196), which Klaus Nikolai (Festspielhaus Hellerau), in an essay draft for our volume, also describes succinctly as controlled techniques for uncontrolling exertions ("Entregelung der Sinne"): "Stellen wir uns vor, dass es um Ekstase ginge, um ein vollständiges aus dem Körper-Treten durch den Leib hindurch? Dazu möchte ich eine spannende Arbeit von zwei Forsythe-Tänzern in Hellerau als Beispiel anführen, die ihre Choreografien selbst getanzt haben: Das sah wirklich aus wie Wahnsinn, beruhte aber auf einer unglaublichen Trennung zwischen Körper und Geist, wobei der Geist ganz allein extreme Körperaktionen zu steuern schien. Da knallte man nur so gegen die Wände mit starrem Blick. Der Körper war ein einziges physikalisches Objekt und am Ende an keiner Stelle verletzt ... Unglaublich! Aber ich denke, das hat etwas mit Körper-Bewußtseins-Arbeit zu tun, weniger mit Wahnsin, nichts mit Ekstase oder Rausch."

transformations of in-forming techniques, yet relying more often on chance in complex live systems, thus shifting attention to dynamically perceived behaviors on part of performer and system. Glitches and flickers, cracks and breaks, to use sonic allegories, are naturally occurring malfunctions or (desirably) involuntary random events when the system is pushed and distressed. The intrusion of noise into the system merely indicates that the embedding system itself is not stable or closed, but always dynamically evolving into a becoming and unbecoming of form (*informe*), not unrelated to what Yve-Alain Bois and Rosalind Krauss describe in their take on Bataille (*L'Informe: mode d'emploi*). The generative principle, informe's "instructions for use," which are like a set of operations, permeable and provisional, cannot but do violence to the formalism on which the aesthetic precepts of modernism were built (and which postmodernism couldn't get rid of). It also implies that (authentic) acting out or re-enactment are useless concepts in a larger context of always interactional or distributed/networked art. Dancing is data – pro-actively usable, re-usable. Losses of data are to be expected. As a consequence, there never will have been an original "I" but only a becoming without measure, at the breaking points in the relations between the natural and the artificial, into the friction effects and clicks.

Is You Me is created by Louise Lecavalier, Benoît Lachambre, Laurent Goldring and Hahn Rowe.[31] Ostensibly a duet between Benoît Lachambre and Louise Lecavalier, this dance reflects some of the fascinating aspects of a "cracked medium" – in the sense in which Caleb Kelly has examined 20th century musical and artistic production by looking at experimental usage of playback and sound-producing technologies whereby tools of media playback are expanded beyond their original function as a simple playback device for prerecorded sound or image. The generative and glitch aesthetics of cracked media point to processes of alteration and malformation, usually enacted on the material surface of a medium.[32]

The first malformation once notices in *Is You Me* is the occlusion of the individual subject/performer. On a raked white platform, which backs up into a slightly curved white screen, we can barely make out anything initially, except for a black pullover with sleeves and hood, lying there as an abstraction of a torso. A puppet-like shadow appears, seems to become animated, with tiny legs, but it is "only" a projection, lines drawn and then redrawn, with swift marks of a pencil. Then first one, then another figure gradually appears in black hooded costumes; for a long time we do not recognize dancers or their gender, no body no subject, we only perceive stun-

---

31 I experienced the performance at the Dansens Hus during the 2009 Coda Dance Festival in Oslo.

32 Kelly 2009. After Hijikata, Ohno and Teshigawara, it is particularly interesting to see the manic punk aesthetic in current Japanese dance, sonics and manga.

Fig. 2 Is You Me, *co-created by Benoît Lachambre, Louise Lecavalier, Hahn Rowe and Laurent Goldring. A ParBLeux production © 2009 André Cornelier. Courtesy of Latitudes Prod.*

ningly quick brush strokes, animated lines that circle and dance around the hooded pantomime of silhouettes, creating scene after scene in a constantly moving universe. Perplexing scenes of phantom realities. In terms of animation (e.g. Miyazaki), one can see the scenes as *doga*, moving pictures or animated drawings.

The figures on the platform, flat and nearly two-dimensional, move in strangely wobbling and flapping ways, they are manga characters perhaps, appearing to engage in a surreal cosplay to the haunting electronic violin and innumerable crackling sound effects generated by Hahn Rowe, standing downstage left, while on the opposite side of the stage, seated at his laptop, light and projection designer Laurent Goldring creates his live kinetic sceno-graphies and drawings, perishing in real-time, under constant erasure. The movement of the performers remains two-dimensional for some time, limbs popping, contorted twisting and trembling extremities, stretched cloth and Kafkaesque forms emerging and combining with the line tracings, marks, blotches, smears and extraordinary zigzagging calligraphies created by Goldring's hands on the computer tablet. Now there is a full landscape, then it is wiped away, and on a blank canvas the tracings of motion start again, while eventually, now in yellow and green hoods, the dancers reveal a face, a hand, a bare back, almost as if animal or human-like bodily contours form associations with an imaginary story (metamorphosis, à la Kafka) that resembles an uncanny nightmare, a dream with (at one point) a black and white film scene of a car driving through heavy rain, we look at the night through the windshield, one performer stands sprawled in front of the projection as if he/she were an insect caught on the glass, smashed up. I can barely believe what I am seeing. Near the end, the live animation draws a horse shape, a huge Picasso-like cubist monster with a wide open mouth, red color bleeding from its belly as if this troubled image wanted to be more than cartoon, shapeshifting into a densely emotional virtual landscape.

What can we call such a dynamic real-time kinetics, with its seamless integration of drawing and movement, which at the same time appears corrosive, not centered on fusion but on the physical cracks and breaks in the surface, on decomposition of identities, on concealable (bodies) errors and layerings that slip away and cannot surge into the heart of the matter? Returning to Esposito's claim for discorporation, the instability of open systems – as theorized by Doruff and modeled into the digital performance of *Is You Me* – implies rethinking the relations between norm and life. There is no more crucifixion, no God, no sacrifice and no bare life, once no fundamental norm exists any more from which others can be derived, and once the notion of the individual no longer indicates an individual subject but always emerging multiplicities of interrelations. The ethical consequence would be toleration of all life-forms, and reciprocal movement toward life. I propose that all of this is post-choreographic, since changeable and inherently unstable or indeterminate within intelligent systems. An assemblage such as *Is You Me* (performed interactively by dancers in close unison with generative software as it was also modeled in Chunky Move's *Glow*[33]), suggests infectious improvisatory rhythms, jazz-like call and response modulations that dilate with the effervescent human body, asynchronously mixing temporalities, durations and syntheses in what some DJs and VJs have called synaptic – firing up the immanent circulations of flows. This also echoes Deleuze and Guattari's anti-Oedipal schizoanalysis of political culture, having done with the judgement of God, and imagining choreomanic possibilities, not choreographies, that are points of reversal away from determination. If dancing Is You Me were a poetic incantation, in the spirit of Artaud, it would signify positively "mad" transitional world-body relations, impeding the body's own absolute immanence.

---

33   The Australian company, which I saw perform at Hellerau's CYNETart_2007 encounter Festival, worked with the machine vision of the software – wonderfully named "Kalypso"– devised by computer artist Frieder Weiss. It observes and analyses the dancer and reacts (anticipates) to her movement; its Greek name, translated, means "the camouflager, the hider."

Literature

Artaud, Antonin, *Oeuvres Complètes*, 26 vols (of 30 prepared), Paris 1976–2011.

Artaud, Antonin, *The Theatre and its Double*, trans. M.C. Richards, New York 1958.

Blau, Herbert, "Performing in the Chaosmos: Farts, Follicles, Mathematics and Delirium in Deleuze," in Laura Cull, *Deleuze and Performance*, Edinburgh 2009, pp. 22–34.

Birringer, Johannes, "After Choreography," *Performance Research* 13:1 (2008), pp. 118–22.

Bois, Yve-Alain and Rosalind E. Krauss, *Formless. A User's Guide*, New York 1997.

Caponi, Gena Dagel, ed., *Signifyin(g), Sanctifyin', and Slam Dunking A Reader in African American Expressive Culture*, Amherst 1999.

Deleuze, Gilles, *Two Regimes of Madness: Texts and Interviews 1975–1995*, ed. by David Lapoujade, trans. By Ames Hodges and Mike Tarmina, New York 2007.

Deleuze, Gilles and Guattari, Félix, *A Thousand Plateaus: Capitalism and Schizophrenia*, trans. B. Massumi, Minneapoli 1987.

Delezue, Gilles, *The Logic of Sense*, trans. Mark Lester, ed. Constantin V. Bounds, New York 1990.

Doruff, Sher, "The Tendency to 'Trans-': The Political Aesthetics of the Biogrammatic Zone," in Maria Chatzichristodoulou, Janis Jeffries and Rachel Zerihan (eds.), *Interfaces and Performance*, London 2009, pp. 121–40.

Esposito, Robert, *Bíos: Biopolitics and Philosophy*, trans. Timothy Campbell, Minneapolis 2008.

Foellmer, Susanne, *Am Rande der Körper: Inventuren des Unabgeschlossenen im zeitgenössischen Tanz*, Bielefeld 2009.

Forsythe, William, *Suspense*, ed. Markus Weisbeck, Zurich 2008.

Foucault, Michel, *"Society Must be Defended": Lectures at the Collège de France, 1975–76*, ed. Mauro Bertani and Alessandro Fontana, trans. David Macey, New York 2003.

Gates, Henry Louis, Jr., *The Signifying Monkey*, New York 1988.

Hewitt, Andrew, *Social Choreography: Ideology as Performance in Dance and Everyday Life*, Durham and London 2005.

Kelly, Caleb, *Cracked Media: The Sound of Malfunction*, Cambridge, MA. 2009.

Lepecki, André, *Exhausting Dance: Performance and the Politics of Movement*, London 2006.

Lepecki, André, "Choreography as Apparatus of Capture," *TDR: The Drama* Review, 51:2 (2007), pp. 120–23.

McCarren, Felicia, *Dance Pathologies: Performance, Poetics, Medicine*, Stanford 1998.

Manning, Susan, *Ecstasy and the Demon: Feminism and Nationalism in the Dance of Mary Wigman*, Berkeley 1993.

Merleau-Ponty, Maurice, *The Visible and the Invisible*, trans. Alphonso Lingis, Evanston 1968.

Scheer, Edward, "I Artaud BwO: The Uses of Artaud's To have done with the judgement of god," in Laura Cull (ed.), *Deleuze and Performance*, Edinburg 2009, pp. 37–53.

Weiss, Allen S., *Phantasmatic Radio*, Durham and London 1995.

Gregor Rohmann

Vom „Enthusiasmus" zur „Tanzwut": Die Rezeption der platonischen „Mania" in der mittelalterlichen Medizin

Im Sommer 1374 traten in Aachen, Köln, Metz und anderen Städten an Rhein, Mosel und Maas Männer und Frauen auf, die gemeinsam auf den Straßen und in den Kirchen tanzten. Damit wurde ein Phänomen quellenmäßig greifbar, das bis ins 17. Jahrhundert im erwähnten Gebiet immer wieder auftreten sollte und das die Forschung gemeinhin unter dem Rubrum „Tanzwut" oder auch „Veitstanz" zusammenfasst. Vielfach hat man schon die sogenannte Tanzlegende von Kölbigk (angeblich 1021) in diesem Kontext stellen wollen.[1] Neue Aufmerksamkeit hat in jüngster Zeit auch die Tanzbewegung von Straßburg 1518 gefunden.[2] Weniger bekannt sind die Tanzwallfahrten, die zum Teil noch nach dem Dreißigjährigen Krieg an verschiedenen Orten in Schwaben und am Oberrhein gepflegt wurden.[3] In der Forschung werden diese Reigen bis heute entweder als religiöse Rituale – sei es mit heidnischem, sei es mit häretischem Hintergrund –, als Ausbrüche von krisenbedingter Massenhysterie oder als Folge epidemischer Vergiftung mit halluzinogenen Substanzen gedeutet. In der Tanzliteratur hat sich spätestens seit Curt Sachs ein ganz eigener Selbstvergewisserungsdiskurs herausgebildet, der im unfreiwilligen Tanz die psychopathologische Folge der angeblichen kirchlichen Repression eines quasi universellen Bewegungstriebes sehen will:

> „Wie Vulkane, die man längst erloschen wähnte, neu zu arbeiten beginnen, wie nach kleinen Teileruptionen eines Tages ungeheure Massen herausgeschleudert werden und brennend und vernichtend alles Lebendige fortreißen und begraben, so entfesselt sich plötzlich um die Mitte des 14. Jahrhunderts in der Rheinniederung [...] eine unbezwingliche Tanzwut [...]."[4]

Ganz ähnliche Diskussionen über die Hintergründe des auffälligen Verhaltens führten schon die spätmittelalterlichen Gelehrten. Manche zeitgenössische Theologen sahen in der Tanzwut einen Ausdruck dämonischer Besessenheit – und zumindest 1374 wurden die Betroffenen auch ent-

---

1   Vgl. Rohmann 2011.
2   Waller 2008.
3   Martin 1914.
4   Sachs 1933, S. 171; Klein 1992, S. 12, 55 ff., 67–69; Koch 1995, S. 74.

sprechend mit Exorzismen behandelt. Die Ärzte hingegen diagnostizierten eine Krankheit mit natürlichen Ursachen – und sollten sich langfristig mit dieser Deutung durchsetzen. Der Limburger Chronist Tilemann Elhen von Wolfhagen schildert diesen Deutungskonflikt eindrücklich (und zeigt sich dabei den Medizinern gegenüber skeptisch):

> *„Heruf sprechent endeiles meister, sunderlichen di guden arzide, daz endeiles worden danzen, di von heißer naturen waren, unde von anderen gebrechlichen naturlichen sachen. Danne der was wenig, den daz geschach. Di meister von der heiligen schrift di beschworen der denzer endeiles, di meinten, daz si beseßen weren von dem bosen vigende."*[5]

Die „heiße Natur" der Tänzer rührte der zeitgenössischen Säftelehre zufolge von einem Übergewicht von Blut und gelber Galle gegenüber den „kalten" *humores* Schleim und schwarzer Galle her. Eine solche „Dyskrasie" konnte schwere Folgen haben, die etwa die 1499 gedruckte Koelhoffsche Chronik der Stadt Köln explizit benennt, wenn sie über 1374 berichtet:

> *„In dem seluen jair stonde ein groisse krankheit up under den minschen, [...] ind quam van naturlichen ursachen, als die meister schriven, ind noemen si maniam, dat is raserie of unsinnicheit, [...]."*[6]

Tanz als Wahnsinn – das klingt vertraut. Dass *„mania"* und *„raserie"* jedoch nur sehr mittelbar etwas mit unserem Verständnis von Wahnsinn zu tun haben, soll im folgenden gezeigt werden. Denn wir würden die Ursachen des Wahnsinns wohl kaum noch in einer fehlerhaften Mischung der Körpersäfte suchen. Die Ärzte im Rheinland des 14. bis 17. Jahrhunderts rekurrierten hier auf eine Diskussion, die sich bis in die Anfänge der antiken griechischen Medizin zurück verfolgen lässt.

Eine etwas anders gelagerte Erklärung für die rätselhafte Tanzkrankheit erwähnt Nikolaus von Siegen (1495) im Zusammenhang mit dem legendenumwobenen Tanz der Kinder von Erfurt nach Arnstadt im Jahr 1237:

> *„*[...] *und keiner der Weisen, die es versuchten, konnte diesen Tanz erklären. Die Einen sagten, der Grund sei im Lauf der Sterne oder der Planeten zu sehen, die Anderen, es sei Schicksal gewesen."*[7]

Der unwiderstehliche gemeinsame Tanz folgt also den Bewegungen der Himmelskörper. dieser Ansatz erweist sich bei näherem Hinsehen als Variante des medizinischen. Seine Konzeption vom menschlichen Körper

---

5   Wyss (Hg.) 1883, Kap. 97, S. 64.

6   Hegel (Hg.) 1876, S. 715.

7   Wegele (Hg.) 1855, S. 355 (Diese und alle weiteren Übersetzungen lateinischer Quellen: GR); vgl. dazu Wähler 1940; Kälble 2007.

und seinen Zuständen, die „Humoralpathologie", übernahm das Mittelalter von der antiken hippokratischen Medizin, wie sie Galen von Pergamon
(um 129 – 216 n. Chr.) kanonisch ausformuliert hatte: Die Lehre von den
vier Säften, deren Mischungsverhältnis im Körper die Gesundheit des Menschen bestimmt, verband den Körper (Mikrokosmos) mit dem All (Makrokosmos), in dem jedem der Säfte ein Element, eine Jahreszeit, eine Him-
melsrichtung, ein Planet entsprach. Tanz war demnach immer auch
Nachvollzug der himmlischen Sphärenbewegungen, des ewigen Reigens
der Sterne und Planeten um Gott im Zentrum. Eine Störung des Verhält-
nisses von Mikrokosmos und Makrokosmos äußerte sich in einem Verlust
der körperlichen Harmonie, in Krankheiten aller Art, und im Fall der „Mania" in der Gefangenheit in einem unabschließbaren, disharmonischen
Reigen, in unkontrollierten Bewegungen.

Schon Platon hatte die „Mania" als Einwohnung eines Gottes in einen
Menschen beschrieben, durch die dessen Harmonie mit dem Kosmos einerseits gestört, andererseits aber auch wieder hergestellt werden konnte.
Dabei unterschied er vier Formen des göttlichen „Enthusiasmus" (wörtlich:
„Eingottung"): erotisch (durch Eros bzw. Aphrodite), mantisch (durch
Apoll), poetisch (durch die Musen), und schließlich telestisch (durch Dio-
nysos). „Mania" und „Enthusiasmus" gingen so eine enge Verbindung
ein.[8] Das frühe Christentum hatte diese Beschreibungen ins Negative ver-
kehrt: Göttlicher Enthusiasmus wurde nun zur dämonischen Besessenheit;
„Mania" zur Krankheit der Gottesferne, des Unglaubens, der Heillosigkeit.
Die „Tanzwut" erweist sich so als später Reflex auf das neoplatonische Erbe
des Christentums.[9]

Die „Tanzwut" des späten Mittelalters stellte demnach ein medizinisches
Phänomen dar, das jedoch seine Bestandteile und seine Logik aus jener
spezifischen Kosmologie bezog, die das christliche Mittelalter von der py-
thagoräischen und platonischen Philosophie der Antike geerbt hatte. Neben dieser religiös-kosmologischen Deutung der „Mania" kennt jedoch
schon Platon auch eine medizinisch-körperliche. Diese Traditionslinie ist
in der bisherigen Diskussion zur „Tanzwut" vollständig ignoriert worden.
Im folgenden soll daher die Entwicklung dieses medizinischen Konzepts
von Tanz als „Mania" nachgezeichnet werden, von der frühen griechischen
Medizin über die spätantike Kompendienliteratur und die Schule von Salerno (11./12. Jh.) bis zur humanistischen Medizin des 15. und 16. Jahrhunderts. Auf welche medizinischen Autoritäten also konnten jene Ärzte sich
berufen, die für sich beanspruchten, die „Tanzwut" deuten zu können?

---

8   Rouget 1985, S. 188–200.

9   Vgl. Rohmann 2009. Dieser wie der vorliegende Beitrag bilden Teilaspekte meiner
     Habilitationsschrift zum Thema ab, die ich im Februar 2011 an der Johann Wolf-
     gang Goethe-Universität Frankfurt am Main eingereicht habe.

Mania und Enthusiasmus in der griechischen Medizin

Bei Galen taucht die „Mania" häufiger auf, wenn auch nicht an zentraler Stelle. Wie schon Hippokrates[10] sah er sie offenbar zunächst als von der gelben Galle hervorgerufen an.[11] Da die Bewegungen der *humores* den Jahreszeiten folgte, war die „Mania" wie Melancholie und Epilepsie für Hippokrates und Galen vornehmlich ein Phänomen des vom Blut (*sanguis*) beherrschten Frühlings und des Sommers.[12] Mit dieser Zuordnung der „Mania" zum Frühling hatten Hippokrates und Galen ein Motiv formuliert, auf das noch die Ärzte des 17. Jahrhunderts zurückgreifen konnten. Denn die Reigen der Tanzwütigen zu Sommerbeginn bildeten ihren Beschreibungen zufolge den Höhepunkt eines im Frühling anschwellenden Leidens.[13]

In den unter dem Namen Galens überlieferten Werken findet sich jedoch auch ein anderer Krankheitsbegriff, der für die weitere Entwicklung von großer Tragweite sein sollte: Die pseudo-galenischen[14] „*Definitiones medicae*" enthalten als letztes Lemma den „Enthusiasmus":

> „Der Enthusiasmus ist ein Aufstoßen der göttlichen Macht, zum Beispiel wenn Einige bei der Verrichtung heiliger Handlungen im Geiste erfasst werden, als ob sie etwas gesehen hätten oder als ob sie Trommeln oder Pfeifen oder Signale gehört hätten."[15]

Um eine Integration des „Enthusiasmus" in die humoralpathologische Ätiologie bemühen sich die „*Definitiones Medicae*" nicht. Der unbekannte Verfasser hatte die rätselhafte Krankheit wohl auch nur aus Vollständigkeitsgründen aufgenommen, weil er ihn bei einigen alten griechischen Ärzten hatte finden können.

Denn schon der vorsokratische Philosoph und Arzt Empedokles (um 494 – um 434 v. Chr.) hatte gelehrt, dass es zwei Formen von „Mania" gäbe: diejenige, die zur Reinigung des Geistes diene, und diejenige, bei der eine körperliche Ursache zu einer Verwirrung des Geistes führe.[16] Und schon

---

10 Wellmann (Hg.) 1901, S. 21, Anm. 3.

11 Hippocratis Aphorismi et Galeni in eos Commentarii, in Kühn (Hg.) 1829, S. 624.

12 Galeni de Hippocratis et Platonis Placitis Liber Octavus, in: Kühn (Hg.) 1823, S. 693 f.; Hippocratis de Humoribus Liber et Galeni in Eum Commentarii Tres I, in: Kühn (Hg.) 1826, S. 26; Hippocratis Aphorismi et Galeni in eos Commentarii, in: Kühn (Hg.) 1829, S. 563, S. 615; Hippocratis Epidem. I et Galeni in illum Commentarius I, in: Kühn (Hg.) 1828, S. 30 f.

13 So etwa der Ulmer Stadtarzt Gregor Horstius, vgl. Martin 1914, S. 127.

14 Nickel 2004, S. 449.

15 Galeni Definitiones medicae, in: Kühn (Hg.) 1830, S. 462 (Nr. CDLXXXVII).

16 Bendz/Pape (Hg.) 1990, I. 5, Nr. 145, S. 516; vgl. dazu: Wellmann (Hg.) 1901, S. 21, Anm. 5.

Praxagoras von Kos (4. Jh. v. Chr.)[17] hatte daraus eine Krankheitskategorie „*Entheastikon*") abgeleitet:

> „Er sagt, dass er am Herzen entsteht und an der Aorta. Außerdem gibt es ein Aufsteigen von Blasen an den Füßen. Er sagt, dass diese Krankheit durch diese Blasen zu bestimmten Zeiten an bestimmten Köperteilen erneuert werde. Manchmal werden die Hände dadurch geschüttelt, manchmal der Kopf."[18]

Ähnlich erklärte Praxagoras auch die „Mania".[19] Er sah also mit Hippokrates noch das Herz als Sitz der Gedanken und damit auch als Entstehungsort der „Mania". Ein Ungleichgewicht in den Säften führe zur Blasenbildung und damit zu den körperlichen Symptomen der Mania bzw. des „*Entheastikon*".[20] Der medizinische Diskurs über „Enthusiasmus" und „Mania" ist also nicht etwa Produkt einer naturwissenschaftlichen Rationalisierung des bei Platon angelegten spirituell-religiösen Konzepts. Vielmehr gibt es schon unter dessen Zeitgenossen Versuche, auch die „göttliche" Mania rein körperlich zu erklären.

Und auch Platon selbst und seine Schüler bezogen sich, wenn sie über die krankhafte „Mania" sprachen, immer wieder auf humoralpathologische Erklärungsansätze. So führte er schon im „*Timaios*" die ihm durchaus bekannte krankhafte „Mania" auf ein Ungleichgewicht der phlegmatischen und galligen Säfte zurück.[21] Jahrhunderte später sollten seine neoplatonischen Schüler um Plotin (um 205 – um 270 nach Chr.) und Porphyrius (234 – Anf. 4. Jh. n. Chr.) diesen Gedanken dankbar aufnehmen, da sie die Vorstellung einer Anwesenheit der höheren Wesen in der irdischen Welt grundsätzlich ablehnten. Philosophischer und medizinischer Diskurs stehen hier von Anfang an in einer Wechselbeziehung. Platons „Mania" war also nicht nur selbst Ausgangspunkt einer medizinischen und einer religiösen Debatte. Sie geht selbst schon auf eine ärztliche Quelle zurück, die beide Formen, den krankhaften Wahnsinn wie die göttliche Einwohnung, gekannt hatte.

Ausführlicher beschrieben findet sich die „Mania" bei Aretaeus von Kappadokien (ca. 80/81 – 130/138 n. Chr.), einem griechisch schreibenden Arzt in Alexandrien. Sie sei bedingt durch Wärme und Trockenheit, also durch die gelbe Galle. Aretaeus vergleicht die „Mania" mit der durch die kalttrockene schwarze Galle bedingten Melancholie.[22] Hervorgerufen werde sie

---

17 Zur Person vgl.: Moog 2004.
18 Fuchs (Hg.) 1894, S. 549. Dt. Übers. nach: Steckerl (Hg.) 1958, S. 81.
19 Fuchs (Hg.) 1894, S. 548; Steckerl (Hg.) 1958, S. 81.
20 Steckerl (Hg.) 1958, S. 7 f.
21 Wellmann (Hg.) 1901, S. 21, Anm. 5.
22 Vgl. hierzu und zum folgenden: Beek 1974, S. 97–104.

durch übermäßiges Essen, Trunkenheit und sexuelle Maßlosigkeit, bei
Frauen durch die Menopause. Die Ursache liege in den Eingeweiden, denn
die Maniakalen hätten keine Halluzinationen, sondern korrekte Sinnes-
wahrnehmungen, die sie aber falsch beurteilten. In manchen Fällen

> „[...] tritt die Manie unter der Form der Lustigkeit auf. Solche Leute lachen, spie-
> len, tanzen Nacht und Tag; gehen auf den Markt, um sich sehen zu lassen, biswei-
> len mit Kränzen geschmückt, als wenn sie siegreich aus einem Wettkampf her-
> vorgegangen wären."[23]

Die heiteren Maniakalen bräuchten kaum Schlaf, alle klagten jedoch über
Kopfschmerzen.

> „Ihr Gehör ist fein, aber ihr Geist träge. Einigen klingt und tönt es in den Ohren,
> wie von Trompeten und Flöten. Nimmt die Krankheit zu, so bekommen sie Blä-
> hungen und Ekel, essen viel und gierig, weil sie keinen Schlaf haben und die
> Schlaflosigkeit zum vielen Essen anregt."[24]

Die Symptomatik des Aretaeus enthält einige der zentralen Bestandteile, die
noch in den spätmittelalterlichen Darstellungen der „Tanzwut" eine zentrale Rolle spielen sollten: blut- bzw. feuerrote Farbhalluzinationen, sexuelle
Zügellosigkeit auf dem Höhepunkt der Erkrankung, in einigen Fällen un-
aufhörliches Laufen im Kreis.[25] Während letztere Züge an die unendlichen
Kreisbewegungen des Himmelsreigens erinnern mögen, binden die roten
Farbsensationen und die Promiskuität die eigentlich rein humoralpathologische Konzeption an die dionysische „Mania" Platons zurück: Rot war die
Farbe des pyrrhischen Schwerttanzes,[26] aber auch des Gottes Dionysos,[27]
sexuelle Ausschweifung dessen vornehmster Wesenszug. Aretaeus jedoch
sieht in diesen Zügen nurmehr medizinische Symptome, wie er überhaupt
göttlichen Einfluss auf die „Mania" ablehnt.

Die in Hände und Füße aufsteigenden Blasen des Praxagoras, das Wirken Gottes in den *„Definitiones medicae"*, die religiösen Wahnvorstellungen
bei Aretaeus, die durch Blähungen ausgelösten und Schwerttänze evozie-
renden Ohrengeräusche stehen jedoch nicht für ein heute bekannte Krankheitsbild. Ihnen liegt kein greifbares konsistentes Syndrom der heutigen
medizinischen Nomenklatur zugrunde, und schon gar kein physiologisches
oder neurologisches Substrat, ja: erkennbar nicht einmal eine einheitliche
psychosomatische Disposition. Sie alle stehen jedoch als Entwicklungs-

---

23   Mann 1858, S. 52.
24   Mann 1858, S. 53 f.
25   Mann 1858, S. 54.
26   Katner 1956, S. 29.
27   Jostes 1926/30, Bd. 1, S. 35–37.

schritte in der Geschichte der kulturellen Konstruktion dessen, was im
Spätmittelalter als „Tanzwut" manifest werden sollte. Diese Entwicklung ist
keine Rationalisierung oder Medikalisierung eines zunächst religiösen bzw.
„irrationalen" Denkens. Vielmehr bewegt sie sich seit ihren Anfängen kon-
tinuierlich an der Schwelle zwischen spirituell-religiöser und medikal-hu-
moralpathologischer Körperwahrnehmung.

Der Enthusiasmus als frühmittelalterliches Krankheitskonzept

Um das Jahr 800 entstand wohl im fränkischen Reichskloster Corbie der
„Liber Glossarum", die wohl wichtigste Enzyklopädie der Karolingerzeit.[28]
Als Auslöser der „Mania" wird hier Ohrensausen genannt.[29] Schwere Spei-
sen und/oder Schlafmangel führen demnach zu einem Übergewicht an
Blut und gelber Galle, diese zu Winden im Körper, die sich durch Geräu-
sche im Gehör äußern, welche wiederum die Raserei auslösen. Unter den
vielen Tausend Lemmata dieses Mammutwerkes der karolingerzeitlichen
Gelehrsamkeit findet sich als „species [...] maniae periculosa" aber auch der
„Enteasmos". Die Opfer, so heißt es da, würden

> „[...] plötzlich ergriffen vom Tanz mit den Füßen oder Klatschen mit den Händen,
> als ob sie in den Höhlen ihrer Ohren verschiedene Stimmen hörten, von Flöten,
> Gesang oder Musikinstrumenten, oder die schlagenden Klänge von Zimbeln, und
> mit großer Freude folgen sie diesen. Wie die Kühe an den Opferaltären pflegten
> sie verschiedenen Klängen zu folgen, wie Priester werden sie durch diese Klänge
> erweicht, wenn sie den Göttern ihre Opfer bringen. So hören sie in ihrem Gehirn
> jene schlagenden Klänge und tanzen nach Gehör dieser Klänge, sie frohlocken
> oder stellen sich auf in einem schnellen Lauf, plötzlich reißen sie das Schwert
> heraus oder einen Knüppel und schlagen sich. Und weder spüren sie die Verlet-
> zungen, die sie sich selbst zuziehen, noch zögern sie, anderen Menschen solche
> zuzufügen. Diese sind es, die andere [Ärzte] Mondsüchtige nennen. Im Herein-
> lassen oder im Zorn der Götter geschieht es, so wie Diana im Kampf erfasst wurde
> vom Zorn des Apoll, mehrmals in schnellem Lauf mit großem Jammer. [...]"[30]

Diese Beschreibung ist erkennbar kaum christlich überformt. Die Einwohnung des Gottes vollzieht sich ausdrücklich als Form der Bestrafung bzw.
des Zorns, was sehr an die platonische „Mania" erinnert. Ebenso auffällig

---

28   Lindsay (Hg.) 1926, S. 1.
29   Heiberg (Hg.) 1924, S. 44 f.
30   Heiberg (Hg.) 1924, S. 29 f.; vgl. ebenda, S. 29, Anm.; zur Herkunft und Prove-
     nienz der Glossen vgl. ebenda, S. 3.

ist die Beschreibung des verletzungsträchtigen Tanzes mit Schwertern und Knüppeln. Der *Liber Glossarum* rekurriert hier auf den sogenannten „pyrrhischen Tanz", wie ihn schon Platon beschrieben hatte: einen Waffentanz im antiken Griechenland, der vom *Aulos*, einer Flöte, begleitet wurde.[31] Vermittelt durch Lukian von Samosata sollte dieser Schwerttanz noch in mystischen Imaginationen des späten Mittelalters eine Rolle spielen.[32] Dem eigentlich hochgradig akrobatisch disziplinierten Tanz unter Schwingen von offenen Schwertern wohnte offenbar ein Imaginationspotential von aggressiver und pathologischer Entgrenzung inne. In den stärker christlich durchgeformten Schilderungen der spätmittelalterlichen nordalpinen Tanzkrankheit sollte dieses Schwerttanz-Motiv nicht mehr auftauchen, wohl aber in den Zeugnissen zum italienischen *Tarantismo*.[33]

Eine Vorlage des *Liber Glossarum* bildete eine um 600 nach Chr. entstandene Kompilation von Krankheitsbeschreibungen, die unter dem Autoren-Pseudonym *„Esculapius"* firmierte.[34] Das Werk wurde im Jahr 1533 in Straßburg erstmals gedruckt. Ausführlich behandelt der *„Esculapius"* mehrere Krankheiten im Umfeld des „Enthusiasmus": Zunächst wird wie seit Galen üblich die *„Epilepsia"* physiologisch erklärt.[35] Sodann beschreibt *„Esculapius"* die „Mania". Neben zahlreichen anderen Symptomen erwähnt der *„Esculapius"* auch dies:

> „Sie tritt jedoch bei ihnen ein, während sie mitten in einer [Buß]übung sind, oder im Bad, oder wenn sie gerade auf dem Marktplatz tanzen."[36]

Dieses Leiden trete vor allem im Frühling oder im Winter auf, selten hingegen im Sommer. Es betreffe auch vor allem Kinder, Mütter und Jugendliche, da diese eine größere Blutfülle hätten.[37] Folgerichtig diskutiert auch *„Esculapius"* neben parmazeutischen Therapien vornehmlich Maßnahmen zur Abfuhr der durch falsche Verdauung hervorgerufenen Blutfülle und der damit zusammenhängenden Winde.[38]

Nach einem Kapitel über die *„Melancholia"* kommt er dann zu einer „sehr gefährlichen Form der Mania": zum *„Enthusiasmon"*:

---

31 Rouget 1985, S. 213–215.
32 Benz 1976, S. 28.
33 Vor allem bei Athanasius Kircher: Hecker 1832, S. 589; Schneider 1966, S. 118; Katner 1956, S. 5 mit Abb. 1, 15.
34 Jourdan 1927, S. 121; Niedermann 1943, S. 259.
35 Esculapius 1533, Kap. III, S. iiii f.
36 Esculapius 1533, Kap. III, S. vi.
37 Esculapius 1533, Kap. III, S. vii.
38 Esculapius 1533, Kap. III, S. vii.

„Sie werden erregt wie die Maniakalen und erheben die Hand gegen sich selbst. Sie werden plötzlich ergriffen von einem Tanz der Füße oder Hände, als ob sie in ihren Gehörgängen die anmutigen Stimmen göttlicher Gesänge hörten, oder die schlagenden Klänge von Tympana und Zimbeln, und mit größter Freude antworten sie diesen. Wie Kühe am Opferaltar ein Durcheinander von Tönen zu machen pflegen, oder wenn die Priester die Opfer vorzeigen, so werden jene Geräusche hervorgebracht. So hören sie jene schlagenden Töne in ihrem Gehirn, und vom Gehörten überzeugt, werden sie zu Teilnehmern des Tanzes. Oder sie sind eifrig in schnellem Lauf, so dass sie plötzlich ein Schwert oder einen Knüppel herausreißen und sich schlagen, und nicht spüren, ob sie sich oder anderen Verletzungen zufügen, nicht wissend, was sie tun. [...] Im Hereinlassen oder im Zorn bilden sie mehrmals einen schnellen Lauf und stoßen Rufe aus. [...] Sorgfältig muss man diese hindern. Wenn sie die oben beschriebenen Töne hören, sind sie sorgfältig einzuschließen. Und wenn sie sie hören, sind sie je nach Zustimmung zur Ader zu lassen und ihr Bauch ist zu bewegen. Sie sollen leichte Speisen zu sich nehmen, mit warmem Wasser, damit alle Winde, die im Gehirn die Geräusche auslösen, vertrieben werden. Mit ihrer eigenen Zustimmung sollen sie Ruhe haben. [...].“[39]

Diese Beschreibung ähnelt auffällig jener im *„Liber Glossarum“*. Wie im *„Liber Glossarum“* wird auch im *„Esculapius“* die Raserei ausdrücklich mit religiösen Opferriten verglichen. Auch die Assoziation zum antiken Waffentanz ist erneut enthalten. Anders als die fränkische Klosterenzyklopädie des frühen 9. Jahrhunderts enthält das medizinische Kompendium des 6./7. Jahrhunderts auch diätetische Therapievorschläge, die eine humoralpathologische Ursachenannahme erkennen lassen: Die eingebildeten Geräusche im Gehör, die den „Enthusiasmus“ auslösen, werden auf Winde zurückgeführt, die man mittels leichter Ernährung und Aderlass bekämpfen könne.

Einer der Pioniere der Schule von Salerno und damit der Entstehung der mittelalterlichen Medizin als akademischem Lehrfach war Mitte des 11. Jahrhunderts der Langobarde Gariopontus. Er kompilierte aus der frühmittelalterlichen medizinischen Überlieferung, insbesondere aus Galens *„Therapeutikà“* ein medizinisches Handbuch, das bis ins 16. Jahrhundert in ganz Europa im Gebrauch sein sollte.[40] Die erstmals 1526 in Lyon (*„Passionarius Galieni“*) und dann 1536 in Basel (*„De morborum causis“*) gedruckte Sammlung seiner Krankheitsbeschreibungen enthält denn auch einen längeren Eintrag zur „Mania“. Mit beinahe den gleichen Worten wie der *„Esculapius“* erklärt Gariopontus sie als Folge eines Ungleichgewichts der Säfte

---

39 Esculapius 1533, Kap. VI, S. x.
40 Keil 1989; Wegner 2004 b.

und empfiehlt entsprechende pharmazeutische und diätetische Maßnahmen.[41]

Und auch für die *„species maniae periculosa nimium"* greift der Salernitaner auf Vorlagen zurück, die denen des *„Esculapius"* und des *„Liber Glossarum"* sehr ähneln. Zumindest der Baseler Druck von 1536 nennt diese Krankheitsform *„Anteneasmos"*. Dieser *„Anteneasmos"* ist inhaltlich fast deckungsgleich mit dem *„Enthusiasmon"* des *„Esculapius"*. Freilich sind alle spirituellen oder mythologischen Bezüge eliminiert und statt dessen die humoralpathologische Erklärung und Therapie, die schon bei *„Esculapius"* anklingen, elaboriert:

> „[...] So werden sie plötzlich ergriffen mit Tanz der Hände und Füße, weil sie fälschlich in den Höhlen der Ohren verschiedene Stimmen zu klingen hören, als seien dort die Geräusche der Musik verschiedener Instrumente, durch die sie erfreut werden, so dass sie sofort zu springen beginnen oder einen schnellen Lauf ergreifen, sich mit plötzlich gezogenem Schwert schlagen oder nicht zögern, sich und anderen Wunden zuzufügen. [...]
> Behandlung: Aufmerksamkeit muss man jenen zuteil werden lassen; wenn sie die Klänge hören, sollen sie eingesperrt werden; und nach den Stunden der Neigung sollen sie zur Ader gelassen werden und ihr Bauch soll bewegt werden. Leichte Nahrung sollen sie erhalten mit warmem Wasser, so dass alle Winde, die im Kopf die Geräusche auslösen, ausgetrieben werden. Je nach eigener Neigung sollen sie Ruhe haben. [...]"[42]

Hatte die mutmaßliche gemeinsame Vorlage von *„Esculapius"* und *„Liber Gossarum"* die platonische „Mania" als Krankheitsbild ausformuliert und dabei die Konnotationen göttlicher Einwohnung noch ausdrücklich reproduziert, so entwickelt Gariopontus für die Schule von Salerno und für die mittelalterliche Medizin ein komplett profanisiertes Konzept: „Mania" im allgemeinen und *„Anteneasmos"* im besonderen haben ihre Ursache in einem Ungleichgewicht der Säfte, das im Körper des Kranken Winde auslöst, und entsprechend sind sie zu behandeln. Besessenheit erwähnt er nur als Metapher für die Beschreibung der Symptome, für den *„Anteneasmos"* sogar nur als zu verwerfende ungelehrte Alternativerklärung. Auffällig ist, dass Gariopontus wie *„Esculapius"* als Therapie für „Mania" und *„Anteneasmos"* nicht etwa einen Heiltanz empfiehlt, sondern eine spezifische Diät.

---

41 Gariopontus 1536, Lib. I, cap. IX: De Mania, S. 22 f.: vgl. ebenda, cap. X, S. 25–27.
42 Gariopontus 1536, Lib. I, cap. XI, S. 27 f.; vgl. dazu: Katner 1956, S. 102 f.; Hecker 1832, S. 32 f.

Vom Enthusiasmus zur Tanzwut

Kurz nach der Mitte des 11. Jahrhunderts verfasste der in Canterbury tätige, aus Flandern stammende Mönch Goscelinus für seine Vita der Heiligen Edith von Wilton einen Bericht über das sogenannte Tanzwunder von Kölbigk. Als sein Kronzeuge „Theodericus", wegen des berühmten Tanzfluches von einem chronischen Zittern gequält, an das Klostertor von Wilton klopft, halten ihn die Beobachter zunächst für wahnsinnig:

> „Und einige Ungebildete hatten begonnen, diesen Menschen wie einen Wahnsinnigen zu fürchten [...]. Aber jener erläuterte mit bemerkenswerter Klugheit seinen Fall und zog zum Beweis aus dem Ranzen ein Schreiben, das der Bischof Bruno von Toul selbst über jenen Reigen [...] diktiert hatte, [...]."[43]

Die Leute von Wilton erklären sich das Leiden des Besuchers also mit Wahnsinn im Sinne einer Krankheit. Dies aber, so Goscelinus, ist ein Gedanke von Ungelehrten! Denn der *tremor* des Theodericus hat spirituelle Ursachen, wie dieser selbst mit einem Begleitschreiben des späteren Papstes Leo IX. beweisen kann. Dem klösterlichen Hagiographen zur Zeit des Gariopontus ist also die medizinische Erklärung für „Mania" durchaus bekannt. Doch diese profane Deutung ist für den Mönch und sein frommes Publikum ein Zeichen von Unkenntnis. Das medizinische Wissen um „Mania" und „Enthusiasmus", wie es ja auch die klösterlichen Glossarien reproduzierten, war demnach in den nachkarolingischen Bildungszentren noch zumindest so virulent, dass der Hagiograph es im Interesse seiner frommen Erzählung ausdrücklich disqualifizieren musste.

Die Krankheitskonzeption „Enthusiasmus" blieb jedoch auch in der medizinischen Literatur der Spätantike und des Mittelalters eher minoritär: Je mehr sich Galen und die unter seinem Namen überlieferten Schriften als Autorität durchsetzten, desto mehr gerieten Diagnosen, die nicht in sein Lehrgebäude integriert waren, ins Hintertreffen. Gariopontus kennt um 1050 den „*Anteneasmos*" noch. In der Generation nach ihm setzte die erneute Rezeption Galens im westlichen Europa ein. Zwar wurde auch Gariopontus weiter gelesen und abgeschrieben, dies aber nicht zufällig vor allem, weil man sein Werk als Übertragung der galenischen „*Therapeutikà*" wahrnahm. Ebenso ist es vielleicht kein Zufall, dass auch die Handschriften des „*Liber Glossarum*" den „*Enteasmos*" mit der falschen Quellenangabe „*Galeni*" adelten.

Für Ärzte des späteren Mittelalters dürfte der pathologische „Enthusiasmus" also zweifelhaft, da nicht eindeutig durch Galen autorisiert geblieben sein. Zudem handelte es sich bei ihm ja allenfalls um die Subspezies einer auch bei Galen eingehender beschriebenen Krankheit, der „Mania". Auf

---

43 Wilmart (Hg.) 1938, S. 287.

diese konnten die Ärzte sich berufen, wenn sie bei der großen Tanzbewegung von 1374 gegen die spirituellen Erklärungen des Klerus eine „natürliche Ursache" propagierten und so ihre Zuständigkeit als medizinische Experten beanspruchten. Den Quellen zufolge verwendeten sie in der Regel den weiteren Begriff der „Mania", nicht etwa *„Enteasmos"* oder *„Anteneasmos"*.

Vermutlich waren unseren Quellen, den Chronisten, die ja selbst keine Ärzte waren, die spezifischen Unterkategorien auch gar nicht bekannt. Vielleicht benutzten die Mediziner in der Kommunikation mit Laien eher die verständlichere Allgemeinbezeichnung. Wahrscheinlich aber bewegten sie sich bei ihrer Diagnose lieber auf dem sicheren Boden der Lehren Galens, als sich auf mehr oder minder zweitrangige Überlieferungen frühmittelalterlicher Ärzte zu verlassen. Eventuell waren auch für Gelehrte im „Enthusiasmus" die spirituellen Konnotationen noch zu virulent: In der Konkurrenz mit dem Klerus um die Deutungshoheit über die „Tanzwut" rekurrierte man wohl besser auf eine rein profan-medizinisches Konzept, dem Assoziationen zu Besessenheit oder gar göttlicher Einwohnung fremd geworden waren.

Die Straßburger Ärzte von 1518 jedoch müssen auf ihrer Suche nach einer Behandlung für die Tänzer noch andere Beschreibungen der platonischen „Mania" zu Rate gezogen haben, in denen ihnen nicht diätetische Maßnahmen nahegelegt wurden, sondern ein Heiltanz. Setzten sie doch gegen den massenhaften „Veitstanz" auf den Straßen der Stadt auf einen erschöpfenden Dauerreigen, nicht etwa auf leichte Speisen oder die allfälligen Aderlässe. Kannten sie die von Apollodor erzählte antike Geschichte des Melampus, der die Töchter des Königs Proteus durch Tanz bis zur Erschöpfung von der „Mania" geheilt hatte?[44]

Der reformatorische Theologe und Mediziner Otto Brunfels jedenfalls setzte 1534 in seinem *„Onomasticon medicinae"* die Tanzwütigen von 1518 ausdrücklich mit den antiken „Korybanten"gleich, den Jüngern der Kybele, deren Tanz der Heilung gedient hatte.[45] Brunfels (1488–1534) hatte die Tanzwut von 1518 als Kartäusermönch in Königshofen bei Straßburg erlebt. Nach seinem Übergang zur Reformation 1521 war er zeitweise als Prediger und Pfarrer tätig, bevor er wiederum in Straßburg Schulleiter wurde. Nach einem erneuten Studium wurde er 1530 zum *Doctor medicinae* promoviert und 1532 Stadtarzt von Bern.[46] Eine religiöse bzw. spirituelle Erklärung für das Verhalten der Korybanten und der Tanzwütigen lehnt er ab, sicherlich auch in polemischer Absicht gegen die katholische Heiligenverehrung. Der Tanz der antiken Korybanten ist ihm nicht etwa Therapie gegen Geistes-

---

44 Lawler 1965, S. 50; vgl. Dodds 1970, S. 49.
45 Brunfels 1534, s. v. „Corybantes"; vgl. Waller 2008, S. 78 f.
46 Zur Person: Grimm 1955; Hartmann/Engler 1876; Weigelt 1986.

krankheit oder Ausdruck von Enthusiasmus, sondern ausschließlich Wahnsinn. Interessant dabei ist, dass er dafür nicht die ihm durchaus bekannte Kategorie „*Mania*" heranzieht.[47] In der zweiten Auflage von 1543 erwähnt das von ihm begründete Nachschlagewerk sogar den „*Anteneasmos*", vielleicht nach der in der Zwischenzeit in Basel gedruckten Gariopontus-Ausgabe von 1536.[48]

Auch spätere medizinische Beobachter der Tanzwallfahrten des 16. und 17. Jahrhunderts kannten und erwähnten den „Enthusiasmus" explizit, um zu erklären, was sie sahen. So zitiert etwa der Freiburger Stadtarzt Johannes Schenck von Grafenberg (1530–1598) in seinen „*Observationum medicarum rariorum Libri VII*" (1584) Gariopontus' Ausführungen über den „*Anteneasmos*".[49]

Die Rezeption der platonischen „Mania" als krankhafter Tanz spaltete sich an der Wende zur Neuzeit im Rheinland demnach in zwei getrennte Zweige: Einerseits eine Konzeption, für die eine humoralpathologisch-diätetische Therapie empfohlen wurde („*Entheasmos*"), andererseits eine „Korybantenkrankheit", für die nach antikem Vorbild ein Heiltanz vorgeschlagen wurde. Die humoralpathologische Tradition der „Mania" wurde so in der Renaissance erneut mit den Tänzen der antiken Mysterienkulte verkoppelt, nachdem sie die religiösen Konotationen im Lauf des Mittelalters gerade verloren hatte.

In der Konkurrenz der Deutungsmöglichkeiten für die „Tanzwut" hatten die Ärzte des 14. bis 16. Jahrhunderts so zwei biomedizinische Konzepte anzubieten. Diese markieren aber nicht wissenschaftliche Fortschrittlichkeit im modernisierungstheoretischen Sinn, sondern den Rückgriff auf im Kern kosmologisch fundierte Ideen der Antike und des Frühmittelalters. Letztlich rekurrierten die Ärzte auf dieselben Grundlagen wie ihre theologisch geschulten Gesprächspartner, denn die dämonische Besessenheit der Theologen war ja nichts anderes als eine Übersetzung der göttlichen „Einwohnung" in christliche Nomenklatur.

Fazit

Während die Philosophie Platon folgend im „Enthusiasmus" das Einfahren eines Gottes in den Menschen im Zustand der Trance sah, definierte die medizinische Tradition schon seit dem 5. vorchristlichen Jahrhundert die-

---

47   Brunfels 1534, s. v. „*Mania*".

48   Brunfels 1543, s. v. „*Mania*".

49   Schenck von Grafenberg 1655, Obs. VII und VIII; vgl.: Wicke 1844, S. 226; ebenda, S. 15, S. 34 zu weiteren Fällen von Rezeption im 17. und 18. Jh.

sen als Form des Wahnsinns mit körperlichen Ursachen. In der spätantiken und frühmittelalterlichen Literatur wurden religiös-mythische und natürlich-humoralpathologische Deutung kontrovers diskutiert, aber auch immer neu synthetisiert. Während die Kleriker mit der Besessenheit eine theologische Umformung der kosmologischen „Mania" heranzogen, griffen die Ärzte auf ein naturphilosophisches Derivat derselben zurück. In beiden Konzeptionen war die Doppeldeutigkeit von Trance und Wahnsinn, von Tanz und Krankheit, bereits seit den antiken Ursprüngen angelegt. Die spätmittelalterliche „Tanzwut" ist somit nicht als „Wahnsinn" oder „Massenhysterie" in einem heutigen Sinn zu verstehen, und schon gar nicht als Überkochen eines psychischen Vulkans unter dem Druck des Tanztriebs, sondern als spezifischer Ausdruck der platonischen Kosmologie in der Weltwahrnehmung des Mittelalters.

Quellen

Bendz, Gerhard/Pape, Ingeborg (Hg./Übers.), *Caelius Aurelianus. Akute Krankheiten, Buch I–III; Chronische Krankheiten, Buch I–V*, Berlin 1990 (Corpus Medicorum Latinorum, Bd. VI.1).

Brunfels, Otto, *ONOMAΣTIKON MEDICINAE CONTINENS Omnia nomina Herbarum, Fruticum, Suffruticum, Arborum, Sentium, Seminum, Florum, [...] ex optimis, probatissimis, & uetustissimis Autoribus, cum Graecis, tum Latinis, Opus recens, [...]* Argentorati apud Ioannem Schottum, M.D.XXXIIII.

Brunfels, Otto, *Onomasticon, seu Lexicon medicinae simplicis. Addita uocum quarundam Germanice expositione, juxta veriorem Dioscoridis historiam*, Argentorati apud Ioannem Schottum MDXLIII.

Esculapii Medici vetustissimi De Morborum, Infirmitatum, Passionumq[ue] corporis humani origine, descriptionibus, & cura, Librum, [...] Argentorati apud Ioannem Schottum, M.D.XXXIII.

Daremberg, Charles Victor (Hg.), „Aurelius de acutis passionibus. Texte publié pour la première fois d'après un manuscrit de la Bibliothèque de Bourgogne à Bruxelles, corrigé et acompagné de notes critiques", *Janus. Zeitschrift für Geschichte und Literatur der Medicin*, Bd. 2, Breslau 1847, S. 468–499, S. 690–731.

Fuchs, Robert (Hg.), „Der Codex Parisiensis supplementum Graecum 636. Anecdota medica Graeca", in: *Rheinisches Museum für Philologie*, NF. 49 (1894), S. 532–558.

Gariopontus, *De morborum causis, accidentibus et curationibus libri VIII*, Basileae M.D.XXX. VI.

Hegel, Ernst (Hg.), „Die Cronica van der hilliger stat van Coellen 1499", *Die Chroniken der niederrheinischen Städte. Cöln*, Bd. 2, Leipzig 1876 (Die Chroniken der deutschen Städte vom 14. bis ins 16. Jahrhundert, Bd. 13).

Heiberg, Johann Ludwig (Hg.), *Glossae medicinales*, Kopenhagen 1924 (Historisk-Filologiske Meddelelser, udgivne af det Kgl. Danske Videnskabernes Selskab, Bd. 9, 1).

Kühn, Carolus Gottlob (Hg.), „Galeni de Hippocratis et Platonis Placitis Liber Octavus", Ders. (Hg.), *Medicorum Graecorum opera quae exstant, Claudii Galeni Opera Omnia*, Bd. 5, Leipzig 1823, S. 690 ff.

Kühn, Carolus Gottlob (Hg.), „Galeni de Pvrgantium Medicamentorvm Facvltate", Ders. (Hg.), *Medicorum Graecorum opera quae exstant, Claudii Galeni Opera Omnia*, Bd. 11, Leipzig 1826, S. 323 ff.

Kühn, Carolus Gottlob (Hg.), „Hippocratis de Humoribus Liber et Galeni in Eum Commentarii Tres I", Ders. (Hg.), *Medicorum Graecorum opera quae exstant, Claudii Galeni Opera Omnia*, Bd. 16, Leipzig 1829, S. 25 ff.

Kühn, Carolus Gottlob (Hg.), „Hippocratis Epidemiorum I et Galeni in illum Commentarius I", Ders. (Hg.), *Medicorum Graecorum opera quae exstant, Claudii Galeni Opera Omnia*, Bd. 17, Pars 1, Leipzig 1828, S. 1 ff.

Kühn, Carolus Gottlob (Hg.), „Hippocratis Aphorismi et Galeni in eos Commentarii", Ders. (Hg.), *Medicorum Graecorum opera quae exstant, Claudii Galeni Opera Omnia*, Bd. 17, Pars 2, Leipzig 1829, S. 345 ff.

Kühn, Carolus Gottlob (Hg.), „Hippocratis Aphorismi et Galeni in eos Commentarii", Ders. (Hg.), *Medicorum Graecorum opera quae exstant, Claudii Galeni Opera Omnia*, Bd. 18, Pars 1, Leipzig 1829, S. 93 ff.

Kühn, Carolus Gottlob (Hg.), „Galeni definitiones medicae", Ders. (Hg.), *Medicorum Graecorum opera quae exstant, Claudii Galeni Opera Omnia*, Bd. 19, Leipzig 1830, S. 346–462.

Lindsay, Wallace Martin (Hg.), *Glossarium Ansileubi sive Liber Glossarum*, Paris 1926 (ND Hildesheim 1965) (Glossaria Latina, iussu Academiae Britannicae edita, Bd. 1).

Mann, A. (Übers.), *Die auf uns gekommenen Schriften des Kappadociers Aretaeus*, Wiesbaden 1858 (ND 1969).

Schenck von Grafenberg, Johannes, *Observationum medicarum rariorum libri VII*, Frankfurt 1655.

Steckerl, Fritz (Hg.), *The Fragments of Praxagoras of Cos and his School*, Leiden 1958 (PhilosophiaAntiqua, Bd. VIII).

Wegele, Franz Xaver, *Chronicon Ecclesiasticum Nicolai de Siegen O.S.B.*, Jena 1855 (Thüringische Geschichtsquellen, Bd. 2).

Wellmann, Max (Hg.), *Die Fragmente der sikelischen Ärzte Akron, Philistion und des Diokles von Karystos*, Berlin 1901 (Fragmentsammlung der griechischen Ärzte, Bd. 1).

Wilmart, André (Hg.), „La légende de Ste Édith en prose et en verse par le moine Goscelin", *Analecta Bollandiana* 56, Brüssel/Paris 1938, S. 5–101, S. 241–307.

Wyss, Arthur (Hg.), *Die Limburger Chronik des Tilemann Elhen von Wolfhagen*, MGH Deutsche Chroniken, Bd. 4.1, Hannover 1883 (ND 1993).

Literatur

Beek, Henri Hubert, *De geestesgestoorde in de middeleeuwen. Beeld en bemoeiensis* (Diss. med. Leiden 1969), Hofdoorp 1974.

Benz, Ernst, *Meditation, Musik und Tanz: Über den ‚Handpsalter', eine spätmittelalterliche Meditationsform aus dem Rosetum des Mauburnus*, Mainz 1976 (Akademie der Wissenschaften und der Literatur, Abhandlungen der geistes- und sozialwissenschaftlichen Klasse, Bd. 1976, 3).

Dodds, Eric Robertson, *Die Griechen und das Irrationale*, Darmstadt 1970.

Grimm, Heinrich, (Art.) *Brunfels, Otto*, Neue Deutsche Biographie, Bd. 2 (1955), S. 677.

Hartmann, Julius/Engler, Adolf, (Art.) *Brunfels, Otto*, Allgemeine Deutsche Biographie, Bd. 3 (1876).

Hecker, Justus Friedrich Carl, *Die Tanzwuth. Eine Volkskrankheit im Mittelalter*, Berlin 1832.

Heiberg, Johan Ludvig, *Geisteskrankheiten im klassischen Altertum*, Berlin/Leipzig 1927.

Jostes, Franz, *Sonnenwende. Forschungen zur germanischen Religions- und Sagengeschichte*, 2 Bde., Münster 1926 and 1930.

Jourdan, Paul, „À propos des ‚Glossae medicinales'", *Archivum Latinitatis Medii Aevi* 3 (1927), S. 121–128.

Kälble, Hartmut, „Die tanzenden Kinder von Erfurt. Armut, Frömmigkeit und Heilserwartung im frühen 13. Jahrhundert", Bünz, Enno et.al. (Hg.), *Religiöse Bewegungen im Mittelalter, Festschrift Matthias Werner*, Köln/Weimar/Wien 2007, S. 479–516.

Katner, Wilhelm, *Das Rätsel des Tarantismus. Eine Ätiologie der italienischen Tanzkrankheit*, Leipzig 1956 (Nova Acta Leopoldiana. Abhandlungen der Deutschen Akademie der Naturforscher N.F., Bd. 18, Nr. 124).

Keil, Gundolf, (Art.) *Guarimpotus*, Lexikon des Mittelalters, Bd. 4 (1989), Sp. 1117 f.

Klein, Gabriele, *Frauen. Tanz. Körper. Eine Zivilisationsgeschichte des Tanzes*, Weinheim/Berlin 1992.

Koch, Marion, *Salomes Schleier. Eine andere Kulturgeschichte des Tanzes*, Hamburg 1995.

Lawler, Lilian B., *The Dance in Ancient Greece*, Middleton 1965 (1978).

Martin, Alfred, „Geschichte der Tanzkrankheit in Deutschland", *Zeitschrift des Vereins für Volkskunde* 24 (1914), S. 113–134, 225–239.

Moog, Ferdinand Peter, (Art.) „Praxagoras von Kos", Gerabek, Werner u.a.(Hg.), *Enzyklopädie Medizingeschichte*, Berlin 2004, S. 1182.

Nickel, Diethard, (Art.) „Galenos von Pergamon", Gerabek, Werner u.a.(Hg.), *Enzyklopädie Medizingeschichte*, Berlin 2004, S. 448–452.

Niedermann, M., „Les gloses medicales du Liber Glossarum (I)", *Emerita* 11 (1943), S. 257–296.

Rohmann, Gregor, „The Invention of Dancing Mania. Frankish Christianity, Platonic Cosmology and Bodily Expressions in Sacred Space", *The Medieval History Journal* 12, Heft 1 (2009), S. 13–45.

Rohmann, Gregor, „‚In circuitu impii ambulant'. Goscelin von Canterbury, Petrus Damiani und das Tanzwunder von Kölbigk", *Historische Anthropologie* 2011, Heft 2.

Rouget, Gilbert, *Music and Trance. A Theory of the Relations of Music and Possession*, Chicago 1985.

Sachs, Curt, *Weltgeschichte des Tanzes*, Berlin 1933, ND Hildesheim 1976.

Schneider, Marius, (Art.) *Tarantella (I.)*, MGG, Bd. 13 (1966), Sp. 117–119.

Wähler, M., „Der Kindertanzzug von Erfurt nach Arnstadt im Jahr 1237", *Zeitschrift des Vereins für thüringische Geschichte und Altertumskunde* 34 (1940), S. 60–76.

Waller, John, *A Time to Dance, A Time to Die. The Extraordinary Story of the Dancing Plague of 1518*, Cambridge 2008.

Wegner, Wolfgang, (Art.) „Caelius Aurelianus", Gerabek, Werner u.a.(Hg.), *Enzyklopädie Medizingeschichte*, Berlin 2004 [a], S. 227.

Wegner, Wolfgang, (Art.) „Gariopontus", Gerabek, Werner u.a.(Hg.), *Enzyklopädie Medizingeschichte*, Berlin 2004 [b], S. 457.

Weigelt, Sylvia, *Otto Brunfels. Seine Wirksamkeit in der frühbürgerlichen Revolution unter besonderer Berücksichtigung seiner Flugschrift ‚Vom Pfaffenzehnten'* (Diss. phil. Jena), Stuttgart 1986 (Stuttgarter Arbeiten zur Germanistik, Bd. 153).

Wicke, Ernst Conrad, *Versuch einer Monographie des großen Veitstanzes und der unwillkürlichen Muskelbewegungen nebst Bemerkungen über den Taranteltanz und die Beriberi*, Leipzig 1844.

Katharina Stoye

Die „Tanzwut"-Bewegung von 1374.
Individueller Tanzwahn, tanzepidemischer „Flashmob"
oder performativer Höhepunkt emanzipativer
Laienfrömmigkeit?

„Tanzwut" als Phänomen. Merkmale, Begrifflichkeiten und Deutungen

> „Als am 25. Juni 2009 die Nachricht vom Tod Michael Jacksons um die Welt ging, kamen allerorten Menschen zusammen, um gemeinsam um ihr Idol zu trauern – und zu tanzen. In den folgenden Wochen schwärmten die Fans des ‚King of Pop' aus, um seinem tänzerischen Erbe Tribut zu zollen: in Amsterdam, Budapest und Stockholm, in Hongkong, Montréal und Toronto, aber auch in Frankfurt am Main und Mannheim bildeten sich Flashmobs, scheinbar spontane Menschenaufläufe also, die unvermittelt auf öffentlichen Plätzen eine Choreographie des kürzlich Verstorbenen zu tanzen begannen. Verdutzte Passanten zückten sogleich ihre Fotohandys, um das merkwürdige Geschehen zu dokumentieren. In Mannheim zog eine Gruppe von 150 Tänzerinnen und Tänzern am Abend des 25. Juli 2009 durch die Innenstadt und tanzte zu *Beat it* [...]. Vier Jugendliche eröffneten das Spektakel, und mit dem Einsatz des Gesangs stieg eine große Gruppe weiterer Tänzerinnen und Tänzer in das bewegte Geschehen ein. Doch so schnell die tanzende Menge sich formiert hatte, so schnell löste sie sich auch wieder auf, als wäre nichts gewesen. Der Tanz war für alle Unbeteiligten völlig überraschend in ihren Alltag eingedrungen. [...]"[1]

Was hat dieses spontane Tanzgeschehen aus dem Jahr 2009 mit dem Phänomen der „Tanzwut" aus dem europäischen Mittelalter und der frühen Neuzeit gemein, von der uns in Stadtchroniken, über Bildquellen, aber auch durch literarische Tanz-Erzählungen berichtet wird? Folgende Gemeinsamkeiten fallen sofort auf: der spontane, gesellschaftlich nicht kontrollierte Zusammenschluss von tanzenden Menschen, die sich über ein gemeinsam vollzogenes und zugleich stark emotional geprägtes Tanz-Geschehen für eine begrenzte Zeit Teilen des öffentlichen, meist städtischen Raum bemächtigen. Der öffentlich-städtische Raum wird somit zur „Bühne", zum performativen Raum[2] umfunktioniert. Der Tanzanlass ist das Erschrecken (hier vor allem: die kollektive Trauer) auf ein unvorherge-

---

1   Vgl. Walsdorf 2010, S. 27 f.
2   Zur weiteren Begriffsklärung vgl. Fischer-Lichte 2003, S. 34–54.

sehenes Ereignis. Dem Tanzgeschehen selbst scheint eine starke, beinahe „ansteckende" Dynamik innezuwohnen, die weitere Menschen in äußerst kurzer Zeit dazu bewegt, sich diesem Tanzgeschehen jenseits der Alltagsnorm als Tänzer/Tänzerin anzuschließen – auch das ließe sich eventuell noch als eine Gemeinsamkeit vermerken. Anders aber als im 14.–17. Jhd. erfuhr das 2009 überraschend in die Alltagsordnung hereinbrechende Tanzgeschehen keine moralische Verurteilung oder musste sich gar – da von der Bewegungs- und Verhaltensnorm abweichend – gesellschaftlichen Sanktionierungen unterziehen.

Allerdings: In beiden Fällen wird es zumindest als „merkwürdiges Geschehen" eingestuft und einer Dokumentation für würdig erachtet, wenn auch heutzutage per flüchtig angefertigtem privatem Handy-Photo und nicht über eine offiziell vorgenommene, schriftlich fixierte Überlieferung (etwa im Rahmen der uns bekannten Stadtchroniken).

Die choreographisch klar an Michael Jackson's Tanz-Videos orientierten, kollektiv aufgeführten (Gruppen-)Tänze scheinen jedoch – choreographisch bzw. bewegungsphänomenologisch betrachtet – zunächst recht wenige Gemeinsamkeiten mit den als „wahnsinnig", dämonenhaft" oder „krankhaft verzerrt" beschriebenen Bewegungs- und Tanzgesten der von der „Tanzwut" ergriffenen Bevölkerungsgruppen früherer Jahrhunderte aufzuweisen.

War jenes als „dämonenhaft", „abgeirrt" oder als „krankhaft" beschriebenes Tanzverhalten denn tatsächlich so willkürlich und bar jeder Choreographie?

Welche choreographischen, gestischen, aber auch rituell und/oder gruppendynamischen Muster lassen sich möglicherweise feststellen, wenn man jene damaligen Tanzereignisse, die uns im kollektiven Gedächtnis meist durch bildliche Darstellungen, als grenz- und normüberschreitendes Geschehen verankert sind, näher und vor allem quellenvergleichend untersucht, d. h. die schriftliche stadthistorische Überlieferung (in diesem Falle notwendig regional begrenzt) bei der tanzhistorischen Analyse einbezieht? Gibt es wiederkehrende, möglicherweise aber auch divergierende Raum-, Gesten- und Bewegungsmuster in den verschiedenen Quellen?

Und schließlich: welche Tanzereignisse wurden und werden damals und heute unter dem Begriff der „Tanzwut" überhaupt subsummiert?

Die Bezeichnung als „Tanzwut(h)" entstammt vermutlich der Medizingeschichte des 19. Jahrhunderts, genauer gesagt taucht sie – wohl in Anlehnung an eine Erwähnung in von Königshoven's *Elsässischer und Straßburger Chronik* (1698)[3] – als Buchtitel bei dem medizinhistorischen Werk von J.F.C. Hecker.[4]

---

3 Vgl. hierzu Anm. 5 in Röcke/Velten 2007, S. 308.

4 Die Tanzwuth, eine Volkskrankheit im Mittelalter. Nach den Quellen für Ärzte und

Sowohl in den Textquellen als auch teilweise in der Sekundärliteratur vermischen sich allerdings immer wieder die Begrifflichkeiten: „Tanzwut", „Veitstanz" und „Tanzepidemie" scheinen auf den ersten Blick ein- und dasselbe (tanz-)historische Phänomen zu benennen, werden oftmals in einem Atemzug erwähnt. Doch sind sie tatsächlich identisch? Es scheint sich jedenfalls um ein Tanzphänomen, um ein Tanzgeschehen zu handeln, das nicht einfach einzuordnen ist – weder für die zeitgenössischen Beobachter und Berichterstatter noch für die heutige Forschung.

Sichtet man die in der kulturhistorischen, medizin- oder tanzgeschichtlichen Literatur vielfältigen Erklärungs- und Deutungsversuche für dieses schillernde Tanzphänomen und versucht jene zu gruppieren, so lassen sich folgende vier Deutungsmodelle herausbilden:

Erstens die Deutung und Klassifizierung als physische und/oder psychische Krankheit bzw. als krankhaft-symptomatische Begleiterscheinung sowie zweitens als moralisch-sittlich verwerfliches, teilweise dämonenhaftes Geschehen. In der Ausdeutung als „Heiltanz" bzw. Teil eines „Heilrituals" bestünde die dritte Klassifizierung. Viertens wäre schließlich die Einstufung als religiöse und/oder soziale Bewegung zu nennen (im Sinne eines Gegenentwurfes zur herrschenden gesellschaftlich-kirchlichen Verhaltensnorm).Was die ersten beiden Klassifizierungsversuche betrifft, sei vorweg angemerkt, dass jene Unterscheidung erst rückblickend vorgenommen wurde und daher nicht dem mittelalterlichen Krankheitsverständnis entspricht. In vielen der zeitgenössischen Quellen wird nämlich ein enger Konnex zwischen sittlich-verwerflichem, ja angeblich dämonengetriebenem Handeln einerseits und andererseits physischen, vor allem aber psychischen Krankheiten hergestellt. Eine gedankliche und/oder begriffliche Unterscheidung findet kaum statt. Als eigenständiges medizinisches Krankheitsbild tritt die „Tanzwut" erstmals bei Paracelsus hervor, an späterer Stelle.

Daher soll in diesem Beitrag exemplarisch anhand einiger ausgewählter Text-und Bildquellen aus dem späten Mittelalter und der frühen Neuzeit untersucht werden, wie die Menschen des Mittelalters und der frühen Neuzeit[5] dieses Tanzphänomen wahrnahmen und beurteilten und welche individuellen und/oder gesellschaftlichen „Strategien" entwickelt wurden, um diesem abweichenden (Tanz-)Verhalten zu begegnen.

Von besonderem Interesse ist dabei die Frage, ob sich bei der vergleichenden Quellenanalyse zu den Tanzereignissen von 1374 möglicherweise Zä-

---

gebildete Nichtärzte bearbeitet von Dr. J.F.C. Hecker, Berlin 1832.

5   Das Phänomen der Tanzwut entstammt keineswegs alleine der Epoche des Mittelalters, sondern kann bis in die Frühe Neuzeit hinein immer wieder beobachtet werden, im 14. und 15. Jahrhundert finden sich allerdings gehäuft Berichte darüber vgl. Dahms, in: MGG 1998, Sp. 267.

suren, Umbrüche oder sogar ein grundlegender Wandel im Hinblick auf die zeitgenössischen Deutungen wie auch im Hinblick auf vorfindbare Strategien, Sanktionen und gesellschaftliche Antworten auftun. Denn dass dieses Tanzgeschehen immer wieder die bestehende Ordnung und geltende Normen herausforderte, wird schon allein am hier fokussierten Beispiel der am Niederrhein auftretenden Tanzwutereignisse Ende des 14. Jahrhunderts sichtbar:

> „[...] [Es] sollen im Folgenden gerade die Transgressionen der theologischen Normen im Mittelpunkt stehen, anhand derer die Grenzen zwischen Norm und Normbruch, theologisch Legitimem und Illegitimem verwischt werden, gerade in diesen Zwischenräumen zwischen Heilswelt und Teufelswelt, Gesundheit und Krankheit aber Dimensionen der Erfahrung mit dem eigenen Ich und dem eigenen Körper sichtbar werden, die bislang so nicht möglich waren."[6]

Dieses Zitat der Berliner Ritualforschungs-Gruppe[7] macht zudem deutlich: nur auf Basis dieser Unterscheidung zwischen Tanz-Norm und Tanz-Praxis ist es möglich, einen differenzierten vielfältigen und vielschichtigen Tanzphänomene des Mittelalters und der Frühen Neuzeit zu gewinnen.

Die tanz- und kulturhistorische Spurensuche im Jahr 1374 soll den Leser dazu einladen, anhand regionalgeschichtlicher Fallbeispiele[8] den oben zitierten „Zwischenräumen zwischen Heilswelt und Teufelswelt, Gesundheit und Krankheit" nachzugehen und somit einen tanz- und zugleich stadthistorischen Blick zu wagen in jene „Gegenräume", die sich mittels abweichenden Tanz-Verhaltens, mittels abweichender Körpergesten und abweichender sozialer Dynamiken der gesellschaftlichen Kontrolle der mittelalterlichen Gesellschaft und Stadtgemeinschaft scheinbar entzogen.

---

6 Vgl. Röcke/Velten 2007, S. 309.

7 Zum Stand der derzeitigen Forschungsarbeit des SFB *Kulturen des Performativen* vgl. URL:http://www.sfb-performativ.de/seiten/text_proj.html#an03 (Zugriff am 28.02.2011).

8 Dass die regionale Ausdehnung der Tanzwut wesentlich weiter reichte – von Erfurt bis ins Elsass, von Metz bis Utrecht, um nur einige vom „epidemischen Tanzwahn" heimgesuchte Städte und Regionen zu nennen – sei hier lediglich kurz erwähnt, eine umfassende Untersuchung der uns überlieferten Stadtchroniken, der literarisch gefassten Legenden oder Bildquellen kann und soll an dieser Stelle nicht geleistet werden; zur regionalen Ausdehnung vgl. Mittelalter Lexikon, s. v. „Tanzwahn", URL: http://u0028844496.user.hosting-agency.de/malexwiki/index.php/Tanzwahn (Zugriff am 24. März 2006) sowie Schneider 1985, S. 536 f.

Tanz- und kulturhistorische Spurensuche – Überlegungen zu den chronikalen „Notizen" aus Xanten, Limburg und Köln

Liest man die chronikalen Berichte zum ersten Mal, so scheinen sich die Tanzwutereignisse sowohl in Verlauf als auch hinsichtlich der geschilderten gesellschaftlichen Strategien, Sanktionen und Antworten auffallend zu ähneln. An allen drei Orten begegnet man dem Phänomen der Tanzwut durch deren moralische Verurteilung, begleitet von verwunderten bis hin zu empörten Kommentaren. Oder aber man sucht durch kirchlich legitimierte, städtisch getragene (und somit gesellschaftlich „kanalisierte") Heil-Rituale dem scheinbar unkontrollierbaren Tanz-Geschehen „heilend" beizukommen.

Im Sinne einer spezifisch tanzgeschichtlichen Spurensuche sollen die genannten Texte nun aber anhand bestimmter Leitfragen nochmals näher untersucht werden:

Was fällt auf in Bezug auf das Bewegungsverhalten der „Tänzer"? Was wird in ihrem sozialen Verhalten als erwähnenswert und charakteristisch angeführt, was als „abweichend" dargestellt? Was erfahren wir über den Ablauf, gibt es eventuell eine wiedererkennbare „Regie" oder "Choreographie"? Wer nimmt an dem Tanzgeschehen teil? Was wird als (vermutete) Ursache genannt, was sind (vermutete) Zielsetzungen der „Tänzer"? Welche Bewertung und Deutung zeigt sich aus der Art und Weise der Berichterstattung?

Wenden wir uns zunächst den „*Historischen Notizen zum 2. September 1374*"[9] des Xantener *Liber Albus* zu. Direkt im einleitenden Satz erhalten wir zwei wichtige Anhaltspunkte über dieses sich als „große Plage"/*"surrexit plaga"* erhebende Tanzgeschehen aus dem Jahre 1374: zum einen über die bevorzugten Tanzorte, nämlich die Kirchen der Region rund um Xanten („... dass viele Menschen durch die Orte zogen und zu bestimmten Zeiten zu tanzen begannen, zumeist in Kirchen"), zum anderen über die Zusammensetzung der Teilnehmer („viele Menschen"/*"multi homines"*).

Ersteres – die zeitweise Eroberung und damit gleichzeitig die Profanisierung und Ent-Heiligung von Kirchräumen – erinnert an die Kölbigker Tanzerzählung[10] aus dem 11. Jahrhundert, in welcher ebenfalls bewusst gegen den sakralen Ort der Kirche verstoßen wird.[11] Dies würde die These

---

9   Die deutsche Übersetzung basiert auf Hawicks 2007, S. 308 f.

10 Zur Diskussion der Kölbigker Tanzlegende vgl. Röcke/Velten 2007, S. 307–328.

11 Zwar tanzt die Kölbigker Tänzer-Gruppe der legendären Achtzehn vor (und nicht in) der Kirche, aber der Lärm ihres Gesangs und Tanzes drang in die Kirche ein und übertönte sogar – so der legendäre Bericht – das weihnachtliche Gotteslob, vgl. hierzu ebd., S. 312 f.

heutiger Performanzforschung bestätigen, dass jene durch die Jahrhunderte überlieferte Kölbigker Tanzlegende als „exempelhaftverkleideter Fall für die Tanzwut zu deuten"[12] ist und in gewissen Elementen bei den regional immer wieder neu auftretenden Tanzwut-Bewegungen teils (re-)inszeniert, teils neu erzählt wurde.

Die lateinische Formulierung *„multi homines"* relativiert die seit Paracelsus zu verzeichnende und bis in die heutige Forschung immer wieder formulierte These, besonders Frauen, Kinder und Arme seien anfällig für den Veitstanz/*Chorea Sancti Viti*[13] und zwar aufgrund ihrer besonderen Phantasiebegabung und Einbildungskraft, die unter bestimmten medizinisch-konstitutionellen Bedingungen jene epidemische Form der Tanzwut, jenen krankhaft-wahnhaften Bewegungszwang hervorrufen könne.[14]

Anhand verschiedenster Tanzwut-Berichte kann heute zwar davon ausgegangen werden, dass die Tänzer vornehmlich aus ländlichen und städtischen Unterschichten stammten und die Frauen dabei einen hohen Anteil ausmachten.[15] Der Verfasser der Xantener Notizen wählte aber ganz bewusst den beide Geschlechter umschließenden lateinischen Plural und auch die Quellen aus Limburg und Köln werden uns bestätigen, dass gerade die gemischtgeschlechtliche Zusammensetzung der „Tanzwütigen" die Zeitgenossen empörte. Nicht nur vornehmlich Frauen und Kinder wurden also von der Tanzwut ergriffen. Zudem betont der Zusatz *„multi"* die Masse der von dieser Plage Bewegten. Am Ende der Xantener Notizen wird dies noch unterstrichen durch die Anmerkung, dass den von Ort zu Ort weiterziehenden Tänzern sogleich weitere Tanzwütige folgten.

---

12   Vgl. Röcke/Velten 2007, S. 320

13   „Veitstanz (Chorea Sancti Viti, auch Modesttanz genannt) ist in tänzerischer Hinsicht die Bezeichnung für die aus psychischen Nöten entstandene, im Mittelalter vielfach epidemisch auftretende Art einer Tanzwut. [...]", vgl. Schneider 1985, S. 570.

14   vgl. hierzu Theophrast Bombast von Hohenheim 1930 [ND], S. 408 sowie erläuternd Röcke/Velten 2007, S. 322; die wegweisende Definition der Tanzwut als pathologisches Krankheitsbild durch Paracelsus wird nochmals im Zusammenhang mit der Kölner Quelle Thema sein.

15   Vgl. Röcke/Velten 2007, S. 320; „[...] Als ätiologisch am wahrscheinlichsten gilt heute die These des italienischen Kunsthistorikers Piero Camporesi, der die Tanzwutepidemien vor allem in Verbindung mit dem Hunger und den Ernährungsbedingungen des späten Mittelalters gesehen hatte. Chronische Unterernährung und billiges Brotgetreide, das mit halluzinogenen Stoffen wie Mutterkorn und anderen betäubenden Gräsern und Samen versetzt war, konnte zu Phantasmen, Zitteranfällen, Krämpfen und Psychosen führen. Diese ernährungsgeschichtliche These klärt zwar den Punkt der sozialen Zusammensetzung der Veitstänzer, kann jedoch weder die Frage der Ansteckung, wie sie im Beispiel der Aachener Ereignisse auftrat (Gesunde werden zu Rasenden), klären noch die geographische Lokalisation der Tanzwut im Rheinland und das Rätsel der Anfälligkeit von Frauen.[...]", zit. nach ebd., S. 321.

Der Hinweis, dass „sie nicht geradeaus" tanzten, sondern „sich allein und für sich von einer Seite zur anderen" bewegten, ja „einhersprangen", markiert aus tanzphänomenologischer Sicht gleich Mehreres: erstens macht der Verfasser damit deutlich, dass es sich keinesfalls um eine kirchliche Prozession handelte *(„et chorizando non ducem procedebunt")*, bei der sich die Teilnehmer gemessenen Schrittes oder mit vorgegebenen maßvollen Sprungschritten auf klar geführten Wegen zu einem bestimmten Ziel wohlgeordnet hinbewegten, etwa wie bei der Echternacher Springprozession.[16]

Hier geschieht also eine klare Abgrenzung zu den uns ebenfalls überlieferten, jährlich wiederkehrenden und somit stets vorhersehbaren kirchlichen (Tanz-)Prozessionen, etwa zu Ehren des Heiligen Veit oder des (hier ja ausdrücklich um Hilfe und Beistand angerufenen) heiligen Johannes.[17] Die fast zwei Jahrhunderte später im Umkreis von Pieter Brueghel des Älteren entstandene Zeichnung einer „Heiltanz"-Prozession" [vgl. Abb. 1], bei welcher die dort nachträglich betitelten *Epileptikerinnen von Meulebeeck* von der Tanzwut bzw. vom Veitstanz[18] ergriffen am Sankt-Johannes-Tag angeblich „genesen [sin] vor een heel Jaer van sint Jans siechte", verweist dahingegen darauf, dass im Laufe der Jahrzehnte und Jahrhunderte in Anlehnung an jene Tradition kirchlicher Prozessionen – von kirchlicher Seite initiiert und nicht selten von der städtischen Obrigkeit unterstützt – entsprechende „Heiltanz-Rituale" entwickelt wurden, um den Tanz sozusagen mit dem Tanz zu bändigen. Dies entsprach ganz dem im zeitgenössischen Denken verankerten Ähnlichkeitsprinzip: *„Similia similibus curentur".*

Das unkontrollierte, gar wilde Springen blieb übrigens ganz generell eine Fortbewegungs- und Tanzgeste, die bis weit in die frühe Neuzeit hinein als verwerflich, wenn nicht sogar als teuflisch galt.[19]

Weicht das einsam-individuelle, ja verzweifelt anmutende Bewegungsmoment des Hin- und Herwiegens und Springens sowieso schon deutlich

---

16 Vgl hierzu beispielsweise „Echternacher Springprozession", in: Schneider 1985, S. 138 f.

17 Einige Beispiele solcher Heiltanz-Rituale bzw. St.-Veits-Prozessionen finden sich etwa bei Röcke/Velten 2007, S. 318.

18 Das jährliche Heiltanz-Ritual in der Ulmer St.-Veits-Kapelle wird ebenfalls erwähnt bei Krautscheid 2004, S. 17 f.; hier finden sich auch Informationen, was dahingegen in der heutigen Medizin unter dem Begriff „Veitstanz" als „krankhafte, vom Willen nicht beeinflussbare Bewegungsstörung" gefasst wird („chorea minor", „chorea major"), vgl. ebd., S. 18.

19 So erinnert Antonio de Guevara's Güldenes Sendschreiben noch im Jahre 1603 an Folgendes: „Daher sagt der heilige Augustinus: daß ein jeglicher Sprung, welchen der Täntzer that, ein Sprung sey zur tiefen Hölle [...]", vgl. Röcke/Velten 2007, (Anm. 22) S. 312 f.; Weiterführendes zur kulturhistorischen Traditionslinie einer moralischen Verdammung des Tanzes – vor allem des wilden, ekstatischen Tanzens – in Mittelalter und Renaissance findet sich etwa bei Salmen 1999, S. 11 f und 17–19.

von den im Mittelalter sonst gängigen gemeinschaftlichen Kreis- und Kettentänzen ab, so steigert es sich schließlich ins Abweichend-Wahnhafte hinein, indem es qua Tanzdauer und Tanzausgang die mittelalterliche Verhaltensnorm des Maßhaltens[20] gänzlich überschreitet (das Zu-Boden-Gehen war ja selbst bis ins 19./20. Jahrhundert hinein ein choreographischer Normbruch innerhalb der europäischen Tanzästhetik[21] und auch im *Tanzlexikon* wird die Tanzwut als „abnorme Erscheinung von Tanzekstase"[22] charakterisiert.

Interessanterweise wird der im Kontext der Kölbigker Tanzlegende ikonographisch häufig dargestellte Kreistanz[23] hier nur noch in Anklängen angedeutet *(„chorizando")*, die Vereinzelung während der Phase des wahnhaften Tanzens dominiert jedoch in der Xantener Darstellung.

Im Sozialen reagiert wird durch „heilende" Maßnahmen und zwar interessanterweise zunächst aus den eigenen Reihen [Z. 9 ff.]: „Sogleich kam einer von ihnen auf den Gefallenen zu und drückte mit seinen Füßen so stark als möglich auf dessen Eingeweide, woraufhin der auf diese Weise Gedrückte ungefähr einen halben Tag lang vom Tanzen abließ und sich ausruhte"].

Gesellschaftliche Sanktionen und Maßnahmen – hier in Form von Beschwörungen – gegenüber den als „vom Teufel besessen"/*„erant obsessi demonibus"* Eingestuften werden erst am Schluss des Berichts erwähnt, nach ganzen zwei Monaten währender Plage. Auch wenn angeblich allerorts jene Beschwörungen der dämonischen Besessenheit schließlich beikamen, verweist diese verhältnismäßig lange Sanktionspause auf eine erst allmählich einsetzende und sich als wirksam erweisende gesellschaftliche Strategie.

Umso mehr akzentuiert dieser Schlusspunkt, dass die Tanzwut von 1374 nicht aus eigener Kraft oder gar aus den eigenen Reihen zu heilen ist, sondern alleine mittels kirchlich sanktionierter und nachhaltig wirksamer religiöser Rituale. Zieht man zudem den Überlieferungskontext der Statutensammlung in Betracht, nämlich das Xantener Stift, dann überrascht dieser mahnend-kirchendisziplinierende Schlussakkord nur wenig. Der lateinische Originaltext deutet auf eine etwas abgemilderte Beurteilung des Geschehenes hin als es die deutsche Übersetzung vermuten lässt, denn ein Befall durch „Dämonen"/*„demonibus"* galt aus zeitgenössischer Sicht als weniger verhängnisvoll als ganz und gar dem Teufel verschrieben zu sein.

---

20   Zum im Mittelalter immer wieder diskutierten Verhältnis von „maze" und Tanz vgl. Salmen 1999, S. 6 ff.

21   Weiterführend zu den Neuerungen im Modernen Tanz vgl. Kautscheid 2004, 98 ff.

22   Vgl. Schneider 1985, S. 536.

23   An dieser Stelle sei nur kurz auf die tanz- und rezeptionsgeschichtlich interessante Kreistanz-Darstellung des „Tanzes von Kölbigk" durch Matthias Marian d. Ä. hingewiesen, als Kupferstich überliefert aus Gottfrieds Historische Chronik (1629–1632), ausführlich analysiert und interpretiert bei Röcke/Velten 2007, S. 309–315.

Dieser wäre eher im Singular mit *„diabolus"* vermerkt worden.[24] Insofern durften die Tänzer aus Xantener Perspektive – bei allem mahnenden Duktus des Berichtes – unter den genannten Bedingungen durchaus auf Heilung und Erlösung ihrer Tanzbesessenheit hoffen.

Auch die *Limburger Chronik* datiert das „wunderlich Ding" auf das Jahr 1374, hier allerdings ein paar Monate früher, „im Sommer" verortet. Zudem gibt sie im Gegensatz zu den *Xantener Notizen* präzisere Auskunft über die regionale Ausdehnung der Tanzwut-Bewegung, wenn sie die „Teutschen Landen, auf dem Rhein und auf der Mosel" nennt, unter anderem wird Köln als Ort des Geschehens gleich mehrfach angeführt.

Die Beschreibung des Tanzens und Rasens– die Formulierung „rasen" stützt die Xantener Deutung bzw. Einstufung der Tanzwut als Besessenheit – ähnelt dem Xantener Geschehen sowohl was die ungewöhnliche, von der Norm abweichende Tanzdauer betrifft (wer könnte auch nur „ein halben Tag" durchtanzen in „normalem" Zustand, auch heutzutage?) als auch hinsichtlich des wahnhaft anmutenden Tanzausgangs, nämlich dem plötzlichen Zu-Boden-Fallen („fielen sie etwann dick nieder") und der darauf einsetzenden bekannten „Hilfsmaßnahmen".

Im Gegensatz zum Xantener Bericht wird in der Limburger Überlieferung der Dämonisierung nun aber eine weitere Dimension moralisch-sittlicher Verurteilung disziplinierend hinzugefügt, die immerhin fast Zweidrittel des Textes einnimmt: Den „Däntzern" wird zur Last gelegt, sie frönten als fahrendes Volk, sobald kurzfristig und lediglich scheinbar genesen von ihren wahnhaften Zuständen, zum einen der Bettelei (auf diesen Vorwurf wird im Zuge des Kölner Berichtes noch näher eingegangen) und zum anderen „Unkeuschheit" – zwei Verstöße also, die gerade auch die städtische Ordnung nicht wenig gefährdeten. Modern ausgedrückt: ihnen wird vorgeworfen, in nicht-ehelicher Gemeinschaft zu leben, uneheliche Kinder zu bekommen und somit eine von der gesellschaftlichen Norm abweichende, verachtete Lebens- und Gemeinschaftsform zu betreiben, deren Mitglieder immerhin bis zu 500 Mitglieder umfasste.

Das Moment der „Täuscherei" gegen Ende des Berichtes mindert zudem die Glaubwürdigkeit der „Däntzer". Besonders interessant im Vergleich zur Xantener Quelle ist hierbei die Bewertung ihrer spezifischen Kleidung: während die *Xantener Notizen* die typische, auch in verschiedenen Bildquellen (vgl. beispielsweise Abb. 1) immer wieder auftauchende enge Umgürtung/Umschnürung des Oberleibes bzw. des Bauchbereichs recht neutral erwähnt, deutet die *Limburger Chronik* diese Schnürung und Knebelung des

---

24   „[...] Innerhalb der kirchenpolitischen Kategorisierung liegt eine gemäßigte Abnormität vor: keine Häresie, kein Hexentum, sondern ein durch Dämonen bewirkte Erkrankung des Körpers, die reversibel ist. [...]", vgl. Sprandel 1991, S. 781.

Leibes als kleidertechnischen Täuschungsversuch, der vor allem die zahlreichen Schwangerschaften verdecken sollte, die angeblich „in der Däntzerei" zustande kamen.

Auch die Limburger Quellen berichten von einer zeitlich begrenzten Dauer („16 Wochen") dieser verwerflichen, die städtische Ordnung deutlich bedrohenden „Gegen-Communitas". Wie die Tanzwut-Bewegung des Jahres 1374 dann aber „ein betrogen End" nahm, ob rituell-kirchliche Beschwörungen oder vielleicht eben auch städtische Strafmaßnahmen und weltliche Verbote (beispielsweise andernorts überlieferte städtische Geldbußen, die nachweislich seit dem 15. Jahrhundert bei Verstößen gegen die vielfach ausgesprochenen Tanzverbote erhoben wurden[25]) dabei eine Rolle gespielt haben, erwähnt die Chronik interessanterweise nicht. Die Verfasser konzentrieren sich ganz auf die Akzentuierung ihrer moralisch-sittlichen Verurteilung der „Däntzer", auf dass diese sowohl rückblickend als auch vor allem zukünftig ihre disziplinierende präventive Wirkung entfalten möge. Und dies alles adressiert an die vornehmlich stadtbürgerliche Limburger Leserschaft.

Die dritte, zeitlich distanziertere, einem Sammelcodex des 15. Jahrhunderts entstammende „Tanzgeschichte" aus der *Kölner Weltchronik bis 1376* zeichnet sich durch eine ungewöhnlich differenzierte und die heterogene Zusammensetzung des Kölner Tanzwutereignisses berücksichtigende Berichterstattung aus: Zwar geht der Kölner Text im zweiten Teil ebenfalls auf das Almosennehmen, das Simulantentum und auf Momente der Unzucht ein, bezieht dabei aber eine kritisch-differenzierte Position, indem er aufdeckt, dass aus der „Leichtfertigkeit des Geistes" heraus manche männliche Simulanten den krankhaften Zustand gerade der sehr jungen Tänzerinnen missbrauchten. Hier wird also klar unterschieden zwischen wahrhaft an der Tanzwut Erkrankten und denjenigen, die das gruppendynamische Tanzgeschehen (und teilweise eben auch die Erkrankten selbst) ausnutzten, wobei ganz nüchtern vorneweg festgestellt wird, in den menschlichen Dingen mische sich eben oft das Falsche mit dem Wahren.

Diesen „vom Teufel" angetriebenen Vortäuschern wird aus Kölner Sicht schließlich auch jenes im öffentlichen Raum vollzogene Tanzritual zum Zwecke der Gottesdienststörung zugeschrieben, das uns schon als Re-Inszenierung der Kölbigker Tanzlegende aus der Xantener Überlieferung bekannt ist (d. h. die „ungewöhnlich und allzusehr" den kirchlichen Gottesdienst oder die kirchlichen Festtage störende öffentliche Ausübung eines spezifischen Tanzritus, meist wohl vor zahlreichem Publikum).

---

25 Ausführlicher zu intensivierten Disziplinierungsbemühungen gegenüber dem Tanz durch kirchliche und städtische Obrigkeiten an der Schwelle zur frühen Neuzeit vgl. Jungmann 2002, S. 136 ff.

Und nicht nur, dass dieser von der Kirchennorm abweichender Ritus in Verbindung gebracht mit der Tanzwut-Bewegung von 1374, die Kölner Quellen berichten sogar ganz explizit von der Herausbildung einer Art Gegen-Gesellschaft mit eigenen religiösen Riten, Gelübden, Wohn- und Lebensformen, die sich außerhalb und örtlich entfernt der Städte etablierte und teilweise sogar von der städtischen Bevölkerung mit Lebensmitteln versorgt wurden.

Die uns aus den anderen Berichten inzwischen bekannte und offensichtlich also bis ins 15. Jahrhundert weitverbreitete Annahme, die Tanzwütigen seien von Dämonen besessen, wird nunmehr als unmittelbare und verhängnisvolle Konsequenz, nämlich als „Gottes Strafe" auf diese angeblich häretische Lebens- und Gemeinschaftsform dem zeitgenössischen Leser durchaus abschreckend vor Augen geführt. Dies hindert den/die Chronisten aber nicht daran, beinahe schon „quellenkritisch" zu vermerken, dass es sich bei jener zeittypischen Dämonisierung der Tanzwut um eine vornehmlich glaubensbedingte Deutungs- und Handlungsstrategie im Umgang mit diesem die Ordnung störenden Tanzphänomen handele („wie man fromm glaubte"). Indem abschließend jene „dämonische" Form der Tanzepidemie nochmals eine separate Schilderung erfährt, spitzt sich zwar der warnend-disziplinierende Charakter gegen Ende der Kölner „Tanzgeschichte" zu – was bei der nunmehr auf das 10fache gesteigerten Anzahl der Tanzwütigen auf bis zu geschätzte 5000 nicht erstaunt. Gleichzeitig wird sie aber als nur *eine* mögliche Erscheinungsform innerhalb der gesamten Tanzwut-Bewegung von 1374 gefasst.

Jetzt erfahren wir auch Einzelheiten zu den Örtlichkeiten, an denen die schon in den *Xantener Notizen* erwähnten Beschwörungsrituale stattfanden (nämlich in Kirchen und in Gegenwart heiliger Reliquien), zu den vielfältigen Gegenmaßnahmen (Gebete der Gläubigen und in diesem Kontext legitimierte Almosengabe,[26] Exorzismen und Beschwörungen) und schließlich

---

26   Übereinstimmend mit dieser chronikalen Notiz gibt es seit dem 12./13. Jhd. immer wieder Hinweise auf einen Zusammenhang zwischen der Inhaberschaft sog. „Bettelausweise", der Almosengabe und der Tanzbesessenheit. So ist z. B. der frühe Bericht des Othbertus und des Theodericus über die Tanzlegende von Kölbigk in Form von Bettelausweisen überliefert, vgl. zur Überlieferungsgeschichte: Röcke/ Velten 2007, Anm. 13; doch auch noch in der zweiten Hälfte des 15. Jhd. schildert der Heidelberger Hofhistoriker Mathias Kemnat, wie verschiedenste Gruppen von „Kranken" im Zentrum der Stadt bis zu 26 Arten von Krankheiten vorführten, ja vortäuschten, um dann von Almosen zu leben. Allerdings handelte es sich hier weniger um die hysterisch-krankhafte Erscheinungsform der Tanzwut, sondern vermutlich um jene „Vortäuscher", die oftmals bei großen Jahrmärkten und im Umkreis bedeutender Kirchen auftraten und eben auch im Zusammenhang mit 1374 Erwähnung fanden, vgl. hierzu Sprandel 1991, S. 785 f.

zu den Ausführenden der Maßnahmen und Heilrituale selbst (fromme Gläubige und Priester).

Neben der Kritik an den Simulanten und der dem Leser dargebotenen Interpretation als soziale bzw. religiös abweichende Gegen-Gesellschaft weiß die erste Hälfte des Kölner Berichtes von einer weiteren Erscheinungsform sich vereinigender[27] Tanzwütiger zu berichten, denen sowohl aus ihrer nächsten Umgebung (durch ihre nächsten Verwandten oder Bekannten) als auch „durch Gottes Gnade" Hilfe statt Strafe und gleichsam ein gewisser Schutz, ja beinahe ein gewisses Verständnis entgegen kommt. Neu und spannend für das sich an der Schwelle zur Neuzeit offenbar wandelnde Deutungsmuster ist zudem die hier vorgenommene inhaltliche Zusammenführung zweier choreographisch wie gruppendynamisch unterschiedlicher Ausformungen der Tanzwut: Erstens das an die Kölbigker Tanzlegende erinnernde[28] gemischtgeschlechtliche Kreistanzmotiv – ekstatisch gesteigert durch die explizite Schilderung (tanz-)normbrechender Bewegungselemente (hohes Beine- und Armewerfen und Händeklatschen)[29] und eventuell durch die zusätzlich erwähnte Kopfbekränzung symbolisch anknüpfend an die mänadisch-dionysischen Tanzzüge der Antike.[30] Das zweite zentrale Tanzwut-Motiv ist der zunächst jeden Einzelnen individuell ergreifende Zustand des hyperkinetischen Tanzwahns, der hysterisch zugespitzt dann epidemisch auch andere Gruppenmitglieder ansteckt und damit im Kölner Beispiel den weiterführenden „Krankheitsverlauf" bildet. Beide Erscheinungsformen – individueller Tanzwahn und ekstatischer Kreistanz – wirken wie schon in den Xantener und Limburger Fallberichten „ansteckend", werden jetzt aber in eine unmittelbare zeitliche „Krankheitsabfolge" gesetzt.

---

27 Die lateinische Formulierung ("Sociantes") ist hier ausdrücklich im Sinne einer Gemeinschaftsbildung verstanden.

28 So wird dem Vagabundentum jenes Tanzritual hinzugefügt, welches das Kölbigker Kreistanzmotiv aufgreift und sich hinsichtlich der differenziert beschriebenen Bewegungs- und Tanzelemente auffallend eng an die bereits erwähnte ikonographische Darstellung jener Legende aus der frühen Neuzeit anlehnt, vgl. a. Anm. 25.

29 Bis ins 14. Jahrhundert hinein galt es als unziemlich, bei Kreistänzen die Arme willkürlich hoch und schon gar nicht über den Kopf zu heben; der gestische Einsatz von Armen und Händen fand vor allem statt im Rahmen der stilisierten, mit Leichtigkeit und Anmut auszuführenden „Gebärdentänze" des Mittelalters (vornehmlich einzeln oder paarweise ausgeführt), vgl. hierzu: Nitschke 1989, S. 206 f. wie auch weiterführend: Jung 2001.

30 Die Nennung des Kranztragens könnte eventuell auch das mänadisch-dionysisch Ausschweifende unterstreichen, andererseits wissen wir aus der Tanzgeschichte, dass gerade im Mittelalter und in der frühen Neuzeit das „Schappel"- bzw. Kränze-Tragen bei den beliebten Kreis- und Kettentänzen (wie z. B. der Farandole) durchaus üblich war.

Der Kölner Tanzbericht wiederholt also im Kern die uns schon aus Xanten und Limburg bekannten „Versatzstücke", die jene Tanzwut-Bewegung aus dem Jahre 1374 offensichtlich allerorts charakterisierten – das Element des Vagabundentums, den typischen Verlauf der anfallartigen hyperkinetischen Tanzwutanfälle, das Simulantentum und die dämonische Besessenheit – variiert, kombiniert und deutet diese aber eigenständig.

Die vergleichsweise kurze Krankheitsphase (8 bis 15 Tage) wie auch der beinahe überraschend glimpfliche Ausgang – die Genesung durch Gottes Gnade und Verschonung eines tödlichen Ausgangs nimmt darüber hinaus eine deutliche Abgrenzung zum legendären Krankheitsverlauf in der Kölbigker Tanzerzählung, denn die dort vom Priester Verfluchten mussten ein ganzes Jahr ohne Unterbrechung weitertanzen, bevor sie nach Ablauf eines Jahres endlich von ihrer Qual durch den Erzbischof Erlösung erfuhren, wobei eben manche Tänzer das Jahr nicht überlebten oder „ettlich zitterten ir lebtag".[31] Zudem korrespondiert diese mehr an medizinisch realen Krankheitsverläufen orientierte Schilderung mit einer für das 15. Jahrhundert durchaus „moderne" Ursachenerklärung: die Tanzwut wird als medizinisches Phänomen auf vornehmlich pathologische, psychische und physische Ursachen zurückgeführt, ohne moralische Schuldzuweisung an die Erkrankten.

Dieses neue, an der Schwelle zur Neuzeit auftauchende medizinische Deutungsmuster spiegelt sich gleich im ersten Textabschnitt durch den Gebrauch einer ganzen Reihe medizinischer Begriffe: die Tanzwut wird zunächst somatisch bedingt beschrieben und eingestuft, nämlich als „heftige, sehr seltene und staunenswerte Erregung in den Körpern von Menschen", die sich quasi als Symptom äußert in einer „wunderbaren Gestik des Körpers"/*„mirabili gestu corporem"* wie auch durch wahnhafte Zustände, durch eine Art von „Verrücktheit".

Und auch dieses allen sichtbare Symptom der „Verrücktheit" erfährt – im Gegensatz zur parallel noch gängigen gesellschaftlichen Ausdeutung als „dämonische Besessenheit" – an dieser Stelle eine medizinisch-pathologische Einstufung, gestützt durch die Verwendung des diesbezüglichen zeitgenössischen medizinischen Fachvokabulars (*„maniam"*/*„alienacionem mentis"*/*„insania"*) – autoritativ noch unterstrichen durch das Zitat einer im 15. Jhd. wohl schon gängigen ärztlichen Diagnose [Zeile 3f.:„Die Ärzte sagen, sie käme aus natürlichen Ursachen und nennen sie Manie, Abirrung des Geistes"]. Tatsächlich gewann in der medizinischen Diskussion und Literatur des 15./16. Jahrhunderts das Bestreben mehr und mehr an Boden, das Phänomen der Tanzwut bzw. den Veitstanz möglichst nüchtern-pathologisch zu beschreiben und somit den bisher gängigen dämonisierenden

---

31   vgl. hierzu auch Jungmann 2002, S. 44.

Deutungsmustern und magischen Beschwörungsriten ein medizinisch-pathologisches Erklärungsmodell entgegenzustellen. Diese Tendenz ist im Kölner Bericht also bereits angedeutet.

Schriftlich fassbar wird diese medizin- und kulturhistorische Entwicklung in dem 1527 von Paracelsus formulierten, oben bereits erwähnten *7. Buch in der Arznei*, welches im Kontext der dort analysierten „Krankheiten, die der Vernunft berauben" auch auf zwei verschiedene Formen des Veitstanzes eingeht:

Zum einen auf eine erbliche bzw. natürliche Krankheitsform (*chorea naturalis*), beruhend auf einer möglicherweise humoral bedingten Verschlechterung bzw. Chaotisierung des Blutes. Jene dort bezeichneten „lachenden Adern" werden dann auch für die charakteristischen, die Tanzwut begleitenden wahnhaft-hyperkinetischen Zustände verantwortlich gemacht, wie z. B. das in den Chroniken erwähnte zwanghafte Lachen, Klatschen, Schreien und Springen.[32]

Die zweite Krankheitsform beruht nach Paracelsus zum anderen auf einer eingebildeten, d. h. imaginierten Ansteckung bzw. Symptomatik (*chorea lasciva*), resultierend aus einer Überreizung der visuellen und akustischen Sinne auf ein imaginiertes Bild hin, welches sich verfestigt und schließlich vorübergehend jenen die Sinne und die Vernunft beraubenden Tanzzwang hervorruft.[33] Paracelsus legte mit jener Theorie der „mimetischen Ansteckung des Körpers durch die Verfestigung imaginativer Bilder" die entscheidende medizinhistorische Grundlage, die hysterische Form des Veitstanzes bzw. der Tanzwut medizinisch-pathologisch gleichwertig neben die somatischen Ursachen zu stellen.[34] Freilich, die/der Verfasser der Kölner Chronik begegnen/begegnet jener neuen pathologischen Deutung der Tanzwut als *chorea naturalis* oder als *chorea lasciva* im Sinne Paracelsus' offenbar noch mit einer gewissen kritischen Distanziertheit, denn zumindest wird beides als Möglichkeit offen gelassen, nämlich zum einen eine natürliche Ursache, zum anderen aber auch die aus den Limburger Quellen uns schon bekannte Vortäuschung der Symptome [Zeile 5:„[...] wurde über die genannten Monate eine gewisse Krankheit vorgetäuscht"/„*pretendens*"].

---

32 Der das Blut unterhaltendes „Lebensgeist"/„*spiritus*" kann sich verschlechtern, in Unordnung geraten, ja im Körper kitzeln und wüten, weil er von Paracelsus als besonders fein und sensibel gedacht wird, vgl. Röcke/Velten 2007, S. 322.

33 „[...] so ist die ursach der krankheit choreae lascivae alein ein aestimaz und ein angenomen imaginaz, die da wirkt in dem der sich also ein solche aestimaz schezet und des gleichen im selbs ein solch sach imaginiert/ diese aestimaz und imaginaz ist der ursprung diser krankheit und des tanzes.[...]", zit. n.: Theophrast Bombast von Hohenheim, genannt Paracelsus, 1527/1930 (ND), S. 407.

34 Röcke/Velten 2007, S. 322 f.

Variierende Erscheinungsformen der Tanzwut in den ikonographischen Quellen[35]

Abb. 1 „Epileptikerinnen von Meulebeeck", aus dem Umkreis von Pieter Brueghel dem Älteren. Reproduktion mit freundlicher Genehmigung der Albertina, Wien

Um die Mitte des 16. Jahrhunderts findet sich im Umkreis Pieter Brueghel's des Älteren eine Zeichnung, die auf expressive und eindrückliche Art und Weise eine Art Heiltanz-Prozession darstellt: 5–6 Frauen – es könnten aber durchaus noch mehr sein, denn der Zeichner erweckt den Eindruck, vom rechten Bildrand aus könnten stets weitere Tanzwütige folgen – befinden sich ganz offensichtlich in demjenigen hyperkinetisch-hysterischen Zustand des Tanzwahns, der den zeitgenössischen Bildbetrachtern des 16. Jahrhunderts durch die chronikalen Tanzberichte wie auch durch die Wanderprediger verbreiteten Tanz-Warnlegenden[36] wohlbekannt sein durfte. Auch wir erkennen inzwischen den „(tanz-)wahnhaften" Zustand am differenziert und auffallend realistisch dargestellten charakteristischen Bewegungsverhalten: unkoordinierte Fortbewegung, verdrehte Gestik, Ver-

---

35 Für eine weitere Bildquellen-Analyse der Autorin s. http://www.choreomania.org.

36 Ausführlicher zur Rolle von „Tanzpredigern" und der moralischen Funktion entsprechender Tanz-Warnlegenden (u. a. der Kölbigker Tanzlegende) für die wirksame Durchsetzung von Tanzverboten und die langfristige Etablierung innere Körperdisziplinierung vgl. Jungmann 2002, S. 151 ff.

lust der Raumorientierung, angedeutetes Springen und Stampfen begleitet von Schreien und verzerrter Mimik. Die typische Kleidung der an Tanzwut Leidenden (geschnürte Übergewänder, die vor allem den Rumpf einengen, aber auch generell die Mobilität eingrenzen) korrespondiert zudem mit der Beschreibung der schriftlichen Überlieferung.[37] Rechts und links sind die am Veitstanz leidenden Frauen flankiert von Männern, die einerseits stützend unter die Arme greifen, andererseits aber auch recht massiv die Mobilität und den Bewegungsradius (vor allem von Armen und Händen) der betroffenen Frauen einschränken. Auffallend ist, dass jene männlichen Begleiter ebenfalls alle ähnlich gekleidet scheinen und bezüglich ihrer Kleiderausstattung ebenfalls einer eher einfacheren Gesellschaftsschicht, also vielleicht tatsächlich dem nahen Umkreis der Erkrankten entstammen – wie etwa in der Kölner Tanzgeschichte beschrieben.

Entsprechend der Fokussierung auf die tanzende Frau als moralische Gefahr und Verführung zum unerlaubten Tanz, die sich in vielen der im 15. und 16. Jahrhundert kursierenden Predigten, Traktaten und kirchlichen Abhandlungen wider den Tanz (und hier wider den Tanz als solches!) findet, werden auch in der vorliegenden Zeichnung ausschließlich Frauen als von der Tanzwut bzw. vom Veitstanz befallen abgebildet, während den Männern eher die Rolle des helfenden, aber zugleich auch züchtigenden Begleiters zukommt.[38] Oder es wird ihnen als Prozessions-Musikanten eine das Heiltanz-Ritual zumindest unterstützende Rolle zugesprochen. Denn anders als in den Textquellen sind bei dieser Heiltanz-Prozession nun auch Musiker Teil des performativen Geschehens und durch die begleitende Inschrift wissen wir sogar, dass sich dieser Pilgerzug am Johannestag in der Gegend um Brüssel in die Richtung der Johanneskirche in Moelenbeck bewegt.[39] Die bisher gesichteten chronikalen Berichte aus Xanten, Limburg und Köln spiegeln im Gegensatz dazu eine andere, d. h. vielfältigere und durchaus gemischtgeschlechtliche Zusammensetzung der von der Tanzwut Ergriffenen.

Auffallend ist bei der Bildbetrachtung noch die angezeigte Tanz- bzw. Prozessionsrichtung, die dem Uhrzeigersinn folgend einen Kontrast zur sonst üblichen „guten Tanzrichtung" (nämlich gegen den Uhrzeigersinn) formt und somit auf ein Tanzgeschehen außerhalb der üblichen normativen Raum- wie Gesellschaftsordnung hindeutet. Die gezeigte dreifache Tanzkonstellation (Mann–Frau–Mann) dürfte im 16. Jahrhundert den Zeitge-

---

37 Im Original auf blaugrauem Papier und in Folge vielfach kopiert, an dieser Stelle sei Frau Dr. Ingrid Kastel von der Albertina, Wien, für die Übersendung der Reproduktionsvorlage gedankt.

38 Weiterführend zur „Angst der Kirche vor der tanzenden Frau" vgl. Jungmann 2002, S. 116–135.

39 Die Bildunterschrift ist vollständig zitiert in Röcke/Velten 2007, Anm. 43.

nossen aus sonst gängigen Gesellschaftstänzen der Zeit vertraut gewesen sein;[40] man folgte unter den Bedingungen der Duldung und gesellschaftlichen Legitimation der Tänze noch bis ins 15./16. Jahrhundert hinein einer paarweisen Prozessionsordnung mit vorgeschriebener sittlich-distanzierter Handhaltung.[41] Durch die in der Zeichnung expressiv und fast schonungslos gezeigte rohe Art der Berührung wird diese Distanz im persönlichen Zwischenraum aufgebrochen, beinahe ins Gewaltsame hinein verzerrt. Die etwas herausgehobene, da isoliert gehaltene, Tanzprozessions-Szene im Bildhintergrund – das Dreierpaar auf der Brücke – könnte schließlich dazu dienen, symbolisch den Zustand der Transgression, in welchem sich die (wohl später so betitelten) *Epileptikerinnen von Meulebeeck* befanden, noch zu unterstreichen – als von der Tanzwut befallene Individuen auf dem Weg zur Heilung durch die und in der (von außen disziplinierend eingreifenden) Prozessionsgemeinschaft.

Sicherlich interessant wäre eine Analyse weiterer ikonographischer Darstellungen, z. B. der Illustration *Der Tanz von Kölbigk* in der *Schedel'schen Weltchronik* (1493), welche auf ganz andere und für heutige Augen sehr subtile Art und Weise das normbrechend-abweichende Moment im (Tanz-)Verhalten darstellt und vermutlich eher auf die Ausübung „neuer", noch nicht legitimierter Tänze kritisch anspielt denn auf die Darstellung und Konturierung des krankhaft-pathologischen Moments.

Schlussbetrachtung

Mit Hinblick auf die vergleichend untersuchten schriftlichen Berichte zur Tanzwut-Bewegung des Jahres 1374, kann festgestellt werden, dass in allen Berichten das Phänomen der Tanzwut durch gemeinsame, motivisch immer wiederkehrende Versatzstücke charakterisiert wird. Jene ähnlichen Bestandteile in der Berichterstattung erklären sich zum einen durch eine in dieser Region anzunehmende „mündliche *fama*",[42] die als gemeinsame Informationsquelle diente. Zum anderen verbindet alle drei chronikalen Berichte ein gemeinsames Ziel, denn allesamt sind sie einer klerikalen Geschichtsschreibung verpflichtet – sei es nun, dass die sie im klerikalen

---

40   Zahlreiche Rekonstruktionsversuche zu (denkbaren) choreographischen Raumwegen wie zu gängigen Paarkonstellationen in den Gesellschaftstänzen des Mittelalters und der Renaissance finden sich z. B. bei Großkreutz 2005.

41   Zahlreiche Beispiele dafür, welche Tänze im 15/16. Jhd. aus städtischer und klerikaler Sicht als „gute" (d. h. in diesem Falle als wohlgeordnete, die alte Ordnung nicht in Frage stellende) Tänze galten und welche als „neue" Tänze zu verhindern bzw. zu verdammen seien vgl. Jungmann 2002, S. 144 f.

42   Sprandel 1991, S. 781 f.

Umkreis bzw. von Klerikern selbst verfasst wurden (Xanten und Limburg), sei es, dass sie für eine klerikale Leserschaft verfasst bzw. von einer Klostergemeinschaft in Auftrag gegeben wurden (Köln).

Die in den ersten beiden Chroniken auffallend ausschnitthafte Berichterstattung bzw. ihre Fokussierung auf eine spezifische Erscheinungsform der Tanzwut verweist auf die je unterschiedlich zugrundeliegenden Deutungs- und Bewertungsmuster und zielt Leser auch auf unterschiedliche Ebenen der Disziplinierung: während in den *Xantener Notizen* das im Mittelalter gängige Deutungsmuster des Tanzwahns als angeblich durch Dämonen hervorgerufene Tanzbesessenheit dominiert, welche nur durch kirchliche Heilrituale wieder aufgehoben werden kann (und somit das Heil- und Disziplinierungsprimat der Kirche nachdrücklich unterstreicht), konzentriert sich die *Limburger Chronik* stärker auf den sich innerhalb der Tanzwut-Bewegung eröffnenden (Frei-)Raum für abweichendes moralisch-sittliches Verhaltens – und verurteilt jenes angeblich simulierte, moralisch verwerfliche und in diesem Sinne „abnorme" Verhalten aufs Schärfste (was für den Limburger Chronisten wohl nicht unüblich war[43]). Modern ausgedrückt bot jene in hohem Maße gruppendynamische, da „ansteckende" und massensuggestiv wirksame Tanzwut-Bewegung vorübergehend die Möglichkeit „zur jugendlichen und bürgerlichen Transgression hinter der Fassade des Pathologischen".[44]

Die mit größerer zeitlicher Distanz und zudem am detailreichsten verfasste Kölner „Tanzgeschichte" hebt gegen Ende ebenfalls „die Effizienz, die Heilsamkeit einer Ein- und Unterordnung unter die Kirche"[45] exemplarhaft hervor, stellt dem mittelalterlichen Krankheitsbild aber nun ein neuzeitlich orientiertes, medizinisch-pathologisches Deutungsmuster gegenüber, das sich in Ursachenerklärung, Krankheits- und Heilungsverlauf klar von den sonst üblichen mahnend-disziplinierenden Elementen aus der Tradition der Tanz-Warnlegenden abgrenzt.

Und schließlich findet sich ausschließlich im Kölner Bericht ein weiteres neues Deutungsmuster: die differenzierte Beschreibung der „Däntzer" als Gegen-Communitas mit eigenen religiösen Riten und sozialen Normen gibt einen deutlichen Hinweis darauf, dass es unzulänglich wäre, die Tanzwut-Bewegung von 1374 mit den zeitgenössischen Veitstanz-Prozessionen gleichzusetzen oder als rein spontan-emotionales Ventil, als massenhysterische Reaktion auf die erschreckenden Ereignisse der Zeit zu deuten (z. B. Pest, Erdbeben oder Hungersnöte). Folgt man der These

---

43   Als kaiserlicher Notar kritisiert Tilemann immer wieder das angebliche christliche
     Fehlverhalten seiner Zeitgenossen vgl. http://de.wikipedia.org/wiki/Tilemann_Ehlen_vonWolfhagen (Zugriff am 23.02.2011).
44   Röcke/Velten 2007, S. 318.
45   Sprandel 1991, S. 781.

Sprandels, dann handelt es sich bei den in der Kölner Chronik beschriebenen tanzepidemischen Verläufen allenfalls um performative Höhepunkte, die den Tanzwütigen dazu diente, über die „Entleihung ritueller Elemente einer Tanz- und Springprozession" wie auch über die Anlehnung an performative Verhaltensmuster des zeitgenössischen Jahrmarkt- und Kirchfesttreibens ihrer emanzipativen Laienfrömmigkeit publikumswirksamen Ausdruck zu verleihen.[46] In Anbetracht der ab dem 15. Jhd. deutlich intensivierten Bemühungen seitens der weltlichen und kirchlichen Institutionen, über eine wachsende Zahl ausgesprochener Tanzverbote, über flächendeckend initiierte Tanzpredigten und Tanz-Warnlegenden den Tanz als solches einzudämmen, wie auch in Anbetracht der religiös-konfessionell angespannten Lage ist diese These der Tanzwut als Forum einer emanzipierten Laienfrömmigkeit nach wie vor überlegenswert. Zugleich aber sind die physischen und psychischen Reaktionen der Tänzer so abweichend und bizarr, dass weder die traditionelle dämonologische Deutung ausreicht noch die von Sprandel vertretene religions- und gesellschaftspolitische Interpretation allein das komplexe Erscheinungsbild der Tanzwut-Bewegung von 1374 zu erklären vermag. Das medizinische Erklärungsmuster muss zumindest als Teilaspekt mitgedacht werden, welches ca. 150 Jahre später seine expressive Thematisierung in der oben analysierten Zeichnung aus dem Umfeld Brueghels des Älteren.

Und auch in der hier exemplarisch untersuchten Bildquelle spiegelt sich das Nebeneinander, die Gleichzeitigkeit der variierenden Erscheinungsformen und Deutungsmuster der Tanzwut: so verweist der Zeichner neben seiner schonungslosen und „modernen" Akzentuierung des pathologisch wahnhaften Zustandes gleichzeitig auf die zeitgenössische Praktik der Heiltanz-Prozession, mit der man nunmehr als gelenkter und geleiteter Gegenmaßnahme dem unkontrollierten Tanzwutgeschehen zu begegnen suchte – noch ganz in der Tradition des mittelalterlichen kirchlichen Prozessionswesens.

> „[...] So wurde die Geste von der mittelalterlichen Gesellschaft genau geregelt und hochgeschätzt, aber das gestikulieren hat sie mit Unordnung und Sünde gleichgesetzt. Auch Verrenkungen und Deformierungen des Körpers waren verdächtig. Aber der Körper hörte nicht auf, sich frei und zügellos zu bewegen. [...] Die Grenze zwischen der formellen Geste und dem diabolischen Herumzappeln war rasch überschritten; [...]"[47]

Das Zitat verdeutlicht, wie eng, wie subtil die Grenze in dieser Zeit war zwischen erlaubter sittlicher Bewegungs- und Tanzgeste einerseits und als

---

46   vgl. Sprandel 1991, S. 783 f. sowie S. 786.

47   LeGoff/Truong 2007, S. 164.

„abnorm" und „diabolisch" abgewerteter Geste andererseits. Auch das Phänomen der Tanzwut hatte (wie hier aufgezeigt) durchaus verschiedene, oftmals nebeneinander auftauchende Erscheinungsformen, die sich stets an der Grenze zwischen Geduldetem und nicht Geduldetem bewegten. Durch die von Paracelsus beobachtete Möglichkeit der „imaginativen Ansteckung" entfaltet sich zudem schnell eine massensuggestive Dynamik, die der Tanzwut das Erscheinungsbild einer „Tanzepidemie" gab. Die Tanzwut als individuelles und als kollektives Krankheitsphänomen konnte zudem zugleich als Strategie zur Angstbewältigung dienen – sei es, dass diese Bewältigung vorübergehend innerhalb einer solidarisch agierenden Gegen-Gesellschaft stattfand, oder dass Heiltanzrituale von kirchlicher Seite zwecks Bewältigung und Kanalisierung entwickelt und inszeniert wurden.

Nicht zuletzt bot die Tanzwut-Bewegung einen Experimentier- und Gegenraum für sozial normbrechendes und/oder religiös widerständiges Handeln. Ob man dies als diabolisches und verwerfliches Geschehen betrachtete, ob man also den Fokus auf die persönliche Ausnutzung und auch auf den Missbrauch dieser Gegenräume legt (wie manche der zeitgenössischen Chronisten), oder aber diese Gegenräume als performative Bühne für eine emanzipative Laienfrömmigkeit interpretiert wie in der heutigen Forschung als These diskutiert, das gemeinsame Ziel der schriftlichen wie bildlichen Überlieferung des 14.–16. Jahrhunderts war es, die „Däntzer" in einer ganz bestimmten Art und Weise zu klassifizieren und vom Rest der städtischen Bevölkerung zu unterscheiden, d. h. als „different" und „anders" zu definieren. Insofern kann das Phänomen der Tanzwut als Grenz-Phänomen verstanden werden, als Ausdruck und zugleich als Inszenierung abweichender, angeblich „abnormer" Tanz- und Gemeinschaftsformen, als ein nur schwer zu kontrollierendes und disziplinierendes Tanzgeschehen auf und an der Grenze der individuellen und gesellschaftlichen Normalität. Am Phänomen der Tanzwut, an ihren divergierenden Ausdeutungen als „abweichendes" Verhalten und an den unterschiedlichen disziplinierenden oder heilenden kollektiven Antworten darauf kristallisiert sich die offenbar schon immer aktuelle Frage: „Who's bad?"

Literatur

Quellentexte

Elhen von Wolfhagen, Tilemann, *Fasti Limpurgenses. Das ist: Eine Wohlbeschriebene Chronick Von Der Stadt und Den Herren Zu Limpurg Auff Der Lahn* (ND/1720), Whitefish 2009; die hier zitierte deutsche Übersetzung folgt: von Boehn 1925, S. 64.

„Historische Notizen zum 2. September 1374", überliefert in: *Liber Albus*, StiXa B2, Bl. 27B, als Abdruck bei: Oediger, Friedrich Wilhem, „Die geschichtlichen Notizen im

Liber albus", *Sechzehn Jahre Xantener Dom* (1963), S. 156 f.; die hier zitierte deutsche Übersetzung folgt Hawicks 2007, S. 308 f.

„Tanzgeschichte von 1374", überliefert in: Sprandel, Rolf (Hg.), *Kölner Weltchronik 1273/88 – 1376* (Monumenta Germaniae Historica, Scriptores, 6, 15), München 1991; die hier zitierte deutsche Übersetzung folgt Sprandel 1991, S. 779 f.

Theophrast Bombast von Hohenheim, genannt Paracelsus, *Das sibent buch Theophrasti Bombast von Hohenheim in der arznei von den Krankheiten, die der vernunft berauben/Das erste tractat und das erste capitel von fallenden siechtagen*, in: ders. 1930 [ND].

Sekundärliteratur

Dahms, Sibylle, s. v. „Tanzekstase und Totentanz", Finscher, Ludwig (Hg.), *Die Musik in Geschichte und Gegenwart. Allgemeine Enzyklopädie der Musik begründet von Friedrich Blume* (Sachteil 9 Sy–Z), Kassel/Basel/Stuttgart/Weimar u. a. 1998, Sp. 267 f.

Fischer-Lichte, Erike, „Performance, Inszenierung, Ritual. Zur Klärung kulturwissenschaftlicher Schlüsselbegriffe", Martschukat, Jürgen/Patzold, Steffen (Hg.): *Geschichtswissenschaft und ‚Performative Turn'. Ritual, Inszenierung und Performanz vom Mittelalter bis zur Neuzeit*, Köln/Weimar/Wien 2003, S. 34–54.

Großkreutz, Ursula, *Getanzte Rhythmen aus Mittelalter und Renaissance. Zwanzig historische Tänze* (Mainzer Tanzhistorische Reihe, 16), Mainz 2005.

Hawicks, Heike, *Xanten im späten Mittelalter. Stift und Stadt im Spannungsfeld zwischen Köln und Kleve*, Köln/Weimar/Wien 2007.

Johanek, Peter, „Elhen (Ehlen), Tilemann, von Wolfhagen", Stammler, Wolfgang/Langosch, Karl/Ruh, Kurt (Hg.): *Die Deutsche Literatur des Mittelalters. Verfasserlexikon* (Bd. 2), Berlin/New York 1980, Sp. 474–478.

Jungmann, Irmgard, *Tanz, Tod und Teufel. Tanzkultur in der gesellschaftlichen Auseinandersetzung des 15. und 16. Jahrhunderts*, Kassel 2002.

Krautscheid, Jutta, *Schnellkurs Tanz. Bühnentanz von den Anfängen bis zur Gegenwart*, Köln 2004.

LeGoff, Jacques/Truong, Nicolas, *Die Geschichte des Körpers im Mittelalter*, Stuttgart 2007.

Mittelalter Lexikon, s.v. „Tanzwahn", URL: http://u0028844496.user.hosting-agency.de/malexwiki/index.php/Tanzwahn (Zugriff am 24. März 2006).

Röcke, Werner/ Velten, Hans Rudolf, „Tanzwut. Dämonisierung und Pathologisierung des Tanzes in Literatur und Kultur des Mittelalters", Brandstetter, Gabriele/ Wulf, Christoph (Hg.): *Tanz als Anthropologie*, München 2007, S. 307–328.

Salmen, Walter, *Tanz und Tanzen vom Mittelalter bis zur Renaissance*, Hildesheim/Zürich/New York 1999.

Schneider, Otto, *Tanzlexikon. Der Gesellschafts-, Volks- und Kunsttanz von den Anfängen bis zur Gegenwart mit Bibliographie und Notenbeispielen*, Mainz/London/New York/Tokyo 1985.

Sprandel, Rolf, "Tripudiabant fortiter ad instar chorsanicum. Ein chronikaler Bericht des Jahres 1374", Kintzinger, Martin (Hg.), *Das Andere Wahrnehmen. Beiträge zur europäischen Geschichte; August Nitschke zum 65. Geburtstag gewidmet*, Köln/Wien 1991, S. 778–786.

von Boehn, Max, *Der Tanz*, Berlin 1925.

Walsdorf, Hanna, „Zur Geschichte des Tanzes", Badisches Landesmuseum Karlsruhe (Hg.), *Vom Minnesang zur Popakademie. Musikkultur in Baden-Württemberg*, Karlsruhe 2010, S. 27–36.

Kélina Gotman

Chorea Minor, Chorea Major, Choreomania: Entangled Medical and Colonial Histories

The term "choreomania" does not appear in the *International Encyclopedia of Dance* or *The Oxford Dictionary of Dance*. There is no entry for "choreomania" in the *Oxford English Dictionary*. Only "chorea" is defined, and although "choreomania" is mentioned, it is described as historical precedent: it was a transient form of chorea, a "dancing madness" (*"choreomania"*) that originated in Germany and spread throughout Europe "epidemically":

> **chorea** Path. [Short for L. *chorea Sancti Viti*, St. Vitus's dance; L. *chorēa*, a. Gr. χορεία dance, f. χορός: see chorus.] St. Vitus's dance, a name given to the dancing madness (choreomania) which spread in the 15th c. [sic] from Germany throughout Europe; an epidemic (probably hysterical) characterized by contortions, convulsions, and dancing. In the 17th c. extended to the disease at present known by that name; a convulsive disorder, usually occurring in early life, and characterized by irregular involuntary contractions of the muscles [...].[1]

But "choreomania" is a broader concept, distinct both from chorea and the medieval dancing retrospectively described as St. Vitus's Dance. As this chapter argues, choreomania is *not* an epidemic form of the convulsive disorder characterized by involuntary muscles and tics, called chorea (and, often, St. Vitus's Dance) in medical nomenclature.[2] Rather, "choreomania" emerged in the nineteenth century as a distinct concept denoting epidemic dancing and kinetic as well as political agitation, observed in the colonies and throughout European history, in episodes ranging from the tarantella to the *tigretier* in Abyssinia. The conflation of these events, couched in the new language of epidemic contagion, described a modern concept of health and disease, at once psychonational and psychohistorical. The history of this concept contributes not only to the story of the emergence of new disciplines

---

1   *Oxford English Dictionary* 1989, vol. 3, p. 170. It is curious that the dictionary attributes this to the "15th c.," a century later than the first major outbreak recorded (1374). The Swedish pharmacologist E. Louis Backman has convincingly argued that the dances may have followed Hungarian pilgrimage routes, which were characterized by dancing and merriment. See Backman 1952, p. 198. On the emergence and spread, as well as the transformation, of the medical language used to describe the dance manias and later events, see Gotman 2008. Dissertation abstract available at http://o-proquest.umi.com.catalogue.ulrls.lon.ac.uk/pqdweb?did=1612563591&sid =1&Fmt=2&clientId=52553&RQT=309&VName=PQD.

2   See Gotman 2008.

in the nineteenth century (from anthropology and ethnography to psychiatry, neurology and comparative literature), but also to that of an increasingly global arena of medical and ethnographic research embracing and spreading this diagnosis to address broader issues in society. From the explosion of global travel to the emergence of mass movements in the wake of the industrial revolution, upheavals rippling through nineteenth-century Europe were coming to the fore in the study of what the German physician and historian of medicine J.F.C. Hecker described as the "dancing disease," a "strange disorder" cast as a remnant of a pre-industrial and a pre-modern age.[3]

The term "chorea" first donned a medical connotation in the sixteenth century, when it was nominally associated with the fourteenth-century dance mania long known through historical lore (and popularized through curses such as "May you be possessed with Saint Vitus's dance!"[4]). But rather than describe relatively benign groups of people dancing and leaping around the feast of St. John, the medical theory of chorea, propounded by Paracelsus and later by Thomas Sydenham, associated the medieval St. Vitus's Dance with a disturbance of the "vital spirits" and eventually neuropathological jerking, spasms and tics. "Chorea" soon assumed an almost strictly neuropathological (and occasionally psychiatric) definition still associated with the medieval dancing mania, if ever more ambiguously. But moral overtones persisted, as did the confusion between the neurological disease (often referred to as *chorea minor* or Sydenham's chorea) and the historical event (*chorea major*). The latter was used to describe a carnivalesque form of social upheaval with dancing in the streets and town squares, as well as in makeshift camps outside towns and villages (in the case of the medieval manias). Some upheavals arose in a context of political or social revolt, while others (in Kentucky and elsewhere) were associated with religious awakenings, revival meetings and other ecstatic types of religiosity.

---

3   Hecker 1859, p. 102.

4   The curse is found in various forms; Hecker notes the German: "Das dich Sanct Veitstanz ankomme," mentioned in the sixteenth-century *Sybenhundert unf fünffzig Teutscher Sprichwörter* (Hagenau, 1537). He glosses this in dramatic terms: "This disposition of mind [the "wild rage for dancing"], altogether so peculiar to the middle ages, and which, happily for mankind, has yielded to an improved state of civilization and the diffusion of popular instruction, accounts for the origin and long duration of this extraordinary mental disorder. The good sense of the people recoiled with horror and aversion from this heavy plague, which, whenever malevolent persons wished to curse their bitterest enemies and adversaries, was long after used as a malediction" [Hecker 1859, p. 91]. See also the spoof in James R. Planché, *Olympic devils* (1879): "Must we waltz all day?/ Will you stop, I say?/ He's St. Vitus, sure!/ Nought his dance can cure [...]," in *The extravaganzas of J. R. Planché*, ed. T. f. Dillon Croker and Stephen Tucker (London: Samuel French, 1879), 5 vols., vol. 1, p. 85. All translations from the French mine unless otherwise noted.

Only in some cases, St. Vitus's Dance (or the *danse de Saint Guy* in French) referred exclusively to *chorea minor*, described as a spasmodic affection of the limbs primarily affecting young children. In the *Dictionnaire des termes de médecine, chirurgie, art vétérinaire, pharmacie, histoire naturelle, botanique, physique, chimie, etc.* (1823), Béguin, Boisseau, *et al.*, defined *chorémanie* as a "term attributed by some authors to St. Vitus's Dance." St. Vitus's Dance itself was a synonym for *chorée*, defined as the continuous, irregular, and involuntary movements of one or more limbs, or of the muscles of the face or chest.[5]

In Littré's 1863 edition of the *Dictionnaire de la langue française*, the entry for *chorémanie* similarly referred the reader back to *chorée*, again noted as a synonym, and defined as a medical term denoting an illness called the *danse de St-Guy* (St. Vitus's Dance); it consisted of continual, irregular, and involuntary movements of a few organs moved by the voluntary muscle system. The etymology, from χορεία, and χορός, suggested to Littré that this term was not only medical; and, in the ninth definition of *danse*, he offered a medical usage of the term that denoted a long cultural history: the *danse de St. Guy*, which he described as the popular version ["*nom vulgaire*"] of the medical term chorea ["*chorée*"], was known as such because, to be cured, sufferers typically appealed to St. Guy or St. Witt (St. Vitus) for help.

In 1704, John Harris, in his *Lexicon technicum, or an universal English dictionary of arts and sciences* (1704–10), had defined *Chorea Sancti Viti* as a type of "madness"; he made no mention of its "epidemic" nature or collective aspect, any more than would Littré or Béguin *et al*. But this psychiatric definition described a parallel track, perhaps first noted by Robert Burton in his seminal *Anatomy of Melancholy* (1621). This attributed the abrupt gestures and compulsive dancing to a sort of frenzy, delirium, or melancholia, traits that would be folded into the psychonational definition of choreomania from the mid nineteenth century onwards.

No longer merely a type of motor dysfunction whose historical antecedent had appeared as a form of dancing and raving in the wake of the Black Death, "choreomania" now emerged as an epidemic disease characterized by its sufferers' susceptibility to irrational movements and by the condition's apparent global ubiquity. This was a complaint variations upon which were now increasingly noted worldwide, as accounts emerged from colonial and travel literature, and reached as far as Madagascar and Brazil. The tarantella, and variations found in Africa and elsewhere, were among the more common "sightings" recorded and discussed in neurological and psychiatric journals.[6] Indeed, "choreomania" – thus employed to denote a combina-

---

5   *Dictionnaire des termes de médecine, chirurgie, art vétérinaire, pharmacie, histoire naturelle, botanique, physique, chimie, etc.* 1823, p. 153. On the spurious theory that the dances were caused by ergotism (a poisoning of the rye), see Gotman 2008.

6   Gotman 2008.

tion of psychic and somatic complaints on an epidemic scale – came into use with Hecker's treatise on "The Dancing Mania" ("*Tanzwuth*") (1832). He defined "choreomania" as "a strange delusion [that] [...] took possession of the minds of men, [hurrying] away body and soul into the magic circle of hellish superstition." He used medical terminology literally and figuratively, calling the dance a "convulsion" which, "in the most extraordinary manner, infuriated the human frame, and excited the astonishment of contemporaries."[7] In Germany, where the "delusion arose," he noted, "it was called the dance of St. John or of St. Vitus, on account of the Bacchantic leaps by which it was characterized, and which gave to those affected, whilst performing their wild dance, and screaming and foaming with fury, all the appearance of persons possessed."[8] He argued that the condition was exacerbated by suggestion, spreading "like a demoniacal epidemic" over the whole of Germany and the neighboring countries to the north-west, prepared for its reception by the prevailing opinions of the times.[9] This "demoniacal fervor" accounted for the condition's alternative nomenclature: it was also referred to as "choreodaemonomania" or "the devil's dance," in addition to its more common designations, including chorea, *Chorea Sancti Viti* and the dance of St John.[10]

Hecker's contribution to the study of the "dancing disease" was original insofar as it bypassed the whole subfield of medical study on *Chorea Sancti Viti* to look directly at the social and historical events referred to as St. Vitus's Dance from a biohistorical and a medical historical point of view. In this regard, he shifted the conversation away from individual pathology – and organic lesions – to the organic superstructure of "human life in the aggregate."[11] As such, his work signaled a new turn in the medical profession, suggesting that what was most interesting about the enigmatic "dancing disease" was its historicity and, significantly, its social contagiousness. This kind of epidemic pathology was worthy of investigation, he argued, not so much for the insight it provided into individual health and disease, as for the wider implications epidemiology offered the long view of human history. He argued that a study of the dancing disease would help physicians understand disordered states of mind and body that emerge during periods of political, social and ecological upheaval, and that were exacerbated by national, social, cultural, and religious predispositions. This new research would be compounded by investigations into cognate cases culled from his-

---

7   Hecker 1859, p. 80.

8   Ibid.

9   Ibid.

10   In Davidson 1867, p. 124.

11   "Preface" in Hecker 1859, p. 75.

torical records and travel narratives, and was aided by a nascent comparative methodology that would flourish under British and French colonial rule.

Hecker's transcultural, transhistorical interpretation of the "dance manias" as a "disease of nations" offered grounds for new case studies to be added to the choreomania repertoire, inaugurating a new era of choreomania sightings by medical practitioners and a new transcultural medical conversation on the "dancing disease." His essay, published in multiple editions in the years following its first publication in Berlin in 1832, was widely distributed in an English translation by the physician and Orientalist B.G. Babington as Vol. I of the Sydenham Society publications, distributed to all the society's members. A third edition, in 1859, was made available to the general public, and subsequently cited in works including, notably, the *Schaff-Herzog Encyclopedia of Religious Knowledge* (1888).[12] Hecker's essay was also translated into French, Dutch, and Italian.[13]

In 1879, the German psychiatrist Ludwig Witkowski argued for the need to study dance frenzies from a comparative cultural point of view, rather than as separate disease entities. He was borrowing from Hecker's comparative study, emphasizing the psychiatric dimension of this condition as well as its apparent universality. Witkowski called the St. Vitus's Dance ["*Veitstanz*"] a "psychic infection" ["*psychische Infection*"] "analogous" to earlier cases of mental or spiritual illness ["*Geisteskranke*"] and "melancholic delirium" ["*melancolisches Delirium*"], from the "Sufi brothers" to the English "Jumpers." In his view, it so forcefully possessed individuals' beliefs

---

12   Schaff 1888, vol 1, p. 602.

13   The first translation of J. f. C. Hecker's monograph, *Tanzwuth, eine volkskrankheit im mittelalter* (T.C.F. Enslin, Berlin 1832), was published the following year in Dutch as *De danswoede, eene volksziekte der Middeleeuwen, in de Nederlanden, Duitschland en Italië, volgens het hoogduitsch door G. J. Pool* (Sülpke, Amsterdam 1833). It was translated the year after into French by Ferdinand Dubois, as "Mémoire sur la chorée épidémique du moyen âge," in *Année d'hygiène* 12 (1834), pp. 312–390. The Italian translation was published a few years later, as *La Danzimania, malattia poplare nel medio-evo* (Ricordi, Firenze 1838). Hecker's three essays on medieval epidemics, including his essay on the dance mania, an essay on the Black Death and an essay on the Sweating Sickness, were first collected in a single volume by B. G. Babington, as *Epidemics of the Middle Ages* (Sherwood, Gilbert and Piper, London 1835), and reprised by a number of English-language publishers in London and Philadelphia, including, most famously, the Sydenham Society, whose first publication it constituted in 1844 (at 1,750 copies), and where Babington served as Treasurer. It was reprinted a second time, before being released for the general public in 1859. Hecker's trio of essays was subsequently re-edited in the German by Dr. August Hirsch, and published as *Die Grossen Volkskrankheiten des Mittelalters: historisch-pathologische Untersuchungen* (Verlag von Th. Chr. Fr. Enslin, Berlin 1865). I have not found references to sightings or literature on "choreomania" in India or the Far East, although mention of a case of "epidemic" dancing in Tokugawa Japan appears in Sirois 1973, p. 1907.

and imaginations [*"Glauben"*] with false impressions that it deserved concerted comparative study.[14]

Although Hecker is by far the most widely cited author on dancing manias, and his narrative continues to be one of the sole references employed in medical studies of this strange history, his integrative approach to the complex relationship between people and their environments is consistently overlooked.[15] Yet the appeal of his organicist approach to the dancing disease spawned a variety of associated texts, each expanding upon his transhistorical and transcultural theories. The Scottish physician Dr. Andrew Davidson published "Choreomania: An Historical Sketch, with some Account of an Epidemic observed in Madagascar" in the *Edinburgh Medical Review* in 1867, while he was a missionary physician in Madagascar.[16] He was reading the Sydenham Society publications that he had requested be sent to him from London, and borrowed from Hecker's national-historic language to describe what he witnessed in the capital, Antananarivo, in March 1863. This was a case locally described as *imanenjana*, which involved long lines of people frothing, falling, and shaking, traveling through Madagascar eventually to depose the unpopular, pro-European king. But for Davidson, choreomania was a "psycho-physical disease" characterized by an uncontrollable impulse to dance, morbid love of music, caprices regarding colors and objects, speech impediments, and "moral mania." He claimed that the dancing mania outbreaks primarily affected young women and men of "excitable temperament," who were more liable to suffer from hysterical conditions, although the disease by no means spared others. He seemed little concerned with the aesthetic or cultural properties of the event, or its local history.

Rather, for Davidson as for Hecker, choreomania could be recognized by a few salient traits. First, it was always collective. "Although it may be sporadic," wrote Davidson, "it shows a tendency to become epidemic during periods of general excitement," spreading by what he and his contemporaries called "pathological sympathy." He cited Hecker widely, assigning a biomedical etiology to the dance: "[w]hen epidemic, it is generally preceded by premonitory symptoms referable to the nervous system, and secondarily induces physical derangement, and sometimes even death." But for Davidson, the implications for policy makers were immediate. The dancing disease "was associated with national prejudices, religious and political," which "afforded, as it were, the condition, or one of the conditions of its epidemic

---

14 Witkowski 1879, pp. 591–98. See also Rosen1968, p. 205.

15 One notable exception is Stephen Muecke's essay, "Choreomanias: Movements Through Our Body," in *Performance Research* 8.4 (December 2003), pp. 6–10.

16 In the *Medical Times and Gazette*, "Foreign Correspondence," Jan. 3, 1863.

manifestation."[17] To become epidemic, the disease had to "seize some popular idea or superstition, at once so *firmly* believed as to lay hold of the heart of the people, and so *generally* as to afford scope for the operation of pathological sympathy."[18] Thus, choreomania should be counted as a threat to the colonial authorities. "It would be foreign to the design of this paper," he wrote, "to enter into any of the interesting psychological questions which suggest themselves in connexion with this subject; such as, the nature of the changes on the nervous centres, the primary cause of such changes, and the organic lesions resulting therefrom; inquiries such as these must be of deep interest to the physician, the philosopher, and the divine." But, he added, "this disease is of special practical interest to the magistrate and medical jurist. In Madagascar, this mania, in no small degree," he noted,

> tended to bring about the rebellion, which ended in the death of the sovereign and his ministers, and determined a revolution political and social in that vast island. Such an epidemic may occur again in India or other countries where British interests may be deeply involved; and in such cases it is important that the physician should know the disease, and be able to direct the authorities to a proper view of its nature and cure.[19]

To my knowledge, no further action was taken on account of his recommendation, and no studies appeared on the Indian subcontinent, although further research in this area may shed new light on this history. Indeed, while the Malagasy Dr. Adrianjafy took up the study of choreomania in his medical thesis at the Université de Montpellier in 1902, arguing against Davidson to propose a strictly malarial etiology for the dance – claiming that the events were exacerbated by manipulative shamans keen to regain power in the capital – little more was written of the Malagasy "disease" as a type of "choreomania," nor do further studies seem to have been so politically motivated.[20]

Nonetheless, just as the burgeoning study of ethnography in the early twentieth century could not be separated from the practices of colonial administration, so, too, the history of medicine in the nineteenth century could not be separated from national and colonial politics. And with Babington's translator's annotations to Hecker's text, a precedent for adding new case studies emerged. In his "Translator's Preface" to "The Dancing Mania," Babington warned the reader of the liberties he took in supplementing Hecker's work with his own footnotes and appendices, which he trusted would be "not inapplicable" to the cases described. These annotations, he

---

17   Davidson 1867, p. 134.

18   Ibid.

19   Ibid., p. 136.

20   Adrianjafy 1902. See Gotman 2008 and Muecke 2003.

suggested, "consist[ed] chiefly of parallel accounts in illustration of what is set forth in the text."[21] This collector's impulse set a trend among medical writers, who over the course of the next half century expanded, like Davidson, the scope of Hecker's comparative medical project. Curiously, few writers commented on the aesthetic qualities of the "dances," except to note that persons suffering from the disease seemed at times to be possessed with a keen sense of rhythm or grace that they did not normally exhibit; furthermore, few writers seemed concerned as to whether these were "dances" (belying recognizable cultural or artistic forms) or types of movement that might be compared to dances only metaphorically. It seems that the events partook equally of either; and it is in the conflation of these movements that the plasticity of the "dancing disease" diagnosis lies. Epilepsy, pseudoepilepsy, dyskinesias of every sort, and village dances all fit the bill: the broader the range of movements and activities observed, the more universal (and ubiquitous) the condition seemed to be. But among the fields that most built upon this confusion were epidemiology and, significantly, the burgeoning field of clinical neurology.

Hecker's essay on "The Dancing Mania" indeed influenced the course of neurological literature on movement disorders and hysterical affections particularly in Paris, where an influx of scholars and physicians from all over the world were rewriting the medical and literary fields. Jean-Martin Charcot (1825–1893), the first chaired professor of neurology and an avid collector of visual artifacts and historical narratives, drew from Hecker's writing in his *Leçons sur les maladies du système nerveux*, published as the *Clinical Lectures on the Diseases of the Nervous System* by the New Sydenham Society in 1878.[22] He noted cases of "tympany" (abdominal distension accompanied by epigastral pain) such as those described by Hecker, suggesting that the dance manias must have been undiagnosed types of hysteroepilepsy, an epileptiform type of hysteria whose story he was writing at the Salpêtrière. He had found that he could treat convulsions and other choreiform affections by the same means as he treated regular hysteria: ovarian compression for women and, for men, testicular compression, which relieved patients of the abdominal pain that caused them to perform tremors and other choreiform motions. Simultaneously, his interest in the iconographic history of convulsions and hysteroepilepsy – which he described as a form of demoniacal possession, in his and Paul Richer's *Les démoniaques dans l'art* – continued to inform his clinical research. Case studies provided by the men and women in his care offered his team countless examples of somatic and psychosomatic disor-

---

21   Hecker 1859, p. 78.
22   See Jean-Martin Charcot, *Œuvres complètes*, 9 vols. (Paris: Bureau du progrès médical, 1886–1893), vol. I, pp. 336 ff.

ders drawn, recorded, catalogued and disseminated throughout their multi-volume illustrated publications, *Iconographie Photographique de la Salpêtrière, service de J.-M. Charcot* (1876–1880) and the *Nouvelle Iconographie de la Salpêtrière* (1888–1917).[23] These were set alongside images and stories depicting ecstatic types of possession culled from the annals of history and religious lore, ensuring the ill-defined choreas a lasting place in neurological literature and the history of ideas more broadly.

Charcot's legacy is a chapter in the history of modern thought: from Richer's *Études sur l'hystéro-épilepsie, ou, Grande Hystérie* (1881) to Freud and Breuer's *Studies on Hysteria* (1893–1895), and Henri Meige's essay on the dancing procession at Echternach, published in the *Nouvelle Iconographie de la Salpêtrière* (1902), Charcot's teachings were finding new life throughout Europe, as his students carried his writings with them. In Brazil, Dr. Souza Leite, who earned his Ph.D. at the Salpêtrière under Charcot, offered Brazilian case studies of *astasia-abasia* and other choreiform affections to the literature on epidemic chorea, notably in his *Études de pathologie nerveuse* (1889).[24] Dr. Raimundo Nina Rodrigues (1862–1906) published a further account of these occurrences in Bahía, first in the *Annales médico-psy-*

---

23 See *Iconographie Photographique de la Salpêtrière (Service de M. Charcot)* (1876–1877). Charcot's theatricality mesmerised students and patients alike, and his careful iconographic records and stylized portraits of patients warranted him a pivotal place in the development of photographic neurology; they also made him a favourite among theatre makers recuperating the stylized gestures he cultivated in his clinic (see Gotman 2007). On Charcot's visual and theatrical ingenuity, see for example Didi-Huberman 2003, Justice-Malloy 1995, Goetz 1988, 1991, Schade 1995. Rae Beth Gordon has written compellingly about his service's relationship to the early avant-garde, particularly in the Parisian cabarets featuring what were styled Epileptic Singers (Gordon 2001, 2003). On Charcot's liberal use of historical and iconographic resources in his medical diagnoses, and his practice of "retrospective medicine," by which he diagnosed past phenomena according to modern theories, see Gotman 2008.

24 Souza Leite 1889. See esp. pp. 52–65, "Réflexions à propos de certaines maladies nerveuses observées à Bahia (Brésil). Faits d'astasie et d'abasie (Blocq), c'est-à-dire de l'affection dénommée: Incoordination motrice pour la station et la marche (Charcot et Richer). Prétendue épidémie de chorée de Sydenham." For Souza Leite, citing Charcot, "Les altérations sans nombre atteignant le système nerveux, sont, au fond, les mêmes dans tous les pays […], sans cesse consulté par des malades de presque toutes les nationalités. Les différences notées dans leurs manifestations et leurs formes cliniques dont des phénomènes accessoires, et, après une étude comparative de ces différences, si nombreuses qu'elles soient, il nous semble qu'elles ne tiennent qu'au degré plus ou moins avancé du milieu scientifique des divers pays, notamment en ce qui touche les progrès dans la description des espèces morbides. […] Mettant à profit les bonnes règles cliniques en usage à la Salpêtrière, nous avons été à même de voir, en juin et juillet 1887, à Bahia, des cas d'affections nerveuses confirmant ce que nous disions tout à l'heure sur les différences qu'on croit souvent exister, quant à leur existence et quant à leurs variétés" (52–53).

chologiques, in his essay on an "Épidémie de folie religieuse au Brésil" (1898), and more extensively in his posthumously collected essays on choreomania, *As Collectividades Anormaes* (1939).[25] For Rodrigues, the dancing mania in Brazil was primarily attributable not to organic lesions but to the magnetic presence of an exalted leader, Antonio Conselheiro, whose religious delirium prompted thousands of disenfranchised *sertões* to follow him to political redemption in the 1893–1897 Canudos Revolt.[26] Unsurprisingly, this popular uprising, on closer inspection, seems to have had little to do with neurological or psychiatric disease, and more to do with a desperate attempt to reform the social and political agenda of Bahía on a grand scale. It ended tragically; that does not make it "mad."

New psychiatric hypotheses flourished. In *Des névroses* (1864), the Russian-born, French-educated Alexandre Axenfeld noted that chorea tends to be complicated by manic delirium (*délire maniaque*).[27] Although he stated that he was referring to Sydenham's chorea, which he deemed to be the "real chorea" (*chorée légitime* or *chorée vulgaire*, [...] *petite danse de Saint Guy, danse, cadence*, etc.), he noted that manic delirium was often also found in *chorea major*, the "*dansomanie, danse de Saint-Guy* or *Saint-Whyt* or *Saint-Modeste*."[28] Indeed, both the *major* and *minor choreas* should be associated, he thought, with manic delirium. For the French psychiatrist Louis-Florentin Calmeil, choreomania should be seen as a form of "monomania," wherein the patient's obsession is dance.[29] He contrasted this with other types of monomania, such as vampirism and somnambulism, psychiatric conditions that typically borrowed their character, he noted, from the culture in which they were found. Although he explained that religious delirium (and madness in general) often produced spasmodic or other types of muscular, convulsive, or hallucinatory phenomena, he did not think that the dance manias were plagued by these psychomotor disorders; instead, they were characterized by a single-minded, overexuberant desire simply, literally, to dance.[30]

---

25   See R. Nina-Rodrigues, *As Collectividades Anormaes* (Civilização Brasileira S.A., Rio de Janeiro 1939); "Épidémie de folie religieuse au Brésil," in *Annales médico-psychologiques* 1898, vol. VII, 8th ser. (May-June): 371–392; and, *La folie des foules: nouvelle contribution à l'étude des folies épidémiques au Brésil* (Fonds Lacassagne, Paris 1901).

26   Nina-Rodrigues, "Épidémie" 1898, p. 380.

27   Axenfeld 1864, p. 504.

28   Ibid., pp. 498–99.

29   Calmeil 1845, vol. 1, p. 81.

30   "Assez souvent," he writes, "on voit [...] la lésion des sentiments religieux s'associer à la lésion des sens et à la perversion des mouvements volontaires. Les hallucinations qui font croire à l'obsession diabolique, les tressaillements spasmodiques, les contractions musculaires disharmoniques, les convulsions générales momentanées, forment quelquefois encore aujourd'hui le cortège de l'aliénation religieuse

It may be hard to imagine that this was ever a complaint. And it seems to have been rather benign: Calmeil's account offers a picture of a modest, even healthy revelry to which any *bon vivant* may relate. Describing the tarantella in Apulia, in the seventeenth century, in *De la folie* (1845), Calmeil wrote: "youth [...] has a passion for balls, flying, as if compelled by some secret instinct to every party ["*fête*"] in sight as long as they may find some glimmer of hope for happiness ["*bonheur*"] there. Some care only to dance, and deliver themselves to this with an ardor that appears to partake of a sort of frenzy." The music at these balls functioned as a powerful stimulant, so that "[t]he impulse transmitted to the sensory nervous system via the musical instruments acts on the choreomaniacs by producing an irresistible transport, translated externally into a succession of rhythmically cadenced movements." But religious enthusiasm ("theomania" or "theo-choreomania") may also have caused this excitement, he thought, by disturbing the faculty of reason.[31] For him, "this bizarre form of monomania" was "susceptible to rapid propagation: it easily becomes contagious."[32] His language suggests a serious medical verdict, although he recognized that his potential patients may never have felt pain or anguish, suffering or discomfort (they seemed on the contrary to be quite happy to fly to their *fêtes*). While many psychiatric conditions may not be felt as suffering by patients, social ostracism – the opposite of what we see here – often produces suffering as a result. Calmeil, and his contemporaries, seemed to be barking up the wrong tree.

The contagiousness of the idea seems to have plagued the discourse surrounding this dancing condition more than it characterized the condition itself. Although religious and spiritual excitement often impels dancers or revelers engaged in ecstatic activities to enter into a state of spontaneous, collective enthusiasm (we have all experienced this at parties, raves or other events), the notion that "choreomania" could encapsulate at once a psychic, a motoric, and a social aberration – on an epidemic scale – found such currency among medical writers at this time as to constitute a veritable epidemic of sightings in its own right: they seemed to be seeing the condition everywhere. Indeed, the problem of the choreomania diagnosis reveals a modern attempt to account medically for somatic events that may often have

---

affective." He adds: "La folie peut succéder à une affection aigüe du cerveau, à un délire fébrile, à une apoplexie avec lésion du mouvement, à des convulsions générales, à une attaque d'épilepsie; l'aliénation mentale peut se compliquer, dès son invasion ou pendant le cours de sa durée, avec une affection spasmodique, avec un état de paralysie plus ou moins complet, avec l'épilepsie, la catalepsie, l'extase, les phénomènes de l'hystérie." In Calmeil 1845 vol. 1, 58, pp. 66–67.

31   Calmeil 1845 vol. 2, pp. 159–60.

32   Calmeil 1845 vol. 2, p. 160.

had a discomfiting social or political tone, even when the dances themselves appeared to be relatively benign. But the medicalization of the events reduced them to abnormalities and disorders, explicable inasmuch as they could be discounted as a "bizarre" form of psychic or nervous disease. Rapid urbanization and cultural contact seemed to produce their own medical fads.

Social historian George Rosen, in *Madness in Society: Chapters in the Historical Sociology of Mental Illness* (1968) characterized the "dance frenzy" (or "dancing mania") of 1374 as "one of the more *bizarre* episodes in the history of medieval Europe [...]."[33] But its modern articulation was not quite so bizarre: the nineteenth-century medical world was determined by an increasingly global culture of colonial enterprise, in which comparative medical and ethnographic discourses on dance manias of every sort served vividly to explain (and often to marginalize) the otherwise extravagant events witnessed at home and overseas. This in part downplayed their political force, as the events were assimilated to the "originary" dance mania, medieval, eccentric, and "pre-civilized." If it was European (and thus familiar) in origin, it was also an aberration in human history to which superstitious moderns may be subject: as such, they might be cured, if the cure was ultimately no more forthcoming than its cause.

Not surprisingly, few accounts may be found by dancers or celebrants themselves. The medical discussion itself seems to have been largely theoretical: except for ambiguous cases documented by Charcot and others described in the north of Brazil by Nina Rodrigues, few patients were diagnosed with "choreomania," although the phenomenon was heatedly discussed in medical circles as a key to broader problems of social contagion, imitation, and epidemiology. Epidemiology itself, in Hecker's view, offered insight into the history of whole movements of populations, and as such into the most intangible, and powerful, aspects of human history on an epic scale. But the links between culture and disease were never really forged, nor were those between this history and its contemporary manifestations.

Yet, the story of the dance manias cracks opens a small piece of the history of the history of science, as Georges Canguilhem suggests, one fixed by the lens through which scientists viewed the objects of their study and these objects' interrelations.[34] This history, in turn, is implicated in another relationship with the past, as Rancière would suggest, as the contemporary theorist or scholar has to think through his or her own difficult relationship to the spectral, elusive movements of bodies, moods, and events whose traces hardly remain. And it is tempting to draw comparisons to contemporary phenomena, and continue the comparative mode that Hecker set out

33   Rosen 1968, p. 196. Italics mine.
34   Canguilhem 2000, p. 62.

so persuasively. Were these dances and fits related to Carnival? To the 1990s raves? To the epic Burning Man events in Nevada? Were they forms of political protest such as we are seeing in North Africa, cast aside with a dismissive glance by colonial physicians operating in their midst? Could they really have been epilepsy? Hardly. Epilepsy is not contagious, or epidemic. The distance that separates us from these events must remind us of the dangers of diagnosing retrospectively. Instead, we may see these as networks of writings about agitated bodies that suggest a particular scientific mode of understanding: one describing, in this case, an avidly articulated transhistorical and transcultural "dancing disease" travelling all over the world. In that regard, the diagnosis was modern: methodically setting out comparisons between periods and places, asserting a hierarchy in degrees of civilization (and "superstition") found therein: the more subjects moved (and the more erratically), the less civilized, and the more susceptible to contagion they were. To move too much was to lack control and individuality. That both fascinated and repelled writers, stimulating the stories of these frenzied dances and other fitful, involuntary movements.

I would nonetheless suggest that these dances and their stories may be seen as "zones of intensity," denoting periods of intense upheaval on a corporeal and a historical plane. This depathologizes the thrust and tone of the discourse, which never quite made us believe that we were dealing with social or individual disease. It may also suggest an approach to the history and philosophy of medicine that incorporates movement – individual as well as social – stripped of the weight of moral judgment. This goes beyond theories of culture-bound syndromes, which argue that disease types may emerge according to their cultural and social environments, offering instead a variation on Ian Hacking's brilliantly articulated discussion of the "reality status" of transient illnesses.[35] Indeed, the events described by physicians and historians as "choreomania" offer little confirmation that what we are dealing with is dance or disease, except inasmuch as these cases described severe forms of movement; in some cases, the movement was organized, and at others it seems to have been spontaneous, or haphazard. Players may have suffered or, significantly, appeared to suffer (sometimes they did not appear to suffer at all). And so, the relationship between the jerking, dancing and swooning, on the one hand, and their diagnosis, on the other, operates at a discursive level in which the aporia between movers and diagnosticians presents the story of a cultural moment in its own right: one that says much about the modern medical gaze, and the ambivalence (and ambiguity) of comparative diagnosis (particularly when it is performed at a distance). The epistemological problem that still haunts this in the end –

---

35   Hacking 1998, 1995.

were these dances? – may never be fully resolved. Yet the question itself may also dissolve in light of these stories, in favor of a more open-ended approach to kinetic activity, hovering on a spectrum between voluntary and involuntary motion, pleasure and pain, recreation and types of unrest.

Literature

Axenfeld, Alexandre, *Des névroses*, Paris 1864.

Backman, E. Louis, *Religious Dances in the Christian Church and in Popular Medicine*, Trans. E. Classen, London 1952.

Béguin, *et al.*, *Dictionnaire des termes de médecine, chirurgie, art vétérinaire, pharmacie, histoire naturelle, botanique, physique, chimie, etc.*, Paris 1823.

Bourneville, D. M. and Paul Regnard, eds., *Iconographie Photographique de la Salpêtrière (Service de M. Charcot)*, Paris 1876–1877.

Burton, Robert, *The Anatomy of Melancholy* [1628], ed. Floyd Dell and Paul Jordan Smith, New York 1927.

Calmeil, Louis-Florentin, *De la folie, considérée sous le point de vue pathologique, philosophique, historique et judiciaire, depuis la renaissance des sciences en Europe jusqu'au dix-neuvième siècle ; description des grandes épidémies de délire, simple ou compliqué, qui ont atteint les Populations d'autrefois et régné dans les Monastères. Exposé des condamnations auxquelles la folie méconnue a souvent donné lieu*, 2 vols, Paris 1845.

Canguilhem, Georges, *A Vital Rationalist:Selected Writings from Georges Canguilhem*, ed. François Delaporte, trans. Arthur Goldhammer, New York 2000.

Charcot, Jean-Martin, *Clinical Lectures on Diseases of the Nervous System*, ed. Ruth Harris, trans. Thomas Savill, New York and London 1991.

———. *Œuvres complètes*, 9 vols., Paris, 1886–1893.

Davidson, Andrew, "Choreomania: An Historical Sketch, with some Account of an Epidemic observed in Madagascar," *The Edinburgh Medical Review* 13:2 (Aug. 1867), pp. 124–36.

Didi-Huberman, Georges, *Invention of Hysteria: Charcot and the Photographic Iconography of the Salpêtrière*, trans. Alisa Hartz, Cambridge and London, 2003.

Dillon Croker, T. f. and Stephen Tucker, eds., *The extravaganzas of J. R. Planché*, London 1879.

Goetz, Christopher G., "Shakespeare in Charcot's neurologic teaching," *Archives of Neurology* 45 (1988), pp. 920–21.

Goetz, Christopher G., "Visual Art in the Neurologic Career of Jean-Martin Charcot," *Archives of Neurology* 48 (1991), pp. 421–25.

Gordon, Rae Beth, "From Charcot to Charlot: Unconscious Imitation and Spectatorship in French Cabaret and Early Cinema," *Critical Inquiry* 27:3 (2001), pp. 515–49.

———. "Natural Rhythm: La Parisienne Dances with Darwin: 1875–1910," *Modernism/ Modernity* 10:4 (2003), pp. 617–56.

Gotman, Kélina, *Choreomania*, PhD Diss, Columbia University, New York 2008.

———. "Hysteria Never Looked So Good: Witness Relocation's *Dancing vs. the Rat Experiment* and New Stage Theatre Company's *Some Historic/Some Hysteric*," *PAJ* 86 (2007), pp. 66–73.

Hacking, Ian, *Mad Travellers: Reflections on the Reality of Transient Mental Illness*, Charlottesville 1998.

————. *Rewriting the Soul: Multiple Personality and the Sciences of Memory*, Princeton, NJ 1995.

Harris, John, *Lexicon technicum: or, an universal English dictionary of arts and sciences: explaining not only the terms of art, but the arts themselves*, 2 vols., London 1704–710.

Hecker, Justus Friedrich Carl, *La Danzimania, malattia poplare nel medio-evo*, Firenze 1838.

————. *De danswoede, eene volksziekte der Middeleeuwen, in de Nederlanden, Duitschland en Italië, volgens het hoogduitsch door G. J. Pool*, Amsterdam 1833.

————. *Epidemics of the Middle Ages*, trans. B. G. Babington, London 1835.

————. *The Epidemics of the Middle Ages*, trans. B.G. Babington, London 1844.

————. *The Epidemics of the Middle Ages*, trans. B.G. Babington. Third ed., completed by the author's treatise on child-pilgrimages, London 1859.

————. *Die Grossen Volkskrankheiten des Mittelalters: historisch-pathologische Untersuchungen*, ed. August Hirsch, Berlin 1865.

————. *Tanzwuth, ein volkskrankheit im mittelalter*, Berlin 1832.

————. "Mémoire sur la chorée épidémique du moyen âge," trans Ferdinand Dubois, *Année d'hygiène* 12 (1834), pp. 312–90.

Justice-Malloy, Rhona, "Charcot and the Theatre of Hysteria," *Journal of Popular Culture* 28:4 (1995), pp. 133–138.

Mackauley Jackson, Samuel, ed., *The New Schaff-Herzog Encylcopedia of Religious Knowledge* 13 vols., Grand Rapids, Michigan 1952.

Medical Times and Gazette, "Foreign Correspondence," London Jan. 3, 1863.

Muecke, Stephen, "Choreomanias: Movements Through Our Body," *Performance Research* 8:4 (December 2003), pp. 6–10.

Nina-Rodrigues, Raimundo, *As Collectividades Anormaes*, Rio de Janeiro 1939.

————. "Épidémie de folie religieuse au Brésil," *Annales médico-psychologiques* 1898, vol. VII, 8th ser. (May-June), pp. 371–92.

————. *La folie des foules: nouvelle contribution à l'étude des folies épidémiques au Brésil*, Paris 1901.

Oxford English Dictionary, 2nd ed, 20 vols., Oxford 1989.

Rosen, George, *Madness in Society: Chapters in the Historical Sociology of Mental Illness*, London 1968.

Schade, Sigrid, "Charcot and the spectacle of the hysterical body: the 'pathos formula' as an aesthetic staging of psychiatric discourse: a blind spot in the reception of Warburg," *Art history* 18:4 (1995), pp. 499–517.

Schaff, Philip, ed., *A Religious Encyclopedia: or Dictionary of Biblical, Historical, Doctrinal, and Practical Theology*, 3 vols., New York 1888.

Sirois, François, "Les épidémies d'hystérie: revue de la littérature, réflexions sur le problème de la contagion psychopathologique," *L'Union médicale du Canada* 102:9 (1973), pp. 1906–915.

Souza Leite, *Études de pathologie nerveuse*, Paris 1889.

Witkowski, Ludwig, "Einige Bemerkungen über den Veitstanz des Mitelalters und über psychische Infection," *Allg. Ztschr. Psychiat.* 35 (1879), pp. 591–98.

Aura Cumita

Der Seiltänzer und die „große Vernunft":
Tanz als Schlüsselkunst in Nietzsches Werk

> *„Heil, wer neue Tänze schafft! Tanzen wir in tausend Weisen,*
> *Frei – sei unsre Kunst geheissen, Fröhlich – unsre Wissenschaft!"*[1]

Nietzsches Philosophie der Leiblichkeit ermöglicht einen Diskurs über das Verhältnis von Geist und Leib, in dem ein erweiterter Begriff des Denkens und der Vernunft, der auch den Leib – und mit ihm den Tanz – einbezieht, dargelegt wird: „Man kann nämlich das Tanzen in jeder Form nicht von der vornehmen Erziehung abrechnen, Tanzen-können mit den Füssen, mit den Begriffen, mit den Worten [...]."[2] Der Tanz stellt für Nietzsche den Inbegriff „der Leichtigkeit, Freiheit, Überlegenheit und Selbstverständlichkeit des Lebens" dar.[3] Er ist Symbol für den Übermut, für das Überschwängliche als Antrieb zum Weiter, zum Höher und Ferner, zur Bewegung des Überwindens. Es ist aber wichtig, den Tanz bei Nietzsche nicht nur in seiner symbolischen Funktion zu verstehen, sondern auch als eine dem Denken und dem Schreiben nah verwandte Tätigkeit. Denken und Schreiben sind auf eine bestimmte Art erwerbbare „Fertigkeiten" und „Fähigkeiten". Für Nietzsche gilt, „dass es zum Denken einer Technik, eines Lehrplans, eines Willens zur Meisterschaft bedarf –, dass Denken gelernt sein will, wie Tanzen gelernt sein will, als eine Art Tanzen ..."[4]

Der Tanz dient als Erklärung für das Denken, als ob er in seiner Bedeutung leichter zugänglich wäre als die Art des Denkens und Schreibens, die Nietzsche propagiert. Aber welche Art des Tanzens, die auch „vornehm" sei, meint er? Welche Art von Tanzen und Denken soll erlernt werden? Die Beantwortung dieser Frage berührt unmittelbar Nietzsches Auffassung der dionysischen Weltsicht, die er in seinem ersten Werk *Die Geburt der Tragödie aus dem Geiste der Musik* ausführlich darstellt. Zum Verständnis des Tanzbegriffs bei Nietzsche gehört des weiteren seine Auffassung von Vernunft, diesbezüglich differenziert er zwischen der „kleinen Vernunft" des

---

1   Nietzsche, 3, S. 650.
2   Nietzsche, 6, S. 110.
3   Schüle, S. 335.
4   Nietzsche, 6, S. 109–110.

Geistes und der „großen Vernunft" des Leibes, die er später in *Also sprach Zarathustra* entwickelt.

In *Also sprach Zarathustra* stellt Nietzsche die These auf, dass die Vernunft den Wahnsinn in sich trage: „Nicht nur die Vernunft von Jahrtausenden – auch ihr Wahnsinn bricht an uns aus."[5] Der Wahnsinn ist also impliziter Bestandteil der Vernunft. Um das Erbe der „kleinen Vernunft" zu überwinden und ihren Irrtümern zu entkommen ruft Zarathustra dazu auf, zum Sinn der Erde und des Leibes zurückzukehren. Zwei Bedeutungen von Wahnsinn sind bei Nietzsche zu unterscheiden: der Wahnsinn der „kleinen Vernunft" oder des Geistes, den Nietzsche als „Irrtum", „Unsinn", „Unwissen" und „Ohne-Sinn" beschreibt, und der Wahnsinn der „großen Vernunft" oder des Leibes, der dadurch charakterisiert ist, dass er sinnschaffend ist. Der Wahn-Sinn des Leibes ist ein Wahn der Leibesdisziplinierung und -erziehung – dazu wird der Geist, die „kleine Vernunft" bis zu den äußersten Grenzen des Möglichen instrumentalisiert, um neue Sinne aus dem Unmöglichen zu erschaffen. Die Rolle des Wahnsinns der „großen Vernunft", der vorzugsweise im Tanz zum Ausdruck kommt, wird in zwei Argumenten von Nietzsches Philosophie deutlich: Zum Einen als durch Rituale erreichte Ekstase und Selbstvergessenheit, als Entsubjektivierung und Entindividualisierung, wie sie vor allem in der dionysischen Perspektive in *Die Geburt der Tragödie* thematisiert ist, zum Anderen als Eigenschaft der „Erneuerer", die sich von alten Bindungen lösen und neue Gesetze schaffen, die das Unberechenbare zum Ausdruck bringen und den Bann der Tradition und des Aberglaubens brechen können.

Das Dionysische und das Apollinische. Der Tanz in *Die Geburt der Tragödie aus dem Geiste der Musik*

Am Präzisesten ist Nietzsches Auffassung von Tanz anhand der dionysischen Weltsicht zu analysieren. In *Die Geburt der Tragödie* stellt Nietzsche zwei antike Kunstprinzipien, das dionysische und das apollinische einander gegenüber, um seine These von „Griechentum oder Pessimismus" zu begründen. Die beiden gegensätzlichen Kunstgottheiten, Dionysos und Apollo, sind für Nietzsche zwei Perspektiven, an die noch heute unsere ästhetische Weltsicht anknüpft.

Nietzsche charakterisiert das Verhältnis zwischen Dionysos und Apollo als immer währenden Kampf, wobei eine Versöhnung zwischen ihnen nur periodisch eintritt. Zwischen beiden Gottheiten besteht ein ungeheurer

---

5   Nietzsche, 4, S. 100.

„Gegensatz, nach Ursprung und Zielen, zwischen der Kunst des Bildners, der apollinischen, und der unbildlichen Kunst der Musik, als der des Dionysus, [...]: beide so verschiedne Triebe gehen neben einander her, zumeist im offnen Zwiespalt mit einander und sich gegenseitig zu immer neuen kräftigeren Geburten reizend, um in ihnen den Kampf jenes Gegensatzes zu perpetuiren, den das gemeinsame Wort ‚Kunst‘ nur scheinbar überbrückt; bis sie endlich, durch einen metaphysischen Wunderakt des hellenischen ‚Willens‘, mit einander gepaart erscheinen und in dieser Paarung zuletzt das ebenso dionysische als apollinische Kunstwerk der attischen Tragödie erzeugen."[6]

Weiterhin unterscheidet Nietzsche das Apollinische als „Welt des Traumes" vom Dionysischen als „Welt des Rausches". Von Apollo lässt sich behaupten, „dass in ihm das unerschütterte Vertrauen auf jenes principium und das ruhige Dasitzen des in ihm Befangenen seinen erhabensten Ausdruck bekommen habe, und man möchte selbst Apollo als das herrliche Götterbild des *principii individuationis* bezeichnen, aus dessen Gebärden und Blicken die ganze Lust und Weisheit des „Scheines", samt seiner Schönheit zu uns spräche."[7] Der Welt des Traumes, die Nietzsche als Erscheinung betrachtet, steht die Welt der Verzauberung und des Rausches einer dionysischen Wirklichkeit gegenüber, unter deren Zauber „sich nicht nur der Bund zwischen Mensch und Mensch wieder zusammen [schließt]: auch die entfremdete, feindliche oder unterjochte Natur feiert wieder ihr Versöhnungsfest mit ihrem verlorenen Sohne, dem Menschen."[8] Das Dionysische ist „das Evangelium der Weltenharmonie", bei dem „sich Jeder mit seinem Nächsten nicht nur vereinigt, versöhnt, verschmolzen [fühlt], sondern eins, als ob der Schleier der Maja zerrissen wäre und nur noch in Fetzen vor dem geheimnisvollen Ur-Einen herumflattere. Singend und tanzend äußert sich der Mensch als Mitglied einer höheren Gemeinsamkeit ..."[9] Nietzsche betrachtet das Apollinische und das Dionysische als künstlerische Mächte, die aus der Natur selbst hervorbrechen, ohne Vermittlung des menschlichen Künstlers: „einmal als die Bilderwelt des Traumes, deren Vollkommenheit ohne jeden Zusammenhang mit der intellectuellen Höhe oder künstlerischen Bildung des Einzelnen ist, andererseits als rauschvolle Wirklichkeit, die wiederum des Einzelnen nicht achtet, sondern sogar das Individuum zu vernichten und durch eine mystische Einheitsempfindung zu erlösen sucht."[10] Der dionysische Dithyrambus reizt den Menschen zur

---

6   Nietzsche, I, S. 25.

7   Ebd., S. 28.

8   Ebd., S. 29.

9   Ebd., S. 29–30.

10   Ebd., S. 30.

„höchsten Steigerung aller seiner symbolischen Fähigkeiten […]; etwas Nieemp-
fundenes drängt sich zur Aeusserung, die Vernichtung des Schleiers der Maja,
das Einssein als Genius der Gattung, ja der Natur. Jetzt soll sich das Wesen der
Natur symbolisch ausdrücken; eine neue Welt der Symbole ist nöthig, einmal die
ganze leibliche Symbolik, nicht nur die Symbolik des Mundes, des Gesichts, des
Wortes, sondern die volle, alle Glieder rhythmisch bewegende Tanzgebärde."[11]

Aus einer analytischen Perspektive symbolisiert Dionysos die Überschreitung der Hemmungen und des Zurückgedrängten. Für Nietzsche stellt er
ein Symbol für die aus dem Unbewussten entstehenden düsteren Kräfte
dar. Er ist der Gott, der über alle Formen des Rausches herrscht: die Trunkenheit, die Musik und den Tanz, und selbst über die Narrheit, die den dionysischen Diener durchdringt in Folge seines fehlerhaften Dienstes. Was
Nietzsches Loyalität gegenüber Dionysos offenbart, ist seine Überzeugung,
dass der Mensch durch meisterhafte Beherrschung der Tanzkunst zum
„Übermenschen" (zum Schaffenden, zum „vernatürlichten Menschen")
werden kann. Jenseits der Rationalität, der „kleinen Vernunft" des Geistes
ist das Dionysische das Niveau des rauschhaften Über-Sinns, der der Rationalität durchaus auch entgegengesetzt sein und eine neue Sinn-Ebene
vorgeben kann: „Erhebt eure Herzen, meine Brüder, hoch, höher! Und ver-
gesst mir auch die Beine nicht! Erhebt auch eure Beine, ihr guten Tänzer,
und besser noch: ihr steht auch auf dem Kopf!"[12]

In *Die Geburt der Tragödie* dient der Tanz dazu, das *principium individuationis*, dieses etablierte „Ich" zu überschreiten: „Aus seinen Gebärden
spricht die Verzauberung. Wie jetzt die Thiere reden, und die Erde Milch
und Honig giebt, so tönt auch aus ihm etwas Uebernatürliches: als Gott
fühlt er sich, er selbst wandelt jetzt so verzückt und erhoben, wie er die
Götter im Traume wandeln sah."[13] Was bedeutet dieses „Übernatürliche",
dieses „Erhobensein", das der Tanz verspricht? Im Gegensatz zur apollinischen Ästhetik, die dem Menschen das Götterbild durch Traum vermittelt,
ermöglicht die dionysische Perspektive dem Menschen, sich als Gott zu
fühlen, ja, selbst Gott zu sein. Geht es Nietzsche also um ein metaphysisches
Versprechen als Mittel zur Überwindung der Menschlichkeit? Fest steht
nur, dass das Dionysische ein Erkenntnismodus darstellt, in dem das Primat
dem Leiblichen zukommt, einer anderen Form der Sinnerfahrung und des
Wissensgewinns.

---

11   Ebd., S. 33–34.
12   Ebd., S. 22.
13   Ebd., S. 30.

Erziehung des Körpers und des Geistes

Timo Hoyer hebt die Rolle Nietzsches als Theoretiker der Erziehung hervor
und unterstreicht die Bedeutung seiner Körperpädagogik in der Auseinandersetzung mit seinem philosophisch-pädagogischem Denken.[14] Nietzsches Anspruch an die Leibeserziehung gilt vor allem moralischen Werten.
Er begreift jede Moral als Widernatur, da diese danach strebe, die „natürlichen Bedingungen" menschlichen Lebens zu lähmen. Im Gegensatz zu
tradierten Normen werden bei Nietzsche die affektiven, erotischen und
leibnahen Faktoren nicht als negativ gewertet. Im Gegenteil, die Triebe werden als unverzichtbare „Lebens- und Wachstumsbedingungen" des Menschen angesehen. Nietzsche stellt sich die Aufgabe der „Entmenschung der
Natur", um mit einem „reinen" Begriff der Natur die „Vernatürlichung des
Menschen" zu vollziehen.[15] Der Naturbegriff bei Nietzsche ist zynisch, un-
schuldig (also jenseits von Gut und Böse), grausam und unmoralisch.
Diese physiologische Fundierung der Moral, die den Leib privilegiert, ist
grundlegend für die Entwicklung seiner Werte und Ideen. Gegenüber dem
Geist ist das „Phänomen des Leibes [...] das reichere, deutlichere, faßbarere
Phänomen: methodisch voranzustellen [...]".[16] An anderer Stelle erklärt
Nietzsche, dass es „nur leibliche Zustände" gäbe, „die geistigen sind Folgen
und Symbolik."[17] Selbst das Bewusstsein und „seine Geistigkeit" sind physiologisch bedingte Phänomene. In der *Morgenröte* wendet sich Nietzsche
gegen die Lehre von der „reinen Geistigkeit", die er als Vorurteil abweist:
„Überall wo die Lehre von der reinen Geistigkeit geherrscht hat, hat sie mit
ihren Ausschweifungen die Nervenkraft zerstört: sie lehrt den Körper geringschätzen, vernachlässigen oder quälen, und um seiner Triebe willen,
den Menschen selber quälen und geringschätzen."[18]
   Den Leib zu erziehen bedeutet zunächst, den Leib zur physischen Bewegung zu überreden. Platon war der erste, der in seinem Buch *Nomoi* die
Bildung des Leibes zu den zentralen pädagogischen Elementen rechnete,
die Gymnastik, das Tanzen, den Sport: „erst den Leib hoch bilden: es findet
sich da schon die Denkweise. Plato".[19] Dass es bei der Erziehung des Leibes selbst auf die Entwicklung der Kultur oder gar des Geistes ankommt, ist
in der *Götzendämmerung* deutlich formuliert: „Es ist entscheidend über das
Loos von Volk und Menschheit, dass man die Cultur an der rechten Stelle

---

14   Hoyer, S. 59–77.

15   Nietzsche, 9, S. 525.

16   Nietzsche, 12, S. 205–206.

17   Nietzsche, 10, S. 358.

18   Nietzsche, 3, S. 46.

19   Nietzsche, 11, S. 243.

beginnt – nicht an der „Seele" [...]: die rechte Stelle ist der Leib, die Gebärde, die Diät, die Physiologie, der Rest folgt daraus [...]".[20] Eine gesunde, wohlgeratene und schöne Körperverfassung generiert eine bestimmte Denk- und Wertschätzungsweise.

Vor diesem Hintergrund erklärt sich die besondere Bedeutung des Tanzes in der Philosophie Nietzsches. In *Die Fröhliche Wissenschaft* heißt es, dass der Geist, der sich nichts mehr zu wünschen hat, als ein guter Tänzer zu sein, sich die Geschmeidigkeit des Tanzes aneignen müsse: „Wir sind etwas Anderes als Gelehrte: obwohl es nicht zu umgehn ist, dass wir auch, unter Anderem, gelehrt sind. Wir haben andre Bedürfnisse, ein andres Wachsthum, eine andre Verdauung: wir brauchen mehr, wir brauchen auch weniger. [...] – und ich wüsste nicht, was der Geist eines Philosophen mehr zu sein wünschte, als ein guter Tänzer."[21] Noch stärker ausgedrückt ist der Tanz das einzig mögliche Ideal des Philosophen: "Der Tanz nämlich ist sein Ideal, auch seine Kunst, zuletzt auch seine einzige Frömmigkeit, sein „Gottesdienst".[22]

Tanz bedeutet Kraft und Flexibilität zugleich. Der Tanz ist, in diesem Sinne, das passende Gleichnis für die hohe Kultur im „Gleichniss vom Tanze" in *Menschliches, Allzumenschliches*. In diesem Aphorismus benutzt Nietzsche die Figur des Tanzes als beispielhafte Lösung für die Schwierigkeit, Kunst und Wissenschaft, also Biegsamkeit bzw. Kraft – die zwei Ansprüche oder Antriebe des jeweiligen Gebietes – in einer harmonischen Beziehung zu verbinden. Die Strenge des Erkennens in der Wissenschaft soll sich in der Kultur, die Nietzsche anstrebt, mit der Empfindsamkeit der Kunst harmonisch vereinen: „Indessen: um wenigstens mit einem Gleichniss einen Blick auf die Lösung dieser Schwierigkeit zu eröffnen, möge man sich doch daran erinnern, dass der Tanz nicht das Selbe wie ein mattes Hin- und Hertaumeln zwischen verschiedenen Antrieben ist. Die hohe Cultur wird einem kühnen Tanze ähnlich sehen [...]."[23] Der Vergleich mit dem Tanz, in dem die harte Disziplinierung des Körpers (Wissenschaft) den Ausdruck und die Wahrnehmung der Sinnlichkeit (Kunst) nicht verhindert, sondern, im Gegenteil, sie sublimiert, ermöglicht Nietzsches Auffassung von der hohen Kultur zu verstehen.

Das Tanzen stellt nur eine, jedoch entscheidende Voraussetzung dar, zu fliegen. Der Mensch lernt zuerst gehen, dann laufen, dann tanzen, um letztendlich fliegen zu können. „Wie willst du tanzen lernen, wenn du nicht erst gehen lerntest? Aber über dem Tanzenden ist noch der Fliegende und

---

20   Nietzsche, 6, S. 149.
21   Nietzsche, 3, S. 635.
22   Ebd., S. 635.
23   Nietzsche, 2, S. 228–229.

die Seligkeit des Oben und Unten."[24] Dieser stufenweise Prozess des Werdens setzt eine bestimmte Apologetik von Disziplin voraus, die jedem Tänzer vertraut ist. Der Fliegende, zu verstehen als der von den Vorschriften
der „kleinen Vernunft" befreite Geist, befindet sich auf der Spitze eines
Berges, die ohne den Tanz unerreichbar wäre.

Das Tanzen als eine erwerbbare Fähigkeit des „Übermenschen"

Anknüpfend an Heraklit diagnostiziert Nietzsche den werdenden Charakter alles Wirklichen: „Das ewige und alleinige Werden, die gänzliche Unbe-
ständigkeit alles Wirklichen, das fortwährend nur wirkt und wird und nicht
ist [...], ist eine furchtbare und betäubende Vorstellung und in ihrem Ein-
flusse am nächsten der Empfindung verwandt, mit der jemand, bei einem
Erdbeben, das Zutrauen zu der festgegründeten Erde verliert."[25] So formuliert Nietzsche seine Kritik an dem mechanistischen Begriff der Bewegung,
dessen Grundprinzip in der Verbindung von Ursache und Wirkung besteht, und stellt gleichzeitig die Grundlage einer dynamischen Auffassung
„des Willen-zur-Macht-Geschehens" oder der „Willen-zur-Macht-Vollzüge"
dar.[26] Günter Abel zählt Nietzsches Wirklichkeitsauffassung zu den radi-
kalsten Abwendungen von der mechanistischen Weltauslegung, die seit
Mitte des 19. Jh.s in die Formel „kinetische Energie" mündet. Der Übergang von der mechanistischen zur dynamischen Auffassung der Kraft besteht darin, ein Ereignis als ein „endogen Sichhervorbringendes" zu verstehen, d. h. als nicht durch äußere Wirkung veranlasst.[27] Dabei ist das
Geschehen (also auch die Bewegung) ein „Geschehen ohne Absicht"[28], also
nicht-teleologisch auffassbar, das „weder bewirkt noch bewirkend"[29] im
Sinne eines Kausalitätsprinzips ist. Den beiden Lehren (dem Teleologi-
schen und der Kausalität) wirft Nietzsche vor, Subjekt und Objekt der Bewegung eindeutig zu unterscheiden und daraus die Kontinuität der Bewegung
schließen zu wollen.

Warum aber nimmt der Tanz von allen leiblichen Bewegungen diese Son-
derstelle bei Nietzsche ein? Das Besondere des Tanzes ist dadurch kennzeichnet, dass er von den Überschüssen einer Beweglichkeit lebt, die sich

---

24   Nietzsche, 10, S. 608.
25   Nietzsche, 1, S. 824.
26   Abel, S. 129.
27   Ebd., S. 18.
28   Ebd., S. 131.
29   Ebd.

nicht als Zweck (also, nicht teleologisch) oder Regel (nicht gemäß des Ursa-che-Wirkungs-Prinzips) fassen lassen. Im Vergleich mit den Zwecken und Regeln des alltäglichen Lebens ist der Tanz zweck- und regellos. „Der Tanz vollzieht die menschliche Bewegung nicht als Mittel, um irgendetwas zu erreichen, sondern um seiner selbst willen".[30] Auch Nietzsche erkennt das: „Das Schweifen der Phantasie, das Ersinnen des Unmöglichen, ja des Unsinnigen macht Freude, weil es Thätigkeit ohne Sinn und Zweck ist. Mit den Armen und Beinen sich bewegen ist ein Embryo des Kunsttriebs. Der Tanz ist Bewegung ohne Zweck."[31] Tanz ist die Kunst der Bewegung des Leibes und setzt eine Befreiung der Bewegungen von ihren alltäglichen Gewohnheiten voraus.

Der Paläontologe André Leroi-Gourhan betrachtet den Tanz und die Akrobatik als „uralte Einrichtungen eines imaginären Universums, in dem körperliches Gewicht und Gleichgewicht außer Kraft treten: in diesen Formen von Bewegungsenthaltung entdeckt er das Bestreben „etwas zu schaffen, das den alltäglichen Zyklus der Positionen im Raum zerbricht"[32]. In allen Arten von Tänzen haben die Bewegungen drei physikalische Größen: Schwerkraft, Trägheit und Beschleunigung. Der menschliche Leib wird, wie alle physikalischen Körper, zur Erdmitte gezogen; sich in Bewegung zu setzen bedeutet, einen eigenen Ansatz von Kraft einzubringen. Der Tanzende experimentiert mit den drei physikalischen Größen durch freie Bewegung (im negativen Sinne der Zwecklosigkeit) und schafft die Illusion, sich von ihnen allen zu befreien und einen eigenen Sinn zu entwickeln. Oder – mit Nietzsches Worten – er schafft eine neue Wahrheit dadurch, dass der Tanzende sie meisterhaft beherrscht.

„Das Geistige ist als Zeichensprache des Leibes festzuhalten"[33] schreibt Nietzsche, während der schaffende Leib sich „den Geist als eine Hand seines Willens"[34] erarbeitet. Der Geist, oder die „kleine Vernunft", wie Nietzsche in „Von den Verächtern des Leibes" in der vierten Rede Zarathustras schreibt, ist als Zeichensprache oder aber – wie bereits hervorgehoben – als eine „Symbolik der leiblichen Zustände", als ein Werkzeug im Dienste der „großen Vernunft", d. h. des Leibes, zu betrachten. Das Leibliche ist dem geistigen Denken übergeordnet und so privilegiert Nietzsche mit dem Tanz auch den „Sinn" und die Perspektiven jenseits der Ratio.

In *Also sprach Zarathustra* taucht die Figur des Seiltänzers auf: eine Schlüsselfigur der Überwindung des Menschlichen. Der Seiltänzer befin-

30   Alarcón, S. 188.

31   Nietzsche, 8, S. 432.

32   Waldenfels, S. 28, *apud Leroi*-Gourhan, André, *Hand und Wort*, Frankfurt/M. 1984, S. 28.

33   Nietzsche, 10, S. 285.

34   Nietzsche, 4, S. 40.

det sich in enger Beziehung zum Seil (er ist fast dazu gezwungen, sich mit ihm zu identifizieren), das als eine Brücke zwischen zwei Welten verstanden werden kann: der Welt des Menschen und der Welt des „Übermenschen"; dazwischen liegt der Abgrund. Die Metapher der Brücke symbolisiert die Einweihungsreise: als Übergang und als die Gefahr, die ein solcher oft bedeutet. Der Seiltänzer ist ein königliches Wesen, ihm steht die Figur des Possenreißers gegenüber, der die Verkehrung des getöteten Königs symbolisiert. Der Possenreißer ist von Nietzsche gezielt als Kontrast eingesetzt, um den Seiltänzer als König zu qualifizieren, er symbolisiert durch seine Rede, sein Gewand und seine Haltung die Umkehrung der königlichen (oder privilegierten) Charakterzüge. Der Possenreißer ersetzt Autorität durch Selbstbestimmung, Sieg durch Niederlage und das Zeremonielle mit dem Lächerlichen, er stellt generell das Gegenteil des Königlichen dar.[35] Der Seiltänzer dagegen verkörpert den Inbegriff der Professionalisierung der Bewegung, die eng mit dem Risiko verbunden ist, abzustürzen und kann mit dem heutigen Leistungssport – auch im professionellen Bühnentanz – verglichen werden. Dadurch, dass der Seiltänzer aus seinem eigenen Beruf eine Gefahr für sich selbst macht, verkörpert diese Figur die heroische apollinische Dimension, der in *Also sprach Zarathustra* eine bedeutende Rolle zukommt, aber auch die dionysische Dimension des Zugrundegehens.[36] Neben ihm ist bei Nietzsche der Akrobat eine wiederkehrende Figur, die für die Rolle der Bewegung und des Tanzes steht. Die Akrobatik symbolisiert den Aufschwung zum „Übermenschen", der Ekstase des über-sich-hinaus-schaffenden Leibes. Auf den Händen gehend, mit dem Kopf nach unten, die Beine in die Luft gestreckt, ist der Akrobat übermütig frei, denn er befreit sich von der gewöhnlichen mechanistischen Weltauslegung. Der Akrobat ist durch die verdrehte Haltung seines Körpers auch ein Symbol der Verkehrung der Werte und steht für eine dynamische, sich aus sich selbst generierende Bewegung. Diese beiden Figuren verkörpern den Wahn-Sinn oder das Sinn-schaffende Vermögen der „großen Vernunft". Der jenseits der ererbten mechanistischen Weltauslegung agierende Akrobat und der zwischen zwei Welten (der Welt des menschlichen Irrtums und derjenigen des Schaffens neuer Sinne) agierende Seiltänzer symbolisieren die zentrale und kreative Rolle des Wahnsinns in Nietzsches Versuch der Umkehrung der Werte.

Der Tanz vernichtet den „Geist der Schwere" und ist nicht nur ein Ideal als solches, er ist der Anfang und das Ende jeder Erkenntnis.[37] „Dein Schritt verräth, daß du noch nicht auf deiner Bahn schreitest, man müßte dir an-

---

35 *Dictionar de Simboluri*, Band 1, S. 338.

36 Kunicki, S. 223–36.

37 Vgl. Nietzsche, 4, S. 290.

sehen, daß du Lust zu tanzen hättest. Der Tanz ist der Beweis der Wahrheit."[38] Welche Konsequenzen ergeben sich für Nietzsches erkenntnistheoretische Auffassung, wenn der Tanz als Beweis der Wahrheit, als Anfang und Ende jeder Erkenntnis gilt? Wenn wir den letzt zitierten Gedanken am Beispiel Tanz weiter ausführen, bestehen Anfang und Ende jeder Erkenntnis in der gegenseitigen Durchdringung des Objektes und Subjektes der Erkenntnis. Dieser Aspekt der Durchdringung bis hin zur Verschmelzung ist am Besten am Tanz nachzuvollziehen, insofern dass weder Tanz ohne Tänzer noch Tänzer ohne Tanz existieren kann. Durch die Einzigartigkeit seines Leibes ist jeder Tanzende ein Tanz in sich. Das Tanzen stellt für Nietzsche den notwendigen Prozess der Sinnschaffung jenseits jeglicher Interpretation dar. Das „Bewegen mit den Armen und Beinen" als "Embryo des Kunsttriebs"[39] führt zur Erkenntnis, dass es Subjekt und Objekt für Nietzsche nicht faktisch gibt – sie existieren nur als Instrumente der Interpretation. Erst im Tanz wird für Nietzsche eine Wiederherstellung der Wirklichkeit möglich. Die Lust am Tanzen deutet auf die Lust an der Wahrheit, an einer Weltauffassung hin, in der es keine Spaltung von Subjekt und Objekt gibt. Im Tanz objektiviert sich das Subjekt (der Tänzer), während sich das Objekt (der Tanz) subjektiviert. Der Leib oder „die große Vernunft" ermöglicht diesen in zwei Richtungen wirkenden Prozess. Das ist für Nietzsche der einzig mögliche Weg, um sich von der tradierten Spaltung zu befreien und zu der Erkenntnis zu gelangen, dass es sie in Wirklichkeit gar nicht gibt.

Der Gesetzlose, der sich von allen Traditionen und Bindungen löst, muss in der Lage sein, sich eigene Gesetze aufzuerlegen, eigene Tänze zu schaffen: Explizit klingt hier das Vorbild des Tanzes für das Denken und die Wissenschaft an. In *Die fröhliche Wissenschaft* kennzeichnet sich der freie Geist dadurch, dass er selbst an Abgründen zu tanzen weiss,[40] d. h. dass der freie Geist, selbst wenn ihm Abgründe drohen, den Bezug zu dieser dynamischen Wirklichkeit nicht verliert. Der freie Geist befreit sich von dem Glauben, indem er jeden Wunsch nach Gewissheit von sich weist, er ist geübt, auf unfestem Boden zu gehen und selbst zu tanzen. „Unsre ersten Werthfragen, in Bezug auf Buch, Mensch und Musik, lauten: „kann er gehen? mehr noch, kann er tanzen?"[41] Gang und Tanz sind zu Wertkriterien erhoben, um Mensch, Schrift und Musik zu beurteilen. In *Menschliches, Allzumenschliches* schreibt Nietzsche über die Bücher, welche tanzen lehren: „Es gibt Schriftsteller, welche dadurch, dass sie Unmögliches als mög-

---

38   Nietzsche, 10, S. 65.
39   Nietzsche, 8, S. 432.
40   Nietzsche, 3, S. 583.
41   Ebd., S. 614.

lich darstellen und vom Sittlichen und Genialen so reden, als ob beides nur eine Laune, ein Belieben sei, ein Gefühl von übermüthiger Freiheit hervorbringen, wie wenn der Mensch sich auf die Fußspitzen stellte und von innerer Lust durchaus tanzen müsste."[42] Die innere Lust am Tanzen bedeutet demzufolge, dass der Mensch das Unmögliche als wirkliche Möglichkeit an seinem eigenen Leib hervorbringt. Tanzen und Denken werden außerdem dahingehend unterschieden, dass das Denken als eine darstellende Tätigkeit des Geistes verstanden wird, während das Tanzen das Wirkliche *ist*. Diese grundlegende Unterscheidung rechtfertigt die fortwährende Bezugnahme Nietzsches auf den Tanz, wenn er freies Denken bzw. „fröhliche Wissenschaft" veranschaulichen möchte.

„Heil, wer neue Tänze schafft!" ist ein Kerngedanke der Erneuerung bei Nietzsche, die unmittelbar mit dem Wahnsinn in Verbindung steht. Im ersten Buch der *Morgenröte* schreibt Nietzsche über „Die Bedeutung des Wahnsinns in der Geschichte der Moralität". Noch deutlicher als Plato, demzufolge durch den Wahnsinn die größten Güter nach Griechenland gekommen seien, stellt Nietzsche fest, dass: „allen jenen überlegenen Menschen, welche es unwiderstehlich dahin zog, das Joch irgend einer Sittlichkeit zu brechen und neue Gesetze zu geben, blieb, wenn sie nicht wirklich wahnsinnig waren, nichts übrig, als sich wahnsinnig zu machen oder sich zu stellen – und zwar gilt diess für die Neuerer auf allen Gebieten."[43]

Erneuerung, eigene Tänze schaffen, bedeutet, ein Stück Wahn-Sinn zu besitzen, um eine neue Sinnschaffung kreieren zu können, die nicht den Regeln der Semiotik unterliegt. Eine solche sinnfixierende, inhaltsentleerte Symbolisierung interessiert Nietzsche nicht. Und doch stellt für ihn die Symbolik des Tons und der Gebärden, die leibliche Symbolik des Tanzes, das Wesentliche der freien Kunst und des freien Geistes dar, weil im Tanz die Symbolisierung dadurch gekennzeichnet ist, dass zwischen dem Tanzenden und dem Tanz keine Spaltung stattfindet. Im Gegenteil: die Spaltung – die vor allem in der Sprache durch die Grammatik missverständlicherweise als Wirklichkeit dargestellt wird –, taucht gar nicht erst auf, weil der Tanzende und der Tanz eins und dasselbe ist. Im Tanz wird die Wirklichkeit, wie Nietzsche sie versteht, nicht abgebildet, sondern präsent. Die immer wieder neue Sinnschaffung durch leibliche Bewegung, in der der Mensch zur Kunstwerk wird, ist das Heilmittel gegen jede Anwandlung der „kleinen Vernunft" oder des unfreien Geistes, nach Gewissheit und Glauben zu suchen. Die wahre Wirklichkeit der freien Kunst und der fröhlichen Wissenschaft erfindet sich immer wieder neu, so wie der Tänzer immer wieder neu den Tanz – und sich selbst aus ihm – erschafft. Nur wer die

---

42 Nietzsche, 2, S. 170.
43 Nietzsche, 3, S. 27.

Fähigkeit des Tanzens erwirbt, ist in der Lage, die wahre Wirklichkeit zu spüren, zu erkennen.

Fazit

Dass Nietzsche den Tanz als eine dem Denken und Schreiben verwandte Tätigkeit auffasst, lässt einige interessante Schlussfolgerungen über den Stellenwert des Tanzes in seiner Philosophie zu. Zum einen ist der Tanz für Nietzsche ein Modell, ein Paradigma der „vornehmen" Art des Denkens und des Schreibens, mehr noch, des Philosophierens, wie er es dem freien Geist zuschreibt. Zum anderen verkörpert er für ihn die „wahre Wirklichkeit"; diese lässt sich dahingehend konzentrieren, dass die Wirklichkeit sich nicht in einer Spaltung zwischen Subjekt und Objekt vollzieht, sondern vielmehr aus deren Verschmelzung und Untrennbarkeit besteht. Dies ist der Hauptgrund, warum sich Nietzsche immer wieder auf den Tanz bezieht, wenn er grundlegende Überlegungen zur Erkenntnis, zu Wissenschaft und Kultur, zu Idealen der Philosophie formuliert. Diese Auffassung von Wirklichkeit eröffnet die Möglichkeit neuer Sinnschöpfungen und sie ist für Nietzsche nur im Tanz unmittelbar erfahrbar. Wegbereiter des Tanzes aber ist der Wahnsinn des Leibes mittels der beiden Qualitäten, in denen er sich offenbart: der Ekstase und der Erneuerung.

Die „vornehme" Art des Denkens und des Schreibens sind dem Tanzen verwandt, sie bleiben jedoch darstellende, abbildende Tätigkeiten, während der Tanz *per se* das Wirkliche ist. Diese spezifische Realität (oder Gegenrealität) des Tanzes verweist auf Nietzsches Auffassung von Freiheit, die darin bestehe, sich in einer dynamischen Wirklichkeit zu behaupten. Der „freie Geist" weiß selbst an Abgründen zu tanzen. Er weiß, dass das Denken eine Verschmelzung des Denkers und des Gedankens hervorbringt, dass sich im Schreiben eine Verschmelzung des Schreibers und des Geschriebenen vollzieht – selbst wenn der Schreiber daran zugrunde geht. Nach Nietzsche vollzieht sich diese prozesshafte, wagnisreiche Schöpfung einer wahrhaften Wirklichkeit beispielhaft im Tanz, durch den Leib, die „große Vernunft" und den in ihr enthaltenen Wahn-Sinn.

Literatur

Nietzsche, Friedrich, Kritische Studienausgabe in 15 Bänden, Colli, Giorgio/Montinari, Mazzino (Hg.), München 1999.
Abel, Günter, *Nietzsche*, Berlin 1998.
Alarcón, Mónica, *Die Ordnung des Leibes*, Würzburg 2009.
Alexander G. Baumgarten, *Theoretische Ästhetik*, Hamburg 1983.

Dictionar de Simboluri, Chevalier, Jean/Gheerbrant, Alain (Hg.), Bucharest 1995.

Hoyer, Timo, „Höherbildung des ganzen Leibes. Friedrich Nietzsches Vorstellungen zur Körpererziehung," *Nietzsche-Studien*, Band 32, Berlin, New York, 2003, S. 59–77.

Kunicki, Wojciech, „Über den Seiltänzer", Kopij, Marta/Kunicki, Wojciech (Hg.), *Nietzsche und Schopenhauer: Rezeptionsphänomene der Wendezeiten*, Leipzig 2006, S 223–236.

Nietzsche-Handbuch, Ottmann, Henning (Hg.), Stuttgart, Weimar 2000.

Waldenfels, Bernhard, „Sichbewegen", Brandstetter, Gabriele/Wulf, Christoph (Hg.), *Anthropologie des Tanzes*, München 2007, S. 14–30.

Walsdorf, Hanna, „Die Tanzdielerienen", Burkhard, Helga/Walsdorf Hanna (Hg.), *Tanz vermittelt – Tanz vermitteln*, Leipzig 2010, S. 13–25.

Alexander Schwan

Tanz, Wahnsinn und Gesetz.
Eine kritische *relecture* von Pierre Legendre und
Daniel Sibony

> *„Mother says I was a dancer before I could walk."*
> (ABBA, „Thank you for the Music", 1983)

1. Ausschließen

Unwillkürliche Zuckungen des Körpers, Spasmen und Krämpfe als tänze-rische Bewegungen zu lesen widerspricht dem *Common Sense*. Sich im Wahn auf dem Boden zu wälzen, um sich schlagen, andere und womöglich sich selbst zu verletzen, gilt gemeinhin nicht als Tanz. Zwar machen zeitge-nössische Choreographie und *Contact Improvisation* Gebrauch vom Kont-rollverlust, lassen jede Bewegung des Körpers zu oder arbeiten bewusst mit Instabilitäten, Deformationen und ungerichteten Bewegungsimpulsen. Vergessen wird dabei jedoch nicht selten, dass dieser Kontrollverlust gezielt eingesetzt wird und die Bewegung, so es die Tänzerin oder der Tänzer will, auch wieder geordnet ausgeführt und bewusst geleitet werden kann.

Warum aber gilt der Tremor nicht als Tanz? Warum scheut noch die avantgardistische Ausweitung des Choreographiebegriffs davor zurück, neurotische Tics und psychotische Anfälle als tänzerisches Schreiben im Raum zu begreifen, als eine *écriture corporelle*, die in diesen Fällen einer unkontrollierten *écriture automatique* gleicht? Warum ist Tanz so sehr an Impulskontrolle und Körperbeherrschung gebunden, dass all diejenigen, denen diese Machtausübung über den eigenen Körper versagt ist, *per se* als Nicht-Tanzende klassifiziert werden? Der ABBA-Song „Thank you for the Music" legt es nahe, das Strampeln eines Babys als Tanz zu begreifen, un-abhängig von der Kontrolle des Kleinkindes über seine Beine. Warum dies nicht ausweiten auf alle Bewegungen des Körpers, auch das manische Um-sich-schlagen, das verrückte Sich-winden, den angeblich kranken Krampf?

Die Bindung des Tanzes an Vorstellungen von Kontrolle, Beherrschung und Vollbesitz der Kräfte lässt sich mit dem Begriff des „Nomismus" ge-nauer fassen. Abgeleitet vom griechischen Wort *„nomos"* (Gesetz), kann von einer nomistischen Restriktion des Tanzes durch ein allgemeines Gesetz gesprochen werden, das sich in einer Vielzahl ungeschriebener Vorschrif-ten und Körpernormen manifestiert. Von besonderem Reiz ist es, dieses Gesetz des Tanzes so umfassend zu denken, dass es in jeweils unterschied-

licher Konkretisierung alle Formen von Tanz umfasst. In dieser weiten Sicht
auf den Nomismus tänzerischer Bewegung wird das Gesetz des Tanzes zur
Instanz, die all die Formen von Bewegung ausschließt, die einer Tanzdefinition widersprechen.

Dabei konstruiert das Gesetz die Tanzdefinition nicht selbst, sondern
greift auf eine Vielzahl bereits vorhandener Definitionen zurück. Das Gesetz benutzt die jeweils ausgesprochenen oder unausgesprochenen Einschränkungen des Tanzartigen und scheidet auf dieser Grundlage den legi-
timen vom illegitimen Tanz. Im Fall der Gleichsetzung des Tanzes mit einer
weitgehenden Kontrolle über den eigenen Körper, verbannt das Gesetz so
die unkontrollierte Bewegung aus dem Bereich des Tanzartigen und deklas-
siert sie als unnormal, krank und verrückt.

Die Reflexion der Eingebundenheit des Tanzes in eine allgemeine Gesetzlichkeit findet sich als Denkfigur bei zwei französischen Theoretikern,
die jeweils aus dem Blickwinkel einer an Jacques Lacan geschulten Psychoanalyse auf das Phänomen des Tanzes blicken. Pierre Legendre[1] sieht den
Tanz in der Gefangenschaft eines Gesetzes und macht für diese Gefangenschaft umfassende gesellschaftliche und weltanschauliche Muster geltend.
Daniel Sibonys[2] Auffassung des Gesetzes ist dagegen neutraler und umfasst neben der Ebene des Verbots und der Tabuisierung von Bewegung
auch die Funktion der Ermöglichung und Hervorbringung von Tanz.

Von kurzen Paraphrasierungen abgesehen[3] ist Legendres und Sibonys
Denken bisher kaum im deutschsprachigen Bereich der Tanzwissenschaft
rezipiert worden. Eine genaue *relecture* dieser Gedanken im Hinblick auf
das besondere Verhältnis von Wahnsinn, Tanz und Gesetz wird daher hier
erstmalig zusammen mit einer Kritik der Grundannahmen und Konsequenzen erarbeitet. Im Vordergrund steht die Frage nach dem Verhältnis
zwischen normativ legitimer Tanzbewegung und dem, was nach der Definition des Common Sense nicht als Tanz gilt. Wie kommt diese *Common-
Sense*-Definition zustande und wodurch wird sie aufrechterhalten? Ist das
Klassische Ballett auf der Bühne verbunden mit den Zuckungen in der psychiatrischen Anstalt? Und vor allem: gibt es theoretische Alternativen zu
einer rein negativen Sicht auf das Gesetz des Tanzes?

---

1   Legendre 1978.
2   Sibony 1995.
3   Siegmund 2006, hier zu Sibony vgl. S. 42 f; zu Legendre vgl. S. 151 ff.
     Während Sibony, Le corps et sa danse bisher nur im französischen Original existiert,
     liegen von Legendre, La passion d´être un autre. Étude pour la danse kurze Auszüge
     in deutscher und englischer Übersetzung vor. Vgl. Legendre 1997; Legendre 2001.

2. Aufrichten

Der französische Rechtshistoriker und Psychoanalytiker Pierre Legendre konzentriert sich auf die Disziplinierung des Körpers „*in der Zivilisation des Westens*"[4], den er mit dieser nicht unproblematischen Formulierung vom einem nicht näher definierten wilden unzivilisierten Tanz abgrenzt.[5] In einem gleichsam invertierten Orientalismus, der weniger vom fremden exotischen Anderen schwärmt als vielmehr den Tanz der eigenen Kultur höchstkritisch analysiert, trifft er eine folgenreiche Behauptung über tänzerische Bewegung und ihr Reglement. Tanz, so Legendre im Zeitgeist der späten 1970er Jahre, ist die animalischste und konvulsivischste Form von Kunst.[6] Im Kulturkreis des Westens ist diese Kunst, die Legendre dann in den konventionellen Klassifikationen von Bühnentanz, Gesellschaftstanz und Volkstanz belässt, unauflöslich eingeschnürt, ja geradezu gefesselt in den Bindungen dessen, was er als Gesetz oder Text bezeichnet.[7]

Das Gesetz des Tanzes ist für Legendre ein allgemeiner, umfassender Zusammenhang von Vorgaben, Normen und Disziplinierungen: die symbolische Ordnung, die einen idealen Körper produziert und an diesem Ideal alle realen Körper und ihre Bewegungen misst.[8] Über das Fortleben des römischen Rechts und die Bekräftigung durch eine von ihm als christlich identifizierte Moral wird diese symbolische Ordnung aufrechterhalten. Die gesetzliche Einengung des Körpers ist dabei älter als die christliche Moral und geht über sie hinaus; sie setzt sich auch in Kontexten einer säkularisierten und industrialisierten Gesellschaft fort, wie etwa in den Körpernormierungen des *show business* und dem Drill des Militärs.

Eine zentrale Rolle nimmt dabei die Vorliebe des Gesetzes für die aufrechte Körperhaltung der Tanzenden ein.[9] Legendre wird nicht müde, diese Präferenz der Vertikalen und die damit verbundene Abwertung der Horizontalen religionsphilosophisch zu konnotieren. Mit jeder senkrechten Aufrichtung des Körpers richten sich die Tanzenden nach dem Himmel aus und negieren die mit Schmutz, Sexualität und Schwäche besetzte Wagerechte der Erde. Das Gesetz stilisiert dabei den aufrechten Tanzkörper zu einem phallusartigen Fetischobjekt und verlangt von allen Tanzenden, Männer wie Frauen, sich dieser Phalluspuppe mimetisch anzugleichen.[10]

---

4   Legendre, S. 7 f.
5   Vgl. a. a. O., S. 66.
6   Vgl. a. a. O., S. 7.
7   Vgl. a. a. O., 216.
8   Vgl. hierzu insbesondere: a. a. O., S. 75 f.
9   Vgl. dazu im Folgenden a. a. O., 37 f.
10 Vgl. a. a. O., S. 39.

Die willige Ausrichtung an der ästhetischen Norm dieses aufrechten, kontrollierten Körpers bekräftigt so im Tanzkonzept des Abendlandes eine umfassende *Kallokratie*: eine Vorherrschaft des Schönen, Senkrechten und
über die Schwerkraft Erhabenen.

Diese Idealisierung sieht Legendre im Verbund mit einem Ausschluss
des Hässlichen, Nicht-Orthonomen.[11] Was nicht sein darf – das Sich-Wäl-
zen von Körpern auf dem Boden, der Genuss der Horizontalen, der Kontrollverlust der Ekstase – wird in der westlichen Zivilisation als Symptom
von Krankheit und Wahnsinn diffamiert. Dabei, so könnte über Legendre
hinaus gedacht werden, ist das Gesetz auf versteckte Weise der Produzent
des Ausgeschlossenen, indem das Verrückte durch den Ausschluss zuallererst hervorgebracht wird. Denn das gesetzeskonforme Ballett auf der
Bühne und die Zuckungen in der Psychiatrie stehen in einem wechsel-
seitigen Zusammenhang: Nur weil die Körperbilder des Zappelns und Zit-
terns, der Tics und wilden Ausbrüche in der Psychiatrie konzentriert und
weggesperrt werden, ist die Feier des Schönen und vorgeblich Gesunden,
Nicht-Wahnsinnigen möglich.

3. Einschnüren

Aus der Gefangenschaft im Gesetz und der Vorstrukturierung durch den
Text gibt es für Legendre keine Befreiung.[12] Jeder Versuch, sich der Einbin-
dung in die Tanznormierung zu entziehen, wird von ihm als weiterer Verrat an der unwiederbringlich verlorenen Freiheit des Körpers gewertet. Wer
meint, sich tanzend aus der umfassenden Reglementierung des Körpers
befreien zu können, etwa durch Improvisation und vermeintlich freien
Tanz, fällt umso stärker in den Verblendungszusammenhang des westlichen Körperkonzeptes zurück, das ja gerade von seiner Gesetzesgebun-
denheit ablenken möchte und die Konstruktion des aufrechten, kontrollierten Körpers als Natürlichkeit tarnt.[13]

Legendres pessimistische Sichtweise paart mit sich so mit einem unbe-
gründeten, quasi-metaphysischen Gesetzesverständnis und einer ahistori-
schen Perspektive. Er bezieht Beispiele aus der Entwicklung des Balletts
und des Modernen Tanzes ein, benutzt sie aber nur als Belege für seine
Grundthese einer radikalen Gesetzesgefangenschaft des Tanzes. Eine gra-
duelle Differenzierung in mehr oder weniger reglementierte Bewegungs-
konzepte und eine genaue historische Herleitung der zweifelsohne vorhan-

---

11   Vgl. a. a. O., S. 77.

12   Vgl. a. a. O., S. 25.

13   Vgl. a. a. O., S. 318 f.

denen Normen sucht man bei ihm vergebens. So ist gerade das Axiom einer einheitlichen christlichen Moral, das in seiner Argumentation eine entscheidende Rolle einnimmt, im höchsten Maße problematisch.[14] Er begreift als Monolithen, was doch nur in einer Vielzahl sich historisch verändernder Normen und konfessioneller Differenzierungen existiert und operiert bis in seine Wortwahl hinein mit einer unreflektierten katholisch-theologischen Engführung.[15]

Legendre formuliert seine Analyse als Kritik an christlicher Moralität und Gesetzlichkeit und übernimmt dabei seinerseits fatale Denkmuster christlicher Theologie, die er unreflektiert auf den Tanz überträgt. Zwar bedient er keine Dichotymie von einem gefangen nehmenden Gesetz und einer positiven Gegenfolie der Erlösung oder Befreiung, scheint aber das Idyll eines gesetzesfreien Urstands zu konstruieren, der von dem Sündenfall abendländischer Körpernormierung zerstört wird. Sein radikaler Antinomismus, die negative Konnotation des Gesetzes, ist dabei eine gut sichtbare Widerspiegelung christlicher Diffamierung der jüdischen Thora, und so *nolens volens* eine problematische Einschreibung antijudaistischer Axiome in die Tanzwissenschaft.

Die Ausweglosigkeit der Tanzrestriktion bringt Legende dazu, an der scharfen Trennung von Tanzenden und Nicht-Tanzenden festzuhalten und alle Versuche abzulehnen, diese Grenze etwa über die phänomenologische Annäherung an den Tanz aufzulösen.[16] Solche Versuche werden von Legendre als beschönigende Ablenkung von der qua Gesetz konstituierten Differenz zwischen normengerechtem Tanz und normabweichendem Nicht-Tanz gewertet. Im Hinblick auf die Wahrnehmung von als nicht-tänzerisch konnotierten Bewegungen des Kontrollverlustes hieße dies: sie wären, dem Gedankengang Legendres folgend, kein Tanz, weil der Text oder das Gesetz des Westens eine solche Ausdiffundierung des Tanzverständnisses nicht vorsieht. Die Möglichkeit, dieses Tanzverständnis gleichwohl zu unterminieren und über begriffliche Neudefinitionen eine das System des Gesetzes verändernde Dynamik in Gang zusetzen, rückt hier noch nicht in den Blick.

---

14 Vgl. Andresen 1961 zum Verhältnis von Tanz und Norm im frühen Christentum. Diese Studie ist nach wie vor maßgeblich und wird auch von Legendre rezipiert. allerdings im Sinne seines Vorverständnisses.
   Als eine mögliche Differenzierung innerhalb des berechtigten Diskurses über die Körper- und Tanzfeindlichkeit des Christentums sei darauf verwiesen, dass der christlichen Religion in der Antike gerade umgekehrt eine übertriebene Körperbezogenheit vorgeworfen wurde. Vgl. dazu Chadwick 1998, S. 75.

15 Vgl. a. a. O., S. 135 f.

16 Vgl. a. a. O., S. 318 f.

4. Ermangeln

Im Unterschied zu Legendres antinomistischer und gleichzeitig affirmativer Sicht auf die Regulation von Tanz und Bewegung sieht der Psychoanalytiker Daniel Sibony das Gesetz in einer umfassenderen Paradoxalität.
Neben der Bindung und Verhinderung wilder Körperlichkeit ist es ihm
auch die Ermöglichung von Subjektivität, ja von Bewegung überhaupt.[17]
Tanz vollzieht sich immer vor dem Gesetz, das heißt in Beziehung auf all
das, was Bewegung anstößt, stützt und stört. Die nomistische Dimension
des Tanzes ist somit keine rein prohibitive, sondern gleicht einer transzen-
dentalen Dependenzrelation: Der Körper findet sich vor in dem immer
schon gegebenen Bezug zu einem heteronomen, von außen kommenden
Gesetz, das seine Bewegung strukturiert, motiviert, begrenzt und ermöglicht.[18]

Dieses Gesetz geht über eine symbolische Ordnung hinaus und bedarf
keiner Institution, um aufrechterhalten zu werden.[19] So umfasst es auch
para-institutionelle Nomismen wie Naturgesetze oder die Mobilitätsbe-
schränkung eines menschlichen Körpers. Dass dessen Muskelstruktur,
Knochenbau und neuronale Vernetzung Bewegung ermöglicht und gleichzeitig andere denkbare Bewegungen verhindert, ist damit Teil der Verfasstheit des Tanzes als Tanz vor dem Gesetz. Nicht jede Bewegung ist von jedem Körper ausführbar und ein Körperglied – ein Arm, ein Bein – nicht in
allen Winkeln und allen Geschwindigkeiten bewegbar. Ferner ist die Ge-
setzmäßigkeit, der alle Körper unterliegen und gegen die sie allesamt in
ihren Bewegungen opponieren, das Naturgesetz der Schwerkraft: Noch
ohne Kontrolle taumelnd, fallend und schließlich stürzend tanzen die Körper vor dem Gesetz.[20]

Entsprechend weitgefasst ist Sibonys Begriff vom Tanz, der für ihn all die
Bewegungen eines physikalischen Körpers umfasst, mit denen dieser sich
selbst schreibt.[21] Tanz ist so eine radikal gedachte *écriture corporelle*, die sowohl die anthropologische Begrenzung auf den Tanz des Menschen im Gegensatz zum angeblich nicht-tanzenden Tier hinter sich lässt als auch die
Exklusion der Bewegungen aufhebt, die dem *Common Sense* und dem rest-
riktiven Gesetz Legendres als nicht-tänzerisch gelten. Zuckungen, Zittern,
Instabilitäten und Kontrollverluste sind daher ebenfalls Tanz als eine ephe-
märe Selbsteinschreibung von Körpern im Raum.

---

17   Vgl. Sibony 1995, S. 53.
18   Vgl. a. a. O., S. 113.
19   Vgl. a. a. O., S. 113.
20   Vgl. a. a. O., S. 110 f.
21   Vgl. a. a. O., S. 175.

In einer midraschartigen Auslegung von 2 Sam 6, 14–23 differenziert
Sibony die Bezogenheit auf das Gesetz des Tanzes und entwickelt die Denkfigur eines Gesetzes, das sich dem Körper entzieht und für ihn vor allem in
der Weise der Ermangelung existiert.[22] So bewegt sich König David vor der
Bundeslade mit den darin befindlichen Gesetzestafeln und tanzt buchstäblich vor dem Gesetz. Gleichzeitig bewegt sich auch die Bundeslade, die auf
ihrem Wagen gezogen wird und sich so von David entfernt. Damit existiert
zwischen dem Gesetz und dem sich ihm nähernden König eine Spannung,
die unaufgelöst bleibt, denn beide, König und Gesetz, treffen nie aufeinander. In der Verallgemeinerung dieser Situation steht nach Sibony jeder tanzende Körper in Bezug zu einem sich entziehenden Gesetz und sucht so
tanzend die Erfahrung des Mangels von Struktur und Determinierung zu
überwinden.

5. Verrücken

Der Versuch, den Mangel des Gesetzes zu überwinden, ist dabei nach Sibony immer auch durch eine gewisse Transgression dieses Gesetzes gekennzeichnet, ein Opponieren gegen die Übermacht des Heteronomen.[23]
Dies gilt nicht nur für den geplanten Entzug von determinierenden Bewe-
gungsvorgaben wie in zeitgenössischen Improvisationsverfahren, die über
ihre Regeln und Absprachen ja ihrerseits eine nomistische Dimension aufweisen, sondern auch und besonders für das strikte Präskript einer Choreographie, etwa im Klassischen Ballett. Noch im Versuch, dessen vorgegebene
Ordnung akkurat zu erfüllen, ereignet sich ein unwillkürliches Verschrei-
ben der Bewegung, mischen sich in die Akkuratesse Momente der Unge-
nauigkeit, der Unentscheidbarkeit und des minimalen Kontrollverlustes:
Tanzend wird das Gesetz des Tanzes überschritten.[24]
     Auch die Bewegungen des scheinbar zu Gänze beherrschten Körpers der
Ballerina sind so nur graduell von den kontrolllosen Bewegungen der Ma-
nie unterschieden. Und wiederum beziehen sich auch die Zuckungen und
Spasmen, so unintentional sie erscheinen mögen, auf das Gesetz des Tan-
zes, das sich ihnen als Ordnungsmacht entzieht, sie aber gleichwohl den
Gesetzmäßigkeiten von Schwerkraft und Körperbeschränkung unterwirft.
Beide Körper, der der Ballerina auf der Bühne des Klassischen Balletts, und

---

22   Vgl. hierzu im Folgenden insbesondere a. a. O., S. 41–53.
23   Vgl. a. a. O., S. 118 f.
24   Dabei ist das Verhältnis von Tanz und Choreographie nicht darauf zu reduzieren,
     dass im Tanz der nomos einer choreographischen Vorschrift überschritten wird.
     Zur Konzentration auf den Gedanken, dass sich Tanz an der Vorgabe der Choreo-
     graphie reibt und sie so überschreitet, vgl. dagegen Siegmund 2010.

der zeitgleich weggesperrte und aus der Öffentlichkeit ausgeschlossene Körper des psychisch Kranken partizipieren am gleichen Gesetz des Tanzes – einem Gesetz, dessen sie ermangeln und das sie überschreiten. Beide Körper zucken, und beide Körper tanzen.

Anknüpfend an diese Verwobenheit von Ordnung und Nicht-Ordnung ist es Sibony möglich, sich explizit dem Verhältnis von Tanz und Wahnsinn zu nähern und dieser Relation ein eigenes Kapitel seines Buches zu widmen.[25] Aus der Fülle der hier eröffneten Bezüge und Gedanken sei die Zuspitzung herausgegriffen, dass der Tanz der Wahnsinnigen (*„la danse des fous"*[26]), mithin die Imitation des Kontrollverlustes, nur den Nicht-Wahnsinnigen möglich ist. Die Verrückten tanzen, aber sie tanzen nicht verrückt, sondern finden sich tanzend in ihrer Verrücktheit vor, ohne die Möglichkeit zu haben, den Kontrollmangel ihrer Bewegungen künstlich zu verstärken. Umgekehrt gibt sich, wer bewusst den Kontrollmangel sucht und sich so das scheinbar Unnormierte verrückter Bewegungen zueigen macht, dem Wahnsinn des Tanzes hin, der für Sibony eine spezifische Form von Verrücktheit ist.[27]

Denn der Wahnsinn des Tanzes resultiert, für Wahnsinnige und Nicht-Wahnsinnige nun wiederum gleichermaßen, aus der Konfrontation der Tanzenden mit dem Unbewussten oder dem, was Sibony in heideggerianischer Diktion als Sein oder Ursprung bezeichnet.[28] Die Unmöglichkeit, trotz dieser Begegnung das Unbewusste ausdrücken oder am Ursprung sein zu können, löst den Wahnsinn des Tanzes aus. Und auch für diesen Wahnsinn gilt: er ereignet sich vor dem Gesetz, insofern als der tanzende Körper eine physische Interpretation des In-der-Welt-Seins ist, jener Vorfindlichkeit, die die Bewegungen des Körpers nicht nur begrenzt, sondern zuallererst ermöglicht.

Weit entfernt von der Engführung auf eine rein prohibitive Funktion des Gesetzes, wie sie sich im problematischen Antinomismus Legendres zeigt, eröffnet Sibony somit Perspektiven auf die Trias von Tanz, Wahnsinn und Gesetz, die bestehende Grenzziehungen verrücken und Ausschließungen unterminieren. Indem das Verhältnis des Tanzes zum Gesetz nicht nur als Restriktion, sondern als Striktion, als Bindung und Distanzbezug gesehen

---

25   Vgl. dazu im Folgenden a. a. O., S. 265–273.
      Bezeichnenderweise setzt sich auch Legendre in *La passion d´être un autre. Étude pour la danse* in einem eigenen Abschnitt mit dem Verhältnis von Tanz und Psychose auseinander und subsumiert sowohl den „psychotischen Körper" in die symbolische Ordnung wie er auch die Körpernormierung durch Choreographie als psychotisch analysiert. Vgl. Legendre 343 ff.

26   Sibony 1995, S. 171.

27   Vgl. a. a. O., S. 173.

28   Vgl. a. a. O.

wird, können die Bewegungen, die der *Common Sense* aus der vorgeblich hehren Welt kontrollierter Bewegungen ausschließen will, wieder in den Tanz eingeschrieben werden. Zuckungen, Spasmen und Krämpfe sind Tanz: Tanz vor und mit dem Gesetz.

Literatur

Andresen, Carl, „Altkirchliche Kritik am Tanz – ein Ausschnitt aus dem Kampf der alten Kirche gegen heidnische Sitte", *Zeitschrift für Kirchengeschichte* 72 (1961), S. 217–262.

Chadwick, Henry, *Antike Schriftauslegung. Pagane und christliche Allegorese. Activa und Passiva im antiken Umgang mit der Bibel*, Berlin/New York 1998.

Legendre, Pierre, *La passion d'être un autre. Étude pour la danse*, Paris 1978.

———. „The Dance of Law", Peter Goodrich (Hg.), *Law and the Unconscious. A Legendre Reader*, New York 1997, S. 37–66.

———. „Der Tanz in der nicht-tanzenden Kultur", Cornelia Vismann (Hg.), *Pierre Legendre. Historiker, Psychoanalytiker, Jurist* (= *Tumult. Schriften zu Verkehrswissenschaft* Bd. 26), Berlin 2001, S. 33–39.

Sibony, Daniel, *Le corps et sa danse*, Paris 1995.

Siegmund, Gerald, *Abwesenheit. Eine performative Ästhetik des Tanzes. William Forsythe, Jérôme Bel, Xavier Le Roy, Meg Stuart*, Bielefeld 2006.

———. „Choreographie und Gesetz. Zur Notwendigkeit des Widerstands", Nicole Haitzinger/Karin Fenböck (Hg.), *Denkfiguren – Performatives zwischen Bewegen, Schreiben und Erfinden*, Festschrift Claudia Jeschke, München 2010, S. 119–129.

Yvonne K. Bahn

DrehSinn und LiebesRausch.
Die Inszenierung von Wahnsinn und Ekstase im
rituellen Drehtanz

Die Ekstase wird in der größten Enzyklopädie der Welt[1] als eine Form des Wahnsinns beschrieben und mit Unvernunft, Irrationalität und undifferenzierter Wahrnehmung gleichgesetzt. Dieses negative Verständnis macht sich seit dem Mittelalter in der abendländischen Kultur durch eine aufkommende gesellschaftliche Stigmatisierung des Wahns breit. Ekstase und ekstatisches Tanzen wie z.b. während der mittelalterlichen Tanzwut wurden einerseits durch Ausgrenzungsmechanismen der Kirche mittels Dämonisierung und andererseits mittels Pathologisierung durch die beginnende medizinische Forschung wie z.b. bei Paracelsus verurteilt und sanktioniert.[2] Dies hat dazu beigetragen, dass so gut wie keine Tradition des ekstatischen Tanzes in Europa zu finden ist – mit Ausnahme des traditionellen *Tarantismo*, der noch bis weit ins 20. Jahrhundert in Süd-Italien praktiziert wurde und in der Gegenwart als regionales Kulturerbe neu reflektiert wird. Tanzwut und *Tarantismo* werden gleichermaßen Bezüge zu den orgiastischen Tanzriten des Dionysos-Kultes nachgesagt, die der Verehrung der Fruchtbarkeit der ungebändigten Natur dienten.

Dieser vor-griechische Mysterienkult steht auch zu einer anderen ekstatischen Tanzform in Beziehung: dem Drehtanz, der besonders im kleinasiatischen Raum – der heutigen Türkei – präsent ist. Über das Sufitum, das in den schamanischen Traditionen verankert ist, fanden Drehtanz und Ekstase schon seit dem frühen Mittelalter Einzug in die Religion des Islams. Der ekstatische Drehtanz des *Sema*, der auf Mevlana Rumi zurückgeht, wurde bald als fester Bestandteil der spirituellen *Zikr*-Praxis[3] des Mevlevi-Ordens perfektioniert und somit in eine religiöse Tradition eingebunden. Rumi praktizierte den Drehtanz allerdings noch spontan, auf eher ungestüme Weise und meist ununterbrochen, ja tagelang bis zur völligen Erschöpfung. Sein größtes Werk – das aus 26.000 lyrischen Versen bestehende *Mathnawi*, sagt man, sei aus dem wirbelnden Tanz geboren.

---

1   Wikipedia, http://de.wikipedia.org/wiki/Wahnsinn (Zugriff am 1.11.2010).

2   Vgl. Röcke/Velten 2007, S. 307–328.

3   *Zikr* (Gottesgedenken) ist eine sufische Ekstasetechnik, die Bewegung, Musik, Atem und Sprache verbindet, um in einen mystischen Zustand zu gelangen.

Inszenierung der Ekstase im traditionellen *Mukabele*-Ritual der *Mevlevi*-Derwische

Nach Rumis Tod integrierte sein Sohn Sultan Valad, der auch den *Mevlevi*-Orden institutionalisierte, den Drehtanz in die protokollierte Form eines Gesamtrituals, dem *Mukabele* der *Mevlevi*-Derwische. Das Tanz-Ritual, das fast 800 Jahre überdauerte, wurde regelmäßig einmal die Woche – meist nach dem gemeinschaftlichen Freitagsgebet – in den *Tekken*[4] aufgeführt, bis 1925 der Republikgründer Kemal Atatürk alle Sufi-Orden in der Türkei und die Ausführung des rituellen *Sema* verbot. Seit 1954 wurde jedoch das Drehtanz-Ritual anlässlich von Rumis Todestag am 17. Dezember wieder öffentlich zugelassen.

Die streng geregelte Form des *Mukabele*, welches einen religiösen Auferstehungsritus der Seele darstellt, ist voller sufischer Symbolik. Es besteht aus einem zeremoniellen Ablauf von Musik, Prozession, Gebet und Tanz und wurde ursprünglich in dem abgetrennten Kultsaal – *Semahane* – durchgeführt.

Dem Derwisch war es erst nach dreijähriger Einweihung erlaubt, am *Mukabele*-Ritual teilzunehmen. Während dieser initiatorischen Zeit lernte der Novize das Drehen um die eigene Achse auf der Stelle sowie entlang einer Kreislinie.[5] Zu diesem Zweck wurde ein Nagel zwischen großem und zweitem Zeh in den Boden geschlagen, um den linken Fuß zu fixieren.[6] Neben den *Semazen*[7] und dem Scheich als Vertreter Mevlana Rumis waren der *Semazenbaschi*, der die Bewegung der *Semazen* während des Rituals überwacht und korrigiert, der *Dede*, der die *Semahane* verwaltet, das Musikorchester, Vokalisten sowie Gast-Publikum anwesend.

Das *Mukabele*-Ritual ist in sieben Teile gegliedert, die den sieben Stufen der Erkenntnis entsprechen und den Aufstieg des Bewusstseins versinnbildlichen. Die Zeremonie des Sultan Valad bildet die erste Hälfte des *Mukabeles*. Während dieser Prozession umschreiten Scheich und *Semazen* mit verschränkten Armen dreimal entgegen dem Uhrzeigersinn die Tanzfläche. Die geschlossene Haltung der Derwische im Sultan Valad Gang veranschaulicht die geistige Kontraktion auf die Wesensmitte und wird deshalb als Zustand des *qabd*[8] bezeichnet. Darauf folgt die rituelle Begrüßung „von Seele zu Seele" der *Semazen* untereinander, dem eigentlichen *Mukabele*. Danach beginnt das Drehtanz-Ritual, das wiederum in vier Sequen-

---

4   Tekke wird häufig als Kloster übersetzt, diese Übersetzung ist jedoch ungenau, da es im Islam kein Mönchstum gibt.

5   Vgl. Wosien 1994, S. 80 ff.

6   Vgl. Al Habib 2005, S. 188 ff.

7   Als *Semazen* werden die Derwische bezeichnet, die am *Sema* teilnehmen.

8   Vgl. Lings 1990, S. 106 f.

zen – *Selams* – unterteilt ist. In den ersten drei *Selams* wirbeln die Derwische links herum um die eigene Achse auf einer Kreisbahn entgegen dem
Uhrzeigersinn in den Tanzraum hinein,[9] während sie sich beim letzten
Selam ohne Kreisen nur auf der Stelle drehen. Das vierteilige Tanzritual
wird mit dem Zustand des *bast*[10] – der Ausdehnung der Seele – gleichgesetzt, wobei die erste Sequenz das anfängliche „Gleiten der Seele"[11] und die
letzte das „Einssein mit dem göttlichen Geliebten" symbolisiert. Gewöhn-
lich wird das Ritual mit der Rezitation der ersten Sure des Korans – der
Fatiha – beendet.

Erzeugung der Ekstase durch Musik, Rhythmus und Sprache im *Mukabele*

Zwischen den einzelnen *Selams* werden Gebete gesprochen, aus dem Koran
rezitiert oder Instrumentalsolos gespielt. Die Drehtanz-Sequenzen werden
durch die religiöse Komposition des *Ayin*, einer Form von heiligen Wech-
sel-Rezitationen, begleitet. Die Texte des *Ayin* basieren überwiegend auf
Gedichten Rumis und werden von ausgebildeten *Ayin*-Vokalisten vorgetra-
gen. Das Hauptinstrument im *Mukabele* ist die Rohrflöte – *Ney* – die durch
ihre gehauchte Tonalität eine besinnliche Stimmung erzeugt. Sie symbolisiert den Derwisch und die vom „Ich" befreite Seele.[12] Das rhythmische
Element bildet einen weiteren wichtigen Aspekt der musikalischen Inszenierung: der geschlagene Dreivierteltakt ist dabei eher monoton und langsam, in einem getragenen Tempo gehalten – ähnlich dem Herzrhythmus.
In seiner symbolischen Bedeutung steht das Dreiermetrum für „die kosmi-
sche Ordnung zwischen Welt, Mensch und Gott",[13] aber auch für „die Aufhebung des linearen Zeitablaufs".[14] Durch seine rhythmischen Schemen,
Modulationen und Tonart ist der *Ayin* besonders dazu geeignet, religiöse
Gefühle auszudrücken und zugleich im Zuhörer zu erzeugen und ist deshalb der spirituellen Erfahrung des *Sema*-Tänzers förderlich.[15] Ähnlich der
indischen werden auch in der alt-orientalischen Musiktradition musikalische Aspekte bestimmten psychologischen Prozessen zugeordnet und
dementsprechend angewandt. Aus sufischer Sicht „weckt die Musik den

---

9   Vgl. Wosien 1994, S. 83 ff.
10 Vgl. Lings 1990, S. 106–107.
11 Vgl. Önder 1985, S. 75–85.
12 Vgl. Al Habib 2005, S. 285 ff.
13 Deutsche Grammophon 2005, S. 14–16.
14 Ebd.
15 So der türkische Komponist Ahmet Calisir. Vgl. Gönül 2004, S. 80 ff.

Geist"[16] und hat die Funktion der Versetzung in Ekstase. Aus diesem Grund wird die Musikertribüne im *Sema* auch *Mutribhane*, „Ort der Erregung"[17] genannt. Zur Aktivierung eines ekstatischen Gefühlszustandes kommt dabei der rhythmischen Musikalität der Sprache und ihrer Poesie eine besondere Rolle zu, was auf die Kunst der Koran-Rezitation zurückgeht, die auch heute noch so gelehrt wird, dass Rezitator und Zuhörer in einen Zustand der Ekstase geraten. Der Musikwissenschaftler Ali Jihad Racy spricht in diesem Zusammenhang von einer der islamisch-sufischen Religionspraxis innewohnenden Musikalität, denn die Erfahrung von islamischer Spiritualität und insbesondere der islamischen Mystik – dem Sufismus – ist untrennbar mit dem Bereich des Musikalischen verwoben.[18]

Ekstase durch die Bewegung der Rotation – der *Mevlevi-Sema*

Sema oder *Sama* bedeutet ursprünglich das „mystische Horchen auf den Grundton der Einheit"[19]. Die Grundbewegungen im *Sema* der *Mevlevi*-Derwische bilden die Links-Rotation in Richtung Herz und das Kreisen entgegen dem Uhrzeigersinn. Dabei nehmen die Drehtänzer die traditionelle *Sema*-Haltung ein: die Arme sind weit zu den Seiten geöffnet, mit der rechten, zum Himmel zeigenden Hand empfangen sie die göttliche Gnade – gemäß der Sufi-Symbolik – und geben sie durch die linke, zur Erde gewandten Hand an die Schöpfung weiter; mit dem linken Bein sind sie fest im Boden verankert, wohingegen das rechte Bein als Antriebsmotor für die Rotation dient; der Kopf ist leicht, meist zur rechten Seite geneigt und in der nach innen gerichteten Aufmerksamkeit auf das Herz sind die Augen geschlossen. Dabei wiederholen die Semazen leise – im Rhythmus der Musik – den heiligen Namen Gottes.

Die *Sema*-Haltung der Mevlevis gehorcht dem sufischen Prinzip der Vereinigung der Gegensätze: die entgegengesetzten Richtungen oben und unten werden durch die Vertikalität des Körpers sowie durch die Handhaltungen verbunden; offene Elemente wie die ausgestreckten Arme werden mit geschlossenen wie z.B. der Einwärts-Drehung verknüpft, rhythmische Elemente wie das Treten des rechten Beins werden mit stillen Elementen wie dem gehaltenen Oberkörper kombiniert. Dieser Aspekt der Vereinigung

---

16 zit.n. Eliade 1983, S. 142–146.
17 Vgl. Önder 1985, S. 75–82.
18 Vgl. Rasmussen 2009, S. 152–155.
19 Vgl. Al-Rawi: www.sufi-braunschweig.de/Sufi_Derwischtanz.htm (Zugriff am 7.8.2010).

der Gegensätze, der sich auch in der Gesamtstruktur des Rituals (geistige Kontraktion im ersten Teil, Expansion der Seele im zweiten Teil) widerspiegelt, entspricht überdies dem sufischen Körperkonzept, welches der Physis als Ort der Vereinigung der Gegensätze eine grundlegende Rolle in der geistigen Entwicklung des Menschen zuspricht.

In ihren „sich zum Wirbel steigernden Spiralbewegungen"[20] bilden die *Semazen* die choreographische Form von drei konzentrischen Kreisen, die generell als Kreisen der Planeten interpretiert wird. Diese choreographische Form deutet jedoch auf ein Spiralsystem hin, das sich darüber hinaus an zwei – für die Sufis – wichtigen Stellen im menschlichen Körper befindet: dem Herz und dem Ohr, welche über die nach links verrückte Körperachse verbunden sind. Das Herz, das bei den Sufis eine übergeordnete Rolle als Wahrnehmungsorgan des Transzendenten spielt, liegt im Zentrum der konzentrischen Ringe des Blutkreislaufs und somit des gesamten Körpers. Das Ohr, dem als Sinnesorgan der Zeit- und Raumwahrnehmung eine besondere Bedeutung zukommt, zeichnet sich durch eine konzentrische Anordnung des Vestibular-Cochlea-Nervs aus, welcher den Gleichgewichts- und Hörsinn im Innenohr bildet.

Der *Mevlevi-Sema* veranschaulicht dergestalt – einerseits durch die ausgeführte Rotationsbewegung der *Semazen*, andererseits durch die choreographische Figur der konzentrischen Kreise – das zirkuläre Prinzip, welches gleichermaßen den Makrokosmos im Kreisen der Planeten und den Mikrokosmos des menschlichen Körpers kennzeichnet. Auf ähnliche Weise beschreibt Schiller in seinem „Versuch über den Zusammenhang der tierischen Natur des Menschen mit seiner geistigen"[21] das Verhältnis von Makro- und Mikrokosmos; nämlich als ein gegenseitig Gespiegeltes, wobei den Sinnesorganen die Funktion des Übergangs zwischen Außenwelt und Seele zukommt. Darüber hinaus weist die innere Empfindung – so Schiller – eine zirkuläre Dynamik auf, durch die ein gegenseitiger Steigerungsprozess von körperlicher und geistiger Wahrnehmung in Gang gesetzt wird. Demnach sieht er die Verbindung von Geist und Materie in einer zirkulären Dynamik begründet, welche – ausgelöst durch ein inneres „Bewegtsein" – auf eine Wechselwirkung von Körper, Seele und Geist hindeutet. Das psychophysische Bewegungskonzept Schillers zeigt somit deutlich Analogien zur sufischen Bewegungspraxis des *Sema*: mittels Musik, Poesie und Rezitationen wird anfänglich das innere Empfinden erregt; die anschließende zirkuläre Dynamik der Rotation intensiviert dieses innere „Bewegtsein", wodurch sich eine wechselseitige Verstärkung der Wahrnehmung auf körperlicher sowie geistig- seelischer Ebene einzustellen vermag.

---

20 Frembgen 1993, S. 188.
21 Vgl. Thurner 2009, S. 100–104.

Dementsprechend stellt die *Mevlevi*-Choreographie durch ihre Form der drei konzentrischen Kreise „ein Zusammenführen der drei fundamentalen Komponenten der menschlichen Natur"[22] dar, nämlich „des Verstandes (durch Wissen und Gedanken), des Herzens (durch Gefühlsausdruck, Poesie und Musik) und des Körpers (durch das Anspornen des Lebens und das Drehen)",[23] und veranschaulicht derart eine gegenseitige Wechselwirkung zwischen Körper, Seele und Geist. Dem zirkulären Bewegungsprinzip scheint demnach eine wechselseitige Beziehungsdynamik zwischen physischer, psychischer und mentaler Ebene innezuwohnen, die mit einer veränderten Wahrnehmung in Verbindung steht. In ihrer Unaufhaltsamkeit wird diese Dynamik von Schiller als etwas Bedrohliches und Gefährliches beschrieben.

Ekstase und Trance im Licht der neurowissenschaftlichen Forschung

Diese Bedrohlichkeit wird häufig von geübten *Semazen* mit dem Phänomen des „Bewegtwerdens" beschrieben, das nicht selten mit einem Gefühl des Kontrollverlusts einhergeht. Die Psychotherapeutin Michaela M. Özelsel bezeichnet dieses Phänomen als auftretende „Ideomotorbewegungen"[24], die sich durch das subjektive Wissen des Tanzenden charakterisieren, nicht agiert zu haben und mit einem Gefühl der Stille verbunden sind. Damit einher gehen eine veränderte Selbstwahrnehmung und ein verändertes Gefühl von Identität, in dem sich die Grenzen zwischen Selbst und Umgebung verlieren. Dies – so die Berichte von *Semazen* – kann zu einem Einheitserlebnis oder einer intuitiven Erkenntnis führen. Darüber hinaus können „perzeptive Veränderungen",[25] die „nicht in den Bereich des Physischen fallen"[26] und ungewöhnliche emotionale Mischzustände auftreten. Die unnatürliche Rechtsneigung des Kopfes führt im *Sema* außerdem zu einem veränderten Nasalzyklus, der eine rechtshemisphärische Dominanz des Gehirns auslöst, und mit einer verstärkten Rezeptivität des Organismus sowie mit einem vertieften Selbstempfinden in Beziehung steht. Die gleichförmigen *Sema*-Rotationen bewirken demgemäß eine Veränderung des Bewusstseinszustandes, die als bewegungsinduzierte Trance definiert wird. Diese Art der kinetischen Trance-Induktion ist des weiteren durch eine an-

---

22 Al-Rawi: www.sufi-braunschweig.de/Sufi_Derwischtanz.htm (Zugriff am 7.8.2010).
23 Ebd.
24 Özelsel 2006: www.ozelsel.de/german/ausgewaehlte.htm (Zugriff am 7.8.2010).
25 Ebd.
26 Ebd.

haltende Euphorie nach dem Drehtanz gekennzeichnet, welche sich durch die Zunahme von Beta-Endorphinen im Blutkreislauf nach der Ekstase nachweisen lässt.[27]

Die – durch den monotonen Rhythmus der Musik und der Bewegung – erzeugte Synchronisation der „drei Gehirne" sowie das Absinken der Gehirnfrequenzen scheinen in der kinetischen Trance ein Abtauchen in archaische Bewusstseinsstufen und somit Zugang zu tiefen Erinnerungsschichten zu ermöglichen, die im Körper gespeichert sind.[28] Der scheinbar unverträgliche Mischzustand einer „entspannten Hochspannung"[29] – die sich durch die überwiegend auftretenden REM-Thetawellen und einer gleichermaßen gesteigerten Aktivierung der für den Wachzustand typischen Betawellen auszeichnet – könnte erklären, dass „die Grenzen zwischen Bewusstsein und unbewussten Informationen und Impulsen durchlässiger werden"[30] und daher Vergessenes und Verdrängtes ins Bewusstsein gelangen kann. Diese Forschungsergebnisse könnten ferner das von den *Semazen* genannte intuitive Erkennen von individuellen und kollektiven Zusammenhängen erklärbar machen, was auf einen Erkenntnisschatz hinzuweisen vermag, der im Inneren des Menschen verborgen liegt und durch bestimmte Bewegungsprinzipien – nämlich einer zirkulären Dynamik – zu Tage gefördert wird.

Die kinetische Trance zeichnet sich ebenfalls durch eine therapeutische Wirkung aus, die sich Wolfgang Mastnak an der Universität München in seiner Arbeit nutzbar macht. Anstelle der sprachorientierten Hypnose setzt er seit einigen Jahren erfolgreich Bewegung und Musik zur Trance-Induktion ein, um Angst- und Zwangsneurosen zu behandeln.[31] Auch aus sufischer Sicht unterstützt die kinetische Trance der *Sema*-Praxis die Heilung von Körper, Geist und Seele, wobei die Verbindung zur eigenen Mitte, dem Herzen, einen wesentlichen Anteil spielt.

Mevlevi-Sema und *Tarantismo*

Ebenso wie die musikalische Form folgen auch die bewegungstechnischen Aspekte des *Sema*-Rituals bestimmten Regeln. Als elaborierte Ekstasetechnik zeichnet sich der *Mevlevi-Sema* durch seine festgelegte Körperhaltung, Drehungen und Choreographie aus. Ausrichtung auf die Vertikale, Veran-

---

27   Vgl. Ebd.
28   Vgl. Klasmann: www.ozelsel.de/german/ausgewaehlte.htm (Zugriff am 7.8.2010).
29   zit.n. Özelsel: www.ozelsel.de/german/ausgewaehlte.htm (Zugriff am 7.8.2010).
30   zit.n. Klasmann: www.ozelsel.de/german/ausgewaehlte.htm (Zugriff am 7.8.2010).
31   Vgl. Klasmann: www.ozelsel.de/german/ausgewaehlte.htm (Zugriff am 7.8.2010).

kerung über den linken Fuß, Zentrierung im Herzen sowie die Vereinigung gegensätzlicher Bewegungs- und Geistesaspekte bilden dabei die konstitutiven Elemente. Der ununterbrochene Bewegungsfluss der Rotationen vermittelt durch seine fließende, ja gleitende Qualität ein Gefühl der Endlosigkeit der Zeit und lässt den *Mevlevi*-Tanz in seiner Ästhetik von Gelöstheit und Schwerelosigkeit als Bild der Ewigkeit erscheinen. Im sanften, meditativen Drehen erwartet der Derwisch hingebungsvoll die Vereinigung mit dem göttlichen Geliebten, was als Zustand des *wajd* bezeichnet wird. Die korrekte Ausführung der Bewegungen wird während des Rituals vom *Semazenbaschi* kontrolliert und bei grobem Verstoß mit Platzverweis sanktioniert, denn der gemäßigte Krafteinsatz soll die freigesetzte emotionale Energie in innere Bahnen lenken und für geistige Prozesse nutzbar machen. In diesem Sinne sprechen die Sufis von der Ekstase als einer Leiter, die von der Nüchternheit der sinnlichen in die Nüchternheit der übersinnlichen Welten führt.[32] Im *Sema* handelt es sich demzufolge nicht um eine „psychopathische",[33] sondern um eine kontrollierte Trance, entsprechend dem sufischen Heilungsansatz der *Mevlevis*, der auf Ausgleich und Selbsterziehung beruht sowie auf der Annahme, dass „kathartische Prozesse pathologische Reaktionen der Vergangenheit"[34] verstärken können.

Ganz im Gegensatz dazu steht das therapeutische Szenario des traditionellen *Tarantismo*: der schnelle, nach vorwärts drängende Rhythmus, ebenso wie die Steigerung von Lautstärke und Tempo setzen den – mittels Musik – ekstatisierten Körper durch die Unvorhersehbarkeit seiner Bewegungen in Szene und lassen die tanzende Person – die *Tarantata*/den *Tarantato* – zu einem Spektakel avancieren.[35] Das unkontrollierte Ausagieren durch manisches Bewegen und schnelles Rennen im Kreis weist auf ein Heilungsprinzip durch Katharsis hin. Im Vergleich zum *Tarantismo*, wo der Heilige oder Priester über den Heilerfolg der einmaligen oder zu wiederholenden Veranstaltung entscheidet, wird im Sufitum Heilung durch die regelmäßige Praxis des *Sema* und *Zikr* als ein fortlaufender Prozess verstanden, der direkt mit der geistigen Entwicklung des Menschen verknüpft ist. *Sema* und *Tarantismo* ist jedoch gemein, dass sie sich innerhalb eines rituellen Rahmens unter Aufsicht einer geistigen Autorität in eine performative Dimension einschreiben. Die *Tarantata, der Tarantato* ist ein(e) Solist(in), und vollzieht das Heilungsritual nur von Musikern und engen Angehörigen begleitet in häuslicher Klausur (nur die Wiederholung des

---

32 Vgl. Al-Rawi: www.sufi-braunschweig.de/Sufi_Derwischtanz.htm (Zugriff am 7.8.2010).
33 Eliade 1983, S. 142–146.
34 Özelsel: http://www.ozelsel.de/files (Zugriff am 7.8.2010).
35 Vgl. Risi 2007, S. 217–235.

Rituals am Festtag des Heiligen erfolgt notwendigerweise öffentlich, in der Kapelle), wohingegen es sich im traditionellen *Sema* um eine Gruppenchoreographie handelt, zu der Gäste geladen werden.

Geheiligte Ekstase und göttlicher Wahnsinn

Die Vorrangstellung der Poesie und der Sprache in der sufischen Ekstasetechnik ist ein weiterer wichtiger Aspekt, der *Sema* und *Tarantismo* unterscheidet: durch die Einbeziehung des Sprachlichen mittels Rezitationen wird im *Sema*-Ritual die Aktivität der kognitiven, linken Gehirnhälfte in der Trance weiterhin aufrechterhalten, was das Abdriften in psychopathische Zustände zu unterbinden und ein bewusstes Lenken der ekstatischen Energie zu unterstützen scheint. Dieses Gleiten zwischen Körperlichem und Verbalem analysiert Josephine Machon[36] in Performancetheorien und – praktiken von Barthes, Artaud, Kristeva, Broadhurst als Schwellenzustand zwischen Gefühltem und Verstehen, was einerseits den ekstatisierten Körper zum Gefäß für den intuitiven Prozess des Kreativ-Schöpferischen werden lässt, andererseits dem Noetischen ein *„sensing beyond"*[37] ermöglicht, das Machon als ein Erkennen unbegreifbarer Zustände definiert. Der produzierte Sinn kann dementsprechend als *„felt sense"*[38] bezeichnet werden, da das Körper-Gefühl zum Ausgangspunkt des Denkens und Fühlens, der dionysische Impuls die Basis der schöpferischen Formung wird. Die große Ausdruckstänzerin Mary Wigman, die den Drehtanz als „absoluten" Tanz bezeichnete, drückte diesen Prozess in ihrem Diktum „Ohne Ekstase kein Tanz! Ohne Form kein Tanz!"[39] aus.

Im Sema wird dieser *„felt sense"* einerseits durch die Verbindungslinie zwischen Herz und Kopf mittels Körperhaltung ausgedrückt, andererseits durch das Ineinandergreifen von sprachlichen, musikalischen sowie körperlichen Elementen, Bewegung und Atmung, herbeigeführt. Dergestalt wird die Ekstase des Derwischs mit der kontrollierten Form seiner Körperhaltung und -bewegung sowie der Gesamtchoreographie verbunden, was ein Ausbalancieren entgegenwirkender Kräfte zur Folge hat und – gemäß den Sufis – zur „Transformation des Herzens"[40] führt. Dieser körperbasierte Transformationsprozess mit dem Ziel der Bändigung des Egos und der damit einhergehenden Selbst-Transzendenz scheint Nietzsches Idee

---

36 Vgl. Machon 2009, S. 34–37.
37 Vgl. Ebd.
38 Kappert 1990, S. 177–187.
39 Fritsch-Vivié 1999, S. 58 ff.
40 Vgl. Vaughan-Lee 1999, S. 69 ff.

einer psychophysischen Transformation zu entsprechen, die das Abtragen einer „ersten" und die Entwicklung einer „zweiten Natur" des Menschen durch körperliche, künstlerische und geistige Arbeit als Grundgedanke der Kultur versteht.

In diesem Sinne ist die geheiligte Ekstase der Sufis – wie einst in der Antike – als „göttlicher" Wahnsinn zu verstehen, der zu dichterischer und künstlerischer Inspiration, Vision und innerem Wissen befähigt. Sie veranschaulicht die von Nietzsche und Künstlern wie Artaud postulierte „tragische Notwendigkeit des Wahnsinns"[41] als eine befruchtende, „sich im Prozess ständig erneuernde"[42] Wechselwirkung zwischen Wahnsinn und Sinn, zwischen Irrationalem und Rationalem, zwischen Körper-Gefühl und Verstand. Oder wie Rumi zu sagen pflegte: „Ich war roh, wurde gekocht und dann war ich gar."

Literatur

Al Habib, André Ahmed, *Sufismus – Das mystische Herz des Islam. Eine Einführung*, Freiburg 2005, S. 285 ff.

Al-Rawi, Fawzia, *Scheich Dede und seine drehenden Derwische*, www.sufi-braunschweig.de/Sufi_Derwischtanz.htm, (Zugriff am 7.8.2010).

Alkonavi, Hamdi, „Dreh-Moment", *Die Magie der Bewegung*, Sein Nr.157, Berlin 2009, S. 23.

Deutsche Grammophon „the waltz – ecstasy and mysticism", concert köln/sarband, Archiv Produktion, Hamburg 2005.

Eliade, Mircea, *Geschichte der religiösen Ideen*, Band 3, Freiburg 1983, S. 142–146.

Frembgen, Jürgen W., *Derwische. Gelebter Sufismus*, Köln 1993, S. 188.

Fritsch-Vivié, Gabriele, *Mary Wigman*, Reinbeck bei Hamburg 1999, S. 58 ff.

Gorsen, Peter, „Kunst & Wahn. Triumph und Konflikt des Menschen in der Kunst der Neuzeit", Ingried Brugger, Peter Gorsen, Klaus Albrecht-Schröder (Hg.), *Kunst & Wahn*, Kunstforum Wien, Köln 1997, S. 62.

Gönül, Mehmet, *Ahmet Calisir – Nev-Niyaz. Um Derwisch zu sein*, Konya, (Türkei) 2004, S. 80 ff.

Güvench, Oruc und Güvench, Andrea Azize, *Heilende Musik aus dem Orient. Vom traditionellen Wissen der Schamanen und Sufis zur praktischen Anwendung altorientalischer Musiktherapie*, München 2009.

Kappert, Detlef, *Tanztraining, Empfindungsschulung und persönliche Entwicklung*, Bochum 1990, S. 177–187.

Klasmann, Jaan, *Heilsame Trance*, www.ozelsel.de/files, (Zugriff am 7.8.2010).

Lings, Martin, *Was ist Sufitum?*, Freiburg im Breisgau 1990, S. 106–107.

Machon, Josephine, *(Syn)aesthetics – Redefining Visceral Performance*, Basingstoke 2009, S. 34–37.

---

41   zit. n. Gorsen 1997, S. 62.
42   Ebd.

Önder, Mehmet, *Mevlana und das Mevlana Museum*, Istanbul 1985, S. 75–82.

Özelsel, Michaela M., „Sufi Rituale – In der Tradition und Heute", Nürnberger, Marianne und Schmiderer, Stephanie (Hg.), *Tanzkunst, Ritual und Bühne*, Frankfurt/Main 1996, S. 183 ff.

Özelsel, Michaela M., *Unter Derwischen – Sufi Rituale Heute, Betrachtungen zu östlichen und westlichen therapeutischen Ansätzen: Ähnliches und Unterschiedliches, Therapeutische Aspekte des Sufitums. Schamanisches und Islamisches*, http://www.ozelsel.de/german/ausgewaehlte.htm (Zugriff am 7.8.2010).

Rasmussen, Anne K., "Music Making in the Arab World: The Culture and Artistry of Tarab by Ali Jihad Racy", *Ethnomusicology Winter 2009*, Champaign 2009, S. 152–155.

Risi, Clemens, „Athanasius Kircher und die vom „klein-schädlichen Thier Tarantula" ausgelöste Dynamik des *movere*", G. Brandstetter (Hg.), *Schwarm(E)Motion. Bewegung zwischen Affekt und Masse*, Freiburg i. Br. 2007, S. 217–235.

Röcke, Werner und Velten, Hans Rudolf, „Tanzwut – Dämonisierung und Pathologisierung des Tanzes in Literatur und Kultur des Mittelalters", Brandstetter, Gabriele und Wulf, Christian (Hg.), *Tanz als Anthropologie*, München 2007, S. 307–328.

Thurner, Christina, *Beredte Körper – Bewegte Seelen. Zum Diskurs der doppelten Bewegung in Tanztexten*, Bielefeld 2009, S. 100–104.

Vaughan-Lee, Llewelly, *Transformation des Herzens. Die Lehren der Sufis*, Frankfurt/M. 1999, S. 69 ff.

Wetzsteon, Ross, „The Whirling Dervishes: An Emptiness filled with Everything", 1978, Copeland, R. und Cohen, M. (Hg.), *What is Dance? Readings in Theory and Criticism*, New York 1983, S. 507 ff.

Wikipedia, *Wahnsinn*, http://de.wikipedia.org/wiki/Wahnsinn (Zugriff am 1.11.2010).

Wosien, Maria-Gabriele, *Tanz – Symbole in Bewegung*, Linz 1994, S. 80 ff.

Anja Weber

Tanz als Therapie und Therapie für Tänzer: Impulse aus Neurowissenschaft und Psychotherapieforschung

Wechsel des Paradigmas: Neurowissenschaften und Embodiment

Durch die Erkenntnisse der Neurowissenschaften hat sich die Vorstellung des Zusammenhangs zwischen Körper und Geist deutlich verändert. Die Kluft zwischen den Wissenschaften und Therapierichtungen, die psychisches und somatisches Leiden behandeln, verkleinerte sich dadurch. Auch die Praxis der Psychotherapie psychischer und psychosomatischer Erkrankungen hat sich verändert. Die Descartessche Spaltung zwischen Körper und Geist wurde durch das Konzept des „Embodiment"[1] aus der Kognitionsforschung ersetzt. Dieser Begriff beschreibt, dass sich Körper und Nervensystem gleichzeitig und in ständiger Wechselwirkung mit der Umwelt entwickeln (ab der Befruchtung bereits im Embryonalwachstum und über das ganze Leben hinweg). Lernen und Erfahrung verändern das Nervensystem und den Körper. Diese wiederum sind das Medium, das Lernen und Erfahrung ermöglicht und die Art und Weise ihrer Aufnahme und Verarbeitung formt. Wirkungen sind in beide Richtungen möglich. „Embodiment" beschreibt somit, dass Intelligenz einen Körper benötigt, und nicht unabhängig vom Körper bestehen kann. Für zeitgenössische Kognitionsforscher und Neurowissenschaftler ist dadurch auch die Beschäftigung mit Körperwissen wie es im Tanz existiert, interessant geworden.

Auch ärztliche und psychologische Psychotherapeuten und Psychiater haben erkannt, dass Psychotherapie gleichzeitig auch eine Veränderung von Nervenzellverbänden und ihren elektrochemischen Aktivitäten bewirkt. Psychische Phänomene des Erlebens und beobachtbare Verhaltensweisen können zunehmend auch auf der Ebene neurophysiologischer und neuroendokrinologischer[2] Phänomene beschrieben werden. Daraus ergeben sich wiederum neue Ansätze für die Behandlung psychischen Leidens. Den Körper einbeziehende Methoden zur Behandlung psychischer Erkrankungen werden aktuell verstärkt wahrgenommen. Ihre Wirkungsweise wird durch die neurobiologischen Modelle ebenfalls erklärbar. Umgekehrt

---

1   Vgl. Tschacher, W. In: Storch et al. 2010, a. a. O.

2   das Nervensystem und hormonelle Regulationen im Austausch betreffend.

werden zunehmend psychotherapeutische Methoden (z. B. Arbeit mit inneren Vorstellungsbildern) oder spirituelle Praktiken (wie meditative Techniken, z. B. die Methode der Achtsamkeit) zur Beeinflussung körperlicher Prozesse und Erkrankungen genutzt und psychoneuroendokrinologisch modellhaft erklärt.[3] Die Praktiker aus Tanzvermittlung, Tanztherapie, Tanzpsychologie und Tanzmedizin können nun verstärkt ihre Erfahrungen und ihr Wissen in einen interdisziplinären wissenschaftlichen Diskurs stellen sowie in integrativen Konzepten ihren Platz beanspruchen.

In diesem Aufsatz[4] werden Ansatzpunkte und Perspektiven für psychotherapeutische Strategien mit den Möglichkeiten von Tanz und Bewegung dargestellt, die bereits praktisch angewendet werden. Auf aktuelle Entwicklungen in der Psychotherapieforschung, die neurobiologische Begründungen einbeziehen, wird hingewiesen. Außerdem werden Möglichkeiten der Anwendung von tanzpraktischem, tanzpädagogischem und tanztherapeutischem Wissen im psychotherapeutischen Bereich dargestellt.

Aktuelle Entwicklungen in der Psychotherapie: Körper, Achtsamkeit und Psychoedukation und das Konzept der „Dialektisch-behavioralen Therapie" nach Marsha *Linehan*

Jon Kabat-Zinn[5] betonte die achtsame Wahrnehmung des Körpers als wirksame Methode zur Reduktion stressbedingter psychischer und psychosomatischer Erkrankungen. Er setzte neben Meditationen und Wahrnehmungsübungen auch Yoga-Übungen im psychotherapeutischen Kontext ein. Zen-buddhistische Konzepte von Anfängergeist[6], Achtsamkeit und

---

3   Vgl. Ott 2010, Hanson/Mendius 2010.

4   Anmerkung zur vorliegenden Veröffentlichung im Kontext des Jahrbuches der Gesellschaft für Tanzforschung 2011 zum Thema „Tanz und Wahnsinn": Hier wird vor allem auf Störungen der Emotionsregulation, die sich in impulsivem, ungeplanten und unkontrollierbaren Verhaltensausbrüchen äußern, eingegangen. Es ist also nicht von einem Wahn im engeren Sinne, der einen länger dauernden Realitätsverlust meint, die Rede.

5   Kabat-Zinn 1991, 2006.

6   Hierunter versteht man eine offene, unvoreingenommene Haltung, die wiederholtes Praktizieren und Versuchen auch nach Missgeschicken oder Rückfällen in altes Verhalten ermöglicht. Als Bild eignet sich ein gerade das Laufen lernendes Kleinkind, das nach Wackeln, Kippen und Fallen aus dem noch unsicheren Stand gleich wieder versucht auf die Beine zu kommen und sofort den nächsten Schritt versucht, ohne sich emotional gleich aus der Ruhe bringen zu lassen bzw. seinen Frust eher mit Verzögerung nach schmerzhafter Landung äußert, bis dass es sich wieder hochmotiviert seinem gewünschten Objekt nähert.

Akzeptanz beeinflussten mehrere als „3. Generation" der Verhaltenstherapie bezeichnete therapeutische Ansätze.[7] In diesen werden neben der Vermittlung von Wissen und kognitiven Methoden zur Veränderung von Bewertungen und Gedanken auch körperliche Empfindungen besonders fokussiert. Der Körper, Gefühle, Gedanken und Verhalten sollen nun gleichermaßen wahrgenommen und zueinander in Beziehung gesetzt werden. Die achtsame Wahrnehmung und Akzeptanz der eigenen Person und des aktuellen Befindens ist somit ein zentraler Teil des psychotherapeutischen Prozesses geworden. Gemeint ist der Versuch einer aufmerksamen Beobachtung und nicht-bewertenden Beschreibung des Wahrgenommenen. Ein wichtiger Teil der Wirksamkeit der Methode der Achtsamkeit ergibt sich aus der grundsätzlichen Akzeptanz negativer Gefühle. Es zeigte sich nämlich, dass die Vermeidung bestimmter Gefühle (beispielsweise Trauer, Angst oder Wut) langfristig negative Konsequenzen mit sich bringt. So ergeben sich häufig Ketten negativer Gefühle aus dem Versuch ein primäres Gefühl zu unterdrücken. Auch Impulsdurchbrüchen in Form von impulsivem Verhalten (z. B. aggressive Ausbrüche oder Selbstverletzungen) liegt oft der Versuch der Unterdrückung eines als negativ oder überwältigend erlebten Gefühls zugrunde. So wird Ärger z. B. so lange unterdrückt, bis er sich in aggressiven Ausbrüchen niederschlägt. Ähnliche Mechanismen können so impulsives Verhalten bei Suchterkrankungen (Einnahme des Suchtmittels trotz gegenteiligem Vorsatz) oder Essstörungen (Fress- und Brechanfälle) erklären. Die langfristig schädlichen Verhaltensweisen dienten dabei ursprünglich einer Selbstberuhigung und Stabilisierung, indem sie vor einer Überflutung durch als unerträglich erlebte negative Gefühle schützten (z. B. Angst oder Trauer).[8] Langfristig bewirken sie jedoch Misserfolgserleben, Scham und Selbstwertschwächung, da die gewünschte Beendigung des langfristig schädlichen Verhaltens (z. B. aufgrund seiner Nebenwirkungen oder Folgeschäden) ohne Entwickeln einer Alternative misslingt.

Die negative Qualität von Gefühlen wie Trauer, Wut, Angst und der damit verbundenen körperlichen Empfindungen verliert sich häufig gerade bei ihrer genauen Beobachtung und Beschreibung. Dieses Phänomen liegt der Achtsamkeit als Methode zugrunde. Der Versuch eines achtsamen nicht-bewertenden Wahrnehmens kann gleichermaßen auf körperliche Sensationen, Gedanken, Gefühle oder das aktuelle Verhalten bzw. Situationsbedingungen angewendet werden. Die Verhinderung innerer Bewertungen durch aufmerksame Beobachtung wirkt an sich bereits emo-

---

7   Vgl. u. a. Linehan 1996, Hayes, Strosahl, Wilson 1999, dtsch. 2004, 2007, Segal et al. 2001, dtsch. 2008.

8   Vgl. Greenberg 2006, Lammers 2007.

tionsregulierend, da sie eine innere Distanz zu starken Gefühlen herstellen kann und Vermeidungstendenzen entgegenwirkt. Die Wahrnehmung und sprachliche Benennung der eigenen Gefühle im Zusammenhang mit den erlebten körperlichen Empfindungen sowie die Beschreibung der eigenen gedanklichen Aktivitäten kann außerdem Zusammenhänge erkennen lassen. Zusätzlich können Veränderungen (besonders durch Mittel der Vorstellung) erschlossen werden. Dies geschieht z. B. in Techniken der Imagination, die sowohl in der Psychotherapie als auch im Tanz angewandt werden.[9]

Ein Konzept, das konkrete Ansätze und Beschreibungen für solche Interventionen beinhaltet und in einen therapeutischen Gesamtkontext stellt, ist die „Dialektisch-Behaviorale Therapie" (DBT) nach Marsha Linehan[10]. Zunächst für chronisch suizidale Patienten entwickelt und für Menschen mit Störungen der Emotionsregulation wie der Borderline-Persönlichkeitsstörung[11] in Studien gut evaluiert wird die DBT mittlerweile auf weitere Krankheitsbilder und Patientengruppen angewendet (z. B. Essstörungen, Depressionen, Sucht, ADHS[12] - auch bei Kindern und Jugendlichen). Zahlreiche Studien für verschiedene Krankheitsbilder laufen zur Zeit.[13] Die DBT bezieht in einer Verbindung von Einzeltherapie und Vermittlung von Wissen und praktischen Übungen in der Gruppe (dem sogenannten „Skills-Training", d. h. Fertigkeiten-Training) eine psychotherapeutische Methode, die die ganze Person – ihre Gefühle, Gedanken und ihren Körper – in den therapeutischen Prozess einbezieht.

Die „Skills" (Fertigkeiten) der DBT bilden ein individuell zusammengestelltes Set von Übungen, die als Fertigkeiten zur Selbstberuhigung oder Emotionsregulation dienen können. So dienen u. a. geeignete Körper- bzw.

---

9   Vgl. Frick-Baer/Peter-Bolaender 2008, Franklin 2002, 2004.

10   Linehan 1991.

11   Hierunter versteht man einen Symptomkomplex, der mit emotionaler Instabilität und impulsivem Verhalten, häufig in Form von Selbstverletzungen, Suizidalität oder Wutausbrüchen einhergeht und überdurchschnittlich oft Traumata wie Missbrauchserfahrungen in der Lebensgeschichte aufweist. In der internationalen Klassifikation psychischer Erkrankungen ICD-10 der Weltgesundheitsorganisation (2000) wird dieser Symptomkomplex als „Emotional-instabile Persönlichkeitsstörung" bezeichnet, wobei ein „impulsiver Typus" und ein „Borderline-Typus" unterschieden werden. Bei beiden sind Impulsivität und mangelnde Selbstkontrolle vorhanden.

12   Aufmerksamkeits-Hyperaktivitäts-Defizit-Syndrom.

13   Die medizinische Datenbank Medline verzeichnet aktuell über 220 Artikel über die DBT (Stand 1/2011). Es gibt Modifikationen des Originals für die Borderline-Persönlichkeitsstörung, Suchterkrankungen, Essstörungen, Depression, für Adoleszente und Familien, für die Anwendung in der Forensik und für ADHS. Die Original-DBT wurde für das ambulante Setting entwickelt. In Deutschland wurde zunächst im stationären Kontext die DBT angewendet (vgl. Bohus et al., 2004). Die Anwendung im ambulanten Bereich nimmt zu.

Bewegungsaufgaben zur Emotionsregulation. Sie werden gemeinsam mit den Patienten entwickelt und ausprobiert, und sowohl als Routine wie auch gezielt in Krisensituationen angewendet. Ihre Wirksamkeit erklärt sich u. a. aus der günstigen psychophysiologischen Wirkung von Bewegung bei hohen Stresshormonspiegeln, die den Körper ja genuin z. B. durch bessere Energieversorgung der Muskulatur und Drosselung regenerativer Prozesse des Organismus z. B. auf Kampf oder Fluchtverhalten vorbereiten. Darüber hinaus verhindern starke Sinnesreize ein Aufschaukeln negativer Gefühls-ketten durch sekundäre kognitive Bewertungen. Im schlimmsten Fall eines aufgrund hohen Stresses vom normalen Wachbewusstsein abgespaltenen Zustandes (Dissoziation), die sich bei schwer oder sehr früh (vor dem Spra-cherwerb) traumatisierten Menschen als Reaktion auf einen unbewusst an das traumatische Ereignis erinnernden Reiz (Trigger) findet, können starke Sinnesreize dabei helfen, zum Hier und Jetzt zurückzukehren. Das Verlas-sen des aktuellen Bewusstseinszustand innerhalb der ursprünglichen über-wältigenden Erfahrung des Traumas ist ursprünglich eine Art geistiger Flucht aus ansonsten die eigene Integrität vernichtenden Situationen (z. B. bei Folter oder Vergewaltigung) zu sehen. Die unkontrollierbare Wieder-holung dieses Zustands durch assoziativ an ihn geknüpfte Reize im impli-ziten (nicht dem Bewusstsein zugänglichen) Gedächtnis, ist für Patienten jedoch verstörend und aversiv. Sein Auftreten sollte auch zur Vermeidung stärkerer neuronaler Bahnung und zunehmend leichterer Auslösung die-ser Zustände, bei denen der traumatisierte Patient sich meist wieder inner-halb der ursprünglichen Traumasituation zu befinden glaubt und Todes-ängste aussteht, vermieden werden. Stattdessen ist eine zunehmende Selbstkontrolle durch rechtzeitige Wahrnehmung labiler Anspannungs-zustände, die häufig einer Dissoziation oder einem Kontrollverlust voraus-geht, das Ziel.

In den neuen verhaltenstherapeutischen Techniken wird einerseits psy-choedukativ (d. h. das Wissen, Verständnis und Selbstreflexionsfähigkeit des Patienten erweiternd) vorgegangen, andererseits übend (d. h. gewohnte Verhaltensweisen verändernd). Eine zentrale Stellung nimmt in der DBT das regelmäßige Abschätzen der psychischen Anspannung über die sog. „Spannungskurve" ein. Sie kann zur Einschätzung der momentanen Be-findlichkeit noch vor der Differenzierung einzelner Gefühle oder kognitiver Prozesse eingesetzt werden. Die „Spannung" im Sinne einer körperlichen und emotionalen Erregung im mittleren Bereich zu halten, ist eine Voraus-setzung kognitiver Arbeit oder Verhaltenskontrolle, da im oberen Drittel psychischer Anspannung ja automatisierte Prozesse ohne bewusste Kont-rolle des Stirnhirns (s. u.) stattfindet. Da sich eine hohe innere Anspan-nung, die sich in impulsivem unerwünschten Verhalten entlädt, häufig nach und nach aufbaut, kann Selbstbeobachtung und der rechtzeitige Ein-satz beruhigender, spannungsreduzierender Fertigkeiten somit der Verlust der Selbstkontrolle und das Auftreten unerwünschter, schädlicher Verhaltensweisen reduzieren.

Der Zugang über den Körper zur Spannungs- und Emotionsregulation kann insbesondere durch tänzerische Basisübungen gelingen. Zu spannungsreduzierenden Fertigkeiten können aus dem Tanzunterricht bekannte Wahrnehmungs- oder Bewegungsaufgaben sowie Vorstellungsbilder oder Denkoperationen („Hirn-Flick-Flack"[14]) zählen. Kleine Bewegungskombinationen oder Balance-Übungen können Aufmerksamkeit beanspruchen und somit eine innere Distanz zu aversiv erlebten Gefühlen oder Situationen schaffen. Anstrengende Bewegungen (z. B. *Relevé*-Wiederholungen) können unmittelbar Spannung abführen. Körperwahrnehmungsaufgaben wirken als Achtsamkeitsübung beruhigend usw.[15]

Der Entwicklungsprozess – die Dynamik der Dialektik

Zeitgenössische Psychotherapie zeichnet sich durch eine therapeutische Haltung von Wertschätzung und Respekt vor den Wünschen und Fertigkeiten der Patienten aus. Achtsamkeit bezogen auf sich und Andere kann als zentrale Basisfertigkeit dienen. Die DBT nach Linehan betont zusätzlich einen therapeutischen Prozess der durch einen Wechsel von Bestärken (Validieren) und Fordern (hin zu Veränderung) eine Entwicklung und Erweiterung bzw. Anpassung der bisherigen Kompetenzen des Patienten ermöglicht. Die Weiterentwicklung geschieht somit naturgemäß vom momentanen Stand des Wissens und der Fertigkeiten aus in einem individuell passenden Tempo, das der Patient selbst bestimmt. Wunsch und Richtung der Veränderung können in diesem Prozess durch Bestätigen und klärendes Nachfragen des Therapeuten durch den Patienten definiert und fokussiert werden. Kreativität zur Entwicklung möglicher neuer Fertigkeiten oder Ziele ist so möglich. Alle Schritte werden besprochen und ausgehandelt, so dass Erfolge in Richtung der gewünschten Veränderung häufig stattfinden und zunehmend Selbstwirksamkeit und Kompetenz erlebt werden können. Es ergibt sich eine Pendelbewegung von Validieren und auf Veränderung hinwirken, die sich so ähnlich einer Spirale weiterbewegen kann. Das Gefühl von Entspannung durch die validierende Haltung verhindert Blockaden durch zu hohe Anspannung. Der zentrale Begriff des Validierens oder auch

---

14   Hierunter versteht man knifflige Denk-Aufgaben wie z. B. bestimmte Rechenaufgaben, die die gesamte Konzentration benötigen. Versuchen Sie z. B. einmal von 100 immer 7 zu subtrahieren.

15   In der Uniklinik Freiburg wird noch stärker als dies im für den ambulanten Bereich entwickelten amerikanischen Original der DBT von Linehan der Fall ist, mit Körperarbeit und Tanz gearbeitet, vgl. Bohus und Brokuslaus 2006.

Selbstvalidierens meint hier die Bestätigung der aktuellen Position und Wertschätzung der bisherigen Lösungen (z. B. zur Emotionsregulation). So kann Mut zur Veränderung und Suche nach passenderen, aktuell angemesseneren Wegen und Möglichkeiten entstehen. Die therapeutische Arbeit bewegt sich also oszillierend zwischen den Polen von Akzeptanz (dessen, was ist) und Veränderung (hin zu neuen Wegen, Möglichkeiten und Zielen). In diesem Prozess kann ein Fluss zwischen neuen Versuchen und bewährten Lösungen nach und nach Sicherheit geben und so von selbst die Veränderung in Gang setzen. Der Therapeut unterstützt zunächst als Modell und Lehrer durch die therapeutische Arbeit diese Haltung bis der Patient selbst mehr Wertschätzung und Achtung sich selbst gegenüber aufbringen kann, was Wachstum ermöglicht. Die Entwicklung des eigenen Erlebens auch der eigenen Identität und des Selbstwertes geschieht in diesem Prozess durch kognitive und emotionale Entwicklung.[16]

Zur Neurophysiologie von Stress, Handlungsplanung und Entscheidungsfreiheit

Wichtige neurophysiologische Mechanismen zum Zusammenhang von Stress, Handlungsplanung und Entscheidungsfreiheit, die zur Begründung psychotherapeutischen Vorgehens hinzugezogen werden, kann man sich modellhaft folgendermaßen vorstellen.[17]

Das Gehirn in seiner funktionellen Anatomie beinhaltet zwei unterschiedliche Gedächtnissysteme, die auf verschiedene Weise lernen, das dem Bewusstsein zugängliche kortikale System, das Information in Neuronen-Verbänden der Hirnrinde unter Nutzung des Hippocampus speichert und vom präfrontalen Kortex, dem Zentrum willentlicher Aufmerksamkeitssteuerung und Handlungsplanung kontrolliert wird. Auf der Unterseite der Hirnrinde (Cortex) befindet sich jedoch noch ein zweites System, das unbewusstes (implizites) Lernen und Abruf von gespeicherten Spuren auf direktem Wege ohne Ableich mit den eigenen Werten und Zielen unter Ausschaltung des präfrontalen Anteils des Stirnhirns ermöglicht. Dieses ist schneller und funktioniert bereits in frühen Phasen der Entwicklung vor Ausreifung der Hirnrinde und vor der Sprachentwicklung, also in der frühen Kindheit. Es beinhaltet anatomisch als Teil des sog. Limbischen Systems (d. h. gürtelförmig an der Unterseite der Hirnrinde sowie darunter gelegen) jeweils beidseits die Amygdala (Mandelkern) sowie den Nucleus

---

16 Ein ähnliches Vorgehen kann auch im tanzpädagogischen Kontext durch Stärkung des eigenen Kompetenzgefühls die intrinsische Motivation fördern und technische und künstlerische Entwicklung gleichermaßen stärken, vgl. Weber 2008a+b.

17 Vgl. LeDoux 2001, Arnsten 2009.

accumbens (das sog. „Belohnungszentrum" des Gehirns). In der Amygdala wird jede Situation, über die aufgrund der verschiedenen Wahrnehmungskanäle Kenntnis erlangt wird, emotional eingeschätzt und als lustvoll oder gefährlich bewertet. Die insbesondere Angst signalisierende Amygdala ist gleichzeitig für das implizite (nicht bewusste) emotionale Gedächtnisspeicherung und -abruf) verantwortlich. Aus der Bewertung der Amygdala in Beziehung zum zeitlichen Kontext und Verlauf der neuroendokrinologischen Zustände des Individuums unter Berücksichtigung eingeschätzter Annäherungs- oder Vermeidungstendenzen ergeben sich eine Anzahl von Grundgefühlen, die auch bei Menschen unterschiedlicher Kulturen zu beobachten sind. Hierzu zählen insbesondere Wut, Angst und Trauer. Die positiven Gefühle (Lust, Glück, Freude) gehen mit einer verstärkten Ausschüttung des (daher auch als „Glückshormon" bezeichneten) Botenstoffs Dopamin im Nucleus accumbens[18] einher. Die Lust-Unlust-Bewertungen der Amygdala werden durch bewusstseinsfähige Bewertungen im Kontext eigener Werte und Absichten im Frontalhirn (Stirnhirn) eingeordnet und sprachlich-begrifflich in anderen Bereichen der Hirnrinde differenziert sowie zu bekannten im Langzeitgedächtnis gespeicherten Inhalten in Verbindung gesetzt und interpretiert.

Unter hohem Stress (also bei einer von der Amygdala als sehr gefährlich bewerteten Situation) wird der Präfrontalcortex jedoch ausgeschaltet bzw. wie ein Kurzschluss umgangen. Die Amygdala steuert nun direkt und blitzschnell die Wahrnehmung und Informationsaufnahme sowie das Handeln. Da auch der Hippocampus umgangen wird, stehen nun nur implizite (also nicht begrifflich kodierte und daher häufig unbewusste) Gedächtnisinhalte über die Amygdala für die Informationsverarbeitung zur Verfügung.

Fähigkeiten zur Selbstberuhigung und Gefühlsregulation, die ein Mensch im Laufe seines Lebens erlernt, werden sowohl durch unbewusste, konditionierte Reaktionen auf subkortikalem Niveau als auch durch bewusste, d. h. also kortikale Prozesse (z. B. die gedankliche Reflexion) beeinflusst. Hierbei lernt man einerseits über andere Menschen, die als Modelle fungieren, wobei die sog. Spiegelneurone eine Rolle spielen.[19] Andererseits kann aber auch das eigene Wissen und die gedankliche Auseinandersetzung auf kortikalem Weg über die bewusste Planung der Handlung in Zusammenhang mit den eigenen Absichten und der Motivation (z. B. dem Wunsch, ein Verhalten zu verändern) Lernen ermöglichen und durch Übung gefestigt werden. Das jeweilige Verhaltensrepertoire setzt sich also aus unbewussten emotionalen sowie automatisierten (gewohnten und häu-

---

18   Der Ncl. accumbens ist Teil der sog. Basalganglien. Diese sind vor allem für die
     Steuerung der Motorik zuständig. Motorik und positive Gefühle sind hier eng verbunden.

19   Vgl. Rizzolatti/Sinigaglia 2008, Bauer 2005.

Präfrontale Kontrolle
in wachem Zustand (ohne Stress)

Funktionen des Präfrontalkortex:

1 Realitätstestung,
  Fehlermonitoring
2 Top-down-Regulation von
  Aufmerksamkeit und Denken
3 Unterdrückung unangemessener
  Handlungen
4 Emotionsregulation

Striatum

Hypothalamus

Amygdala

Dopaminerges System

Noradrenerges System

Vgl. Arnsten, A.F.: Nature Reviews/Neuroscience, June 2009/Vol.10

Die Amygdala übernimmt die
Kontrolle unter Stress

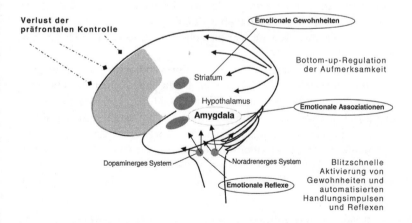

**Verlust der
präfrontalen Kontrolle**

Emotionale Gewohnheiten

Bottom-up-Regulation
der Aufmerksamkeit

Striatum

Hypothalamus

Amygdala

Emotionale Assoziationen

Dopaminerges System

Noradrenerges System

Emotionale Reflexe

Blitzschnelle
Aktivierung von
Gewohnheiten und
automatisierten
Handlungsimpulsen
und Reflexen

Vgl. Arnsten, A.F.: Nature Reviews/Neuroscience, June 2009/Vol.10

Abb. 1 Gehirn unter Stress

fig praktizierten) Handlungen zusammen, wie auch aus geplanten und bewusst entschiedenen Handlungen. Dieses Repertoire steht in Zusammenhang zu charakteristischen Wahrnehmungs- und Denkprozessen und dem eigenen emotionalen Spektrum in Beziehung zu Umweltfaktoren bzw. persönlichen Erfahrungen. Es bestimmt in seiner Gesamtheit letztendlich die eigene Persönlichkeit, das Selbst und die Weltsicht und die Interaktionen mit anderen Menschen.[20]

Bei therapeutischen Ansätzen wie der oben dargestellten DBT nach Linehan soll, vereinfacht gesagt, das Umgehen des Präfrontalcortex nach Möglichkeit verhindert und die präfrontalen Kontrollfunktionen für Aufmerksamkeit, Denken und Handeln gestärkt werden. Da sich dieser therapeutische Ansatz an der Schnittstelle zu vielfältigen Stressregulationsmechanismen bewegt, eignet er sich gut zur Behandlung und Prävention stressbezogener Erkrankungen. Hierunter fallen sowohl Erkrankungen, die durch kurzzeitiges (möglicherweise einmaliges) Ausgesetztsein von extremen Belastungen entstehen und die sich häufig als Angsterkrankungen zeigen. Insbesondere ist hier die Posttraumatische Belastungsstörung zu nennen. Aber auch eher durch langanhaltende oder zu häufige Belastungen entstehende Erkrankungen, die mit veränderter Aktivität der Hypophysen-Hypothalamus-Nebennierenrinden-Achse, dem Ort der Stresshormonregulation, einhergehen, einhergehen und Auffälligkeiten der Emotionsregulation aufweisen, sind auf diese Weise therapierbar. Insbesondere scheint dies auch für depressive Störungsbilder der Fall zu sein[21]. Persönlichkeitsstörungen mit frühen traumatischen Erfahrungen (also u. U. bereits vor dem Spracherwerb entstandenen Traumata) zeigen darüber hinaus auch morphologische Veränderungen der beteiligten anatomischen Strukturen. Eine Wirksamkeit von Fertigkeiten, die den Körper über Verhalten und Sinne einbeziehen, scheint hier plausibel und erweist sich in Studien als wirksam.[22]

Wir wissen, dass auch durch Meditation veränderte Aktivitäten in bestimmten Bereichen des Gehirns entstehen bzw. sogar morphologische Veränderungen der Nervenzelldichte bei Praktikern von Meditations- und Achtsamkeitstechniken gefunden wurden. So sind verstärkt Areale zur Aufmerksamkeitskontrolle (präfrontaler sowie cingulärer Cortex) und zu zwei Formen der Körperwahrnehmung besonders aktiviert. Die Körperwahrnehmung des gefühlten Körpers aktiviert v. a. den rechtsseitigen Insel-Cortex während der durch die Somatosensorik sinnlich wahrgenommene Kör-

---

20   Derartige Modelle sind auch Gegenstand aktueller Publikationen zu tiefenpsychologischen Modellen im Kontext neurowissenschaftlicher Erkenntnisse, vgl. Knox 2003 zu jungianischen Konzepten.

21   Lynch et al. 2003.

22   Eine einführende Darstellung findet sich in Lammers 2007.

per den Gyrus postcentralis aktiviert, die Wahrnehmung des Körpers im Raum (wie häufig im Tanz) den parietalen Cortex. Das Erleben eines zeitlich überdauernden Selbst gegenüber einer äußeren Umwelt und anderen Persönlichkeiten kann während einer Meditation oder einer mystischen oder spirituellen Erfahrung auch vorübergehend aufgehoben werden, was sich in einer stärkeren Synchronisation der mittels Elektroenzephalogramm (EEG) gemessenen hirnelektrischen Aktivität, also synchronisierter Potentialveränderungen größerer Nervenzellverbände, zeigt. Religiöse Meditationstechniken bewirken dies durch bewusst gesteuerte Hinwendung zu Gefühlen von Mitgefühl und Güte.[23]

Ein Einstieg in durch Introspektion erfasste Veränderungen des bewussten Selbst- und Körpererlebens ist gerade auch über den Weg von Bewegung und Tanzimprovisation möglich. Dies trifft gerade nach der Erfahrung der Autorin auch für bisher in meditativen Praktiken Ungeübte zu, die häufig mit der verbalen Anleitung alleine noch nicht umzugehen wissen und die eher durch Bewegungsaufgaben und strukturierte Improvisationen und über das Erleben der Bewegung im Raum ihren Körper und eine Verbesserung der eigenen Bewusstheit erfahren können. Umso mehr mag dies vermutlich für Tänzer, die in Training und Ausbildung neben einer technischen Bewegungsausführung auch zu subjektiver Körper- und Bewegungswahrnehmung angehalten werden, gelten. Die Einordnung der wahrgenommenen körperlichen Empfindungen in den situativen Kontext mithilfe kognitiver Analyse hinsichtlich der eigenen Werte und Absichten (Motivation, Zielsetzung und Handlungsplanung) kann die emotionale Differenzierungsfähigkeit (auch begrifflich) erhöhen. Dies macht sie einerseits leichter kommunizierbar und somit auch für einen therapeutischen Prozess leichter zugänglich. Zusätzlich wird die Emotionstoleranz bereits durch diesen Prozess der Bewusstmachung und Symbolisierung (z. B. mithilfe sprachlicher, begrifflicher Zuordnung) erhöht.[24]

Die Bedeutung emotionaler Bewertungsprozesse, wie sie z. B. in Form der Intuition wirksam werden, liegt vor allem in der schnellen Verarbeitung bei komplexen Sachverhalten oder unvollständiger Informationsmöglichkeit, wo genaue Analyse und bewusste Entscheidungsprozesse nicht greifen können. Eine verbesserte Emotionsdifferenzierung, -toleranz und

---

23   Eine gut verständliche und umfassende Darstellung der beschriebenen Phänomene sowie Erklärungen der vorhandenen wissenschaftlichen Literatur, die zudem durch praktische Übungen ergänzt werden, findet sich in Ott 2009 oder Hanson & Mendius 2010.

24   Dieser Prozess der Symbolisierung und Mentalisierung wird neueren psychoanalytischen und tiefenpsychologischen Verfahren zugrunde gelegt, vgl. die Darstellungen in Wöller/Kruse 2009, Knox 2003.

-regulation ist auf die Wahrnehmung „somatischer Marker"[25] also differenzierte Wahrnehmung des eigenen Körpers und der Körperempfindungen angewiesen. Hierfür ist wohl vor allem der gefühlte Leib (besonders des rechten Insel-Cortex) von Bedeutung sowie die bewusste emotionale Bewertung (durch den präfrontalen Cortex unter Mitarbeit des Hippocampus), während der somatosensorisch in Bewegung im Raum erlebte Körper (des parietalen Cortex sowie der Basalganglien) möglicherweise in Zusammenhang zum Erleben eines stabilen Selbst gegenüber der Umwelt steht.

Ein dialektisch oszillierender Prozess zwischen der Wahrnehmung der eigenen Bewegung beim Tanzen und Momenten bewusster Aufmerksamkeit für Ideen, Zielsetzungen oder Pläne (während Improvisation oder Performance), der Veränderung und Entwicklung ermöglicht, hat auch neurobiologische Entsprechungen: Ein psychophysischer Organismus befindet sich dynamisch zwischen einem Bedürfnis nach ausreichender Sicherheit und Kompetenz einerseits, vermittelt durch Minimierung von starken oder anhaltenden Stressreaktionen, und einem Bedürfnis nach Neuem oder Unbekanntem (erlebt als Kreativität und Neugier und neurophysiologisch vermittelt durch das dopaminerge „Belohnungs"-System[26]) auf der anderen Seite. Beide führen dialektisch oszillierend zu persönlicher Weiterentwicklung und sind Grundlage des Lernens. Lernen geschieht somit für Menschen- oder Säugetierkinder aus eigener intrinsischer Motivation[27], sofern dafür Raum und Zeit sowie ausreichend offene Aufgabenstellungen gegeben werden.

Tanz als Therapie und zur Prävention

Im Tanz ist die achtsame Wahrnehmung des Körpers Bestandteil jeglicher tanztechnischer Praxis und wird in zeitgenössischen Methoden und Techniken der Körperarbeit besonders fokussiert. Hier findet sich daher in vielfältigen Übungen, Aufgabenstellungen, Anweisungen und bildlichen Beschreibungen ein reichhaltiger Fundus für die Praxis achtsamer Körperwahrnehmung. Gleichzeitig stellt insbesondere die Tanzimprovisation Möglichkeiten für einen kreativen Umgang mit dem Körper in Bewegung bereit, die symbolische Neuordnungen oder emotionale Veränderungen sowie unmittelbare Veränderungen der erlebten Anspannung und des eigenen Aktivitätsniveaus bewirken können.

---

25 Damasio 1997.

26 Vgl. LeDoux 2001.

27 Sehr anschaulich werden die neurowissenschaftlichen Befunde zu den Mechanismen des Lernens beschrieben durch Spitzer 2007.

Die Tanztherapie als psychotherapeutische Methode arbeitet bereits seit Anfang des 20. Jahrhunderts in unterschiedlichen, häufig integrativen Ansätzen im Bereich der Emotionsregulation.[28] Mittlerweile hat sie ihren Platz als Kreativtherapie neben der Musiktherapie und der Kunst- und Gestaltungstherapie sowie den Körpertherapien. Ursprünglich aus originär tänzerischem Kontext, insbesondere dem Deutschen Ausdruckstanz, entstanden,[29] sowie zunächst tiefenpsychologisch theoretisch fundiert[30], bedient sie sich heute verschiedener Methoden und Modelle aktueller Psychotherapie. So gibt es aktuell vor allem gestalttherapeutische[31], systemische[32] und ressourcenorientierte[33] Begründungen und Einflüsse auf tanztherapeutische Ansätze.

Daneben bietet sie differenzierte Methoden zur Beobachtung und Beschreibung von Bewegung, die auch zur Ableitung von Bewegungsaufgaben und zur Improvisation kreativ genutzt werden können.[34]

Im zeitgenössischen Tanz spielt das „Versinken" im Tanz im Sinne eines „Flow"-Erlebens[35] wie der achtsame Umgang mit dem eigenen Körper sowie mit einem Partner oder der Gruppe eine wichtige Rolle. Im therapeutischen Tanz hilft Bewegung darüber hinaus dabei, Spannungen zu reduzieren und sich zu spüren. Dabei kann die Fokussierung auf räumliche und rhythmische Parameter gerade auch bei im Tanz ungeübten Patienten wie bei Tanzanfängern Scham reduzieren und einen neuen Zugang zum eigenen Körper über das Erleben der Bewegung schaffen. Die Verbindung von Körper, Geist und Seele als genuin psychosomatischer Aufgabe kann tanzend erspürt und erfahren werden.

Die zeitgenössische Tanztherapie arbeitet häufig mit dynamischen Kontrasten (z. B. „Bewegung – Ruhe" bzw. verschiedene Tempi oder musikalische Dynamiken) oder mit räumlichen Parametern („weit – nah", Distanzen zu anderen oder etwas) sowie begrifflich-symbolisch und mittels bildlicher Vorstellungen (die sprachlich vermittelt werden). Nach und nach kann daraus ein differenzierter Zugang zu den eigenen Gefühlen und zur eigenen Persönlichkeit entwickelt werden. Eigene Bewegungsmuster können wahr-

---

28   Vgl. u. a. Willke 2007, Bräuninger 2006, Bräuninger/Koch 2006, Baer/Frick-Baer 2001.

29   Vgl. Schoop 1981, Reichelt 1987.

30   Vgl. Chodorow 1991, Whitehouse in Pallaro 1991, Espenak 1985, Trautmann-Voigt 1997, Siegel/Trautmann-Voigt/Voigt 1997, 1999.

31   Willke 2007.

32   Vgl. Dulicai, C. In: Bender 2010, S. 49–60.

33   U. a. Baer/Frick-Baer 2001.

34   Vgl. Laban 1988, Bartenieff/Lewis 1980, Kestenberg-Amighi 1999, Bender 2007, 2010, Hackney 2002.

35   Vgl. Csikszentmihalyi 1995.

genommen und verändert werden. In Gruppenübungen können Beziehungen nachgestellt sowie gemeinsame Erfahrungen gemacht werden, die auch der Reflektion von Interaktionen in sozialen Beziehungen dienen können. So kann Tanz als Therapie einerseits dazu beitragen, Struktur zu schaffen, andererseits unflexible Muster auch unmittelbar „in Bewegung" bringen. Durch Körperübungen, die achtsames Wahrnehmen und Bewegen im Raum trainieren, kann ein Zugang zum eigenen Körper sowie zur Bewegung im Raum geschaffen werden. Es kann durch äußere Vorgaben oder eigene Planung eine Struktur geschaffen werden. Andererseits kann mittels Tanzimprovisation oder freies Bewegen auch beengende Struktur vorübergehend aufgelöst und der Körper und entstehende Gefühle unmittelbar wahrgenommen werden. Die Arbeit mit dem Körper kann sprachliche, begriffliche oder situative Aspekte symbolisieren. Hier ist neben der tänzerischen Arbeit die gedankliche Auseinandersetzung und Aktualisierung durch anschließendes Besprechen hilfreich. Andererseits können auch verbale Aufgabenstellungen oder Festlegungen thematischer Kontexte und Bedeutungen vorab, zu denen anschließend getanzt oder bewegt werden soll, eine Beziehung zum Körperlichen und Nicht-Bewussten herstellen. Natürlich besteht auch die Möglichkeit gänzlich frei Bewegung entstehen zu lassen, die ihre unmittelbare Wirkung auf das psychische und körperliche Befinden und Erleben ausübt, was wiederum langfristig Energie und Kreativität zur Problemlösung oder Zukunftsplanung freisetzen kann.[36]

Insbesondere in der Arbeit mit traumatisierten Menschen hat sich die Körper- und Tanztherapie auch aufgrund der o. g. neurobiologischen Zusammenhänge und der häufig sprachlich nicht ausreichend zugänglichen Phänomene einen festen Platz erobert.[37] Die oben dargestellten Grundlagen der Emotionsregulation gelten jedoch nicht nur für traumatisierte Menschen. Neuroendokrine Prozesse wie eine Aktivierung des dopaminerger und serotonerger neuronaler Aktivität und ihrer Zusammenhänge zur Stressphysiologie, wie sie im Zusammenhang mit Störungen der Affektregulation bei Depression und Angsterkrankungen sowie im Zusammenhang mit der verstärkten Schmerzwahrnehmung diskutiert werden, werden durch körperliche Bewegung beeinflusst, und modellhaft erklärbar. Aufgrund der Komplexität der durch Tanz als Therapie ausgelösten Veränderungen (durch die Bewegung an sich, die Musik, positive Beziehungserfahrungen, die individuelle Bedeutung des Erlebten und Kommunikation durch Verbalisierung symbolisierter Inhalte) ist dies in klinischen Studiendesigns schwieriger abzubilden, als einfachere Bewegungs- oder Therapie-

---

36   Letzteres ist Kern der „Authentischen Bewegung", vgl. Pallaro 1991.

37   Vgl. Eberhard-Kaechele 2006, Moore/Stammermann 2009.

formen, die daher besser untersucht sind. Zudem ist ein sich bewegender Mensch in bildgebenden Messungen in MRT- oder PET-Scannern oder für Hirnstrom-Ableitungen (EEG) kaum zugänglich oder messbar. Somit untersucht die Forschung aktuell vor allem die (visuelle) Wahrnehmung von Bewegung und deren mentale Vorstellung.[38] Mit Fortschritt der Technik wird vermutlich auch der tanzende Mensch zunehmend untersucht und verstanden werden. Bis dahin bleibt die Introspektion oder Selbstauskunft in offener[39] oder standardisierter Form (z. B. mittels psychologischer Fragebögen) die Methode der Wahl, wobei die einzelnen Wirkfaktoren noch kaum unterschieden werden können.

Für die tanztherapeutische Arbeit innerhalb eines fünf- bis sechswöchigen Aufenthalts mit Patienten einer psychosomatischen Rehabilitationsklinik haben wir (Anja Weber und Janina El-Jurdi) vor dem oben dargestellten Hintergrund folgendes Konzept entworfen. Innerhalb der knapp sechswöchigen Teilnahme in einer offenen Tanztherapiegruppe mit flexiblem Einstieg bearbeitet jeder Patient sechs Themenschwerpunkte mittels Körperübungen, Bewegungsaufgaben, Tanzimprovisation sowie gemeinsam einstudierten Schrittfolgen. Die Themenschwerpunkte sind: der Körper in Bewegung, Raum und Ort, Zeit und Tempo, Zeit und Rhythmus, Interaktionen mit einem Partner und Interaktionen innerhalb der Gruppe. Positive Emotionen durch Tanz und Bewegung (mit und ohne Musik) können durch Bewegung und Tanz entstehen. Verschiedene Bewegungs- und Improvisationsaufgaben für die Arbeit alleine, mit einem Partner oder in der Gruppe sowie grundlegende Körperübungen in Zusammenhang zum jeweiligen Themenschwerpunkt ermöglichen die achtsame Wahrnehmung des eigenen Körpers, der Bewegung im Raum und in der Interaktion mit Anderen. Kurze Gesprächsrunden fördern Prozesse der Symbolisierung (durch Benennen, Beschreiben) und Mentalisierung. Die Wahrnehmung der jeweiligen Wirkungen der Bewegung auf das eigene Erleben wird am Anfang und Ende sowie zwischen einzelnen Aufgaben durch wiederholte Möglichkeit zu Austausch und Selbsteinschätzung (zunächst mittels der Spannungskurve sowie zunehmend differenzierteren Verbalisierungen) angeregt. Auf diese Weise kann durch Erfahrung zentraler Konzepte und Begriffe der Bewegungsanalyse[40] eine Verbindung zum psychotherapeutischen Prozess im Rahmen der jeweiligen Einzel- und Gruppentherapie

---

38   Vgl. Birringer/Fenger 2006, Bläsing et al. 2010, Jola et al. 2011.

39   Vgl. hierzu auch die von der Autorin 2006 in Berlin durchgeführte Fragebogenstudie zu individuellen Konzepten der Tanztechnik (Weber/Pleyer, unveröffentliche Studie im Rahmen der Recherchephase des Hochschulübergreifenden Zentrums Tanz Berlin, vgl. auch Weber 1997.

40   Vgl. Laban 1988, 1996, 2003 sowie 2001, Kestenberg-Amighi 1999, Bartenieff 1980, Hackney 2002, Kennedy 2010, Bender 2007, Koch/Bender 2007 u. a.

indikativen (störungsbezogenen) Gruppen sowie ein Transfer in den Alltag vorbereitet werden.[41]

Tanzmedizinisch-psychologischer Ausblick

Tänzerische und tanztherapeutische Methoden, die unmittelbar körperlich oder über Symbolisierung oder spielerisch-kreativen Umgang mit Problemen wirken, können dazu beitragen, ungünstige automatisierte Verhaltensweisen langfristig zu verändern. Tänzerische Praxis kann in diesem Sinne zur psychischen Regulation oder differenzierteren Selbstwahrnehmung genutzt werden. Die Wirkmechanismen derartiger Körper- und Bewegungsfertigkeiten können neurobiologisch begründet und Patienten wie Therapeuten oder im präventiven Bereich Arbeitenden modellhaft versteh- und erfahrbar sowie vermittelbar werden. Die Lücke zwischen Körper und Geist, Gefühlen und motorischer Bewegung, Tanz-/Bewegungs- und Psychotherapie sowie somatischer Medizin wird durch die neurobiologischen Erkenntnisse der letzten Jahre und die daraus abgeleiteten therapeutischen Methoden überbrückt.

Das in diesem Artikel entwickelte auf aktueller Psychotherapieforschung basierende tanztherapeutische Konzept ermöglicht neben einem achtsameren Umgang mit dem Körper auch durch den Umgang mit originär choreographischen Konzepten wie räumlichen und zeitlichen (dynamischen) Parametern eine Möglichkeit neuer Erfahrungen sowie eine Symbolisierung für intrapsychische (emotionale und kognitive) oder interaktionelle kommunikative Aspekte oder zeitliche (z. B. biographische) Entwicklung. So kann zunächst nonverbal oder in der anschließenden Verbalisierung neues Erleben und Kommunikation darüber möglich werden. Eine neurowissenschaftliche Untersuchung der Effekte und Wirkungen dieses Ansatzes, der sich somatischer, sensorischer, emotionaler und kognitiver Modelle der Veränderung bedient, wie es sich für den Tanz mit seinen vielschichtigen Anforderungen und Möglichkeiten gebührt, steht noch aus.[42]

---

41   Die Patienten der tanztherapeutischen Gruppen stammen aus dem gesamten Indikationsspektrum einer psychosomatischen Rehaklinik (Affektive Störungen, Neurotische, Belastungs- und Somatoforme Störungen, Angststörungen, Persönlichkeitsstörungen). Bedingung zur Aufnahme in die Gruppe, die neben den anderen Kreativtherapien vom Bezugstherapeuten in Absprache mit dem Patienten verordnet wird, ist das Fehlen schwerwiegender körperlicher Einschränkungen. Eine zweite Gruppe für Patienten mit körperlichen Einschränkungen ist geplant.

42   Eine achtsame Haltung in Bezug auf das eigene Erleben (auch emotional) während des Tanzens zusätzlich zur Anleitung somatosensorischer und propriozeptiver Kompetenz ist für eine Veränderung der emotionalen Kompetenzen und Selbstsicherheit vermutlich hilfreich. Auch Tanzpädagogen scheinen dies in den letzten

Der Nachweis, dass Tanz und Bewegung einbeziehende psychotherapeutische Methoden bei Tänzern eine besondere Wirksamkeit aufweisen, bleibt zukünftiger tanzmedizinischer und –psychologischer Forschung überlassen. Es erscheint jedoch zumindest plausibel, dass man sich die Ressource der Körperwahrnehmung und der Bewegung therapeutisch zunutze macht.

Tanzmedizinisch bzw. –psychologisch interessant ist die Frage, inwieweit die regelmäßige Tanzpraxis zur Emotionsregulation dient und bewusst so eingesetzt wird. Dies ist neurophysiologisch plausibel, subjektiv jedoch vielfach erfahren und in zahlreichen Einzelfallberichten beschrieben, jedoch bisher nach Kenntnis der Autorin noch nicht wissenschaftlich untersucht. Auch existieren bislang nur wenige systematische Studien zur Prävalenz und Wirksamkeit der Therapie psychischer Erkrankungen noch aktiver oder ehemalige Tänzer und Tanzpädagogen und anderer Tanzschaffender. Eine Ausnahme bilden hier die Essstörungen, die tanzmedizinisch und –psychologisch relativ gut untersucht sind.[43] Darüber hinaus spielen aber vermutlich bei Tänzern auch Depressionen, Angsterkrankungen, Belastungsstörungen sowie Suchterkrankungen allein aufgrund der Häufigkeit ihres Auftretens in der Bevölkerung eine Rolle. Auch in der Prävention psychischer Störungen durch Vermittlung tänzerischer Basisfertigkeiten wie Körperachtsamkeit und Bewegungserfahrung im Kontext emotionaler und kognitiver Introspektion eröffnen sich hier weitere Anwendungs- und Untersuchungsbereiche für die oben dargestellten mehrdimensional ansetzenden Methoden und Ansätze der therapeutischen Arbeit mit Tanz.

Jahrzehnten wieder stärker auch im Training und sog. „Technik"-Unterricht einzubeziehen, so dass Tanzschüler und Tänzer hier die auch für die Bühne nötigen Kompetenzen entwickeln können, zur künstlerischen Entwicklung eines Darstellers und Performers.

43   Eine Ausnahme bilden hier die Essstörungen. Einen Überblick über Störungen des Essverhaltens und Essstörungen bei Tänzern bietet Wanke, E., 2009. Ansatzpunkte für eine Arbeit im Sinne der DBT bieten insbesondere die Störungsbilder, die mit Impulsdurchbrüchen in Form von Erbrechen oder Fressattacken (rascher Aufnahme großer Mengen an Nahrung) einhergehen (vgl. Safer et al. 2001) für die Bulimia nervosa und Telch et al. (2001) für die Binge-Eating-Disorder. Auch ist die Arbeit mit dem Körper und dem (bei Essstörungen häufig veränderten) Körperbild im Bereich der Essstörungstherapie bereits auch in anderen Settings etabliert, vgl. Vocks/Leegenbauer 2010.

Literatur

Arnsten, Amy f., "Stress signalling pathways that impair prefrontal cortex structure and function", *Nature Reviews/Neuroscience*, June 2009/Vol.10 (6), pp. 410–22.

Bartenieff, Irmgard, Lewis, Dori, *Body Movement. Coping with the environment*, New York 1980.

Bauer, Joachim, *Das Gedächtnis des Körpers. Wie Beziehungen und Lebensstile unsere Gene steuern*, München, 5. Auflage, 2005.

Bauer, Joachim, *Warum ich fühle, was Du fühlst. Intuitive Kommunikation und das Geheimnis der Spiegelneurone*, Hamburg, 6. Auflage, 2005.

Baer, Udo, Frick-Baer, Gabriele, *Leibbewegungen. Methoden und Modelle der Tanz- und Bewegungstherapie*, Neukirchen-Vluyn 2001.

Bender, Susanne, *Die psychophysische Bedeutung der Bewegung. Ein Handbuch der Laban Bewegungsanalyse und des Kestenberg Movement Profiles*, Berlin 2007.

Bender, Susanne (Hg.), *Bewegungsanalyse von Interaktionen. Movement Analysis of Interaction*, Berlin 2010.

Birringer, J., Fenger J. (Hg.), *Tanz im Kopf. Dance and Cognition*, Jahrbuch Tanzforschung Bd. 15. Münster 2005.

Bohus, Martin, Brokuslaus, Ilona, „Körpertherapie im Rahmen der Dialektisch-behavioralen Therapie für Borderline-Störungen", Remmel, Andreas, Kernberg, Otto f., Vollmoeller, Wolfgang, Strauß, Bernhard, *Handbuch Körper und Persönlichkeit. Entwicklungspsychologie, Neurobiologie und Therapie von Persönlichkeitsstörungen*, Stuttgart 2006.

Bohus, Martin, Wolf, Martina, *Interaktives Skills-Training für Borderline-Patienten*, Stuttgart 2009.

Bräuninger, Iris, *Tanztherapie, Verbesserung der Lebensqualität und Stressbewältigung*, Basel, Weinheim 2006.

Bräuninger, Iris, Koch, Sabine C., *Advances in Dance/Movement Therapy. Theoretical Perspektives and Empirical Findings*, Berlin 2006.

Csikszentmihalyi, Mihaly, *Flow. Das Geheimnis des Glücks*, Stuttgart 1995.

Chodorow, Joan, *Dance Therapy And Depth Psychology. The moving imagination*, London/New York, 3. Auflage, 1991.

Damasio, Antonio R., *Descartes Irrtum. Fühlen, Denken und das menschliche Gehirn*, München 1997.

Eberhard-Kaechele, Marianne, „Wie das Kaninchen vor der Schlange. Körper- und Bewegungsinterventionen bei traumatisierten Menschen", Wöller, W., *Trauma und Persönlichkeitsstörungen. Psychodynamisch-integrative Therapie*, Stuttgart 2006. S. 483–502.

Espenak, Lilian, *Tanztherapie. Durch kreativen Ausdruck zur Persönlichkeitsentwicklung*, Dortmund 1985.

Franklin, Eric, *Kraftvoller Auftritt. Die Franklin-Methode*, Kirchzarten bei Freiburg 2004.

Franklin, Eric, *Tanz-Imagination. Stark im Ausdruck und perfekt in der Technik*, Freiburg 2002.

Franklin, Eric, *Befreite Körper. Das Handbuch zur imaginativen Bewegungspädagogik*, Freiburg 2002.

Frick-Baer, Gabriele, Peter-Bolaender, Martina, *Bewegte Imagination in Tanz und Tanztherapie*, Neukirchen-Vluyn 2008.

Greenberg, Leslie S., *Emotionsfokussierte Therapie. Lernen, mit den eigenen Gefühlen umzugehen*, Tübingen 2006.

Hackney, Peggy, *Making Connections. Total Body Integration Through Bartenieff Fundamentals*, New York 2002.

Hanson, Rick, Mendius Richard, *Das Gehirn eines Buddha. Die angewandte Neurowissenschaft von Glück, Liebe und Weisheit*, Freiburg 2010.

Hayes, Steven C., Strosahl, Kirk D., Wilson, Kelly G., *Akzeptanz und Commitment Therapie. Ein erlebnisorientierter Ansatz zur Verhaltensänderung*, München 2004.

Jola, Corinne, Ehrenberg, Shantel, Reynolds, Dee, "The experience of watching dance: phenomenological–neuroscience duets", *Phenomenology and the Cognitive Sciences* (21 January 2011), pp. 1–21.

Kabat-Zinn, Jon, *Gesund durch Meditation. Das große Buch der Selbstheilung*, Bern 1991. *[Engl. Originaltitel: Full Catastrophe Living, 1990]*

Kabat-Zinn, Jon, *Zur Besinnung kommen. Die Weisheit der Sinne und der Sinn der Achtsamkeit in einer aus den Fugen geratenen Welt*, Freiamt 2006.

Kennedy, Antja (Hg.), *Bewegtes Wissen. Laban/Bartenieff-Bewegungsstudien verstehen und erleben*, Berlin 2010.

Kestenberg-Amighi, Janet, Loman, Susan, Lewis, Penny, Sossin, Marc, *The Meaning of Movement. Developmental and Clinical Perspectives of the Kestenberg Movement Profile*, New York 1999.

Koch, Sabine, Pirkl, Ute, Eberhard, Marianne, „Zum aktuellen Stand der Tanztherapie. Berufsbild und Forschung", *Tanzjournal, Sonderheft Tanztherapie*, 2005.

Koch, Sabine C., Bräuninger, Iris, *Advances in Dance/Movement Therapy. Theoretical Perspektives and Empirical Research*, Berlin 2006.

Koch, Sabine C., Bender, Susanne (Hg.), *Movement Analysis – Bewegungsanalyse. The Legacy of Laban, Bartenieff and Kestenberg*, Berlin 2007.

Knox, Jean, *Archetype, Attachment, Analysis, Jungian Psychology and the Emergent Mind*, Hove 2003.

Laban, Rudolf von, *Der moderne Ausdruckstanz in der Erziehung. Eine Einführung in die kreative tänzerische Bewegung als Mittel zur Entfaltung der Persönlichkeit*, Wilhelmshaven 2001.

Laban, Rudolf von, *Die Kunst der Bewegung*, Wilhelmshaven 1988, 1996, 2003.

LeDoux, Joseph, *Das Netz der Gefühle*, München 2001.

Lammers, Claas-Hinrich, *Emotionsbezogene Therapie. Grundlagen, Strategien und Techniken*, Stuttgart 2007.

Linehan, Marsha M., *Dialektisch-Behaviorale Therapie der Borderline-Persönlichkeitsstörung*, München 1996.

Lynch Thomas R., Morse, Jennifer Q., Mendelson, Tamar, Robins Clive J., „Dialectical behavior therapy for depressed older adults: a randomized pilot study", *Am J Geriatr Psychiatry* 2003 Jan–Feb;11(1), pp. 33–45.

Moore, Claire/Stammermann, Ulla, *Bewegung aus dem Trauma. Traumazentrierte Tanz- und Bewegungspsychotherapie*, Stuttgart 2009.

Ott, Ulrich, *Meditation für Skeptiker. Ein Neurowissenschaftler erklärt den Weg zum Selbst*, München 2010.

Pallaro, Patrizia (Ed.), *Authentic Movement. Essays by Mary Starks Whitehouse, Janet Adler and Joan Chodorow*, London 1991.

Reichelt, Fe, *Ausdruckstanz und Tanztherapie*, Frankfurt 1987, 1997.

Rizzolatti, Giacomo, Sinigaglia, Corrado, *Empathie und Spiegelneurone: Die biologische Basis des Mitgefühls*, Frankfurt a. M. 2008.

Rothschild, Babette, *Der Körper erinnert sich. Die Psychophysiologie des Traumas und der Traumabehandlung*, Essen 2002.

Safer Debra L., Telch Christy f., Agras W. Stewart, "Dialectical behaviour therapy for bulimia nervosa", *Am J Psychiatry* 2001 Apr;158(4), pp. 632–4.

Schoop, Trudi, *Komm und tanz mit mir! Ein Versuch, dem psychotischen Menschen durch die
Elemente des Tanzes zu helfen*, Zürich 1981, 2007.

Segal, Z.V., Williams, J.M.G., Teasdale, J.D., *Die Achtsamkeitsbasierte Kognitive Therapie der
Depression. Ein neuer Ansatz zur Rückfallprävention*, Tübingen 2008.

Siegel, Elaine V., Trautmann-Voigt, Sabine, Voigt, Bernd, *Tanz- und Bewegungstherapie in
Theorie und Praxis*, Frankfurt a. M. 1997.

Siegel, Elaine V., Trautmann-Voigt, Sabine, Voigt, Bernd, *Analytische Bewegungs- und Tanztherapie*, München, Basel 1999.

Spitzer, Manfred, *Lernen. Gehirnforschung und die Schule des Lebens*, München 2007.

Storch, Maja, Cantieni, Benita, Hüther, Gerald, Tschacher, Wolfgang, *Embodiment. Die
Wechselwirkung von Körper und Psyche verstehen und nutzen*, Bern, 2. Auflage, 2010.

Telch Christy f., Agras, W. Stewart, Linehan, Marsha, "Dialectical behaviour therapy for
binge eating disorder", *J Consult Clin Psychol.* 2001 Dec;69(6), pp. 1061–5.

Trautmann-Voigt, Sabine, Voigt, Bernd, *Freud lernt laufen. Herausforderungen analytischer
Tanz- und Bewegungstherapie für Psychoanalyse und Psychotherapie*, Frankfurt 1997.

Vocks, Silja, Legenbauer, Tanja, *Körperbildtherapie bei Anorexia und Bulimia Nervosa: Ein
kognitiv-verhaltenstherapeutisches Behandlungsprogramm*, Stuttgart, 2. Auflage, 2010.

Wanke, Eileen M., „Störungen des Essverhaltens und Essstörungen", *Exner-Grave, Elisabeth (Hg.), Tanzmedizin. Die medizinische Versorgung professioneller Tänzer*, Stuttgart
2009, S. 152–157.

*Weber, Anja, „Aspekte zeitgenössischer Tanzpädagogik: Perspektiven und Beispiele aus praxis-
fokussierter Forschung", Fleischle-Braun, Claudia, Stabel, Ralf, Tanzforschung & Tanzausbildung, Berlin 2008.*

Weber, Anja, „Tanzen mit Jugendlichen," *Teil 1, tamed-Magazin* 1/08, S.4–7.

Weber, Anja, „Tanzen mit Jugendlichen," *Teil 2, tamed-Magazin* 7/08, S. 10–13.

Weber, Anja, „Tanz und Nervensystem" *TaMeD-Newsletter,* Januar 2006, S. 10–12.

Weltgesundheitsorganisation (WHO), Internationale Klassifikation psychischer Störungen
(ICD-10). Kapitel V (F). Dilling H., Mombour, W., Schmidt, M.H. (Hg.), Göttingen
2000, 4. Auflage.

Willke, Elke, *Tanztherapie. Theoretische Kontexte und Grundlagen der Intervention*, Bern
2007.

Wöller, Wolfgang, Kruse, Johannes, *Tiefenpsychologisch fundierte Psychotherapie*, Stuttgart,
2009, 2. Auflage.

Alexa Junge

Tanzekstase und Transformation. Die Eigendynamik des Tanzes als Transformation der Wirklichkeit

> *What you cannot find in your body, you cannot find anywhere else.*
> (Asiatisches Sprichwort)

Die Eigendynamik des Tanzes

In der bisherigen Tanzethnologie wurde bei der Betrachtung von Tanz und Tanzritualen die Eigendynamik von Tanz, seine transformative Sprengkraft und seine immanente Möglichkeit der Katharsis zu wenig untersucht. Aber gerade hier liegen die Potentiale des körperlichen Ausdrucks und Ausagierens verborgen.

Transformatives Potential ist dem Tanzen immanent, kann allein schon durch die Steigerung der Körperbewegung entstehen und scheint ein Mittel zur mentalen Entgrenzung zu sein. Tanz kann Wahrnehmungsveränderungen wie ekstatische Zustände, Meditations-, Besessenheits- und Trancezustände erzeugen oder zumindest unterstützen.

Die Eigendynamik des Tanzes werde ich anhand mehrerer Aspekte erläutern. Zunächst kommt dem Körper als „Ort des Erlebens" eine zentrale Bedeutung zu, wenn wir das Phänomen Transformation und Ekstase im Tanz betrachten. Welche Wirkzusammenhänge im Tanz noch bestehen, erläutere ich am Modell des gesundheitspsychologischen Konzeptes der Salutogenese: aus diesem erklärt sich, wie psychisches und körperliches Erleben sich miteinander verbindet. Darauffolgend werde ich erläutern, wie Tanz und Ritual im therapeutischen Bereich eingesetzt werden und warum – nämlich gerade aufgrund ihrer Dynamik, die Transformation hervorrufen kann. Ein interessanter Punkt ist, dass religiöse Erfahrungen durch Tanz ausgedrückt, aber auch durch ihn erzeugt werden können.

Ein weiterer Aspekt der Eigendynamik des Tanzes ist die kathartische Wirkung, die Tanz oder auch nur Körperbewegung auslösen kann, hier begegnet uns die Möglichkeit der Katharsis, die – wie auch die Möglichkeit der Transformation – dem Tanz immanent ist.

Wollen wir ein körperliches Phänomen verstehen, auch wenn es so stark kulturell geprägt ist wie der Tanz, dürfen wir neuere Erkenntnisse aus der Neurowissenschaft, Tanzpädagogik und Sportwissenschaft nicht außer Acht lassen. Transformation bedeutet vor allem physiologische Transformation. Das möchte ich anhand der Eigendynamik von Tanz und anhand von tanzpädagogischen Erklärungsansätzen verdeutlichen.[1] Tanz kann zum Beispiel im Kontext eines Rituals heilende Aspekte aufweisen, die nicht nur auf soziale Heilung im Sinne des Ethnologen Victor Turners zurückzuführen sind, sondern transformative Potentiale besitzen, die allein durch das körperliche Ausagieren zu Tage treten.[2]

Die Vorstellung von Heilung taucht im Zusammenhang mit Tanz immer wieder auf. Denn Heilung bedeutet immer Veränderung, Transformation. Diese physiologische Ebene der Transformation wird von einigen Musikwissenschaftlern wie Gilbert Rouget oder Tanzforscherinnen auf dem Gebiet der Pädagogik und Neurologie betont.[3]

Die Wahrnehmungsveränderung im Tanz kann sich auf den eigenen Körper des Tänzers beziehen. Tanz kann eine Transzendierung des Augenblicks bedeuten, so beschreibt es Rouget, der von einer veränderten Wahrnehmung von Zeit und Raum durch Musik und Tanz spricht. Er spricht von einem Zeitabschnitt, der vom Tänzer unter einer anderen Identität als der Alltagsidentität erlebt wird.[4] Eine mögliche Transformation des Individuums ist demnach die veränderte Selbstwahrnehmung im Tanz – und damit ist nicht nur der religiöse Tanz gemeint: „The dancer's awareness of his body is totally transformed by this process [dance]."[5]

Die Wahrnehmung des Ichs scheint in der bisherigen Betrachtung die „Sprengkraft" des Tanzes zu sein, denn diese kann transzendieren und auch transformiert werden gerade durch die veränderte Selbstwahrnehmung, die der Tänzer erfährt. Tanzen modifiziert den Zustand des Tanzenden.[6]

Klaus-Peter Köpping hat wichtige Überlegungen zur Körperbewegung angestellt, dabei untersucht er die Beziehung zwischen der Expressivität und der Eigendynamik der körperlichen Bewegung in der rituellen Performanz,

---

1   Um Tanz von anderen Bewegungsarten abzugrenzen, möchte ich auf ein m. E. treffendes Zitat zurückgreifen: „Bewegung ist alles, das ist Physik, Bewegung ist ein physischer Akt. Energie entsteht, wenn den Tänzer innerlich etwas bewegt: Tanz ist nicht nur Technik, sondern Ausdruck. Er erfasst den Körper voll. Technik und Disziplin spielen zwar eine große Rolle für die Ausrichtung des Körpers, es ist aber der Geist, der den Körper bewegt!" Aus einem Vortrag von Susanne Linke, Institut für Theaterwissenschaft, Freie Universität Berlin 2004.

2   Turner 1957, in Zoric, Snjezana 2004, S. 118: Turner bezeichnet Rituale als „soziale Dramen", die Spannungen innerhalb sozialer Strukturen auszudrücken und gleichzeitig auszuagieren vermögen.

3   Vgl. Fleischle-Braun 2005.

4   Rouget 1985, S. 17.

5   Ebd., S. 121.

6   Ebd., S. 117.

„ [...] denn es ist genau das Ausufernde der Grenzorgane und die Unregulierbarkeit der physiologischen Vorgänge, die jene Eigendynamik der körperlichen Bewegungsmodalität aufzeigen können, die eine Voraussetzung für die expressive Dynamik in der rituellen Performanz und für die möglicherweise dadurch hervorgerufene Transformation liefert."[7]

Somit rückt das Unwillkürliche des Körpers die Transformation in einen neuen Blickwinkel. Diese Erläuterungen implizieren eine entscheidende Bedeutung für die integrativen Funktionen von Tanz innerhalb einer Gesellschaft. Die Heilung von Körper, Geist und Seele durch das Freisetzen von Emotionen in religiösen Zeremonien und dem Ausleben sowohl des alltäglichen Lebens als auch von Krisensituationen durch Körperbewegung begegnet uns immer wieder im Zusammenhang mit Tanz.

Der Körper als „Ort des Erlebens"

Transformation ist vor allem erfahrbar durch eigenes Erleben – somit rückt der Körper in den Vordergrund der Betrachtung. Was auch immer dem Tanz für kulturelle Bedeutungen zugesprochen werden, er ist und bleibt auch immer ein körperliches Phänomen. Und genau hier liegen ja die unwillkürlichen Vorgänge im Tanz – er entzieht sich einer vollständigen Kontrolle.

Die Frage der Transformation wurde nach Auffassung von Köpping bisher zu selten in Bezug auf den Körper thematisiert. Er bezieht sich hiermit auf den Körper im Ritual. Zwar werde oft postuliert, dass im Ritual Emotionen, Attitüden, Handlungsorientierungen und Ideenwelten hervorgebracht, geformt, umgestaltet und verändert werden. Der Körper wird in solchen Analysen als „transformativer Agent" bezeichnet und wahrgenommen, seine Bedeutung wird aber gerade dann, wenn die reflexiven Momente thematisiert werden, nicht deutlich genug gemacht.[8]

Zum Beispiel in der Besessenheitstrance führt erst die Übermächtigung des Körpers durch eine Gottheit zur Transformation. Die Vorstellung von Körper und der Beziehung des Tänzers zur Gottheit kann dabei sehr unterschiedlich sein.[9] Die Idee der Transformation, „ein echtes Umformen des Verstehens der Realität", lässt sich nur aufrechterhalten, wenn das körper-

---

7   Köpping & Rao (Hg.) 2000, S. 22.
8   Köpping 2000, S. 173.
9   Ebd., S. 181: Im Beispiel von Köpping wird deutlich, dass die Vorstellung von Körper in den Tanzritualen der japanischen Matsuri-Feste beherrscht wird von der Idee, dass der Körper zum Gefäß wird durch das verkörpernde Präsentmachen von Gottheiten, vor allem durch Hilfsmittel wie Masken.

liche Erleben mit einbezogen wird.[10] Die Beteiligten gehen das Risiko ein,
durch die Hingabe an die körperliche Bewegung von dieser überwältigt zu
werden. Es ist der Körper, der zum Hauptträger der potentiellen Transformation wird. Der Körper ist hier nicht länger eine „bloße Repräsentations-
fläche für die Kondensierung von Symbolen eines kulturellen Repertoires",
sondern er tritt in einen Dialog mit anderen Körpern und mit sich selbst.
Es ist eine „Einladung" zur Transformation: Die Transformation der Erfahrung ist potentiell. Wie Dietmar Neitzke treffend für den Tanz im religiösen
Kontext festhält, ist es die Kombination verschiedener Faktoren und inner-
licher Haltung, die diese Transgression begünstigen kann: „Tanz als einer
expressiven Verbindung innerlichster Regungen und höchster Transzen-
denz wohnt aber ein grenzüberschreitendes Potential inne mit einer unge-
heuren Sprengkraft für die herrschende Ordnung."[11]

Die Kraft der rituellen Darstellung besteht darin, nicht nur die Weltsicht
der Beteiligten zu konstituieren, sondern befähigt die Beteiligten auch zu
einer Veränderung der Wahrnehmung. Das erklärt sich aus dem Spiel mit
den Wahrnehmungsstrukturen innerhalb des Rituals, mit denen das reflexive Bewusstsein konfrontiert wird. Aufgrund dieser Transformation begreift Curt Sachs Tanz als „gesteigertes Leben": „Dance in its essence is
simply life on a higher level" – die Körper-Seele-Dichotomie bricht auf und
der Tänzer wird in ein anderes Selbst transformiert.[12]

Das lässt sich auch vergleichen mit dem, was Helen Evan „die Rave Experience" nennt. Die Teilnahme an einem Rave[13] ist eine starke sensorische
Erfahrung: das hängt zusammen mit der Lautstärke und der Repetitivität
der Musik, die der „Raver", also der Tänzer, physisch fühlen kann, und dem
physiologischen Effekt des ununterbrochenen Tanzens. Andere Tanzveran-
staltungen in Clubs und Diskotheken sind natürlich auch physisch-senso-
rische Erlebnisse, aber die sensorische Reizüberflutung bzw. -überreizung
bildet einen essentiellen Faktor des Rave-Erlebens, was Evan als „dancing
to a frenzy" bezeichnet. Das Ziel ist es, zu Tanzen bis man die Kontrolle
verliert. Rave stellt einen Weg dar, wie es die Aussage eines Ravers beschreibt: „to dance yourself back into your body" – es geht um Akzeptanz
der eigenen Person und um Selbstliebe.[14]

---

10   Ebd., S. 173.

11   Neitzke 1999, S. 450.

12   Sachs 1952, S. 5.

13   Rave, englisch für „rasen, schwärmen, toben, fantasieren", ist ein während der
     Acid-House-Bewegung ab dem „Second Summer of Love" in den spätern 1980ern
     entstandener Begriff für Tanz-Veranstaltungen mit elektronischer Musik. Häufig
     wird auch die Einnahme von Drogen, wie zum Beispiel der Droge Ecstasy, mit Ra-
     ves assoziiert.

14   Evan 1992.

Anya Peterson Royce betont, wie künstlerischen Phänomenen das transformative Potential innewohnt, welches für die Darstellenden Künste, wie Musik, Tanz und Theater und die verschiedenen Kombinationen all dieser Genres, immer wieder hervorgehoben wird. Sie laden zu einem anderen Blick auf die Welt ein, durch den das alltägliche Verständnis des eigenen Seins in ein „höheres Bewusstsein" gehoben wird.[15] Kunst sei immer eine Transformation, denn die Alltagswelt wird in jeder Kunst durchbrochen, sie spricht von einer Transformation des Alltäglichen. Das geschieht vor allem über die körperliche Performanz: der Zuschauer erlebt Kunst auf eine intime Art und Weise durch den Körper und die „kreative Intelligenz" des Darstellers, der seine Fähigkeiten zu höchster Virtuosität verfeinert hat – die Künstler werden zum Medium der Präsentation und Transformation.[16]

Was aber Transformation bedeutet, muss für jeden untersuchten Kontext neu geklärt werden. Nur im Rahmen ihrer kulturellen Situierung und mit Bezug auf das Verständnis der sozialen Akteure und der kulturellen Begebenheiten sind die kulturellen Phänomene zu verstehen.

Wirkzusammenhänge im Tanz – Die Vermittlung zwischen „Kopf" und Körper

Wie findet aber die Verbindung zwischen dem körperlichen Erleben und dem Intellekt statt? Die immer wieder angesprochene Vermittlung zwischen Intellekt und Körpererfahrung lässt sich mit gesundheitspsychologischen Konzepten erklären. Die Vermittlung zwischen „Kopf und Körper" untersucht Claudia Fleischle-Braun als gesundheitsförderndes und persönlichkeitsbildendes Potenzial des Tanzes. In ihrer tanzpädagogischen Studie stehen Aspekte des Tanzes als gemeinschaftliches Ritual und „Akt der kollektiven Bedeutungsgebung" im Vordergrund sowie die Auffassung von Tanz als persönlichen Selbsterfahrungsprozess und „erlebnis- und handlungsorientiertem Medium des künstlerischen Selbstausdrucks".[17] Diese „transformative Kraft des Tanzes" ist pädagogisch und kultursoziologisch einsetzbar:

> „[Tanzen] fördert eine differenzierte leibliche Selbstwahrnehmung und die Entwicklung eines individuellen Körperkonzepts und schafft daher einen positiven Selbst- und Fremdbezug. [...] Dadurch lassen sich festgefahrene Verhaltensmuster aufbrechen und in Verbindung bringen".[18]

---

15   Royce 2004, S. 1.
16   Ebd., S. 2.
17   Fleischle-Braun 2005, S. 93.
18   Ebd., S. 92.

Dieser Aspekt tänzerischen Bildungs- und Integrationspotenzials ist nicht neu, schon die kultursoziologische Auffassung von Tanz in der Weimarer Republik betrachtete den Tanz als gemeinschaftsfördernd. Diese integrative Wahrnehmung von intellektueller Leistung und Körpererfahrung im Tanz ist ungebrochen aktuell. Fleischle-Braun beschreibt psychisch-mentale Konzepte von Tanz für salutogene Wirkzusammenhänge der tanzpädagogischen Arbeit. Der Ansatz der Salutogenese kommt aus der Gesundheitspsychologie.[19] Das Modell der Salutogenese integriert physiologische und psychische Effekte und hat einen hohen Erklärungswert für potenzielle Effekte von Bewegungsaktivität und Sport. Gesundheit wird hier verstanden als ein ständiger und dynamischer Ausgleich belastender und entlastender Faktoren: „Sie ist die Kraft des Menschen, den Zustand des Gleichgewichts immer wieder neu herzustellen [...]".[20]

Welche körperlichen, emotionalen und sozialen Effekte sind beim Tanz erfahrbar? Was geschieht im Organismus des Tanzenden? Diese Fragen sind bisher ungeklärt. Es existieren im Bereich Tanz zwar eine Reihe von dokumentierten Erfahrungsberichten, aber leider nur wenige empirisch abgesicherte Forschungsarbeiten. Der Psychologe Heiko Ernst[21] nennt folgende Aspekte, die gerade tänzerische Aktivitäten in besonderem Maße auszeichnen: Die Möglichkeit der Stimmungsbeeinflussung durch Bewegung und Musik, die Möglichkeit des Selbstausdrucks und der kathartischen Eigenschaften des Spielens in Verbindung mit positiver Körpererfahrung und auch die Möglichkeit des Erlebens der eigenen Wirksamkeit bzw. „Selbstwirksamkeit".

Aus Sicht der Salutogenese setzen sich beim Tanzen die physiologischen Wirkzusammenhänge zusammen aus der physischen Aktivierung und Konditionierung sowie in der Regulierung des Muskeltonus und Beeinflussung des vegetativen Nervensystems. Entscheidend sind die mehrdimensionalen ästhetischen Erfahrungen innerhalb der tänzerischen Aktivität, bei der sich subjektives körperliches und psychisches Erleben verbinden. Tanz ist in diesem Sinn ein Medium, in dem Aspekte der inneren und sozialen Wirklichkeit durch den stetigen Prozessverlauf *Wahrnehmung – Ein-*

---

19   Salutogenese wurde als Begriff in die gesundheitswissenschaftliche Diskussion von dem Medizinsoziologen Aaron Antonovsky eingebracht. Drei zentrale Zieldimensionen des Salutogenese- Konzeptes: 1) Enlargement: Sichtweisen und Kompetenzen des Individuums erweitern; 2) Enrichment: Lebensqualität verbessern, das Leben bereichern und 3) Empowerment: Selbstwirksamkeit, Selbstbestimmtheit, Souveränität ermöglichen und fördern.

20   Fleischle-Braun 2005, S. 84.

21   Vgl. Ernst 1985, „Gesundheitsressourcen im Alltag", in Fleischle-Braun 2005, S. 82.

druck – Resonanz – Ausdruck transformiert und kommunizierbar werden.[22] Der Tanz vermittelt demnach zwischen der inneren und der sozialen Wirklichkeit.

Im Zusammenhang von Musik, Tanz und Besessenheit, wie ihn Rouget darstellt, kommt auch die therapeutische Idee zum Tragen. Er beschreibt die physiologischen und psychologischen Effekte von Tanz als einen Selbstzweck. Der physische Effekt ist das, was angestrebt wird, und der Grund, warum Rouget zufolge Tanz ein nicht seltenes Mittel asketischer Übungen ist und oft als Trancetechnik eingesetzt wird. Aber auch die zweckfreie Dynamik des Tanzes ist es, was den Menschen zum Tanzen bewegt. Unabhängig davon, wie wichtig der Tanz als symbolischer Akt ist, wie sehr der Tanz symbolisch-kulturell aufgeladen ist, unabhängig von seiner ästhetischen Überzeugungskraft oder von seiner asketischen Qualität, „[...] dance is still a motor activity that finds an end in itself."[23]

Therapeutische und religiöse Erfahrung im Tanz

Eine Parallele zwischen rituellem Tanz und Tanz in der Therapie ist, dass Emotionen durch Bewegung oft erst erzeugt bzw. freigesetzt werden. Köpping begreift den Körper als Generator von Emotionen und Attitüden, als ein *vorsprachliches* und *außersprachliches* Artikulationsmedium, als

> „[...] Medium der Sinneserfahrung, der er sich hingeben kann, für die er sich unwillkürlich öffnet, auf die er kurz gesagt auch außerkonzeptuell reagieren kann, nämlich im nicht-reflektiven Ausagieren dieser Erfahrung in einer Eigendynamik der Bewegung."[24]

Köpping bezieht sich damit auch auf die theoretischen Grundlagen der sogenannten Embodiment-Perspektive, die Thomas Csordas aus den Theorien des Philosophen Maurice Merleau-Ponty über Wahrnehmung und des Ethnologen Pierre Bourdieu über den Habitus entwickelt hat. Diese Perspektive überwindet den cartesianischen Dualismus, der Körper und Geist, Natur und Kultur trennt und einander gegenüber stellt und begreift den Leib als Subjekt von Kultur. Der Leib spielt die entscheidende Rolle beim Entstehen von Kultur: er generiert das kulturelle Wissen, das ihn prägt. Mit Hilfe dieser Perspektive wird ein anderes Verständnis von Kultur möglich.[25]

---

22   Vgl. Fleischle-Braun 2005, S. 91.
23   Rouget 1985, S. 118.
24   Köpping 2000, S. 174.
25   Vgl. Csordas 1994.

Auch Theaterpraktiker wie Jerzy Grotowski machen sich die Idee der Transformation durch Körpertraining der Schauspieler zu Eigen, ebenso Dramatherapeuten, sie „verlegen ermächtigende und selbstermächtigende agency in die körperliche reflexive Performanz."[26] Sue Jennings beschreibt den Prozess der Dramatherapie als eine Praxis, die es den Patienten erlaubt, in Form durch das „Wieder-Erleben" von Verkörperung in einem „persönlichen Theater" und in einem „Heilungstheater" in Gruppeninteraktion ein Gleichgewicht zwischen innerer Erfahrung und äußerer Realität herzustellen.[27]

Eine erlebte Wahrnehmungstransformation kann eine langfristige oder grundlegende Veränderung auslösen. Für Köpping steht es außer Frage, dass das verfolgte Ziel bzw. erwünschte Ergebnis eines Rituals – er nennt es „liminale Handlungsabläufe" – eine Festigung oder Wiedereingliederung des Individuums oder der Gruppe in die gesellschaftlichen Strukturen bedeutet.[28] Aber im Erleben von liminalen „Übertretungen" kommt jedem Teilnehmer zumindest die Möglichkeit einer anderen Ordnung zu Bewusstsein.[29]

Auf einen spannenden Aspekt von psychotherapeutischen Ritualen weist Patrick Vandermeersch hin: Rituale werden häufig aus religiösen Traditionen in den Bereich der säkularisierten Therapie übernommen, „da rituelles Handeln in allen Kulturen und zu allen Zeiten eine sowohl therapeutische als auch spirituelle Rolle innehatten."[30] Therapeuten beziehen sich mit Vorliebe auf das Phänomen der transformierenden Kraft ritueller Gesten, da sie das Potential, aus den Erfahrungen der Vergangenheit zu lernen, in Anspruch nehmen.

Für Burkhard Gladigow können Rituale zu einem komplexen Ergebnis führen, das als ekstatisches Erlebnis bezeichnet wird. Die Übersteigerung von Affektivität und Sensibilität in der Ekstase kann neue Eigenqualitäten freisetzen. Während des Prozesse, in der Dynamik des Ablaufes, können sogenannte Hemmungsenergien freigesetzt werden: „Halluzinationen, Auditionen, Visionen können sich aus einer übersteigerten Sensibilität entfal-

---

26   Vgl. Köpping 2000, S. 173.

27   Jennings 1995, S. 188: Sie bezieht sich dabei auf ihre ethnologischen Studien über rituelle Prozesse bei den Temiars in Malaysia.

28   Köpping 2000, S. 25.

29   Der Begriff der Liminalität wurde von dem Ethnologen Victor Turner geprägt und beschreibt den Schwellenzustand, in dem sich Individuen oder Gruppen befinden, nachdem sie sich rituell von der herrschenden Sozialordnung gelöst haben. Während der liminalen Phase befinden sich die Individuen in einem mehrdeutigen Zustand. Das Klassifikationssystem der (alltäglichen) Sozialstruktur wird aufgehoben – sie sind „betwixt and between".

30   Vandermeersch. In: Belliger, Krieger 1998, S. 11.

ten, das Gefühl einer Entlastung vom Druck der Realität, Euphorien auf der Basis einer überhöhten Emotionalität."[31]

Was Gladigow für das Ritual postuliert, lässt sich auf den Tanz übertragen, auch auf Tanz ohne religiöses Bezugssystem. Beide Prozesse bedeuten, dass sich die Verhältnisse von Innen- und Außenwelt verschieben, „bis zur Umkehr oder Kongruenz". Erweitert man nun die Analyse von ekstatischen Reaktionen von biologischen Bedingungen auf den sozialen und kulturellen Kontext, so scheint eine „transformierte Wiederholung" der biologischen Grundsituation vorzuliegen: die kulturelle Transformation im Ritual:

> „Unter dem Gesichtspunkt der Entlastung verliert insbesondere die alltägliche soziokulturelle Umwelt ihre Bedeutung, die sonst festen individuellen und kollektiven Verhaltensmuster werden durchbrochen [...], allein die gesteigerte Gegenwart zählt."[32]

Dieser „temporäre Abbau der kulturell erworbenen Verhaltenssteuerungen" erklärt sich zum einen aus der Hyperkinese der allgemeinen Motorik und abweichende Verhaltensweisen, zum anderen daraus, dass im Bereich der Sensitivität unterdrückte Eigenqualitäten in verschiedene Richtungen gleichzeitig freigesetzt werden.[33]

So betont auch Snjezana Zoric die sensuelle Ebene, deren Untersuchung folgerichtig aus der Untersuchung von körperlichen Performanzen hervorgehen muss. Rituale als performative Ereignisse betonen die menschliche Physikalität: in ihnen führt sich der Mensch selber vor, gestaltet sich selbst und gibt zugleich auch seiner Welt eine Form. Hier greift das Konzept der *kinesthesia*, die Erfahrung des Körpers in Bewegung, und der *synesthesia*, der Evokation der übergreifenden sinnlichen Erfahrung."[34]

Durch bestimmte Körperzustände wie Tanz und Ekstase kann der Mensch Emotionen in Form von kinetisch empfundenen Erfahrungen freisetzen, sie durch motorische Erfahrungen hervorrufen, oder aber auch Zuschauern Emotionen vermitteln oder in ihnen hervorrufen.[35]

Ein Hauptmerkmal der Tanztherapie ist die Freisetzung von Gefühlen durch Körperbewegung. Teilaspekte des Charakters kommen durch die Körperbewegung und die Freisetzung der Gefühle zum Vorschein und dürfen nach außen inszeniert werden. Das wird damit erklärt, dass im Tanz

---

31   Gladigow. In: Cancik (Hg.) 1978, S. 25.
32   Ebd., S. 26.
33   Ebd., S. 26. Vgl. auch Lewis 1988.
34   Zoric 2004, S. 123.
35   Vgl. Espenak 1985. Liljan Espenak ließ sich nach ihrer Ausbildung bei Mary Wigman am Alfred-Adler-Institut in Individualtherapie ausbilden und gründete 1969 in New York den ersten Tanztherapiestudiengang.

eine temporäre Auflösung des Selbst erfahren wird, wie sei auch Rouget bechreibt. Die Möglichkeit der Veränderung durch die Dynamik des Tanzes richtet sich primär auf die Freisetzung von Gefühlen, die zunächst im verbalen als auch motorischen Ausdruck blockiert sind, oder auf eine nonverbale Kommunikation, die wegen ihrer performativen Qualitäten auch ganz spezifische Auswirkungen auf die Zuschauer bzw. Beteiligten haben.[36]

Immer wieder begegnet uns Tanz als religiöse Praxis in verschiedenen Kulturen, aber auch Aussagen von Tänzern deuten darauf hin, dass sie beim Tanzen religiöse Erfahrungen machen können. Tanz drückt religiöse Gefühle nicht nur aus, sondern kann sie auch erzeugen und kanalisieren, sowohl bei den Tanzenden als auch beim Publikum. Auch beim Bühnentanz finden sich immer wieder Aussagen von Tänzerinnen und Tänzern, die religiöse Erfahrungen durch ihren Tanz ausdrücken oder erzeugen. Tanz kann als Sichtbarwerden eines innerlichen Bewegtseins verstanden werden, indem es künstlerisch ausgedrückt wird. Isadora Duncan beschreibt den Tanz als ein „Erwecken der Seele", das den ganzen Körper in Besitz nimmt.[37] Sie interessierte sich für das Zusammenspiel zwischen Gefühl und Bewegung: für sie manifestieren sich Emotionen in Bewegung, aber auch fand sie heraus, dass Bewegungen Emotionen induzieren.

„Das echte Tanzkunstwerk wurzelt im Urgrund menschlichen Seins und empfängt seine aufbauenden und gestaltenden Kräfte aus den Tiefen seelischer Bewegtheit"[38] galt für Mary Wigman, deren Devise „Ohne Ekstase kein Tanz! – Ohne Form kein Tanz!" das emotionale Transformationspotential des Tanzes hervorhebt.[39]

Jahrzehnte später beschreibt William Forsythe die veränderte Wahrnehmung der Zeit und der eigenen Person im Tanz:

> „In einer Tanzdarstellung aber gibt es nur die Gegenwart, man hat nichts anderes. [...] ich habe es mit einer anderen Ontologie zu tun und daher ist auch meine Beziehung zur Gegenwart ganz anders, möglicherweise viel akkurater, insofern ich mir meiner Sterblichkeit viel stärker bewusst bin [...]. Da wir doch alle ephemer und vergänglich sind, könnte man tatsächlich sagen, dass der Tanz eng verbunden ist mit der Idee des Menschen."[40]

Aussagen von Tänzern und Tänzerinnen indizieren oft die Motivation dafür, warum der Mensch tanzt und warum sich der Tanz als Medium oft in religiösen Zusammenhängen anbietet.

---

36   Vgl. hierzu Kashi, Vyjayanthi. In: Gottschalk-Batschkus, Green (Hg.) 2005.
37   Vgl. Duncan 1903. In Sequeira 1978, S. 25.
38   Wigman 1936. In Sequeira 1978, S. 25.
39   Fritsch-Vivié 1999, S. 58 ff.
40   Forsythe. In: Siegmund 2006, S. 35.

Die schnelle Bewegung im Tanz ist besonders erregend und kann eine Bewusstseinsveränderung hervorrufen – ein Gefühl von Verzückung oder einen Rauschzustand. Hier zeigt sich eine Dynamik im Tanz, die in erster Linie aus der Körperbewegung hervorgeht, auf der physiologischen Ebene: „Generell kann ja die rhythmische Tanzbewegung geistige Verzückung, Rausch, Bacchantismus auslösen,"[41] nach Josephine Fenger hat, neben der Tradition des Tanzes als Ritual, auch der Wahnsinn als körpersprachliches Zeichen mentaler Entgrenzung und im choreographierten Tanz als deren Inszenierung eine feste Rolle in der Tanzgeschichte. Gerade ekstatische Tänze, die einen eher spontanen Charakter besitzen oder sich nicht in fest einstudierter Körperkontrolle bewegen, sind ein wirksames Mittel, das Individuum und die religiöse wie soziale Ordnung zu verändern. „Sie können Formen auflösen, Schranken niederreißen und eine neue Ordnung, Identität, Gemeinschaft und Vision erzeugen."[42] Diese veränderten Bewusstseinszustände zeichnen sich durch eine veränderte Gehirnwellenfrequenz, durch einen erhöhten Adrenalinspiegel und einen veränderten Blutzuckerspiegel aus, was Tanz als Medium mentaler Entgrenzung auch physiologisch bestätigt.[43]

Die hier angeführten Beispiele dürften reichen, die Eigendynamik des Tanzens zu verdeutlichen – transformatives Potential ist dem Tanzen immanent, kann allein schon durch die Steigerung der Körperbewegung entstehen und scheint ein Mittel zur mentalen Entgrenzung zu sein.

Tanz als Ventil – der Effekt der Katharsis

In vielen Teilen der Welt sind Katharsis und andere Techniken zur Veränderung emotionalen Befindens Teil der therapeutischen Wirkung von traditionellen und auch modernen Tanzriten. Die befreiende Wirkung von Tanz, um aufgebaute Spannungen zu lösen, begegnet uns bei der Betrachtung von Tanz immer wieder.[44]

Die Zuschreibung, Tanz als Ventil zu betrachten, geht von der Theorie der Katharsis aus. Das Sichbefreien von seelischen Konflikten und inneren

---

41 Fenger 2005, S. 9.

42 Neitzke. In: Auffahrt; Bernhard; Mohr (Hg.) 1999, S. 450.

43 Hanna 1979, S. 69.

44 Spencer 1985, S. 4 ff.: Spencer untersuchte die Vielfalt von Emotionen, die sich in muskulären Aktionen zum Ausdruck bringen, die er als die Ursprünge von Musik, Lachen und Tanzen beschrieb; Evans-Pritchard, über die Tänze der Azande: „to canalize the forces of sex into socially harmless channels" und Margaret Mead über die Tänze samoanischer Kinder, um Spannungen gegenüber der Erwachsenenwelt abzubauen.

Spannungen durch eine emotionale Abreaktion (psychologisch) wird als Katharsis (altgriechisch „Reinigung") bezeichnet. Mit der Katharsis begegnet uns ein „Urbild" des läuternden, affektiv-emotionalen Erlebnisses.[45] Katharsis wird als „natürlicher unmittelbarer Vorgang" beschrieben, eine den psychischen Zustand bessernde Reinigung durch die Abreaktion von Emotionen (Affekten und Leidenschaften) und zugleich die Erzeugung intensiver Emotionen.[46] Im engeren Sinn ist Katharsis ein medizinischer Ausdruck, der auf die Wiederherstellung eines gestörten Gleichgewichts im Körper durch Ausscheidung und Austreibung zielt.

Dieser Vorstellung folgt auch die Wirkung der antiken Tragödie nach Aristoteles. Auf dessen Definition stützt sich der moderne Gebrauch des Begriffs vor allem in Ästhetik und Psychoanalyse. Aristoteles beschreibt in seiner Poetik die „kathartische Funktion" der Kunst, die er am Beispiel der Tragödie näher bestimmt. Sie besteht darin, dass sie „Jammer und Schauder hervorruft und hierdurch eine Reinigung von derartigen Erregungszuständen bewirkt."[47] Die medizinische Interpretation dieser Textstelle bei Aristoteles geht dahin, dass „Furcht und Schauder" zunächst hervorgerufen und dann umso wirkungsvoller ausgeschieden werden. Dass sich die bisher behandelten Verwendungen des Begriffs Katharsis aus ihrem Vorkommen im Kult entwickelt haben, ist nahe liegend. Jedenfalls begegnet uns bei der Betrachtung von Kulten Katharsis als Reinigung.[48] Tanz kann außerdem als Ausdruck und die Verarbeitung religiöser Gefühle fungieren: „Der Tanz kann dazu benutzt werden, im Tanz erworbene oder bereits bestehende religiöse Gefühle für sich selbst auszudrücken. Der Tanz hat Ventilfunktion und befreienden Charakter. [...]."[49] In den Analysen von Ioan M. Lewis über religiöse Rituale, in denen Besessenheit vorkommt, beschreibt er Tanz als eine weit verbreitete Aktivität, die zur Katharsis führt, er nennt den Tarentismus im mittelalterlichen Italien, Voodoo in Haiti – allerdings beschreibt er solche kathartischen Rituale vor allem als ein Ventil für marginalisierte Gruppen.[50]

---

45 Vgl. Leuzinger 1997, S. 31.

46 Ebd., S. 32.

47 Begründet hat diese Meinung der klassische Philologe Jacob Bernays (1824–1881). Er beruft sich dabei auf die Textstelle in der „Politik" des Aristoteles, wo von der reinigenden Funktion von Musik als einer „Erleichterung" die Rede ist. In: Metzler 1999: Bernays 1970, S. 12.

48 Leuzinger 1997, S. 64: Katharsis ist zum entscheidenden Begriff für Behandlungsmethoden der Psyche geworden, die sich dramatischer Formen des Ausdrucks bedienen und mit energetischen Vorstellungsmethoden arbeiten.

49 Gundlach Sonnemann 2000, S. 52.

50 Lewis 1988. Hierzu auch Vergleich bei Koch über den Tarantella-Tanz in Italien: Koch 1995, S. 233 ff.

Die kathartische Theorie ist Paul Spencers Meinung nach schwierig zu lösen für den Tanz, da es oft nicht offensichtlich ist, ob im Tanzritual die Spannungen erst aufgebaut werden, die dann später freigelassen werden, oder ob Tanz alltägliche Spannungen im Ritual löst.[51] Die kathartische Wirkung aber ist für den Tanz nicht wegzudenken, denn der physiologische Effekt von Bewegung alleine kann sie hervorrufen.

Neurologische und psychologische Erklärungen tragen der Vielfalt von Tanz in den verschiedenen Gesellschaften nicht Rechnung. Das ist nur eine Teilerklärung für die mögliche Katharsis im Tanz. Die Idee der Katharsis ist aber eng verbunden mit der Idee der Aufführung, wie wir gesehen haben. Dabei darf aber den beiden Aufführungsformen (Ritual und Theater) keine kathartische Wirkung unterstellt werden.

Die neurologischen und tanzpädagogischen Erklärungsansätze tragen dazu bei, die Wirkzusammenhänge im Tanz zu verstehen. Tanz besitzt tief greifende Potentiale. Jeder einzelne Tanz und seine kulturelle und gesellschaftliche Verortung ist komplex. Ebenfalls komplex ist aber auch das körperliche Erleben im Tanz. Daher entzieht sich dieser ephemere Körperausdruck einer vollständigen Kontrolle. Nicht umsonst wird Tanz in vielen Kulturen als subversiv, die Ordnung störend, wahrgenommen und ist Ausdruck der Transformation kollektiver und individueller Bilder vom Menschen.

Mit einem Zitat von Rouget will ich meine Argumentation schließen, denn ich denke, er weist hier sehr treffend auf das hin, was in der langen Diskussion um die Effektivität von Tanz und Tanzritualen nicht vergessen werden darf: der Tanz und das Spiel des Körpers besitzen eine zweckfreie Eigendynamik:

„Dance is always, at least in part and sometimes despite appearances, the pleasure of dancing, of using one's body in play. If it is non-figurative, dance is pure physical expenditure. In this sense it is already liberation, catharsis. If it is figurative, particularly when erotic or warlike, dance is manifestly a means of release."[52]

Literatur

Birringer, Johannes & Josephine Fenger (Hg.), *Tanz im Kopf. Dance and Cognition*, Jahrbuch Tanzforschung Bd. 15, Münster 2005.
Csordas, Thomas (Hg.), *Embodiment and Experience: the existential ground of culture and self*, Cambridge 1994.

---

51   Vgl. Spencer 1985, S. 6.
52   Rouget 1985, S. 114.

Douglas-Klotz, Neil, „Ruth St. Denis: Sacred Dance Explorations in America", Adams, Doug, Apostolos-Cappadona, Diane (Hg.): *Dance as Religious Studies*, New York 1990.

Espenak, Liljan, *Tanztherapie. Durch kreativen Selbstausdruck zur Persönlichkeitsentwicklung*, Dortmund 1985.

Evan, Helen, *Out of Sight, Out of Mind: An Analysis of Rave culture. Wimbledon School of Art*, London 1992.

Fleischle-Braun, Claudia, „Tanz und Salutogenese". In: Birringer, Johannes & Josephine Fenger, (Hg.), *Tanz im Kopf. Dance and Cognition*. Jahrbuch Tanzforschung Bd. 15, Münster 2005.

Fritsch-Vivié, Gabriele, *Mary Wigman*, Hamburg 1999.

Gladigow, Burkhard, „Ekstase und Enthusiasmos. Zur Anthropologie und Soziologie ekstatischer Phänomene", Cancik, Hubert (Hg.): *Rausch, Ekstase, Mystik: Grenzformen religiöser Erfahrung*, Düsseldorf 1978.

Gundlach Sonnemann, Helga, *Religiöser Tanz. Formen-Funktionen-aktuelle Beispiele*, Marburg 2000.

Gundlach Sonnemann, Helga, „Tanz als Gegenstand religionswissenschaftlicher Forschung in Deutschland", Klein, Gabriele & Christa Zipprich (Hg.), *Tanz Theorie Text* (Jahrbuch Tanzforschung Bd. 12) Münster 2002.

Hanna, Judith Lynne, *To dance is human*, Texas 1979.

Hanna, Judith Lynne, „Toward a Cross-Cultural Conceptualization of a Dance and Some Correlate Considerations", Blacking, John & Joann W. Kealiinhomoku (Hg.), *The Performing Arts. Music and Dance*, Paris/New York 1979.

Jennings, Sue, *Theatre, Rituals and Transformation: The Senoi Temiars*, London 1995.

Kashi, Vyjayanthi, „Dance into Life", C. E. Gottschalk-Batschkus & J. C. Green (Hg.), *Ethnotherapies in the Cycle of Life*, München 2005.

Koch, Marion, *Salomes Schleier: eine andere Kulturgeschichte des Tanzes*, Hamburg 1995.

Köpping, Klaus-Peter & Ursula Rao (Hg.), *Im Rausch des Rituals: Gestaltung und Transformation der Wirklichkeit in körperlicher Performanz*, Hamburg 2000.

Köpping, Klaus-Peter, „Theatralität als Voraussetzung für rituelle Effektivität: das Beispiel dörflicher Tanzfeste in Japan", Hentschel, Ingrid & Klaus Hoffman (Hg.), *Scena. Beiträge zu Theater und Religion*, Bd. 1, Münster 2004.

Köpping, Klaus Peter & Ursula Rao, „Zwischenräume", Fischer-Lichte, Erika, Horn, Christian, Umathum, Sandra & Matthias Warstat, (Hg.), *Ritualität und Grenze. Theatralität*, Bd. 5, Tübingen 2003.

Leuzinger, Paul, „Katharsis. Zur Vorgeschichte eines therapeutischen Mechanismus und seiner Weiterentwicklung bei J. Breuer und in S. Freuds Psychoanalyse", *Beiträge zur psychologischen Forschung*, Bd. 36, Opladen 1997.

Lewis, Ioan M., *Ecstatic Religion. A Study of Spirit Possession and Shamanism*, London 1988.

Marglin, Frédérique Apffel, „Refining the Body. Transformative Emotion in Ritual Dance", M.O. Lynch (Hg.), *Divine Passions. The social Constructions of Emotions in India*, Berkeley 1990.

Neitzke, Dietmar, „Tanz", Auffahrt, Christoph, Bernhard, Jutta & Hubert Mohr (Hg.), *Metzler-Lexikon Religion*.

Rouget, Gilbert, *Music and Trance. A Theory of the Relations between Music and Possession*, Chicago 1985.

Royce, Anya Peterson, *Towards an Anthropology of the Performing Arts: Artistry, Virtuosity, and Interpretation in a Cross-Cultural Perspective*, Walnut Creek, California 2004.

Sachs, Curt, *Eine Weltgeschichte des Tanzes*, Berlin 1933, 4. unveränderte Aufl., Hildesheim 1952.

Schechner, Richard (Hg.), *By means of Performance – Intercultural Studies of Theatre and Ritual*, Cambridge 1990.

Schubart, Walter & Seifert, Friedrich (Hg.), *Religion und Eros*, München 1966.

Sequeira, Ronald A., *Klassische Indische Tanzkunst und christliche Verkündigung. Eine vergleichende religionsgeschichtlich-religionsphilosophische Studie*, Freiburg im Breisgau 1978.

Siegmund, Gerald, *Abwesenheit: Eine performative Ästhetik des Tanzes. William Forsythe, Jérôme Bel, Xavier Le Roy, Meg Stuart*, Bielefeld 2006.

Spencer, Paul (Hg.), *Society and the Dance. The Social Anthropology of Process and Performance*, Cambridge 1985.

Turner, Victor, *The Anthropology of Performance*, New York 1987.

Turner, Victor, *Das Ritual. Struktur und Anti-Struktur*, Frankfurt a. M. 1989 (engl. Orig. 1969).

Turner, Victor, „Liminalität und Communitas", Belliger, Andréa & David J. Krieger, *Ritualtheorien. Ein einführendes Handbuch*, Opladen/Wiesbaden 1998.

Turner, Victor, *From Ritual to Theatre*, New York 1996.

Vandermeersch, Patrick, „Psychotherapeutische Rituale", Belliger, Andréa & David J. Krieger, *Ritualtheorien. Ein einführendes Handbuch*, Opladen/Wiesbaden 1998.

Zoric, Snjezana, „Die performative Wende der Ritualtheorie am Beispiel interkultureller und spiritueller Begegnungen in Korea", Hentschel, Ingrid & Klaus Hoffman (Hg.), *Scena. Beiträge zu Theater und Religion*, Bd. 1, Münster 2004.

Hanna Walsdorf

„Rasend wie ein Hexenkreisel."
Salomanie bei und nach Oscar Wilde

Wie kann ein junges Mädchen durch einen einzigen Tanz so viel Macht über einen Herrscher bekommen, dass dieser eher einen Kopf als einen Wunsch abschlägt?[1] „Da kam die Tochter der Herodias und tanzte", heißt es in Mk 6,22. Wie ihr Tanz oder wie sie selbst aussah, verrät das Evangelium nicht. Als sie die Bühne des 19. Jahrhunderts betritt, ist Salome nicht nur ikonographisch allgegenwärtig, sondern auch literarisch, musikalisch und vor allem tänzerisch. Epizentrum der Salomanie dieser Zeit ist die *Salomé* von Oscar Wilde aus dem Jahre 1891.

Zwei Wilde-Adaptionen sollen in diesem Beitrag genauer untersucht und miteinander verglichen werden, wobei das Hauptaugenmerk auf dem Tanz und seinem musikalischen Gewand liegen soll: zum einen der Tanz der sieben Schleier aus der Oper Salome von Richard Strauss (1905) in verschiedenen Tanzinterpretationen, zum anderen der aus dem Stummfilm Salome (1923) mit Alla Nazimova in der Hauptrolle. Die Auswahl der beiden Beispiele ist vor allem deshalb reizvoll, weil sie sich ihrem Gegenstand – dem Tanz der Salome nach Oscar Wilde – aus zwei verschiedenen Perspektiven nähern. Bei Strauss steht die musikalische Komposition vor der szenischen, während es sich im Stummfilm genau umgekehrt verhält. Doch wie ist der Wahnsinn rund um die Figur der Wilde'schen Salome jeweils komponiert? Welche Rolle spielt der Tanz dabei bzw. wird dem Tanz zugeschrieben? Wie wirkt sich die unterschiedliche Gewichtung und Qualität von Musik und Choreographie in Oper und Film auf die Wahrnehmung des Wahnsinns aus? Und gleich zu Beginn: Findet sich die vor, bei und nach Oscar Wilde imaginierte Salome tatsächlich schon in der Bibel?

Prolog

Im neuen Testament hat Salome keinen Namen, denn um sie geht es in ,ihrer' Geschichte gar nicht. In den Evangelien nach Matthäus (Mt 14, 1–13) und Markus (Mk 6, 14–29) ist sie einfach nur die Tochter der Herodias.[2] Sie

---

[1]   Fischer 2001, S. 383.

[2]   Flavius Josephus schildert in seinen *Antiquitates Judaicae XVIII*, 5:4 die komplizier-

tanzt zu Herodes' Geburtstagsmahl und gefällt ihm so sehr, dass er ihr jeden Wunsch zu erfüllen verspricht: „Um was du mich auch bitten wirst, ich werde es dir geben bis zur Hälfte meines Reiches" (Mk 6,23), womit ein erneuter „Heirats- und Inzestwunsch des Herodes" angedeutet ist.[3] Nicht ihr Tanz, sondern *sie* ist es, die ihm so sehr gefällt[4]. Der Rest der Geschichte ist bekannt. Von ihrer Mutter angestiftet, fordert sie den Kopf Johannes' des Täufers und bekommt ihn auch. Nicht Salome (deren Name „die Friedfertige" bedeutet) ist diejenige, die den Tod des Propheten veranlasst, sondern ihre Mutter Herodias. Seine moralische Kritik an ihrer Eheschließung mit Herodes war der Grund, der freie Wunsch der Tochter die Gelegenheit. Ist also die gesamte Rezeption der Salome-Figur ein großes Missverständnis, das die biblische Überlieferung fehldeutet, den Tanz zu Unrecht ins Zentrum der Geschichte rückt? Aus theologischer Sicht jedenfalls liegt dieser Verdacht nahe, wie Petra Pfaff herausgearbeitet hat:

> „Der Hinweis, dass dieser Tanz so fast undenkbar gewesen sei, weil nach orientalischer Sitte bei dieser Art Essen Berufstänzerinnen oder Dirnen tanzten, ist bis heute gern ignoriert worden. Herodias hätte ihre Tochter unmöglich dazu ermutigen können, ohne sie damit zu entehren. Kein standesbewusster Mann hätte Salome dann noch geheiratet. Vieles spricht dafür, dass der Evangelist Markus und in seiner Tradition auch Matthäus mit dieser unerhörten Geschichte zeigen wollten, dass Herodias sogar ihre eigene Tochter für ihre Interessen zu opfern bereit war."[5]

Doch auch diese historische Information ist nur ein Teil der Lösung. Eine schlüssige Erklärung liefert letztlich der sprachanalytische Befund des markinischen (Kon-) Textes. Aller Wahrscheinlichkeit nach war Salome höchstens zwölf Jahre alt, als sie für ihren Stiefvater tanzte. Anrüchig dürfte das eher nicht gewesen sein, und tatsächlich fehlt jegliche erotische Konnota-

---

ten Verwandtschaftsverhältnisse der herodianischen Dynastie, vgl. http://sacred-texts.com/jud/josephus/ant-18.htm, Zugriff am 28.02.2011. Eine „eindeutige Identifizierung der Salome" ist aber „aufgrund der schwierigen genealogischen Relationen" nicht möglich, vgl. Luther, Susanne, *Salome*. Zugriff am 28.02.2011 unter http://www.bibelwissenschaft.de/nc/wibilex/das-bibellexikon/details/quelle/WIBI/zeichen/s/referenz/53939/cache/5d385edb6d80357fb96b43a7d9ef4e9b/#top.

3 Fischer 2001, S. 385.

4 Mt 14,6: „Als aber der Geburtstag des Herodes begangen wurde, tanzte die Tochter der Herodias vor ihnen, und sie gefiel dem Herodes." sowie Mk 6,21 f.: „Und als ein geeigneter Tag kam, als Herodes an seinem Geburtstag den Großen und den Obersten und den Vornehmsten von Galiläa ein Gastmahl gab, kam ihre, der Herodias, Tochter herein und tanzte, und sie gefiel dem Herodes und denen, die mit zu Tisch lagen. [...]" (Elberfelder Übersetzung).

5 Pfaff 2006, S. 60.

tion in den Evangelien.[6] Sicherlich ist es „ungewöhnlich, dass ein Kind aus
dem Herrscherhaus einen Tanz vorführt", führt Michael Hartmann aus,
„doch lässt es sich durchaus auch als Geburtstagsgabe interpretieren, die
eine dieser Kultur entsprechend positive Gegenreaktion hervorruft".[7] Das
Kind weiß nicht, was es sich wünschen soll, seine Mutter sagt es ihm: „Den
Kopf Johannes des Täufers". Sie meint damit seinen Tod, „nicht notwendigerweise seine Enthauptung" (vgl. Mk 6,19). Diese Metonymie aber versteht das Mädchen nicht. Es nimmt den Wunsch seiner Mutter wörtlich
und „findet eine kindlich-praktische Lösung für das Problem des Kopf-
Transportes", indem es den Kopf „auf einem Teller" verlangt. Treibende
Kraft hinter all dem neutestamentlichen Geschehen ist Herodias – historisch zuverlässig ist nichts davon:[8] „Keine einzige historische Notiz erwähnt
[...] die Beteiligung der herodianischen Prinzessin am Tod des Johannes",
wohingegen parallele Erzählmotive „sowohl im Alten Testament als auch
außerbiblisch" zu finden sind.[9]

Ihren Namen erhielt Salome erst durch Kirchenvater Isidor von Pelu-
sium (gest. um 435), der als erster die evangelischen Texte mit der Genealo-
gie Flavius Josephus' zusammenbrachte.[10] Es waren die Kirchenvertreter
des Mittelalters, die die Sündhaftigkeit der Salome herbei schrieben.[11] Der
Wandel der Figur durch die Jahrhunderte zeigt, wie die ,weibliche Intrige'
mehr und mehr erotisch aufgeladen wurde: „Salome – im markinischen
Text noch ein namenloses Kind, das nicht selbst weiß, was es will – wird
nun zur Symbolfigur der Dekadenz"[12], entwickelt sich von der Neben- zur
Hauptfigur. In der Rezeptionsgeschichte wird Salome nicht nur erwachsen,
sondern auch böse. Sie wird zur *femme fatale*.

Eintritt in die hysterogene Zone:
Die Entwicklung der Figur zur Wilde'schen *femme fatale*

„Im 19. Jahrhundert", schreibt Gabriele Brandstetter, gewann „die Femme
fatale-Gestalt der Salome, oft überblendet mit Zügen der Herodias, besonders für die Künstler des Symbolismus eine ungeheure Faszination".[13] Der
Blickpunkt verschob sich von Herodias auf Salome, die dadurch „vom un-

---

6   Vgl. Petersen 2008, S. 69.
7   Hartmann 2001, S. 166 und 366.
8   Vgl. Petersen 2008, S. 69–74 sowie Girard 1983, S. 312–315.
9   Fischer 2001, S. 384 f.
10   Vgl. Daffner 1912, S. 31.
11   Vgl. Rohde 2000, S. 268.
12   Petersen 2008, S. 74.
13   Brandstetter 1995, S. 225.

schuldigen und folgsamen Mädchen zur Männermörderin" wurde.[14] Begünstigt wurde die Umdeutung des Salomethemas vor allem dadurch, „dass seine evangelische Quelle nicht nur sehr kurz gefasst, sondern auch offensichtlich unhistorisch ist". Nur so konnte Salome zur „Ikone der zweiten Hälfte des 19. Jahrhunderts" werden:[15]

> „[...] Salomes Tanz war mehr als nur eine exquisite Ablenkung vom Überdruss. Gleichzeitig schien sie das Versprechen eines grundlegenden Schnittes zu beinhalten. Ungefähr zu der Zeit, als Nietzsche entdeckt, dass Gott tot ist, bietet die Salomefigur mit ihrer Hinrichtung des letzten und aus christlicher Sicht bedeutendsten Propheten alttestamentlicher Zeit ein Exempel für die die zweite Hälfte des 19. Jahrhunderts prägende Krisis."[16]

Zahlreiche literarische und künstlerische, musikalische und tänzerische Adaptionen[17] des Salome-Stoffes zeugen von der Faszination, die diese nunmehr fiktive Salome auf die Intellektuellen des 19. Jahrhunderts ausübte. Gustave Flaubert nennt ihren Tanz in der Erzählung *Hérodias* (1877) „rasend wie ein Hexenkreisel"[18] und dichtet ihr Schleier an, wie sie dem Bild orientalischer Bauchtänzerinnen entsprechen – eine Ikonographie, die sich in der Folgezeit durchgesetzt hat.

Die sexuelle Devianz der Salome-Gestalt fügte sich passgenau in den Hysteriediskurs der Zeit ein, der alles Abweichende im Verhalten und Auftreten von Frauen unter diesen Sammelbegriff brachte – eine „tatsächliche, identifizierbare Krankheit" bezeichnete der Begriff der Hysterie nach heutigem Wissensstand allerdings nie. Wahrscheinlicher ist, dass bei den meisten ‚Hysterikerinnen' des *Fin de siècle* „nicht krankhafte somatische Veränderungen vorlagen, sondern dass das deviante Verhalten der [...] Frauen eine Form des versteckten Protestes gegen die Rechtlosigkeit in der damaligen Gesellschaft darstellte": Ihren Protest als Krankheit zu diagnostizieren und unter Zwang zu ‚therapieren', „fungierte somit als ein wirkungsvolles Mittel der fortgesetzten Unterdrückung, Entrechtung und Demütigung der Frauen".[19] Eine Hysterikerin wie Salome auf die Bühne zu stellen, war damit zeitgemäß und folgerichtig, aber eben auch, oder treffender: vor allem anstößig.

Besonders in der deutschen Romantik wirkten Dichtung und medizinischer Diskurs, Philosophie und Wissenschaft – nicht selten in ein und der-

---

14 Vgl. Rohde 2000, S. 274 f.
15 Ebd., S. 267.
16 Ebd., S. 271.
17 Siehe hierzu etwa Kultermann 2006 oder Marmin 1997, S. 217–224.
18 Zitiert nach Brandstetter 1995, S. 229.
19 Vgl. Kutschke 2010, S. 513 f. Siehe auch Bronfen 1998 und 2004; Braun 1988; Schaps 1983.

selben Person – zusammen,[20] gerade hier fiel also das Motiv der *femme fatale* auf fruchtbaren Boden. Dabei spielte in nicht geringem Maße der grassierende Antisemitismus eine Rolle, der in Salome auch den Typus der *belle juive* erkannte: eine schöne Jüdin, die nichtjüdische Männer verführt und ins Verderben stürzt:[21]

> "Salome is perverted because she serves as the audience's focus for a set of representations of difference, all of which are understood as perverted. They include appropriate signs and symptoms as well as the resultant psychosexual pathology. And, more basically, they reflect on Strauss's sophisticated understanding of his ideal audience and their self-representation. For there is one social group whom Strauss would have desired as his ideal audience, who were understood by fin-desiècle medicine as being especially at risk for hysteria, with its roots in seduction and incest: the Jews."[22]

Bei Salome war man sich international einig, eine hysterische Person vor sich zu haben: In seinem Roman À *rebours* (1884, dt. 1897: *Gegen den Strich*) nennt Joris-Karl Huysmans sie die „unsterbliche Göttin der Hysterie, die verruchte Schönheit, auserwählt unter allen anderen durch den Krampf, der ihr Fleisch starr und ihre Muskeln hart machte".[23] Er provozierte damit ebenso einen Skandal wie später Oscar Wilde oder Richard Strauss. Als textliche Grundlage sowohl der Oper von Strauss als auch des Stummfilms von Charles Bryant dient die folgende Vorstellung der *Salome* von Oscar Wilde zugleich als Inhaltsangabe für diese beiden Adaptionen.

Oscar Wildes *Salome* (1891)

Ursprünglich in französischer Sprache geschrieben, war Wildes einaktige Tragödie Salome ganz Kind ihrer Zeit. Von der biblischen Vorlage ist diese moderne Salome denkbar weit entfernt. Schön und begehrenswert, vom ausgelassenen Treiben in Herodes' Palast angewidert, zwingt sie den Wachmann Narraboth, ihr den gefangen gehaltenen Jochanaan (Johannes den Täufer) zu zeigen. Als sie ihn das erste Mal sieht, erinnert ihre Rede sehr an die Verse des Hohen Liedes, wenn sie sagt:

---

20 Vgl. Thiher 1999, S. 182.
21 Vgl. Rohde 2000, S. 279.
22 Gilman 1988, S. 54.
23 Zitiert nach Rohde 2000, S. 280.

„Dein Leib ist weiß wie der Schnee auf den Bergen Judäas. Die Rosen im Garten von Arabiens Königin sind nicht so weiß wie dein Leib, nicht die Rosen im Garten der Königin, nicht die Füße der Dämmerung auf den Blättern, nicht die Brüste des Mondes auf dem Meere, nichts in der Welt ist so weiß wie dein Leib."[24]

Narraboth, der für die Prinzessin schwärmt und erkennen muss, dass ihr Interesse nicht ihm, sondern dem eingesperrten Propheten gilt, ist darüber so verzweifelt, dass er sich im Wahn selbst ersticht. Salome scheint das nicht einmal zu bemerken, viel zu sehr ist sie auf Jochanaan fixiert. Beide, Salome und Jochanaan, werden metaphorisch mit dem Mond assoziiert, und überhaupt wirkt das „Wandern des Mondes" wie eine „latente Kommentierung des Stückverlaufs": Herodes erscheint er „wie eine wahnsinnige Frau auf der Suche nach einem Buhlen", und Salome sieht im Weiß des Mondes eine Keuschheitsmetapher für sich selbst wie auch für Jochanaan, in dem sie „das rettend Andersartige zu finden" hofft.[25] Jochanaan jedoch weist Salome zurück, weigert sich sogar, die Prinzessin auch nur anzublicken – ein weiteres Leitmotiv in Wildes Stück: "In *Salome*, Oscar Wilde expresses a dangerous relationship between sight and sexual desire that leads to death", stellt Leland Tabares fest.[26] Salomes Annäherungsversuch bleibt erfolglos, ihre Zuneigung wird nicht erwidert. Erst das führt „zum perversen Umschlag ihrer Gefühle".[27]

Herodes müht sich um die Aufmerksamkeit Salomes und lockt sie mit reifen Früchten: „Salome, komm, iss mit mir von diesen Früchten. [...] Beiß nur ein wenig ab, nur ein wenig von dieser Frucht, dann will ich essen, was übrig ist." Die Parallele zum Sündenfallmotiv, zu Eva und der Schlange ist unübersehbar. Doch zunächst gelingt es Herodes noch nicht, Salome für seine Gesellschaft zu interessieren und es scheint, als würde Salome teilnahmslos allem Werben des Stiefvaters widerstehen. Herodes diskutiert mit fünf Juden – die sich auch angeregt untereinander streiten – und zwei Nazarenern über Jochanaan, und von Ferne dringt dessen Stimme immer wieder durch, mahnend und Unheil prophezeiend. Erst jetzt kommt Herodes auf die Idee, Salome tanzen zu lassen: „Tanz für mich, Salome." Anstelle der Adressatin antwortet Herodias: „Ich will nicht haben, dass sie tanzt", und Salome ergänzt: „Ich habe keine Lust, zu tanzen, Tetrarch." Der König beginnt zu betteln, den wiederholten Einspruch seiner Gattin übergehend: „Salome, Salome, tanz für mich, ich bitte dich. Ich bin traurig heute Nacht,

---

24   Wilde, Oscar, *Salome*. Zugriff am 28.02.2011 unter
     http://gutenberg.spiegel.de/?id=5&xid=3679&kapitel=1#gb_found.

25   Vgl. Schreiber 2000, S. 249.

26   Tabares, Leland, „Staring into Destruction: Analyzing the Association between Sight,
     Desire, and Death". Zugriff am 28.02.2011 unter http://siteslab.org/pitjournal/
     node/232.

27   Vgl. Schreiber 2000, S. 249.

drum tanz für mich. Salome, tanz für mich! Wenn du für mich tanzest,
kannst du von mir begehren, was du willst. Ich werde es dir geben." Salome
traut dem Angebot noch nicht, doch Herodes versichert ihr: „Alles, was du
von mir begehren wirst, und wär's die Hälfte meines Königreichs". Er be-
schwört es bei seinem Leben, seiner Krone und seinen Göttern, *bevor* sie
tanzt – in den Evangelien kommt sein Angebot erst danach. „Du wirst schön
sein als Königin, unermesslich schön", fährt der Wilde'sche Herodes fort,
und nachdem er kurz unter einem eisigen Wind erschauert, den er zu spüren vermeint, erklärt sich Salome schlussendlich bereit: „Ich will für dich
tanzen." Noch immer ist die Stimme Jochanaans aus der Zisterne zu hören,
Herodias rast: „Ich will nicht haben, dass meine Tochter tanzt, während er
immer dazwischen schreit. Ich will nicht haben, dass sie tanzt, während du
sie auf solche Art ansiehst. Mit einem Wort: ich will nicht haben, dass sie
tanzt." Doch ihre Tochter hat sich entschieden: „Ich bin bereit, Tetrarch."[28]

Also tanzt sie ihren *Tanz der sieben Schleier* – die Konzeption des Tanzes
wird „über eine pragmatische Regieanweisung [...] der jeweiligen choreo-
graphisch-tänzerischen Verwirklichung einer Aufführung überantwortet":[29]

> „Die Musikanten beginnen einen wilden Tanz. Salome, zuerst noch bewegungs-
> los, richtet sich hoch auf und gibt den Musikanten ein Zeichen, worauf der wilde
> Rhythmus sofort abgedämpft wird und in eine sanft wiegende Weise überleitet.
> Salome tanzt sodann den ‚Tanz der sieben Schleier'. / Sie scheint einen Augen-
> blick zu ermatten, jetzt rafft sie sich wie neubeschwingt auf. Sie verweilt einen
> Augenblick in visionärer Haltung an der Zisterne, in der Jochanaan gefangen
> gehalten wird; dann stürzt sie vor und zu Herodes' Füßen."[30]

Herodes ist begeistert und fragt sie, nachdem sie ihren Tanz beendet hat,
erneut nach ihrem Wunsch: „Ich will dir alles geben, was dein Herz be-
gehrt. Was willst du haben? Sprich!" Als sie nun als Lohn für ihre Darbie-
tung den Kopf Jochanaans in einer Silberschüssel fordert, ist der König
entsetzt. Er versucht noch zu verhandeln, bietet ihr Alternativen an, doch
sie bleibt bei ihrem makabren Wunsch. Sie bekommt, was sie verlangt und
drückt einen Kuss „auf die Lippen des abgeschlagenen Hauptes des Jochanaan", verknüpft Eros und Thanatos, Lebens- und Todestrieb auf zwin-
gende Weise.[31] Noch einmal kehrt das Sündenfallmotiv rhetorisch wieder:
„Ah! Du wolltest mich nicht deinen Mund küssen lassen, Jochanaan! Wohl,
ich werde ihn jetzt küssen! Ich will mit meinen Zähnen hineinbeißen, wie

---

28   Wilde, *Salome*.

29   Brandstetter 1995, S. 227.

30   Wilde, *Salome*.

31   Vgl. Kohlmayer, „Oscar Wildes Einakter ‚Salome' und die deutsche Rezeption". Zu-
     griff am 28.02.2011 unter http://www.rainer-kohlmayer.de/downloads/files/salo-
     me_rezeption.pdf.

man in eine reife Frucht beißen mag."[32] Ihr wahnhafter Monolog führt auch sie ins Verderben, Herodes erblickt ein Ungeheuer in ihr und befiehlt: „Man töte dieses Weib!" Und seine „Soldaten stürzen sich auf Salome und begraben sie unter ihren Schilden", ganz wie Jochanaan es gefordert hatte. [33] Salomes Sündenfall geschieht an dieser Stelle: Als sie im Moment ihres Todes, vom Mond beleuchtet und den Kopf des Propheten in der Hand haltend, zur Verkörperung ihres unnatürlichen Verlangens wird. Herodes erkennt nun, welch verheerende Folgen sein eigenes, im Schleiertanz erfülltes Verlangen hat. Sein Tötungsbefehl ist daher die einzige logische Konsequenz[34] – auch aus biblischer Sicht: „aber von der Frucht des Baumes, der in der Mitte des Gartens ist, hat Gott gesagt, davon sollt ihr nicht essen und sie nicht anrühren, auf dass ihr nicht sterbet", heißt es in Gen 3,3.[35]

Wildes *Salome* ist stilistisch dem französischen Symbolismus verpflichtet und weist einige charakteristische Merkmale desselben auf: „gesteigerte Musikalität, synästhetische Effekte, Symbolik des Bühnenbildes, die Bedeutung der Pausen, des Tanzes, das monologische Sprechen, die Stimmung von Fatalität, die über der Szene lastet". Auf ihre Art ist diese Salome auch ein griechisches Stück, denn sie folgt nicht nur der „formalen Strenge aristotelischer Dramaturgie", sondern sie dekonstruiert auch – in ästhetischer Hinsicht – das „puritanische Christentum aus dem Geist der Antike". Nur im französischen Original verbinden sich die Sprache und die Behandlung des Themas zugleich formal und ästhetisch, weder die englische noch die deutsche Übersetzung vermögen die Stimmungssprache des Ausgangstextes gleichermaßen eindrücklich zu vermitteln. Eher verändern oder verfremden die Übertragungen, was Wilde in „musikalischem Sprachbewusstsein" formuliert hatte. Auch die Illustrationen, die Aubrey Beardsley für die englische Übersetzung von Lord Alfred Douglas (1894) anfertigte, gefielen Wilde nicht – dennoch sind sie bis heute von großem Einfluss gerade in der deutschen Bühnenrezeption: „Kostümierung und Körperhaltung Salomes", stellt Rainer Kohlmayer fest, „werden gelegentlich geradezu Beardsleys Zeichnungen nachgestellt".[36] Die deutsche Übersetzung von Hedwig Lachmann, die 1900 in der Wiener Rundschau erschien, wurde zur textlichen Grundlage der Strauss'schen Vertonung.[37] Hier ist Salome von tierhafter Wildheit, provoziert eine „ethisch notwendige Bändigung der Naturgewalt 'Weib'":[38]

---

32   Wilde, *Salome*.

33   Ebd., sowie Kohlmayer, „Oscar Wildes Einakter ,Salome' und die deutsche Rezeption".

34   Vgl. Scanlon/Kerridge 1988, S. 43.

35   http://www.bibel-online.net/text/elberfelder_1905/1_mose/3/, Zugriff am 28.2.2011.

36   Ebd. Siehe auch Thuleen 1995.

37   Siehe hierzu Wolf 2009, S. 68–73.

38   Vgl. Kohlmayer: „Oscar Wildes Einakter ,Salome' und die deutsche Rezeption".

„Die dialektischen Bezüge zwischen Jochanaan und Salome, Jochanaan und Herodes kommen ihr [= Hedwig Lachmann] nicht in den Blick. Jochanaan verkörpert
bei Lachmann und seit Lachmann, da er nicht zur Lynchjustiz an Salome auffor-
dert, einzig die passive, weltabgewandte Reinheit des christlichen Propheten, so
dass sich auch für die theatralische Rezeption der beiden Figuren der schlichte
Gegensatz von Hure und Heiligem aufdrängen musste."[39]

Strauss sah Wildes *Salome* in der Lachmann'schen Übersetzung am
„15. November 1902 [...] in einer Privataufführung an Max Reinhardts *Klei-
nem Theater* in Berlin mit Gertrud Eysoldt in der Hauptrolle. Die Radikali-
sierung der Salome-Figur, die aus ihr eine „Ikone eruptiver Sexualität gemacht" habe, werde in der 1905 in Dresden uraufgeführten Strauss'schen
Vertonung besonders deutlich, so Kohlmayer.[40] Auch bei der musikalischen
Umsetzung der Wilde'schen *Salome* stellt sich also die Frage: Männermord
oder Sündenfall?

Musikalische Adaption: Richard Strauss' Oper *Salome* (1905)

Alles dreht sich um den Tanz. Wer – auch heute noch – in einer Auffüh-
rung von *Salome* sitzt, wartet nur darauf, auf diesen Schlüsselmoment der
Oper. Diese sei „eine symphonische Dichtung mit dem unsichtbaren Titel
Hysterie"[41], urteilte ein Kritiker bald nach der Uraufführung, „Straussens
,Salome' ist auf weite Strecken Musik gewordene Hysterie",[42] stimmte
Ernst Krause 1955 zu. Musikwissenschaftliche Analysen gibt es zuhauf,
vielfach wurde die *Salome* harmonisch und rhythmisch, leitmotivisch und
klanglich zerlegt und ergründet.[43] Der knapp neunminütige *Tanz der sieben
Schleier*, den Strauss erst nach Vollendung der restlichen Oper kompo-
nierte, wird dabei zumeist als qualitativ zurückstehend bewertet. Alma
Mahler erinnert sich, dass der Tanz „das einzig Schwache an dieser Partitur" sei, „nur eine Kompilation des übrigen".[44] Gerade das aber ist die kom-
positorische Qualität des Tanzes. Er ist keine Einlage, sondern Teil der
Handlung; kein Dekor, sondern Diegese. Durch die jahrzehntelang gängige
Praxis, diesen Tanz nicht durch die (beleibte) Salome-Sängerin, sondern

---

39   Ebd.

40   Ebd.

41   Zitiert nach Gregor 1939, S. 81. Eine genaue Quellenabgabe bleibt der Autor schul-
     dig.

42   Krause 1955, S. 313.

43   Siehe etwa Gysi 1934, S. 86–93; Mann 1964, S. 39–61; Schläder 1997, S. 83–89;
     Schreiber 2000, S. 246–256.

44   Vgl. Mahler 1949, S. 114. Zitiert nach Wolf 2009, S. 44.

durch eine Tänzerin ausführen zu lassen, mag sich dies jedoch der Wahrnehmung vieler entzogen haben. Aus der Perspektive der Opernfiguren ist eine solche (Tanz-) Musik, die innerhalb der Handlung einer Oper erklingt, diegetisch, während alle andere Musik nicht-diegetisch ist:

> "In opera, the ,other music' – the operatic music proper – gives the impression of being the medium by means of which the characters communicate and, for that reason, of being part of the action. However, the latter is not the case, in the sense that the characters do not communicate by means of music but by means of what they say as they sing, without this being experienced by them within the dramatic reality as music (if they do, the music is diegetic)."[45]

Es ist aus diesem Blickwinkel betrachtet zwingend logisch, dass Strauss in den *Tanz der sieben Schleier* die verschiedenen Leitmotive der restlichen Opernkomposition eingewoben hat. Die auf der Szene anwesenden Zuschauer dieses Tanzes *hören* ihn auch, genau wie das Publikum im Opernhaus, sie hören darin ihre eigenen Leitmotive – als solche identifizieren können sie sie nicht. Man kann in Salomes Tanzmusik die „sinfonische Zusammenfassung des Ganzen" sehen, wie es in früheren Opern durch eine Ouvertüre geleistet wurde, die bei Salome fehlt. Oder ist der Schleiertanz doch mehr, „etwa die klärende innere Entwicklung aller verwirrten Gefühle und Wünsche der Prinzessin Salome", die „aus der tändelnden Kindfrau zum leidenschaftlich begehrenden Weib geworden ist"?[46]

Der methodische Reflex der Musikwissenschaft, derlei Fragen über eine harmonische und motivische Analyse beantworten zu wollen, nützt der Sache des Tanzes nur bedingt. Eine Tanzmusik einmal nicht (nur) auf Harmonik und Rhythmik hin abzuklopfen, sondern ihre Energie zu erfassen, eröffnet eine andere, tänzerische Verständnisebene. Erschließen lässt sich diese auch mit Hilfe der Regieanweisungen des Komponisten: „Die Musikanten beginnen einen wilden Tanz." – „Salome noch bewegungslos." – „Jetzt richtet sich Salome hoch auf und gibt den Musikanten ein Zeichen, worauf der wilde Rhythmus sofort abgedämpft wird und in eine sanft wiegende Weise übergeleitet." – „Salome tanzt den Tanz der sieben Schleier." Dieser ist nun lediglich über die Tempoangaben in der Partitur vorchoreographiert: „Ziemlich langsam" beginnt er, „etwas zögernd", „sehr gemessen", findet dann wieder ins das „frühere Zeitmaß" zurück. Er wird bald „etwas lebhafter", bald „wieder ruhiger", dann erneut „etwas lebhafter", beruhigt sich jedoch schnell: „wieder erstes Zeitmaß (ziemlich langsam)". „Allmählich etwas fließender" werdend, ist er bald „viel bewegter" zu spielen – und steht ab dieser Anweisung in Cis-Dur, hat also sieben Kreuze

---

45 Lek 1991, S. 31.
46 Vgl. Hartmann 1980, S. 39.

vorgezeichnet. Mit der nächsten Anweisung „wieder etwas mäßiger" verschwinden alle diese Versetzungszeichen, werden aufgelöst – deutet
Strauss hiermit die sieben Schleier und das Ablegen derselben an? „Wieder
etwas mäßiger" wechselt sich nun in rascher Folge mit Accelerandi ab, bevor nach einem letzten „allmählich bewegter" wieder eine Regieanweisung
notiert ist und das Ende des Tanzes vorbereitet: „Salome scheint einen Augenblick zu ermatten, jetzt rafft sie sich wie neubeschwingt auf." Die Musik
wird nun „sehr schnell", geradezu atemlos, bis sie plötzlich innehält: „Etwas langsamer. / Salome verweilt einen Augenblick in visionärer Haltung
an der Cisterne, in der Jochanaan gefangen gehalten wird, ... / sehr schnell /
dann stürzt sie vor und zu Herodes Füßen."[47] Die äußere Form der Musik
hat Fritz Gysi plastisch beschrieben und interpretiert:

> „Dem Tanz der sieben Schleier [...] kommt (musikalisch gesprochen) eine Doppel-
> rolle zu: Er kombiniert orientalische Floskeln, orientalisches Kolorit mit der festen
> Grundform des Wiener Walzers, der freilich hier ins Pathologische ausartet. Die-
> ser melodisch kastrierte Walzer bringt eher eine Entspannung als eine Verschär-
> fung des Hysterischen und hat bei weitem nicht die orgiastisch-elementare Wir-
> kung der in den prinzesslichen Lockgesängen zum Ausdruck kommenden
> Liebesattitüden."[48]

Dieser Deutung liegt offensichtlich die zuvor entfaltete Leitmotivik zugrunde, deren Analyse das Diegetische der Schleiertanz-Situation unbe-
rücksichtigt lässt. So kommt Dorothea Redepenning zu einem ganz anderen Schluss:

> „Salomes berühmter Tanz mit den sieben Schleiern kann, wieder medizinge-
> schichtlich gesprochen, als Selbstpräsentation einer Hysterikerin gesehen wer-
> den, mit der sie ein konkretes Ziel erreichen will und mit der sie dem männlichen
> Hysteriker Herodes vordergründig eine erotische Ersatzbefriedigung gewährt
> [...]."[49]

Der Tanz erfüllt sein Ziel. Salome erhält, was sie fordert, kann endlich Jochanaans Mund küssen – und schnell geht's zu Ende. Noch einmal tönt das
durchdringende Cis-Dur mit den sieben Kreuzen, die nach nur wenigen
Takten wieder aufgelöst werden, als Herodes „Man töte dieses Weib!"
schreit. Zehn Takte noch, dann ist Salome unter den Schilden der Wachen
begraben, die Oper aus. Mit dem nun „über mehrere Oktaven aufgefächer-
ten Ton c" ist der „Schrecken, der von dieser Hysterikerin ausgeht, ein für

---

47   Strauss 1943, S. 202–240.
48   Gysi 1934, S. 93.
49   Redepenning 2000, S. 89.

alle mal gebannt".[50] Herodes, der Salome mit vielerlei Lockungen zum Tanz verführt hatte, musste sein vorab gegebenes Versprechen halten, sie am Ende für ihren abscheulichen Wunsch aber betrafen – auch, um sich selbst reinzuwaschen von der Schuld, seiner wollüstigen Gier einen Propheten geopfert zu haben.

Filmische Adaption: Charles Bryants Stummfilm *Salomé* (1923)

Die Faszination, die Strauss' *Salome* in Europa ausübte, hatte sie auf der anderen Seite des Atlantiks zunächst nicht. Am 22. Januar 1907 hatte sie in der Metropolitan Opera in New York Premiere – und es blieb bei dieser einen Aufführung. Erst 27 Jahre später durfte Salome die Bühne der Met wieder betreten. In der Zwischenzeit erfreuten sich andere, populärere Salomes großer Beliebtheit in den Vereinigten Staaten: Die Ballerina Bianca Froelich, die den *Tanz der sieben Schleier* in der einzigen Strauss-Aufführung interpretiert hatte, wechselte ins Vaudeville-Theater, und auch Mlle Dazie, mit bürgerlichem Namen Daisy Peterkin, trat in der Revue *Follies of 1907* mit ihrer Version des *Dance of the Seven Veils* auf. Sie tat dies so überzeugend, dass sie alsbald ihre „school for Salomes" eröffnen konnte, die von monatlich 150 neuen Salomes absolviert wurde. Salome-Lieder und -tänze, stets inspiriert von orientali(sti)schen Klängen und dem Bauchtanz, der seit der Chicagoer Weltausstellung von 1893 in den USA populär war, überschwemmten das Land geradezu. Im Oktober 1908 waren es allein in New York City nicht weniger als 42 Salome-Tänzerinnen, die in perlenverzierten Kostümen über die Broadwaybühnen tänzelten und einen Kopf aus Pappmaché küssten. Erst um 1912 klang diese *Salomania*, die die New York Times diagnostiziert hatte, allmählich ab.[51]

Als die renommierte Theaterschauspielerin und Filmemacherin Alla Nazimova 1921 den Salome-Stoff für eine filmische Umsetzung in Angriff nahm, konnte sie sicher davon ausgehen, die Figur und ihren Tanz nicht erklären zu müssen. *Salomé* gilt heute als der „erste Kunstfilm Amerikas": „bis zur Stilisierung künstlich" gehalten, ist diese „Stummfilmversion der Tragödie von Oscar Wilde" ein Meilenstein der Filmgeschichte. Unter dem Pseudonym Peter M. Winters hatte Natacha Rambowa, Gattin des berühmten Schauspielers Rudolph Valentino, das Drehbuch verfasst, und auch „das opulente Dekor und die Kostüme" waren ihre Entwürfe. Unübersehbar ist die Ausstattung des Films eng an die Illustrationen von Aubrey Be-

50   Redepenning 2000, S. 97.
51   Vgl. Hamberlin 2006.

ardsley angelehnt.[52] Die 42jährige Nazimova spielt die vierzehnjährige Salome mit eindrücklicher Intensität: „[...] the grande dame Nazimova turned
in a stunningly stylized portrait of the teenage femme fatale."[53] Das schon
während der Produktion des Films gestreute Gerücht, alle beteiligten
Schauspieler und Crewmitglieder seien – als Hommage an Oscar Wilde –
homo- oder bisexuell war ebenso publikumswirksam wie skandalös. Eine
solch offene Darstellung von Homosexualität (etwa durch den Einsatz von
Drag Queens an Herodes' Hof) war in der Wahrnehmung der Zeitgenossen eine Ungeheuerlichkeit.[54] So überrascht es nicht, dass der Film nach
seiner New Yorker Uraufführung am 31. Dezember 1922[55] bei den Kritikern
durchfiel. Doch nicht nur an dieser Provokation stießen sich die Kommen-
tatoren, sondern auch und vor allem an der Künstlichkeit des Werks:
"Though a striking visuality was quite appropriate for and common in films
of the period", schreibt Patricia White, „*Salome's* artiness made it an oddity.
[...] A common criticism is that the film is hardly a movie; its aesthetic is one
of stasis and pantomime [...]."[56] Der anonyme Kritiker der New York Times
zeigte sich besonders enttäuscht darüber, dass Salomes Tanz[57] so wenig frei-
zügig war: „But someone may reply that the real dance wouldn't be allowed,
and that if it were decent people wouldn't look at it. Exactly. The real *Salome*
is impossible on both counts."[58] Dass Nazimova/Salome ihren Tanz der sieben mit nur sechs Schleiern tanzt, bemerkt er nicht. Die eigenwillige Choreographie hat Eva Maria Fischer anschaulich beschrieben:

> „Weite, steife, ausgepolsterte Mäntel der [vier] Dienerinnen verdecken zunächst
> die Gestalt in der Mitte. Sie ist von lilienartig gewundenen Schleierbahnen einge-
> hüllt und tanzt sich allmählich davon frei. Salome, im hautengen, sehr kurzen
> weißen Kleid, trägt ihre schulterlangen, platinblonden Haare jetzt offen. Als sie
> mit ihrer Forderung zu Herodes geht, wirft sie sich ein großes, transparentes
> Tuch um, mit dem sie zuvor herumgewirbelt ist."[59]

Die orientalische Schönheit, die andere Salome-Tänzerinnen vor Nazimova
verkörperten, ist hier in eine blond leuchtende Gestalt verwandelt, deren

---

52 Vgl. „Salome – ein Stummfilm von Charles Bryant". Zugriff am 28.02.2011 unter
    http://www.arte.tv/de/film/stummfilm-auf-arte/Salome/1902390.html.

53 White 2002, S. 65.

54 Vgl. „Salome – ein Stummfilm von Charles Bryant".

55 Als Veröffentlichungsdatum wird dennoch einheitlich 1923 angegeben.

56 White 2002, S. 65 und 72.

57 Der entsprechende Filmausschnitt ist zu sehen auf http://www.youtube.com/
    watch?v=44OmwMoGWfs, Zugriff am 28.02.2011.

58 Anonyme Besprechung der Filmpremiere, in: New York Times vom 1. Januar 1923,
    zitiert nach White 2002, S. 82 f.

59 Fischer 2001, S. 389.

Abb. 1 Alla Nazimova als Salome, Standbild bei 34:57 Min.

symmetrisch inszenierter Tanz in keinem Moment wild oder lasziv wird. Nazimovas Salome ist eine kontrollierte, kühle *femme fatale*, deren „stark geschminkte Augen [...] auf den medusenhaften Blick" verweisen, „der bei Oscar Wilde sinnbildlich ist" – und die eine Künstlerin zeigen, „die sich selbst zu ernst nimmt."[60]

Die schlechten Kritiken trugen wohl maßgeblich dazu bei, dass der Film floppte, Geldgeber sich zurückzogen – und dass Nazimova nie wieder einen Film produzierte. Feministisch ausgerichtete Forschungsarbeiten sind sich dennoch einig, dass Nazimova sich um eine weibliche Filmmoderne verdient gemacht hat. Nazimova war zweifellos eine Identifikationsfigur für die Frauen ihrer Zeit, und gerade dadurch verschob sich in der Rezeption des Films die Wahrnehmung von der dargestellten zur darstellenden Person: Zu Wildes Salome und ihren psychologischen Abgründen scheint alles gesagt, nun interessiert man sich für die Künstlerin Nazimova, die erste lesbische Filmemacherin:

---

60   Ebd., S. 389 f.

"To take on the role of this particular *femme fatale* is also to take on the legacy of the stars who had previously been identified with the figure and thus to ally one-self with women artists as well as female audiences. Especially when performed by a Jewish celebrity, the Jewish princess became a powerful vehicle for articulat-ing a modern sexual identity."[61]

Damit schließt sich der Kreis zu Strauss und dem geistesgeschichtlichen Umfeld, in dem seine Salome entstanden war. Eine jüdische Schauspielerin in der Rolle der jüdischen Prinzessin Salome schien genau jene *belle juive* zu sein, die man im europäischen Entstehungskontext der Strauss'schen Oper herbei schrieb – im Amerika der 1920er Jahre war sie die Idealbeset-zung im Sinne sexueller Befreiung. Nicht mehr Salome war hier hysterisch, sondern die Reaktionen auf sie.

Fazit

Von den Evangelien zu Wilde, Strauss und Nazimova war es ein weiter Weg. Die biblische Salome war nur ein kleines Mädchen, das seinen Stief-vater mit einem harmlosen Tanz beschenkte. Die Salome des 19. und frü-hen 20. Jahrhunderts ist eine ganz andere, eine imaginierte *femme fatale*. Mit der psychologischen Verdichtung der Leitmotive, die Strauss 1905 in seinem *Tanz der sieben Schleier* komponierte, gibt er der Interpretin das Maß an Hysterie, das sie in die Rolle hineinzulegen hat, nur andeutungs-weise vor. Im Falle des Stummfilmes von 1923 übernimmt es die beigefügte Musik, die Dosis des Wahnsinns zu verklanglichen. Und dennoch: Das Bild der erwachsenen Salome ist von Dauer und die heutige Vorstellung der tanzenden Männermörderin nichts weiter als ein Produkt jener mythi-schen Figur, die Wilde und Strauss vor gut einhundert Jahren auf der Grundlage des Hysteriediskurses geschaffen haben.

Literatur

Brandstetter, Gabriele, *Tanz-Lektüren. Körperbilder und Raumfiguren der Avantgarde*, Frank-furt a. M. 1995.
Braun, Christina von, *Nicht ich. Logik, Lüge, Libido*, Frankfurt a. M. 1985.
Bronfen, Elisabeth, *Liebestod und Femme fatale. Der Austausch sozialer Energien zwischen Oper, Literatur und Film*, Frankfurt a. M. 2004.
Dies., *Das verknotete Subjekt. Hysterie in der Moderne*, Verlag Volk & Welt, Berlin 1998.

---

61   White 2002, S. 78.

Daffner, Hugo, *Salome. Ihre Gestalt in Geschichte und Kunst. Dichtung – Bildende Kunst – Musik*, München 1912.

Fischer, Eva Maria, „Salome – Femme fatale des Neuen Testaments? Ein Streifzug durch die Rezeptions- und Wirkungsgeschichte",Frühwald-König, Johannes et al. (Hg.), *Steht nicht geschrieben? Studien zur Bibel und ihrer Wirkungsgeschichte. Festschrift für Georg Schmuttermayr*, Regensburg 2001, S. 383–401.

Gilman, Sander L., „Strauss, the Pervert, and Avant Garde Opera of the Fin de Siècle", *New German Critique* 43 (1988), S. 35–68.

Girard, René, „Scandal and the Dance: Salome in the Gospel of Mark", *New Literary History* 15 (1983), S. 311–324.

Gregor, Joseph, *Richard Strauss. Der Meister der Oper*, München 1939.

Gysi, Fritz, *Richard Strauss*, Potsdam 1934.

Hamberlin, Larry, „Visions of Salome. The Femme Fatale in American Popular Songs before 1920",*Journal of the American Musicological Society* 3 (2006), S. 631–696.

Hartmann, Michael, *Der Tod Johannes' des Täufers. Eine exegetische und rezeptionsgeschichtliche Studie auf dem Hintergrund narrativer, intertextueller und kulturanthropologischer Zugänge*, Stuttgart 2001 (= Stuttgarter biblische Beiträge Bd. 45).

Hartmann, Rudolf, *Richard Strauss. Die Bühnenwerke von der Uraufführung bis heute*, München 1980.

Krause, Ernst, *Richard Strauss. Gestalt und Werk*, Leipzig 1955.

Kultermann, Udo, „The *Dance of the Seven Veils*. Salome and Erotic Culture around 1900", *Artibus et Historiae* Bd. 27, Nr. 53 (2006), S. 187–215.

Kutschke, Beate, „Wahnsinn/Hysterie", Kreutziger-Herr, Annette & Unseld, Melanie (Hg.), *Lexikon Musik und Gender*, Bärenreiter Verlag, Kassel 2010.

Lek, Robbert [sic] van der, *Diegetic Music in Opera and Film. A Similarity between two Genres of Drama Analysed in Works by Erich Wolfgang Korngold (1897–1957)*, Amsterdam 1991.

Mahler, Alma, *Gustav Mahler. Erinnerungen und Briefe*, Amsterdam 1949.

Mann, William, *Richard Strauss. Das Opernwerk*, München 1964.

Marmin, Olivier, *Diagonales de la danse*, Paris 1997.

Petersen, Silke, „Salome: die Tochter der Herodias tanzt und bekommt einen Namen", Keuchen, Marion & Lenz, Matthias & Schroeter-Wittke, Harald (Hg.), *Tanz und Religion. Theologische Perspektiven*, Frankfurt a. M. 2008, S. 49–79.

Pfaff, Petra, *Beweg Gott und Mensch. Grundzüge einer Theologie der Bewegung und kreativen Didaktik des Tanzes im Kontext von Schule und Gemeinde*, Leipzig 2006.

Redepenning, Dorothea, „„... die Göttin der unsterblichen Hysterie ...' – Salome und ihre Schwestern als Operngestalten des frühen 20. Jahrhunderts", Leopold, Silke & Speck, Agnes (Hg.), *Hysterie und Wahnsinn*, Heidelberg 2000 (= Heidelberger Frauenstudien Bd. 7), S. 84–112.

Rohde, Thomas, *Mythos Salome*, Leipzig 2000.

Scanlon, Joan & Kerridge, Richard, „Spontaneity and Control: The Uses of Dance in Late Romantic Literature", *Dance Research: The Journal of the Society for Dance Research* 1 (1988), S. 30–44.

Schaps, Regina, *Hysterie und Weiblichkeit. Wissenschaftsmythen über die Frau*, Frankfurt a. M. 1983.

Schläder, Jürgen, „Salome", Dahlhaus, Carl (Hg.), *Pipers Enzyklopädie des Musiktheaters. Oper, Operette, Musical, Ballett*, Bd. 6, München 1997, S. 83–89.

Schreiber, Ulrich, „Salome", Ders.: *Opernführer für Fortgeschrittene. Eine Geschichte des Musiktheaters* Bd. 3.1: *Von Verdi und Wagner bis zum Faschismus*, Kassel 2000, S. 246–256.

Strauss, Richard, *Salome. Musikdrama in einem Aufzuge nach Oscar Wildes gleichnamiger Dichtung in deutscher Übersetzung von Hedwig Lachmann, op. 54.* Orchester-Partitur zum Studiengebrauch, Bramstedt 1943.

Thiher, Allen, *Revels in Madness. Insanity in Medicine and Literature*, Ann Arbor 1999.

Trammel Skaggs, Carmen, „Modernity's Revision of the Dancing Daughter: The Salome Narrative of Wilde and Strauss", *College Literature* 3 (2002), S. 124–139.

White, Patricia, „Nazimova's Veils. *Salome* at the Intersection of Film Histories", Bean, Jennifer M. & Negra, Diane (Hg.), *A Feminist Reader in Early Cinema*, Durham 2002, S. 60–87.

Winterhoff, Lissy, *Ihre Pracht muß ein Abgrund sein, ihre Lüste ein Ozean. Die jüdische Prinzessin Salome als Femme fatale auf der Bühne der Jahrhundertwende*, Würzburg 1998.

Wolf, Christian, *Studien zur Entstehung der Oper Salome von Richard Strauss*. Dissertation, München 2009.

Internetquellen

Bibel, Elberfelder Übersetzung. Zugriff am 28.02.2011 unter http://www.bibel-online. net/text/elberfelder_1905

Flavius Josephus, *Antiquities of the Jews – Book XVIII*. Zugriff am 28.02.2011 unter http://sacred-texts.com/jud/josephus/ant-18.htm

Kohlmayer, Rainer, „Oscar Wildes Einakter ‚Salome' und die deutsche Rezeption". Zugriff am 28.02.2011 unter http://www.rainer-kohlmayer.de/downloads/files/salome_re-zeption.pdf

Luther, Susanne, *Salome*. Zugriff am 28.02.2011 unter http://www.bibelwissenschaft.de/nc/wibilex/das-bibellexikon/details/quelle/WIBI/ zeichen/s/referenz/53939/cache/5d385edb6d80357fb96b43a7d9ef4e9b/#top

„Nazamova [sic] dances in ‚Salome'". Zugriff am 28.02.2011 unter http://www.youtube. com/watch?v=44OmwMoGWfs

„Salome – ein Stummfilm von Charles Bryant". Zugriff am 28.02.2011 unter http://www. arte.tv/de/film/stummfilm-auf-arte/Salome/1902390.html

Tabares, Leland, „Staring into Destruction: Analyzing the Association between Sight, Desire, and Death". Zugriff am 28.02.2011 unter http://siteslab.org/pitjournal/ node/232

Thuleen, Nancy. *Salome: A Wildean Symbolist Drama*, 1995. Zugriff am 28.02.2011 unter http://nthuleen.com/papers/947paper.html

Wilde, Oscar, *Salome*. Zugriff am 28.02.2011 unter http://gutenberg.spiegel.de/ ?id=5&xid=3679&kapitel=1#gb_found

DVD

Salomé. D'après le chef d'œuvre d'Oscar Wilde (R: Charles Bryant), USA 1923, © Bach Films 2008.

Annette Hartmann

Verrückt durch Liebe:
Zum Phänomen des Wahnsinns in Mats Eks *Giselle*

> *Solange er ein Objekt hat,*
> *ist der Liebeswahn mehr Liebe als Wahnsinn;*
> *sich selbst überlassen,*
> *setzt er sich in der Leere des Deliriums fort.*[1]
> (Michel Foucault)

Wer hat noch nicht erlebt, dass die Liebe unerwidert bleibt, es zur Trennung oder gar zum Betrug durch den Partner kommt, was den Verschmäh-
ten, Zurückgebliebenen oder Betrogenen in einen Zustand des Unglück-
lichseins versetzt, allgemein als Liebeskummer bekannt, der mitunter zu
schweren physischen wie psychischen Symptomen führen kann.

Dass Liebe bisweilen krank macht, verzeichnen bereits die medizinischen Schriften der Antike. Erste Nosologien eines alterierten (Bewusst-
seins-)Zustandes finden sich bei Plutarch, Hippokrates oder auch Galen
unter dem Terminus *erotomania* (Liebeswahn), zu deren somatischen
Krankheitszeichen leichtes Erröten, Appetitlosigkeit, aber auch ein bis zum
Tode führender Schwächezustand zählten. Psychopathologisch war der Liebeswahn, als dessen Ursache man ein Übermaß an unerfüllter Liebe vermutete und der in der Folge unter verschiedenen Namen firmieren sollte,
im näheren Umfeld von *mania* und *melancholia* verortet. Im Mittelalter
rückte die Erotomanie bzw. *amor hereos*, wie sie zu jener Zeit auch genannt
wurde, zunehmend in den Bereich der Melancholie, die gemäß der Humoralpathologie aus einem Überschuss an schwarzer, sich ins Blut ergießen-
der Galle resultierte.[2] Bis Mitte des 18. Jahrhunderts als körperlich wie
geistig allumfassender Ausnahmezustand definiert, wurde diese Vorstellung ab diesem Zeitpunkt allmählich vom Konzept des Liebeswahns als
ausschließliche Erkrankung des Geistes abgelöst. So beschreibt der französische Psychiater Jean Etienne Dominique Esquirol in seiner 1838 er-
schienenen Abhandlung *Des maladies mentales* die Erotomanie als einen
partiellen Wahn, bedingt durch eine „affection cérébrale, chronique",[3] der

---

1   Foucault 1973, S. 61.

2   Vgl. z. B. Berrios/Kennedy 2005, S. 383 ff; Haage 1990, S. 36 ff.

3   Esquirol 1838, S. 32. Esquirol (1772–1840), Begründer der Monomanielehre, prakti-
     zierte ab 1811 in der Pariser Nervenheilanstalt Hôtel de la Salpêtrière.

vorzugsweise Frauen befalle und „les traits de la plus véhémente des passions"[4] aufweise. Unregelmäßiger Puls, Fieber, Schlaflosigkeit, unkontrolliertes Schreien, aber auch konvulsivische Bewegungen und Delirium seien nur einige Symptome der *monomanie érotique*, die Esquirol zufolge der Manie in Verbindung mit Wut ähnle und in maen Fällen gar zum Tod oder Selbstmord führe, so denn keine Aussicht auf Vereinigung mit der geliebten Person bestünde. Das einzig wirksame Mittel gegen die Erotomanie läge in der Heirat. Ab Mitte des 19. Jahrhunderts begann die Liebeskrankheit aus dem Fokus der Psychiatrie zu verschwinden.[5]

Im gleichen Zuge wie sich die Medizin mit dem Phänomen des Liebeswahns beschäftigte, schlug sich dieser Topos auf vielfältige Weise in den Künsten nieder, wenngleich nicht nur die unerfüllte, sondern ebenso die verlorene oder betrogene Liebe die Heldinnen und Helden um den Verstand brachte. Das klassische Ballett betreffend schufen Théophile Gautier und Jules-Henri Vernoy de Saint-Georges im Jahre 1841 mit *Giselle*[6] eines der prominentesten Opfer, das aus unglücklicher Liebe den Verstand verliert. Diese Verknüpfung von Weiblichkeit und Wahnsinn spiegelt den medizinhistorischen Diskurs des 19. Jahrhunderts wider, was im Folgenden kurz skizziert wird, um sich vor diesem Hintergrund dem Umgang mit dem Aspekt des Liebes-Wahnsinns in Mats Eks Reformulierung[7] von *Giselle* zu nähern, die bei der Uraufführung 1982 für Furore sorgte, mittlerweile aber zu den Klassikern des modernen Balletts zählt.

Getanzte Manien

Giselle, ein junges Mädchen vom Lande, liebt Herzog Albrecht, der sich als einfacher Bauer Loys ausgibt. Hilarion, der Wildhüter des Dorfes, verfällt angesichts der beiden Liebenden der Eifersucht, denn Albrecht ist sein Rivale, dem er zutiefst misstraut. Als eine Jagdgesellschaft in das Dorf kommt, unter der sich der Prinz von Kurland samt Tochter Bathilde befindet, muss Giselle erkennen, dass Albrecht sie getäuscht und längst Bathilde die Ehe versprochen hat. Ob dieser plötzlichen Erkenntnis schlägt Giselles Liebespassion in Wahnsinn um, der in einem Solo kulminiert.

Dieser Zustand des „Außer-Sich-Seins", musikalisch ausgedrückt, indem das erneut erklingende Giselle- bzw. Liebes-Thema (musikalisch das

---

4   Esquirol 1838, S. 42.

5   Vgl. Peters 2007, S. 322.

6   Choreographie: Jean Coralli und Jules Perrot; Musik: Adolphe Adam. UA am 28. Juni 1841 in Paris.

7   UA am 6. Juli 1982 in Stockholm.

„Glückseligkeitsmotiv" genannt) gleichsam wie das Innenleben der Verratenen zu „zerfallen" scheint,[8] findet seine choreographische Entsprechung in der Negation der für die *danse d'école* konstitutiven Ordnung der Vertikalen, wie Gabriele Brandstetter konstatiert: „Es ist ein Wahnsinnstanz, [...] ein im Kreis und an der Reihe der höfischen Gesellschaft Hin- und Herlaufen, ja Taumeln, ein Dis-Kursus der Verwirrung, zuletzt der Sturz, das Hinsenken, der Fall."[9] Genauso wie die konvulsivischen Bewegungen, die als Symptom der Erotomanie, aber auch solcher Geistesstörungen wie der Hysterie und Chorea galten, und die gemäß den medizinischen Schriften des 19. Jahrhunderts ein Bewegungsmuster jenseits des vermeintlich Normalen darstellten,[10] sprengt Giselles *danse de la folie* die Bewegungskonventionen des klassischen Balletts. Giselles Wahnsinnstanz endet mit ihrem Tod, der den ersten Akt beschließt.

Des Nachts entsteigt sie ihrem Grab und wird in die Reihen der Wilis aufgenommen, jener Geisterwesen, die Heinrich Heine in *De L'Allemagne* von 1835 beschreibt, dem Text, der Gautier als Vorlage für den zweiten Akt diente. Die Wilis, vor ihrer Hochzeit verstorbene Bräute, sind getrieben von einer zu Lebzeiten nicht genügend befriedigten „amour de la danse",[11] mit der sie nun alle Männer, die ihnen begegnen, regelrecht zu Tode tanzen. Dieser Tanzwahn, der hier auch den Aspekt der unerfüllten Liebe beinhaltet, klingt bereits im ersten Akt an, denn Giselle ist nicht nur für Albrecht in Liebe entbrannt, eine ebenso große Leidenschaft hegt sie für das Tanzen, die in den Augen ihrer Mutter Bertha einer „folie" gleichkommt und ein tragisches Ende nehmen kann: „Bah! dit Berthe. Je suis sûre que si cette petite folle mourait, elle deviendrait Wili et danserait même après sa mort, comme toutes les filles qui ont trop aimé le bal!"[12] Giselle allerdings gibt sich unbekümmert ob dieser Warnung. Sie werde immer tanzen, ob tot oder lebendig,[13] nicht ahnend, dass sich das ihr prophezeite Schicksal erfüllen wird.

Der unbändige Zwang zu tanzen (Dansomanie), wurde als krankhafte Störung bzw. Manie definiert, von der vor allem Frauen heimgesucht würden. Dem *Dictionnaire des Dictionnaires de Médecine* von 1840 zufolge stellte sie eine ungezügelte Leidenschaft dar, ja einen wahrhaftigen Wahnsinn, der sich in kontrollierten Bewegungen vollziehe, die vom Gehirn, wo die Er-

---

8 Mit *Giselle* wurde zum ersten Mal eine leitmotivische Ballettmusik komponiert.

9 Brandstetter 2007, S. 226.

10 Vgl. z. B. Esquirol 1838, S. 42; *Dictionnaire des Dictionnaires de Médecine*, 1840, S. 519; Brachet 1847, S. 557; Haitzinger 2010.

11 Heine 1838, S. 147.

12 Gautier 1872, S. 339.

13 Vgl. ebd.

krankung sitze, gesteuert würden.[14] Von der bloßen Gestalt her war die Dansomanie vom Tanz also nicht zu unterscheiden; beide zeichneten sich durch Koordination und regelmäßige Bewegungsabfolgen aus, was die Diskrepanz zwischen Schein und Sein dieses pathologischen Konstrukts offenbart, kam doch der vermeintliche Wahn im somatischen Gewande des Normalen daher. Aufgeladen mit den Motiven der Erotomanie und der Dansomanie reflektiert der klassisch-akademische Tanz innerhalb seines eigenen Systems die jeweils mit der somatischen Gestalt dieser Pathologien verbundenen Zuschreibungen (abnormal/normal).

Auf der Bühne entfaltet sich die choreographische Umsetzung des Topos der Dansomanie in seiner gesamten Dimension, wenn die Wilis mit ihren unendlichen Abfolgen von *Arabesquen* auftreten, um mit gnadenloser Unerbittlichkeit und Präzision, ähnlich einem Militär-Corps, Hilarion zu Tode zu tanzen: „Sie vollführen Linien, Kreise – die ,Elfenringe' – formieren sich in Blöcken und langen Reihen; die Arm-Fächer und die regelmäßigen Muster der battments [sic!] der Wilis, die eine lange weiße ,Gasse' bilden, öffnen und schließen zuletzt endgültig den Raum des Todestanzes um Hilarion."[15] Die Rachsucht der Wilis und ihre geradezu unbändige Lust des immerwährenden Tanzens, an deren Ende der Tod ihrer Opfer steht, ist eine Überschreitung moralischer Normen, wie sie bestimmend für die Dansomanie war[16] und im ersten Akt bereits in der Liebe der Protagonisten angelegt ist. Stellt doch diese Liebe des Bauernmädchens zu dem verkleideten Albrecht, Herzog von Schlesien, eine die bestehende Gesellschaftsordnung überschreitende und daher nicht standesgemäße Liaison dar, die eine Heirat unmöglich macht.

Die Dorfnärrin

Auf die Frage, was ihn gereizt habe, seine Lesart von *Giselle* zu kreieren, antwortete Mats Ek, „that the concept is pregnant with a lot of possibilities, asleep, that maybe the creators had not thoroughly used".[17] Unter Beibehaltung der Musik von Adolphe Adam und der im Libretto angelegten Grundkonstellation bearbeitete er das Werk dramaturgisch, inhaltlich, indem er es in die 1940er Jahre verortete,[18] und unter Verwendung eines expressiv-

---

14   Vgl. *Dictionnaire des Dictionnaires de Médecine* 1840, S. 523.
15   Brandstetter 2007, S. 230.
16   Vgl. Haitzinger 2010, S. 195.
17   Vgl. Foyer 1999, S. 14.
18   Vgl. Tegeder 1983, S. 11.

modernen Idioms – vor allem bewegungstechnisch –, dient ihm der Tanz im Wesentlichen zur psychologischen Zeichnung seiner Personen.

Unterscheidet sich Giselle im „Original" zwar durch ihre Herzschwäche und Tanzfreudigkeit von den anderen Bewohnern des Dorfes, so ist sie dennoch Teil dieser Gemeinschaft. Erst mit der Erkenntnis, dass Albrecht sie betrogen hat, wird sie aus diesem „Raum, in dem sie als Liebende keinen Platz besitzt, gleichsam herausgeschleudert in den Irrsinn der Verzweiflung".[19] Bei Ek hingegen ist Giselle bereits von Beginn an als Außenseiterin konzipiert:

> „Im ersten Akt hat Giselle sehr viel von meiner Mutter, aus der Kindheit meiner Mutter. Sie kommt ja aus einer sehr vermögenden Familie, aber aus einer Kleinstadt, und da hat sie eine Art Außenseiterrolle eingenommen, oder hat sich da hineindrängen lassen, so etwas wie ein Trottel. Wir haben im schwedischen den Ausdruck ‚blöde Lisa', das ist nicht genau blöd, nicht so hart, aber vielleicht verstehen Sie, was ich meine. Mit meiner Giselle habe ich so etwas wie ein Kind auf die Bühne gebracht. Sie ist ein Kind in dem Sinn, daß sie keine ihrer Handlungen plant, nicht darüber nachdenkt, wie sie sein sollte, die keinerlei Opportunismus in sich trägt, [...]."[20]

Versehen mit schwarzer Baskenmütze, pinkfarbener Strickjacke und rosafarbenem Rock durchstreift das Landmädchen Giselle[21] voller Vitalität und Neugierde die Welt, ihren Gefühlen freien Lauf lassend. Diese kindliche Lebensfreude – nicht umsonst tanzt sie als Einzige barfuß – drückt sich zum einen im Tanz selbst aus. Raumgreifende Arm- und Beinbewegungen, tiefe *Grand Pliés* in der zweiten Position, Drehungen in der *Attitude* sowie kleine und große Sprünge, choreographische Synonyme für die charakteristischen Bewegungselemente der Original-*Giselle* im ersten Akt,[22] zeichnen ihren Duktus aus. Zitate von Alltagsbewegungen wie das für Kinder übliche „Flieger"-Spiel komplettieren die für sie typischen Bewegungselementen, die im weiteren Verlauf als Ausdruck ihrer Freude immer wieder in Erscheinung treten, und unterstreichen ihre Naivität. Zum anderen sind es die naiv-surrealistischen Bühnenbilder von Marie-Louise Ekman, Seelenlandschaften im wahrsten Sinne des Wortes, die ihre Gefühlswelt vermitteln. Überwiegend in kräftigen Grünfarben gehalten zeigt das Bühnenbild des ersten Akts eine von Gras gesäumte Hügellandschaft mit zwei gleichsam wie Brüste in den Himmel ragenden Erhebungen, die einen in

---

19 Brandstetter 2007, S. 226.

20 Tegeder 1983, S. 15.

21 Giselles Erscheinungsbild ist inspiriert von der Porträtaufnahme eines kleinen Mädchens des polnischen Photographen Roman Vishniac (1897–1990).

22 Vgl. Poesio 2008, S. 82.

die Natur eingebetteten Frauentorso erahnen lassen. Giselles Sein als vermeintliches Anderssein offenbart sich allerdings erst in der Gegenüberstellung mit den Dorfbewohnern, denn das Andere der Vernunft bzw. die Gegenseite der Normen konstruiert sich im Foucault'schen Sinne schließlich über eben diese, wie anhand der folgenden Szene exemplarisch dargelegt werden soll.

Neugierig beobachtet Giselle zunächst das Treiben der arbeitsamen Bauern, um im nächsten Moment auf die Gruppe der vier jeweils in Grau gekleideten Paare zuzugehen, von der sie sich also schon farblich abhebt. Die Darstellung von Giselles Offenheit und Annäherung erfolgt bei Ek neben der ausdrucksstarken Mimik über den Tanz selbst durch das Prinzip der Nachahmung. So übernimmt Giselle ein Element des für die Dorfbewohner typischen Bewegungsduktus, das Schaukeln der angewinkelten Arme mit leicht nach vorne gebeugtem Oberkörper und läuft zugleich freudig in einer Schlangenlinie um die in Reihe stehenden Paare herum, ohne jedoch ihre Aufstellung zu beachten. Folglich muss ihr jedes Paar ausweichen; sie *verrückt* die Paare allesamt. Dieses *Verrücken* der choreographischen (An-)Ordnung versinnbildlicht ihr kindliches Naturell, dem buchstäblich der Sinn für die Normen und Strukturen der Bauernschaft fehlt und infolgedessen ihr ein Platz innerhalb der Gemeinschaft verwehrt bleibt, analog dem Narren der mittelalterlichen Tradition, der sich wie das Kind gemäß dem herrschenden Ordogedanken zuunterst, außerhalb der Ständetreppe, befand. Beiden fehle es schließlich an Einsicht in den göttlichen Heilsplan und das Ordnungsgefüge der Welt. Während jedoch das Kind Aussicht auf Aufstieg innerhalb des Ständesystems hatte, blieb der Narr, weil als Erwachsener immer noch „kindisch", sein Leben lang ein Stigmatisierter.[23]

Geradezu befremdlich wirkt auf die Bauern Giselles radikales Ausleben ihrer tiefen Zuneigung zu Albrecht, bei Ek ein Städter im weißen Frack, der auf dem Land Zerstreuung und Ablenkung sucht und sich von diesem „Naturkind" angezogen fühlt. Giselle verliebt sich in den jungen Mann und macht ihr Begehren unmissverständlich deutlich, indem sie die Initiative ergreift. Statt wie im Original fragend „Liebt er mich, liebt er mich nicht?" die Blätter einer Margerite abzuzupfen, „entblättert" sie ihn sprichwörtlich, indem sie ihm Jacke und Kummerbund auszieht, so dass ihr spielerisch anmutender Liebes-*Pas de deux* eine sexuelle Komponente erhält. Eng drückt Giselle Albrecht an sich, als sie den aufgereihten Bauernpaaren gegenübertritt, die regungslos verharren, nicht nur weil sie dem Städter misstrauen, sondern weil ihnen Giselles Gefühlsüberschwang, dargestellt durch die für sie charakteristischen Sprünge und tiefen *Grand Pliés*, den Landmenschen fremd ist.

---

23   Vgl. Mezger 1991, S. 31.

Mit der gleichen Unbedarftheit wie zuvor bei den Bauern nähert sie sich (auch bewegungstechnisch) den Freunden Albrechts, Städtern in Frack und Abendrobe, zu denen auch Bathilde gehört, um letztlich nur den Spott jener auf sich zu ziehen, die zum bloßen Vergnügen einen Ausflug aufs Land unternommen haben. So bleibt Giselle isoliert und tanzt – auch räumlich gesehen – zwischen Dorfbewohnern und Städtern.

Enttäuschte Liebe und unerfüllte Mutterschaft

Die Liebe ist für Giselle unweigerlich an Mutterschaft gebunden, nach der sie sich sehnt, was sie Albrecht gegenüber während des *Pas de deux* im ersten Akt deutlich zum Ausdruck bringt: So steckt sie sich das rote Kissen mit den gelben Fransen und dem aufgemaltem Gesicht – Symbol für das Kind –, das ihr Hilarion, ein Dorfbewohner, der ihr auf rüde Manie seine Liebe offenbart, zuvor geschenkt, sie aber weggeworfen hat, unter ihren Rock, um es quasi zu gebären. Fragend schaut sie zu Albrecht, der das Kissen greift, um es sanft in seine Arme zu legen. Nicht nur seiner Liebe kann sie sich nun gewiss sein, sondern auch der Mutterschaft.

Mit ihrem Wunsch nach einem Kind entspricht Giselle genau jenem Weiblichkeitsmodell, das Sigmund Freud in seinen psychoanalytischen Schriften postuliert, genauer gesagt in *Die Weiblichkeit* von 1933: „Der Wunsch, mit dem sich das Mädchen an den Vater wendet, ist wohl ursprünglich der Wunsch nach dem Penis, den ihr die Mutter versagt hat und den sie nun vom Vater erwartet. Die weibliche Situation ist aber erst hergestellt, wenn sich der Wunsch nach dem Penis durch den nach dem Kind ersetzt, das Kind also nach alter symbolischer Äquivalenz an die Stelle des Penis tritt. [...]"[24] Der Wunsch nach Mutterschaft artikuliert den Wunsch nach „vollständiger", durch das Kind symbolisierte Weiblichkeit, wie sie im Gegensatz zu Giselle die Bauersfrauen des Dorfes repräsentieren, die zu Beginn ihres zweiten Auftritts auf überdimensionalen Eiern, Symbolen der Fruchtbarkeit, gleichsam wie brütende Hennen sitzen. Bei Giselle indes ist die Mutterschaft eine Leerstelle, und als eine solche auch in der Aufstellung mit den Dorfbewohnerinnen markiert, denn hinter Giselle liegt kein Ei, was ihre Andersartigkeit einmal mehr betont.

Im Unterschied zur traditionellen Version[25] kämpft Giselle um Albrecht, nachdem Bathilde ihr zu verstehen gegeben hat, er gehöre zu ihr, und sich zum Zeichen der Bekräftigung rücklings über die vier Eier legt. Albrecht, der sich zu Bathilde bekennt, stößt Giselle unwirsch von sich, befreit sich

---

24   Freud 1961b, S. 137.
25   Vgl. Gautier 1872, S. 347.

aus ihrer Umklammerung und wirft sich Bathilde in den Schoß. Ungläu-
bigkeit und Entsetzen machen sich bei Giselle breit; sie reißt die beiden aus
ihrer Umarmung, geht auf Albrecht zu, doch dieser wendet sich erneut ab.
Giselles Wut entlädt sich: Sie schleudert Bathilde zu Boden, wirft sich auf
sie, Albrecht reißt sie fort. Noch einmal klingt das Liebesmotiv an, doch
wehrt Albrecht Giselles Zärtlichkeiten ab, so dass sich der Liebes- in einen
Trennungs-*Pas de deux* verwandelt, an dessen Ende Giselle von den Dorfbewohnern und Städtern langsam umzingelt wird. Sie umarmt eines der Eier
und rollt es mit den anderen weg, denn es ist nicht nur der Schmerz über
Albrechts Verrat an ihr und sein eindeutiges Bekenntnis zu Bathilde, sondern darüber hinaus der Verlust des ersehnten Mutterglücks, der Giselle
um den Verstand bringt. Das Motiv des Wahns erfährt hier eine Erweiterung um unerfüllte Mutterschaft. Mit weit ausholenden Armbewegungen,
sich dabei um die eigene Achse drehend, stößt Giselle die sie Umzingeln-
den fort, *verrückt* sie, bevor sie mit weiten Sprüngen *en attitude* die Bühne
überquert und die Wahnsinnsszene kulminiert: Sie sinkt zu Boden. Im
Sitzen, sich den Kopf festhaltend, wirft sie den Oberkörper stoisch hin und
her, ein Bewegungsmuster ähnlich der Jaktation (lat. jactatio), die man im
19. Jahrhundert als Ausdruck psychischer Krankheiten wie u. a. der Hysterie verstand, heute indes als Symptom der Selbstbezogenheit häufig bei
sich im Zustand der Deprivation befindlichen Kindern diagnostiziert
wird.[26] Beraubt um Liebe und Mutterschaft drückt sich in Giselles Hin- und
Herschaukeln ihr ins Wahnhafte gehender Schmerz über eben diese Ver-
luste aus, und weist darüber hinaus mit Bezug auf das Bewegungsmuster
der Jaktation auf die (mentale) Flucht aus einer Welt, die sie in diesem Zustand nicht akzeptiert. Und so greifen die Bauern ihre Mistgabeln und strecken Giselle wie ein Tier zu Boden.

Im Schoße der Anstalt

Weder endet Giselles Wahnsinn mit ihrem Tod, noch findet sie sich in einem irrealen Raum wie dem Geisterreich der Wilis wieder. Zwar behält Ek
die für das romantische Ballett konstitutive duale Raumgestaltung bei, also
die Zweiteilung in einen bunten und in einen weißen Akt, jedoch ersetzt er
mit Foucault gesprochen die Utopie des Geisterreichs durch die Heteroto-
pie der psychiatrischen Anstalt, Ort der Abweichung und Abnormalität, in
den Giselle *verrückt* wird, weil die Dorfgemeinschaft ihr Verhalten nicht
toleriert hat.[27] Das Bühnenbild, das einen Raum mit Tür und einzelnen, auf

---

26   Vgl. Valleix 1847, S. 675; Peters 2007, S. 277 f.
27   Vgl. Foucault 1992, S. 38 ff.

dem Boden verstreut liegenden Körperteilen zeigt, versinnbildlicht nicht nur Giselles Zustand der mentalen Inkohärenz, sondern auch den der anderen Wilis, die hier nicht mehr als Geisterweisen in Tutus daher kommen, sondern als psychisch Kranke in weißen Kitteln ihr Dasein fristen, mit mütterlicher Strenge bewacht von Schwester Myrtha.

Lethargisch monotones Gehen mit gesenktem Kopf oder starr nach vorn gerichtetem Blick ist eines der sinnfälligsten Bewegungsmerkmale, das den Zustand dieser Geisteskranken widerspiegelt, die zu Beginn des zweiten Akts in Analogie zu den Schleiern der Wilis unter weißen Tüchern liegen und Giselles Schicksal teilen. Das Kissen/Kind taucht erneut auf, um hier zum Objekt des Streits zweier Kranker zu werden. Während es die eine hingebungsvoll betrachtet, streichelt und an sich drückt, steckt es sich die andere unter ihren Kittel, um eine Schwangerschaft zu simulieren. Immer wieder reißen die Kranken ihre Münder weit auf und zitieren die für Hunger typische Geste (siehe Abb. 1), denn „denied motherhood becomes sexual hunger – exemplified by the typical Italian gesture for 'eating'",[28] ein Trieb, der Freud zufolge, so er unbefriedigt bleibt, sich in als Ersatzbefriedigungen fungierenden Psychoneurosen artikuliert.[29]

Oder sie sitzen mit durchgedrücktem Rücken auf dem Boden, die angewinkelten Beine auseinandergespreizt, vergleichbar der Stellung beim Gebären, die sie umgehend einnehmen, als Hilarion kommt, um Giselle zu besuchen. Erst sanft, dann immer heftiger schaukeln die Kranken in seiner Gegenwart mit ihren Oberkörpern vor und zurück, gleichsam einer sich steigernden sexuellen Erregung, die allerdings in Frustration mündet, da das Objekt der Begierde unerreichbar bleibt, so dass sich Myrtha ihrer anzunehmen hat.

Hilarion muss indes feststellen, dass Giselle sich verändert hat, ja ihn nicht einmal mehr zu erkennen scheint. Ruckartig, fast schon automatenhaft, erhebt sie sich vom Boden, als Myrtha das Tuch gelüftet hat. Die blaue Blume – Symbol der Romantik schlechthin –, ein Geschenk Bathildes, das Giselle vor ihrem endgültigen Zusammenbruch Hilarion gegeben hat, evoziert keinerlei Reaktionen, als er sie ihr entgegenhält. Stattdessen geht sie an ihm vorbei, der Blick ins Leere gehend und sich ihren Kopf festhaltend, um dann fast bis zur Erschöpfung wieder und wieder den gleichen *Saut de basque* auszuführen. Auch die nachfolgenden Versuche Hilarions, sie in die „Realität" zurückzuholen, scheitern; so nimmt Giselle zwar die Blume, betrachtet sie eingehend, lässt sie aber letztendlich dennoch fallen. Verflogen ist ihre Lebensfreude, an deren Stelle eine grenzenlose Apathie, ja fast schon Amnesie, getreten ist, Folge des Wahnsinns bzw. einer Lobotomie,

---

28 Poesio 2008, S. 77.
29 Vgl. Freud 1961a, S. 149.

Abb. 1 Giselle und die (Wilis) Kranken. Wiederaufnahme von Giselle *(Choreographie: Mats Ek), Bayrisches Staatsballett am 19. Juni 2010.*

als deren Zeichen Giselle einen Kopfverband trägt, wie Josseline Le Bourhis im Programmheft der Opéra de Lyon zu *Giselle* aus dem Jahr 2009 schreibt,[30] ohne dies jedoch näher auszuführen. Giselle, Opfer einer psychochirurgischen Operation? Eine Auslegung, die 1999 bereits Donald Hutera in einer Rezension zur Disposition[31] stellte, und die m. E. etwas genauer beleuchtet werden sollte.

Lobotomie bezeichnet einen neurochirurgischen Eingriff, bei dem, so er präfrontal ausgeführt wird, jeweils ein Loch in die Schläfen des fixierten und lokal betäubten Patienten gebohrt und ein stumpfes Skalpell (Leukotom) eingeführt wird, um durch Hin- und Herbewegen des Messers jene Nervenfasern zu durchtrennen, welche Frontallappen und Zwischenhirn verbinden. (siehe Abb. 2).

Entwickelt und insbesondere durchgeführt in der ersten Hälfte des 20. Jahrhunderts, wendete man diese Operation bei psychischen Erkrankungen wie Schizophrenie, Paranoia, Depressionen, Schwachsinn oder Psychopathie an, aber auch bei Menschen, die gemeinhin als „schwierig" im Umgang galten. Die Folgen dieses Eingriffs, der, so glaubte man, auch

---

30   Vgl. Le Bourhis, http://www.opera-lyon.com/uploads/tx_eopera/giselle.pdf, Zugriff
      am 25.01.2011. Der Beitrag von Le Bourhis, 1983 bis 2002 Dramaturgin an der
      Opéra national de Paris, stammt aus dem dort in der Saison 2003/2004 erschiene-
      nen Programmheft zu *Giselle*. Ich danke Laure Guilbert für diesen Hinweis.

31   Hutera 1999, S. 57.

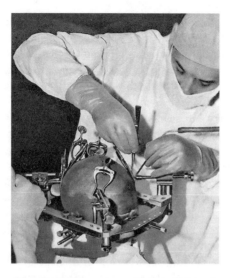

Abb. 2 Durchführung einer präfrontalen Lobotomie.

sinnvoll in Hinblick auf eine Resozialisierung sei, waren Persönlichkeitsveränderungen wie beispielsweise Affektverflachung und Lethargie, interpretiert als medizinischer Erfolg, in schwerwiegenderen Fällen der Verlust kognitiver Fähigkeiten.[32] Weltweit wurden die meisten Menschen in den USA lobotomiert, gefolgt von Großbritannien und den skandinavischen Ländern. So verzeichnete man in Schweden für die Jahre 1944 bis 1964 ca. 4.500 Eingriffe, was gemäß an der Bevölkerungszahl im Vergleich zu den USA einer doppelt so hohen Rate entspricht. In der Mehrzahl wurde der Eingriff bei Frauen vorgenommen,[33] weil „if few postoperative lobotomy patients could ever return to outside jobs, lobotomized women could be returned to the routinized domestic duties that society often delegated to them"[34], was den Glauben an eine vermeintlich *gender*-neutrale Medizin einmal mehr auf eklatante Weise *ad absurdum* führt. Mit Aufkommen des Neuroleptikums Chlorpromazin Mitte der 1950er Jahre begann die Zahl der Lobotomien zu sinken.

Auch wenn Ek, der sich nach eigenen Aussagen sträubt, „mit Worten etwas zu erklären, was für die Sinne und mit den Sinnen gemacht worden

---

32 Vgl. Pressman 1998, S. 10 u. 205.
33 Vgl. Ögren 2007.
34 Walker 1993, S. 26.

ist",[35] im Zusammenhang seiner *Giselle* den Begriff Lobotomie nicht erwähnt hat, erfährt der Irrsinn dieses Kapitels der Psychiatriegeschichte vor
dem Hintergrund der Personenzeichnung Gisselles im zweiten Akt sowie
der Tatsache, dass Ek das Stück in den 1940er Jahren ansiedelte, also zu
einer Zeit als die Lobotomie in Schweden Einzug hielt, eine treffende, sich
quasi subkutan entfaltende Symbolisierung.

Hilarion erreicht Giselle nicht, sie reiht sich ein in die Gruppe der monoton gehenden Kranken, in deren Mitte sie nunmehr einen Platz gefunden
hat. Erst Albrechts Besuch löst bei Giselle emotionale Regungen aus. Ihre
vordergründige Wut – sie stößt ihn zu Boden – macht alsbald einer Geste
der Liebe und des Verzeihens Platz. Doch obwohl Albrecht sich ihr immer
wieder annähert, vermag Giselle sich ihm nicht mehr mit derselben kindli-
chen Rückhaltlosigkeit hinzugeben wie zuvor. So beinhaltet ihr gemeinsa-
mer Tanz zwar Elemente des Liebes-*Pas de deux*, die spielerischen Aspekte
sind jedoch gänzlich verschwunden. Nur für einen kurzen Moment flackert
Gisselles Naturell als Reminiszenz an ihr verlorenes Selbst noch einmal auf,
als sie am Ende des *Pas de deux* mit weit ausgebreiteten Armen „Flieger"
spielend die Bühne überquert, bevor sie sich endgültig in die Gemeinschaft
der Kranken zurückzieht.

Für Albrecht hingegen erweist sich die Nacht bei Giselle und den anderen Wahnsinnigen, die in Anlehnung an die *Arabesquen* der Wilis den Büh-
nenraum mit unterschiedlichen Sprung- und Schrittkombinationen durch-
kreuzen, als geradezu kathartisch. Anfangs noch im Anzug, liegt er am Ende
zusammengerollt und gänzlich nackt in ihrer Mitte, zurückgeworfen auf
seine bloße Existenz, fernab jeglicher Normen seines früheren Seins, um
sich anschließend quasi wie neugeboren vor dem Bühnenbild des ersten
Akts wiederzufinden.

Fazit

Bei Mats Ek zieht sich der Aspekt des Wahnsinns weitaus stärker als im
Original wie ein roter Faden durch das Stück, da er bereits in der Person
Gisselles von Beginn an in Form ihrer Andersartigkeit angelegt ist. Die Widerspiegelung des medizinhistorischen Diskurses erfährt in dieser Reformulierung von *Giselle* eine Fortsetzung; allerdings, bedingt durch die Neu-
kontextualisierung, bezieht Ek sich auf den des 20. Jahrhunderts mit starker
Bezugnahme auf Freuds Psychoanalyse. Albrecht, der in der traditionellen
Version durch die Liebe Gisselles, die ihn vor dem *Wahnsinn* der Wilis und
dem daraus unweigerlich folgenden Tod bewahrt, geläutert wird, erfährt bei

---

35 Tegeder 1983, S. 11

Ek den *Sinn*, nicht nur durch diese Liebe, sondern vor allem auch *im Wahn* der vermeintlich psychisch Kranken, denn „der Irre enthüllt die elementare Wahrheit des Menschen."[36]

Literatur

Berrios, German, E./Kennedy, Noel, „Erotomania: a conceptual history", *History of Psychiatry*, Thousand Oaks u. a. 13/2002, S. 381–400.

Brachet, Jean Luis, *Traité de l'hystérie*, Lyon 1847.

Brandstetter, Gabriele, „,Geisterreich'. Räume des romantischen Balletts", Müller-Bach, Inka/Neumann, Gerd (Hg.), *Räume der Romantik*, Würzburg 2007, S. 217–237.

Dictionnaire des Dictionnaires de Médecine français et étrangers, hg. von der Societé de Médecins, Bd. 2, Art. „Chorée", Paris 1840, S. 519–525.

Esquirol, Etienne, *Des maladies mentales considérées sous les rapports médical, hygiénique et médico-légal*, tome second, Paris 1838.

Foucault Michel, „Andere Räume", Barck, Karheinz et al. (Hg.), *Aisthesis. Wahrnehmung heute oder Perspektiven einer anderen Ästhetik*, Leipzig 1992, S. 34–46.

Foucault, Michel, *Wahnsinn und Gesellschaft. Eine Geschichte des Wahns im Zeitalter der Vernunft*, Frankfurt a. M. 1973.

Foyer, Margaret, „Maggie Foyer meets: Mats Ek", *Dance Europe*, London Apr./May 1999, S. 12–15, S. 17.

Freud, Sigmund, „Die ,kulturelle' Sexualmoral und die moderne Nervosität", Ders., *Gesammelte Werke*, Bd. 7, Frankfurt a. Main. 1961a, S. 143–167.

Freud, Sigmund, „Die Weiblichkeit", Ders., *Gesammelte Werke*, Bd. 15, Frankfurt a. M. 1961b, S. 119–145.

Gautier, Théophile, „Giselle, ou Les Wilis", Ders., *Théâtre. Mystères, Comédies et Ballets*, Paris 1872, S. 331–363.

Haage, Bernhard D., „,Amor hereos' als medizinischer Terminus technicus in der Antike und im Mittelalter", Stemmler, Theo (Hg.), *Liebe als Krankheit*, Tübingen 1990, S. 31–74.

Haitzinger, Nicole, „Empirie und Körper: Anthropologie und/als das innere Fremde. Körper, Tanz und kulturelle Dispositive in der Medizintheorie (1780–1850)", Jeschke, Claudia/Vettermann, Gabi/Haitzinger, Nicole, *Interaktion und Rhythmus. Zur Modellierung von Fremdheit im Tanztheater des 19. Jahrhunderts*, München 2010, S. 121–198.

Heine, Heinrich, *Œuvres de Henri Heine VI. De L'Allemagne*, Poussin, Paris 1838.

Hutera, Donald, „Fest for the Eyes", *Dance Now* 3 (1999), S. 56–63.

Mezger, Werner, *Narrenidee und Fastnachtbrauch. Studien zum Fortleben des Mittelalters in der europäischen Festkultur*, Konstanz 1991.

Ögren, Kenneth, *Psychosurgery in Sweden 1944–1958*, Umeå 2007.

Peters, Henrik U., *Lexikon. Psychiatrie, Psychotherapie, Medizinische Psychologie*, völlig neu bearb. und erw. Auflage, München 2007.

Poesio, Giannandrea, „Exklusive Narratives: Mats Ek", Lansdale, Janet (Hg.), *Decentring Dancing Texts. The Challenge of Interpreting Dances*, Hampshire/New York 2008, S. 73–88.

---

36 Foucault 1973, S. 545.

Pressman, Jack D., *Last Resort. Psychosurgery and the Limits of Medicine*, Cambridge u. a. 1998.

Tegeder, Ulrich, „Mats Ek's Giselle: Charaktere schaffen, besondere Menschen", *Ballett international* 5 (1983), S. 10–15.

Valleix, f. L. I., *Guide du Médecin Praticien*, Paris 1847.

Walker, Janet, *Couching Resistance: Women, Film, and Psychoanalytic Psychiatry*, Minneapolis 1993.

Internetquellen

Le Bourhis, Josseline, *La mise en scène. En quelques mots et symboles*, http://www.opera-lyon.com/uploads/tx_eopera/giselle.pdf, Zugriff am 25.01.2011.

DVD

Mats Ek's Giselle, Adapted for TV in 1987, Arthaus Musik.

Anna Furse

Making a Spectacle of Herself:
Charcot's Augustine and the Hysteric Dance

> Augustine simulates real traumatic traces and real somatic pain in
> these representations [...] Furthermore, her simulation is compiled like
> a patchwork of an array of narratives taken from romance plots –
> gestures mimicking the iconography of visual representation of
> possession with modes of theatrical acting popular at the time.[1]

> AUGUSTINE: Doctor! Do sit down! How was I?[2]

On October 21, 1875, ten years before Sigmund Freud studied there for six
months that would influence his life's work in forging psychoanalysis, a
15-year-old hysteric was admitted to the Salpêtrière hospital and into the
hands of his teacher, the celebrated neurologist Jean Martin Charcot. Although missing Augustine by a decade, Freud would have witnessed similar
cases and studied hers in the Salpêtrière's *Iconographie Photographique*[3] as
well as Charcot's archive.[4] The second volume of the IP devotes forty-three
pages to Augustine's case, including her own utterance, photographs,
twenty pages of commentary and twelve pages of observation.

Augustine was Charcot's star, a perfect example among the many women
(and – fewer – men) from whom he derived his hysteric archetype. In liberating hysteria from its Catholic association with witchcraft and superstition,
Charcot had a mission to prove the condition's pathology scientifically. He
sought methodologically the recurrence of its topography, its signs, stigmata and behavioural traits. "I was befuddled as I looked at such patients"
he declared in one of his renowned public *Tuesday Leçons*, "and this impo-
tence greatly irritated me. Then one day, when reflecting over all these patients as a group, I was struck with a sort of intuition about them. I again
said to myself, '*Something about them makes them all the same*'."[5] The nature
and efficacy of classical imagery reside in the way in which it constrains the
real to resemble the rational, and Augustine was the model of such Charco-

---

1   Bronfen 1998, pp. 195–96.

2   Furse 1997, p. 42.

3   *IP*, henceforth.

4   Appignanesi 2008, p. 153.

5   Charcot 1987, p. 103.

tian ideals. As Georges Didi-Hubermann insists, in seeking to define the classical sequencing of hysteria, creating a yardstick by which to measure all cases, Charcot *invents* out of the condition a consummate artform. From his quasi *corps de ballet* soloists rise to distinction, white-gowned twisted *wilis*[6] writhing and simpering like their Romantic ballerina counterparts, recycling their suffering not from thwarted love and premature death, but impotent rage. Importantly, though acknowledging hysteria as a post-traumatic condition, Charcot's project was above all, conforming to medical protocols at the time, diagnostic rather than curative, descriptive rather than dynamic. It is not that he wants to cure hysteria but as a Diaghilev-like impresario to *collect*, perfect and stage it.

The clinical notes of Augustine's case include a striking passage in which the relationship between cause and effect is discussed. The text cites "real life events" that might explain Augustine's condition, including her mother's behaviour, and relations her brother established between his sister and his male friends. Remarkably, no mention is made of two older men, one of whom attempted, and the other of whom raped Augustine the child, triggering her first attacks. To a modern post-Freudian reader, her case otherwise offers a narrative account of blatant sexual abuse, in prurient tones typical of the 19th century (male) clinical gaze.[7] Her painful story unfolds from the convent where she was beaten and exorcised (at the age of six) for being "possessed." This developed into a fully-fledged hysteric condition by her teenage years, provoked by being raped again at the age of thirteen by her mother's employer, "Monsieur C," the mother colluding in this paedophilia. This man raped Augustine at razor-point. A doctor mistook her ensuing pain and vaginal bleeding for menstruation. Subsequently, threatened to silence by C's gaze, she began vomiting and developed stomach pains. Her daily hysterical attacks began. Later, she bumped into Monsieur C in the street. He grabbed her by the hair. She managed to escape. Her attacks became more violent. During family rows that followed, Augustine came to understand that her mother was Monsieur C's mistress "to whom in some sense (the mother) delivered her."[8]

If her mother submitted her daughter to sexual abuse, she also delivered her to Charcot. Admission notes describe Augustine as intelligent, bright, capricious and "coquette." Her photograph shows her smiling, placid, eyes straight to camera. The portrait is misleading. At the time she suffered from total paralysis in one arm and severe hysterical attacks. Within three years

---

6   *Wilis*, the restless ghosts of young virgins who dance their fiancés to their death, feature in the archetypal Romantic ballet *Giselle ou les Wilis* by Theophile Gautier (1841).

7   This term is elaborated in Michel Foucault's *The Birth of the Clinic*.

8   *IP*, Vol. 2, p. 127 (*"auquel celle-ci l'avait en quelque sorte livrée"*).

of incarceration she would undergo a staggering 1097 attacks in 1876, 1293 in 1877 and 605 in 1878.⁹ Her notes recount two visits to the *Tuesday Leçons* by Monsieur C, whom she threatened to denounce.¹⁰

Augustine's hysteria took her body to extraordinary extremes: paralyses, convulsions, fits, contortions, trance, numbness and even colour blindness – possibly an internalised interpretation of the incessant camera's gaze on her. She was a much-recorded presence in Charcot's innovative "sci-art" lab where photography, sculpture and line drawings (sometimes simultaneously) captured the hysteric's shape-shifting. The authorities did not only steal Augustine's visual acuity. Her name slips around throughout the *IP* as if her identity had also been snatched and reinvented. On some occasions she is arbitrarily referred to by her first name, on others as Louise, L, or simply X.

As Augustine fitted, babbled and convulsed her life away under the gaze of her spectators, she alluded to recurring animal images (coincidentally [?] iconic Freudian symbols): aside from spiders and menacing green cat and peacock eyes, she frequently sees rats ("the rats in my bottom! They're biting me!"¹¹) and, more explicitly, the "snake in your trousers"¹² that she insists must be removed (*sic*). As her condition roller-coasters under Charcot's tutelage, she also provides a perfect series of what he catalogued as *Attitudes Passionnelles* – the phase of an attack in which hysterics would enact scenes with their "*invisibles*," figures from their imagination and/or, as in her case, men with whom she had had sexual relations both tender/willing or frightening/abusive. Augustine's photogenic *billet-doux* conversations with these characters oscillated between seductive, terrified and enraged.

The ardent hospital scribes have provided an archive of extraordinary theatrical talent, a way with words and a body that could flip into impossible *extremis*. If Charcot was searching for dramatic – if not narrative – unity, Augustine's auto-dramaturgy presented a stellar model. Or, perhaps – and this is highly likely given how his hysterics would be immersed in artistic representations of their condition – she learnt her physical scores precisely *from* the environmental culture.

Her scenarios were in fact repetitions of repetitions, and her celebrity was earned at her own expense. Troubling as it may be, the process by which she became the mechanism of her own oppression (e.g. her body becoming *as-a-camera* "seeing" in monochrome) also led to liberation: parody, imitation

---

9   Ibid., p. 167.

10   Ibid., p. 160.

11   Ibid., p. 145: "*Les rats au derrière! Ils me mordent!*"

12   Ibid., p. 153: "*serpent dans ta culotte*".

Fig. 1 "Extase" in L' Iconographie Photographique de la Salpêtrière, *1870–80. Photo: Albert Londe.*

and simulation can also teach the actor the *function* of power relations. Augustine, miraculously, used the very transformative ability that accorded her special status within the hospital to escape it: She simply walked out, *dressed as a man*. No one intervened *because they didn't recognise her*! She became *incognito*, un-knowable, opaque, invisible, and, finally, *hors scene* (off-stage).

Augustine's subversion and eventual rebellion from Charcot's grasp were preceded by converse complicity. She excelled in shows of the power of suggestion, under hypnosis, Charcot's party trick. Where hypnosis was employed to demonstrate the non-organic basis of contractures, it was also used to demonstrate – and exploit – the power of her experimenters under whose instruction she melted into artful compliancy:

> According to the attitude that you impose on the patient, the gestures you make her perform, her physiognomy will change and harmonise with this attitude. Place her hands in the situation of someone who is angry, the physiognomy expresses anger. – Join her hands together, the physiognomy expresses supplication. Put the patient on her knees, it is the expression of prayer. Bring her index and medius to her lips, as in the action of kissing, and amorous pleasure paints on her face.[13]

---

13   *IP*, Vol. 2. p. 194.

This hysteric was dancerly putty in medical hands; these same hands that probed her body inside and out, searching for measurements (absurd, for these were never used for healing) of vaginal secretions, urine and menstrual blood. For a figure determined to rescue hysteria from its superstitious association with the womb (Charcot was keen to establish the presence of male hysteria to this end) it is striking to read repeatedly in Augustine's case of his preoccupation with the relationship between attacks and menstruation and with her "hysterogenic region," namely her ovaries, as well as sexual (vaginal) excitement. Such hysterics – this is conjecture – provided a repressed 19th century medical establishment with titillation, the opportunity to grope and gaze *gratis*.

Meanwhile Augustine perfected what Charcot compared to a symphony, the four-stage attack he had "identified," as summarized in graphic charts and writing by his colleague Richer:

Phase 1: Epileptoid (1–3 minutes)
Phase 2: Clownism (1–3 minutes)
Phase 3: *Attitudes Passionelles* (5–15 minutes)
Phase 4: Delirium (several minutes, up to 1 hour)

She also produced a speciality he called "hysterical rhythmic chorea"[14] that, he insisted, proved to his critics that his hysterics were not *"farceuses"* (comics) having everyone on. Charcot declared that Augustine's unique symptoms proved that another patient "couldn't have [...] *styled* X."[15] She was unique, yet also a perfect archetype whose attacks (including the typical prologue of a sense of suffocation and the famous *arc-en-cercle* bowing of the body) shaped themselves perfectly into Charcot's template.

If hypnotism was Charcot's *forte*, so was his technique of applying pressure to the ovarian region (a key "hysterogenic point") to provoke – or, bizarrely, the opposite, to quell – an attack (or simply inscribe on the body a contraction). One can imagine that, in context, a male authority figure touching the patient's body parts so deeply associated with sex – and in public – would provoke extreme anxiety and over-reaction. Her body is loaded with distress, and the "hysterogenic point" with significance. Charcot's obsession with the ovaries as switches for flicking hysteria on and off had him invent the *Ovarian Compressor*, a steel and leather belt with a drumstick-like tool that would be tightened like a tourniquet. On one occasion he applied this to Augustine, stimulating her to an artificial contracture of the tongue and larynx that he was unable to reverse for 36 hours. No wonder

---

14   Ibid. p. 184: *"chorée rhythmique hysterique."*
15   Ibid. (my italics): *"n'a donc pu [...] styler X."*

that, having complied with such brio in his sensationalist spectacles, flipping her body to its limits and inscribing a range of disjointed sexual novellas *en route*, she finally burnt out. Acting out and up for five years of recycled trauma in what Hélène Cixous called "*The Theatre of Forgotten Scenes*,"[16] she finally *acts* – to save herself.[17] After several failed attempts, she quits. Her case history ends abruptly: "X... escapes from the hospital in male disguise."[18]

Charcotian Hysteria is a performative language of symptoms written on the body (that Freud would define as *conversions*), ab-reactions to trauma that leak from the body in not-always-literal, but decipherable, outward signs. It is a device, a ruse. The hysteric (cf. the Apulian *tarantata* in southern Italy), is using her body where words fail – or will not be heard:

> the *tarantate* [...] are women whose social role is marginalized, and whose psychological problems find a bodily expression in the symptoms they experience and wish to heal through their ecstatic dance. It is through this dance that they become protagonists in a public ritual, and therefore turn their position of marginality to center stage in their local societies.[19]

Where Freud suggested that a neurosis or psychosis is translated into action, the specific meaning in the gestures of Charcot's *Grande Hystérique* remained unimportant, save for evidence this might yield for his theory of hysteric type and that this body produces symptoms with no organic basis. Frankly disinterested in interpreting signs beyond according them a common, formal, *choreographic* sequence, Charcot named two stages in the hysteric symphony "*Clowning*" and "*Attitudes Passionelles*," indicating the theatricality he projected onto his suffering company. His *métier* was to advance scientific understanding. He was a Republican, a man of science absorbed in positivism, with a vested interest in establishing hysteria as a universal disease of the organism. His failure in making any narrative connection between cause and symptom, his self-deception, and expedient double standards[20] might well have fuelled the endless recycling of behaviours in what he called his "living museum of pathology." One can only imagine the hysterics' intense and debilitating frustration of simply not being listened to. Roy Porter, asking why Charcot's *recherché* investigative techniques (a theatrical performance in their own right) fell short of probing his suffering pa-

---

16 Cixous and Clément, 1986, p. 5.

17 In French the verb "to save" used reflexively ("*se sauver*") means "to get out."

18 See *IP*, Vol. 2. p. 198.

19 Karanika in Daboo 2010, p. 78.

20 Szasz 1987, pp. 45–46.

tients' consciousness, confirms that it is precisely because he is such a man of his times.

The Salpêtrière provided endless supplies of human specimens, hysteric subjects a stockpile of specimens, *objets d'art,* for Charcot's penetrating gaze. This reminded Freud of Adam experiencing "intellectual delight ... when the Lord led before him the creatures of Paradise to be named and grouped."[21] Charcot's major preoccupation and joy was in "'practising nosography' and he was proud of it."[22] This charismatic, pioneering professor of neurology who co-opted art in the name of nosology, converted this huge state hospital into an environment ripe and renowned for hysteria-as-spectacle. The Salpêtrière is a peak moment in the history of the disease, that comes into its most intensely florid and explosive manifestation in *"Grande Hysterie"* – full-blown thrashing attacks. Hysterias exploding daily around Charcot were maladies of both social class and the times. Yet, unlike other epidemic diseases that have proliferated at certain periods and that Susan Sontag has termed "metaphors" of the age,[23] hysteria defies any one historical moment. Rather, it has slipped and slid about human history, appearing in different forms and with different labels according to the prevalent religious, scientific, medical and cultural hegemony: Hysteria is protean. *The illness itself is a performer,* mimicking other illnesses. It is, in effect, a *simulacrum,* a physical drama without organic origin. As Jean Baudrillard asks:

> To dissimulate is to pretend not to have what one has. To simulate is to feign to have what one doesn't have [...] Is the simulator sick or not, given that he produces "true" symptoms?[24]

The issue with the *Grande Hysterique* is that she is "sick" from her experiences, *vis* Augustine, her symptoms belonging to an existing repertoire of choreographed expressions. I argue that her contorted limbs, if not a literal pretence at being paralysed, are a gestural declaration of her being rendered damaged and distorted by trauma. Like a *Butoh*[25] dancer, she rejects conventional aesthetic beauty in the name of internally motivated embodiment: *she expresses herself figuratively.*

Who is more of the performer then, the disease or the sufferer – or both? Thomas Szasz suggests that hysterics were groomed by the Charcoterie for

---

21   Freud 1886, p. 11.

22   Ibid., pp. 10–11.

23   Sontag 1983.

24   Baudrillard 2006, p. 3.

25   Butoh, or buto, is the Japanese dance form developed post-Hiroshima by Hijikata and Ohno that, earth-bound and barefoot, is normally performed by the dancer focusing deeply on poetic images located in different parts of the body, sometimes several at once, producing extremely slow, broken and non-extended movement.

their displays, citing an intern who acknowledged that women "who were excellent comedians, when they were offered a slight pecuniary remuneration imitated perfectly the major hysteric crises of former times."[26] Charcot himself used tropes of dissembling to describe his patients, whilst hysteria through the ages before and since is described as e.g. *mimicry, acting, showing, clowning, manipulation, performing, chicanery, lying, displaying, cheating, feigning, pantomime*. The expression of hysteria's symptoms, whether malingering or not, certainly seems to follow (as well as cultivate) a fashion wherever its sufferers abound – and it would appear to morph, adapting to the cultural climate of the time. Charcot's hysteric population showed little decorum or restraint in their unrepressed ebullient displays. In fact these were regarded as sexual mimicry, the wild *arc-en-cercle* a kind of burlesque representation of orgasm and/or childbirth.

Mikhail Bakhtin compares "classic images of the finished, completed man, cleansed, as it were of all the scoriae of birth and development,"[27] to the peasant body "unfinished and open" and "not separated from the world by clearly defined boundaries; it is blended with the world, with animals, with objects."[28] The Salpêtrièrian *Hystérique* is just such an open and carnal body, making an histrionic spectacle of herself to which '*Le Tout Paris*' flocked. Whereas the Freudian hysteric, as a condition of her bourgeois class, operated within the more classical (Stanislavskian, psychological realist) performative language of contemporary domestic tragedies, the unrestrained dance of her proletarian predecessor at the Salpêtrière is vaudevillian, populist – and vulgar. Extending the metaphor of the performance company, Didi-Hubermann highlights the institution's hysterias as choreographic accomplishments so that an apprentice might rise in the ranks and gain reward. Szasz meanwhile, compares it to a military institution, with its ranking, promotions and hierarchies.[29]

During Augustine's chequered Salpêtrière career she was locked in a padded cell for some time, then "promoted" to work as a nurse, only to relapse and be locked away again. Some of her most extraordinary photographs at this time show her in hospital uniform stretched rigid across two chairs or arched in an impossible backbend. Notes about this phenomenon in the *IP* state:

---

26   Szasz 1987, p. 47.

27   Bakhtin 1984, p. 25.

28   Ibid., pp. 26–27.

29   Even the building itself has a coincidental association with warfare and the military: the hospital earned its name from its pre-asylum function as a saltpeter store, a key ingredient to manufacturing explosives.

X... went back to sleep. We pressed her head on the back of a chair, then we rubbed her back muscles, her thighs and legs, and we placed her feet on a second chair: the body, rigid, remained in this position for quite a long time (we never prolonged the experiment for more than 4 or 5 minutes); *it is possible to put a 40 kilogramme weight on her stomach without making the body bend.*[30]

The "sleep" referred to above is induced. Charcot's central research tool – hypnosis – was used to prove the non-organic basis of bodily stigmata (contractures, lethargies, sense-loss etc.).

During the somnambulic trance, he could induce contractures or alter maintained postures that disappear when the lethargy is lifted. On the other hand, contractures could be made to persist if the patient passed into the cataleptic phase (eyes open) without lifting the trance. This 'awake' state but with hysteric signs could become the model of hysteria. By passing the patient back into the lethargy, Charcot could therapeutically remove the induced contracture.[31]

It was the drama of such spectacular displays that drew crowds and that have left behind, in Augustine, images of a body that is constantly morphing. If Charcot was disinterested in cure, was there any cathartic self-healing in the hysteric getting-it-out-of-her-system? In her study of tarantism,[32] Jerri Daboo suggests that the *tarantata*'s frenzied dances appear to give release, to heal. Daboo is concerned with what the *tarantata* might be needing to experience (embody) in her dance and is careful to argue that the anthropological perspective can too easily speak "about" the phenomenon and silence the actual subject.

If tarantism is framed within the context of healing as a process, then it can be seen as an efficacious means of coping with a particular crisis which is potentially created by a response to both personal and socio-cultural conditions, but does not necessarily resolve or change the conditions themselves in a permanent way [...] thus there may be a need to repeat the healing process over a period of time to create these crises as they arise, rather than effecting a permanent 'cure'.[33]

The *tarantata* uses the "*rimorso*" ("re-bite" as well as "remorse" – a significant play on words when considered in a sexual frame) as a pretext for an act-out, thereby affording herself the opportunity for action-replay. If Augustine's first "*morso*" was the sexual abuse she suffered when young, the performance culture of Charcot's *Leçons* provided her with a ritual space for her "*rimorso*": a context in which to act out her distress but in which she was

---

30   *IP*, Vol. 2, p. 192.
31   Goetz 1987, p. 110.
32   Daboo 2010, p. 78.
33   Ibid., p. 255.

again subjected to intense male scrutiny on her body, that might have re-stimulated the threat (with eyes) that Monsieur C exerted over her.

If the *tarantata*, was/is "possessed" by the real or imagined bite of the spider and produces a scenario whereby she is given licence to behave in a manner that transforms her body from upright and domestic to a swooning, shaking, squatting, writhing, stamping, shrieking creature, she has much in common with the *Grande Hystérique*. In each case the performance provides an acceptable, controlled context for behaviour *in extremis* that would otherwise threaten the *status quo*. Hysteria is implicitly and explicitly an expression of protest and rebellion (Juliet Mitchell, Elaine Showalter, Szasz, *et al.*). Szasz calls it not a language but a "protolanguage" (that Show-alter refines to a *"feminine* protolanguage") – since it is in effect a "communication by means of bodily signs" that resists any *quid pro quo* literal and causally-based representational translation, rather, functioning by hints, parodies and "dramatized messages" to be decoded by the "doctor" according to context – read by Charcot without resort to psychological source, whilst for Freud as a kind of forensic hieroglyphics from which to deduce traumatic cause. The spider dance of the *tarantatas* and the attacks of the Salpêtrièrian hysterics share a common survival instinct to dramatize internal suffering and literally *make a scene* in which displays of bad (unfeminine) behaviour is *de rigueur* for the spectator to marvel at, even where this scopophilia is masked as scientific curiosity. What distinguishes the hysteric from the *tarantata* is that, at the Salpêtrière, she is *directed* – incarcerated, strait-jacketed, examined, probed, provoked, and consistently institutionalised. The hysteric is confined to operate within clinical walls, and behaves accordingly. The *tarantata* uses her folk-culture's ritual moments for expressing her bites and re-bites, her craft following cultural ritual and communal patterns of life-work-play. The hysteric is functioning (being re-bitten at random) in a constant and unrelenting roll of attacks in an environment in which this is the daily norm. The hysteric at the Salpêtrière (and on Freud's couch) however, is urban. What is eating her has no ritual space in a rural community to contain and even encourage her symptomatic dance such as the *tarantata* is permitted. Her inarticulate despair, rather, *converts* (Freud) into signs picked at random (and perhaps metaphorically) from a given vocabulary. Her gestures neither express nor explain what is the matter in any literal form. Her body simply becomes transmogrified in a chaos of symptoms – inscriptions that Cixous calls *"The Theater of the Body"*[34] and yet, *significant:* "hysterics are accusing; they are pointing – with their paraly-

---

34   Cixous and Clément 1986, p. 10.

Fig. 2 Shona Morris as Augustine in Augustine (Big Hysteria) *by Anna Furse, Paines Plough, 1991. Photo: Sheila Burnett.*

paradoxically, as both a *divertissement* (diversion)[45] to set the spectator off-track and a tortuous distress-signal-ballet, and as such also articulates the psyche in terms of an embodied, if awkward, deviant, and hyperbolic semaphore.

Literature

Appignanesi, Lisa, *Mad, Bad and Sad, A History of Women and the Mind Doctors from 1800 to the Present,* London 2008.
Bakhtin, Mikhail, *Rabelais and his World,* trans. Helene Iswolsky, Bloomington 1984.
Baudrillard, Jean, *Simulacra and Simulation,* trans. Sheila Faria Glaser, Ann Arbor 2006
Bronfen, Elisabeth, *The Knotted Subject: Hysteria and its Discontents,* Princeton 1998.

---

45 In ballet the term refers to, normally short, dances without a specific unifying theme, which may also be performed as interludes in other forms such as theatre and opera.

Charcot, Jean Martin, *Charcot the Clinician: The Tuesday Lessons: Excerpts from Nine Case Presentations on General Neurology Delivered at the Salpêtrière Hospital in 1887–88*, trans. Christopher G. Goetz, New York 1987.

Charcot, Jean Martin and Richer, Paul, *Les Demoniaques Dans l'Art*, Paris 1984.

Cixous, Hélène and Clément, Catherine, *The Newly Born Woman (La Jeune Nee)*, trans. Betty Wing, Minneapolis 1986.

Daboo, Jerri, *Ritual, Rapture and Remorse: A Study of Tarantism and Pizzica in Salento*, Oxford 2010.

Didi-Hubermann, Georges, *Invention de L'Hystèrie: Charcot et l'Iconographie Photographique de la Salpêtrière*, Paris 1982.

Foucault, Michel, *The Birth of the Clinic: An Archaeology of Medical Perception*, trans. A. M. Sheridan, London 1989.

Freud, Sigmund, "Report on My Studies in Paris and Berlin: Carried out with the Assistance of a Travelling Bursary Granted from the University Jubilee Fund (October, 1885 – End of March, 1886)," in Strachey, J. (ed), *The Standard Edition of the Complete Psychological Works of Sigmund Freud, Volume I (1886–1899): Pre-Psycho-Analytic Publications and Unpublished Drafts*, New York, London 1966.

Furse, Anna, *Augustine (Big Hysteria)*, Amsterdam 1997.

Furse, Anna, *Augustine (Big Hysteria)*, Paines Plough, 1991, [DVD], Arts Archives, 2011, www.arts-archives.org.

Furse, Anna, "Augustine (Big Hysteria): Writing the Body", in *Contemporary Theatre Review: An International Journal* 2:1 (1994), pp. 25–34.

Furse, Anna, "A Spectacle of Suffering", in Coulter-Smith, Graham, *The Visual - Narrative Matrix - Interdisciplinary Collisions and Collusions*, Southampton 2001.

Gilman, Sander L., King, Helen, Porter, Roy, Rousseau, G. S. and Showalter, Elaine, *Hysteria Beyond Freud*, Berkeley; Los Angeles; London 1993.

Goetz, Christopher G. (trans.), *Charcot the Clinician: The Tuesday Lessons: Excerpts from Nine Case Presentations on General Neurology delivered at the Salpêtrière Hospital in 1887–88*, New York 1987.

L' Iconographie Photographique de La Salpêtrière. Paris 1870–80.

L' Iconographie Photographique de La Salpêtrière, Paris 1888–1918.

Krämer, Heinrich and Sprenger, James, *Malleus Maleficarum* (1486), trans. Montague Summers, New York 1971.

Miller, Arthur, *The Crucible*, Harmondsworth 1987.

Showalter, Elaine, *The Female Malady: Women, Madness and English Culture, 1830–1980*, London 1987.

Showalter, Elaine, *Hystories: Hysterical Epidemics and Modern Culture*, London 1997.

Sontag, Susan, *Illness as Metaphor*, Harmondsworth 1983.

Szasz, Thomas Steven, *The Myth of Mental Illness*, London 1987.

Natascha Siouzouli

Die Spaltung im Blick.
Krise und ihre Aufhebung in der Arbeit
Laurent Chétouanes

*Das wahre Außen ist in diesem Blick,
der mir alle Eroberung untersagt.*[1]

Abb. 1 Lenz, Regie: Laurent Chétouane, Performer: Fabian Hinrichs.
Photo: Oliver Fantitsch.*

Krise als Heilung als Störung

Matthias Warstat stellt in seinem letzten Buch die These auf, dass in Bezug
auf die Wirkung von Theateraufführungen und Perfomances krisenhafte
Erfahrungen als heilsame Prozesse zu begreifen sind: „In Bezug auf Theater sollten wir uns Krise und Heilung nicht in einem Verhältnis der gegenseitigen Ausschließung, des Alternierens oder der Oszillation vorstellen,
sondern als simultan. [...] die Krise [wird] von der Heilung nicht beendet

---

1   Lévinas 1983, S. 198.

oder bewältigt [...], sondern [...] die Krise [ist] eben die Heilung."[2] Warstat denkt eher an eine ‚verschobene Koinzidenz' zwischen Krise und Heilung im Rahmen von ästhetischen Erfahrungen, wenn er schreibt: „Die strikte Gleichzeitigkeit von Krise und Heilung sollte [...] nicht darüber hinwegtäuschen, dass zwischen beiden eine Abweichung besteht [...]. Es überlagern sich zwei Zeitformen, die nicht vollständig miteinander zur Deckung kommen: Während die Krise eine nicht enden wollende Zwischenzeit markiert, formuliert die Heilung eine Abrundung, ein gutes Ende, einen Schluss."[3]

Warstat beschreibt insofern eine ästhetische Erfahrung, die sowohl als Krise als auch als Heilung erlebt wird; es ist die je spezifische Zeitlichkeit der beiden Aspekte dieser Erfahrung, welche sie untereinander differenziert, und letzten Endes das Aufgehen des einen in den anderen verhindert. Der Parameter der Zeitlichkeit ist insofern von Bedeutung, als hier ein Zwischenzeitraum eröffnet und in dessen Kontext eine zeitliche Erfahrung erlaubt wird: Es gibt einen Zeitraum, wo Krise erfahren wird, um als Heilung wahrgenommen zu werden. Zwischen Hier/Jetzt (Krise) und deren Abschluss (Heilung) existiert der Zeitraum des Ereignisses, „in der sich die Kontingenz des Geschehens artikuliert".[4]

Die zeitlichen Erfahrungen von Krise und Heilung können freilich andere sein, als die, die Warstat beschreibt: Krise kann ebenso gut auch als Augenblick auf der Kippe, als spannungsvoller Moment, der nach einer Richtung trachtet, erlebt werden, während Heilung auch als anhaltender Zeitraum der Aufhebung aller Infragestellungen erfahren zu werden vermag. Dieser Zwischenzeitraum – wie auch immer wahrgenommen –, den Warstat in den Rahmen der Krisenerfahrung positioniert, ist für mich als Zeitraum der Instabilität, des offenen Widerspruchs, des Schwebens und Schwindens von großer Bedeutung. Dieser Zeitraum nämlich, der auch nur einen Augenblick dauern kann, fungiert als der Zeitraum der Entstehung, weil er zum Handeln zwingt, und sei es nur, um die Handelnden in eine neue Krise zu stürzen.

Damit ist der Zeitraum der Krise als Zeitraum der kommenden Handlung bestimmt und dadurch wieder mit der Potentialität einer Heilung – nicht lediglich als „gutes Ende" verstanden – verbunden. Dabei interessiert mich die genaue Äußerung des endgültigen Ausgangs der Krise, der sich ja sowohl als Zerstörung, Katastrophe und Scheitern, wie auch als Generierung, Restauration und Kur darstellen kann, nur an zweiter Stelle; vielmehr möchte ich den Moment der Krise als solchen fokussieren, just bevor die

---

2   Warstat 2010, S. 18.
3   Ebd.
4   Vogl 2008, S. 57.

Handlung ihren Weg nimmt. Dieser kritische Moment ist insofern von Belang, als er die Störung im System als unabdingbar einschreibt und damit potentiell eine *andere Zukunft* ermöglicht.

Chétouane und das *Schwinden der Präsenz*

Der Regisseur und Choreograph Laurent Chétouane befasst sich in seinen Arbeiten ausführlich mit diesem Zwischenzeitraum der Krise. Das Theater stellt einen exzeptionellen Ort dar, in welchem besagter Zeitraum in der Tat entstehen und inszeniert werden kann, denn es handelt sich um jenen Raum und jene Zeit, die zum Aufeinandertreffen von Akteuren und Zuschauern gehören bzw. die die Beziehung zwischen den beiden Gruppen ermöglichen und gestalten. Es liegt am Regisseur, ob er diesen Raum exponieren möchte, ob er ihn überhaupt etablieren, ihn als elastische Schwelle inszenieren oder verschwinden lassen will.

Chétouane inszeniert diesen Zwischenzeitraum als *Topos des Schwindens*; als einen Raum, in welchem die Präsenz jedes einen – Akteurs und Zuschauers – bedroht bzw. in kontinuierliche Krisen gestürzt wird. Letztere artikulieren sich als Situationen des Schwindens von Rollen, Identitäten, Subjektstatus etc. und dieses Schwinden bedeutet hier eine Abwechselung zwischen Sich Verbergen und Erscheinen, zwischen Sichtbarkeit und Unsichtbarkeit, die den Zwischenraum der Krise als durch höchste Unsicherheit beherrscht entstehen lässt.

Die Thematik und Instrumentalisierung des Blicks und die damit einhergehende Dialektik von Sichtbarkeit und Unsichtbarkeit sind zentral in Chétouanes Inszenierung des kritischen Zwischenzeitraums. Er problematisiert und behandelt den Blick von Zuschauern *und* Akteuren und vielmehr noch deren Aufeinandertreffen als eine krisenhafte Angelegenheit. Das Konzept des Schwindens als Art und Weise der Artikulation dieser krisenhaften Angelegenheit ist für mich insofern wichtig, als es die radikale Unsicherheit als Eigenschaft des Phänomens auszeichnet: es beschreibt einen *Prozess*, der sich stets nur zwischen Verschwinden und Erscheinen positionieren kann; und indem dieser Prozess das Phänomen immer anders erscheinen lässt, schreibt er der Präsenz eine Vielzahl an Gestalten zu. Darüber hinaus bzw. in diesem Sinne hat es wesentlich mit dem Sehen und dem Nicht-Sehen zu tun, mit der Sichtbarkeit und Unsichtbarkeit des Phänomens, die als simultane Eigenschaften begriffen werden sollen.

In der Tat werde ich in meinen Beispielen genau die Art und Weise der Inszenierung und Äußerung des „aktiven Blicks"[5] fokussieren und darüber

---

5   In Anlehnung an das „active eye"; vgl. Brennan 1996, S. 218–230.

hinaus das Ereignis des Schwindens der Präsenz als dialektische Artikulation der Relation zwischen Sichtbarem und Nicht-Sichtbarem beschreiben; dabei werde ich nach der Krisenkonstellation im Zwischenraum des
Aufeinandertreffens von Akteuren und Zuschauern und nach deren Konsequenzen dies- (Raum der Aktion) und jenseits (Raum des Zuschauens)
fragen. Als Beispiele werden mir die Produktionen *Lenz** (2006, *TESLA*/
Podewils'sches Palais, Berlin, Performer: Fabian Hinrichs) und *Studie I zu
‚Bildbeschreibung' von Heiner Müller* (2007, Sophiensaele, Berlin, Performer: Frank Willens) dienen.

Interaktion von Blickregimen

Chétouane inszeniert beide Stücke als Situationen der Interaktion von
Blickregimen,[6] wobei diese Interaktion sich sowohl als *Agon* [als (Wett)
Kampf zwischen Bühne und Zuschauerraum], als auch als *Agonie* (ständige
Äußerung von Bedrohung der eigenen Position und der eigenen Macht)
artikuliert. Chétouane verleiht seinen Akteuren das Privileg des Blicks,
macht sie zu Seh-Subjekten und entmachtet dadurch zum Teil den sonst
allmächtigen Zuschauer, der in diesem Zusammenhang (auch) als Seh-
Objekt fungiert. Die Rollen zwischen Akteuren und Zuschauern werden in
beiden Produktionen im Hinblick auf die Inhaberschaft des mächtigen
Blicks, der einem die Rolle des kontrollierenden Seh-Subjekts zuweist, fortwährend subvertiert: der Akteur ist derjenige, der das Publikum oder einzelne Zuschauer – oft lange und ausgiebig – anblicken darf, während die
Zuschauer in diesen Momenten einen Verlust deren Status und Rolle hin-
nehmen und die Verletzung deren Identität dulden müssen.

Beide hier zu diskutierenden Produktionen sind Soli und dies ist insofern von Belang, als das Publikum regelrecht den Adressaten bzw. den
Spielpartner des Akteurs darstellt. D. h. die Zuschauer haben hier nicht
bloß den Status des Betrachters oder gar Voyeurs inne, sondern sind Mitge-
stalter des Spiels, indem sie als diejenigen inszeniert werden, mit denen
der Akteur stets konfrontiert ist. Das Spiel ereignet sich hier also nicht *für*
den Zuschauer, sondern nur *weil* der Zuschauer die Rolle des Mitgestalters
bzw. die verschiedenen ihm zugewiesenen Rollen annimmt. Damit ist
meine zentrale These angesprochen, dass hier nämlich die Interaktion der
Blickregime, so wie sie sich ereignet, die Bedingung der Möglichkeit für *die
Zukunft des Spiels* darstellt. Wir werden im Laufe des Textes noch natürlich
die Charakteristika dieser Zukunft bestimmen und erläutern müssen, keh-

---

6   Der Begriff schreibt dem zuschauenden Blick eine eigene, aktive und produktive
    Macht zu. Vgl. Haß 2005, S. 61 f.

Abb. 2 Lenz*, *Regie: Laurent Chétouane, Performer: Fabian Hinrichs.*
Photo: Oliver Fantitsch.

ren wir aber einmal zur Art und Weise der Interaktion der Blickregime bzw.
zunächst konkreter zur Artikulation des Raums der Aktion zurück.

   Die Akteure werden in beiden Produktionen auf einer großen, fast leeren
Bühne quasi losgelassen und müssen komplexe Texte (Frank Willens ist
zudem auch kein Muttersprachler) und den eigenen Körper bewältigen. Sie
begegnen sich mit spärlichen Requisiten [z. B. einem Stuhl bei beiden Produktionen, einer großen, rechteckigen, schwarzen Tafel (*Bildbeschreibung*),
einem Glas Wasser (*Lenz**), einem Lautstärker (*Lenz**) und einige wenige
mehr], die vielmehr als organische Teile der Aufführung, eher karge Objekte der Aktion darstellen; vielmehr als eine unterstützende Funktion zu
erfüllen, erscheinen diese Objekte als fremde Körper, mit denen die Akteure nichts anzufangen wissen: Hinrichs zerschlägt den Stuhl, studiert
lange und neugierig den Lautstärker, kippt das Glas um und trinkt das Wasser vom Boden; Willens versucht, lange eine angemessene Position für seinen Körper auf dem Stuhl zu finden, legt sich auf die Tafel und versucht es
sich dort bequem zu machen etc. Die Akteure unternehmen zaghafte Annäherungen, die sie schnell wieder verwerfen. Die Objekte verbleiben in
ihrer Anwesenheit in einem Zwischenzustand von Zeichenhaftigkeit (man
kann z. B. sehr wohl dem Stuhl von *Bildbeschreibung* eine bestimmte Bedeutung zuweisen und ihn als den Stuhl, den der Text Heiner Müllers zentral
instrumentalisiert, anerkennen) und Phänomenalität gefangen, und fungieren insofern zugleich als dienende und hindernde Spielobjekte.

In einem ähnlichen Zwischenzustand befinden sich auch Textartikulation und Bewegung bzw. Aktion. Hinrichs in *Lenz** scheint die Worte nur mühsam zu finden, er legt zwischen den Wörtern größere Pausen ein bzw. zerlegt sie und spricht sie quasi Buchstabe für Buchstabe aus. Willens in *Bildbeschreibung* hat Schwierigkeiten mit der Aussprache, muss die Wörter sehr langsam und einzeln bzw. mit Pausen dazwischen aussprechen, um verständlich zu sein. Vielmehr als einen kohärenten Text, nehmen wir hier Textfetzen und -bruchstücke wahr, die bestenfalls auf einen Zusammenhang verweisen können, der aber hier und jetzt verschwunden ist.[7] Die Krise des Vorhandenseins eines Textes im Rahmen des szenischen Spiels wird hier als immer aufgeschobenes Versprechen einer heilsamen Vollkommenheit – die sowohl die Vollkommenheit des Textes als solchen, als auch die Versöhnung zwischen Text und Spiel meinen kann –, das nie erfüllt werden kann, artikuliert; Jacques Rancière würde diesen Sachverhalt als widerständiges Moment der Kunst verstehen und auslegen.[8]

Dieser Widerstand schreibt sich darüber hinaus bzw. noch intensiver im Bewegungsvokabular der Akteure ein. Während *Lenz** kein Tanzstück im strengen Sinne ist, liegt der *Bildbeschreibung* eine präzise Choreographie zugrunde.[9] Während Hinrichs Bewegungen und Handlungen vollzieht, die als solche und in sich eine gewisse Integrität aufweisen (das Öffnen des Fensters, die Zerschlagung des Stuhls, das Ausziehen, das Beobachten des Lautstärkers etc.), geht Willens einen radikalen Schritt weiter, indem seine Bewegungen bzw. sein Tanz sich als ein unabgeschlossener Versuch, sich zu bewegen bzw. zu tanzen, darstellt: Er hebt einen gebeugten Arm, lässt ihn wieder fallen und beobachtet ihn dabei; dann hebt er ihn wieder, diesmal etwas höher, dreht den Kopf nach links, lässt den Arm fallen, schaut nach vorn, versucht ein halbes *glissade* nach rechts, beugt seinen Oberkör-

---

7   Hier muss natürlich in Betracht gezogen werden, dass die zugrunde liegenden Texte von Georg Büchner und Heiner Müller respektive auch zu diesem Eindruck beitragen: *Lenz** ist kein Theatertext und *Bildbeschreibung* auch keiner im eigentlichen Sinne; es ist, glaube ich, in diesem Kontext symptomatisch, dass beide Texte, allein schon im Hinblick auf Kategorisierung und Genrezuweisung, so viele Probleme bereiten. Auch andere Eigenschaften der Texte, die hier nicht besprochen werden können, leisten einen wesentlichen Beitrag zur Destabilisierung bzw. Untergrabung von Sicherheiten, Normen, Konventionen etc. In einer ähnlichen Richtung verhalten sich auch die Arbeiten Chétouanes respektlos Normen und Konventionen gegenüber: auch bei ihm sind Kategorisierungen nicht möglich, vielmehr setzt er auf Labilität und fließende Grenzen – er favorisiert eher Zwischenzustände und Unschärfe, anstelle von festen Positionen und klaren Verhältnissen.

8   Vgl. Rancière 2008, u. a. S. 26.

9   Selbstverständlich ist diese Unterscheidung willkürlich bzw. entspricht nicht der Realität (vgl. auch Fußnote 7); dennoch ist sie hier aus heuristischen Gründen notwendig.

per nach vorn, kniet nieder, steht wieder auf etc. Alle Bewegungen sind klar von einander getrennt – die eine geht allerdings nahtlos in die andere über –, als würde der Performer sich überlegen, was geht und was nicht; alle Schritte und Gesten könnten als Zitate von ,ideellen' (im Sinne von vollkommenen) Bewegungen, an die sie eventuell zu erinnern vermögen, begriffen werden. Stellen bei *Lenz** die Handlungen eher Bruchstücke im Sinne von Fragmenten eines größeren Ganzen dar, sind die Bewegungen und der Tanz in *Bildbeschreibung* eher im Sinne von Versuchen und Anspielungen zu verstehen. Beide Inszenierungen bzw. beide Akteure verwenden ein Bewegungs- und Handlungsvokabular, die sehr deutlich dieses Fehlen des stützenden Kontexts bzw. die Abwesenheit der vollkommenen Bewegung hervorheben: Bewegungen und Handlungen präsentieren sich hier insofern in einem Zustand des Schwindens, als sie, durch das Verschwinden- und Erscheinen-Lassen einer mehr zu ahnenden harmonischen und heilenden Vollkommenheit, das Hier und Jetzt der Präsenz als instabilen Zwischenzustand der Entrückung hervorbringen.

Meine Lesart der deutlichen Hervorhebung der Unmöglichkeit von Integrität und Vollkommenheit, des Bestehens auf den ,dunklen Rest', der seiner Einverleibung widersteht,[10] des schwindenden Zustands von Bewegungen, Bedeutungen und Präsenzen, weist auf eine prinzipielle Unmöglichkeit (bzw. hier auch Impotenz) des Zuschauers, Herr des mächtigen Blicks[11] zu sein. Damit bin ich am eigentlichen Thema dieses Textes und, meiner Interpretation nach, an einem zentralen Sujet der beiden Inszenierungen angelangt. Die Identität, der Subjektstatus, ja die Präsenz des Zuschauers werden hier radikal und fundamental hinterfragt, indem Chétouane seine Akteure selbst als Blickende, als Seh-Subjekte inszeniert. Die Aufführungen basieren gerade auf dem Blicktausch zwischen Akteur und seinen Zuschauern und stellen sich insofern als Verhandlungsräume einer Machtfrage her und dar.

Die Aufführung *ist* dieser *Agon* um die Herrschaft über den mächtigen Blick; bzw. eigentlich der *Agon* des Zuschauers – von dem ja jede Aufführung quasi ontologisch abhängt –, die Krise zu meistern und zu überwinden, in welche sein Seh-Objekt ihn hineinstürzt, eine Identitäts- und Statuskrise nämlich, die die einzige bzw. eigentliche Waffe des Zuschau-

---

10 Die Einverleibung soll hier als vollständiges Verständnis bzw. als vollendete Eroberung des Gegenstands durch das Subjekt verstanden werden. Vgl. Rancière, 2008, S. 15.

11 Der Blick wird hier in der Definition Bernhard Waldenfels' verstanden, nämlich als „ein Geschehen, das sich zwischen Sehendem und Gesehenem abspielt, ohne dass er sich in die engen Gesetze einer Optik pressen ließe. Der Blick hat es mit der Organisation und Überschreitung von Gesichtsfeldern zu tun. [...] Der Blick verleiht dem Sehen die Dichte eines leibhaftigen Sehens." Waldenfels 1999, S. 124 f.

ers – seinen Blick – betrifft. Dieser kritische Blicktausch geschieht in der
Tat und regelrecht als ein Prozess des Schwindens, als ein Spiel, das Sicht-
bares und Unsichtbares, Verschwinden und Erscheinen mit einbezieht.

Ich habe weiter oben von der *Zukunft des Spiels* als Ergebnis des Aufein-
anderblickens von Akteuren und Zuschauern gesprochen. Dabei ist der
Druck bzw. Zwang vorrangig, der dem Zuschauer widerfährt, weiterzu-
blicken, seinen verletzten Status wiederherzustellen, sein Seh-Territorium
zu re-arrangieren,[12] und damit auch das Vorantreiben des Ereignisses zu
gewährleisten. Sehr pronociert und intensiv findet diese Situation dann
statt, wenn die Aktion aus ‚bloßem Anblicken‘ besteht: Hinrichs überschreitet langsam die Grenze seines Spielraums und tritt in den Zuschauerraum ein; dort bleibt er lange zwischen den Stühlen stehen, blickt intensiv auf einzelne Zuschauer, ohne zu sprechen, ohne sich sonst zu bewegen;
nur nach Minuten nimmt er zaghaft seinen Monolog wieder auf; Willens
steht vorne rechts auf der Bühne und schaut auf das Publikum zu. Gerade
in diesem Moment entscheidet sich ein Zuschauer, seinen Blick sozusagen
zurückzuziehen und den Saal zu verlassen. Er steht auf und versucht, so
unauffällig wie möglich, zu gehen. Willens und die meisten – wenn nicht
wohl alle – Zuschauer richten den Blick auf ihn und beobachten ihn bei
seiner Handlung. Sobald die Tür hinter ihm zu ist, richten erst die Zuschauer den Blick auf den Akteur und erwarten gierig die Fortsetzung des
Spiels. Willens blickt die Zuschauer an und erst dieser Blickaustausch
scheint ihm dazu zu bringen, seine Pause ein Ende zu bereiten und seine
Aktion bzw. seinen Monolog wieder aufzunehmen.

Der Austausch zwischen Bühne und Zuschauerraum, der die Bedingung
der Möglichkeit für die Zukunft des Spiels darstellt, ließe sich folgendermaßen beschreiben: Die stummen Blicke des Akteurs auf das Publikum gestalten sich für die Zuschauer als ein Warten auf eine Reaktion seitens des
Akteurs auf deren Blicken. Der Akteur re-agiert in der Tat auf das Blicken
der Zuschauer mit Worten, Handlungen und erneutem Blicken, was das
Blicken des Zuschauers entflammt und ständig motiviert. Der Zuschauer
blickt, der Akteur reagiert; weil der Akteur auf das Blicken reagiert, wird der
Blick des Zuschauers noch gieriger. Doch der Zuschauer hat nicht nur mit
Worten und Handlungen des Akteurs, sondern mit dessen Anblicken
selbst fertig zu werden, was ja normalerweise als sein eigenes Privileg gilt.
In den Momenten des Angeblickt-Werdens wird dem Zuschauer seine aktive Rolle als solcher bewusst: Er verwandelt sich gewissermaßen zum Ak-
teur-Objekt, dessen für die Zukunft des Spiels konstitutive Funktion das
Blicken ist.

---

12   Vgl. Haß 2005, S. 54–58.

Warstat spricht eine ganz zentrale Eigenschaft der Relationen und Beziehungen, die im Rahmen der ästhetischen Erfahrung entstehen können, an, wenn er sagt: „Ästhetische Objekte lenken den Blick auf die Wahrnehmung desjenigen zurück, der sie anblickt."[13] Diese Momente, wo dem Zuschauer, durch seine Objektivierung, seine Rolle als aktiver Sehender bewusst wird und wo er, bedroht durch den Blick des eigentlichen Objekts, sein Seh-Territorium zu rearrangieren sucht, setzen auch die Selbstreflexion des Zuschauers in Gang, die damit einhergeht, dass in deren Rahmen die Opposition Subjekt – Objekt (zumindest vorübergehend) kollabiert. Der Zuschauer gerät in die Rolle des ohnmächtigen Produzenten, dessen Blick in die Zukunft des Ereignisses zugleich *Agon* für das Vorantreiben des Spiels *und* die Etablierung seines ‚Territoriums' und Agonie für den Ausgang des Spiels, das er nicht kontrolliert, *und* die Infragestellung seines ‚Territoriums' ist.

Indem der Zuschauer in diese Krise von Identität und Status hineingestürzt wird, ermöglicht sich das Ereignen des Spiels; die Krise des Blicks eröffnet hier die Möglichkeit für die Zukunft des Spiels. Die schwindende Präsenz, als Resultat oder Artikulation des Wechselspiels zwischen Sehen und Gesehen werden bzw. Nicht-Sehen, stellt sich in diesem Sinne als die Motivation für das Sich-Ereignen dar, das völlig unvorhersehbar ist, das in sich Scheitern und Erfolg birgt, das Katastrophe und Heilung herbeiführen kann. Wir werden noch sehen, wie beide Aufführungen das Ende des Spiels inszenieren; hier ist festzuhalten, dass am kritischen Moment zwischen den Blicken „sich die Kontingenz des Geschehens artikuliert" (Vogl), ohne dass man sagen könnte, welche Richtung die Zukunft nehmen würde. Dieser Moment birgt in sich insofern eine politische Potenz, als er *eine andere Zukunft* zu versprechen vermag.

(Un)Sichtbarkeiten

Ich habe die Aufführungen als Inszenierungen einer Krise ausgelegt, die fundamentale Zuschreibungen und Rollen (Subjekt – Objekt, Akteur – Zuschauer, Sehender – Gesehener) erschüttert; als Topoi von Präsenzschwund, die nur in diesem Sinne eine Zukunft des Spiels gewährleisten können. Dabei wird zentral die Dialektik zwischen Sichtbarkeit (in der Regel Bühnenaktion) und Unsichtbarkeit (in der Regel Zuschauerreaktion) instrumentalisiert, destabilisiert und subvertiert. In der Tat ist das, was Chétouane hier vorstellt, die theatrale Präsentation eines fundamentalen phänomenologischen Prinzips, so wie es Merleau-Ponty artikuliert hat,

---

13   Warstat 2010, S. 214.

nämlich dass „[das] Sehen sich inmitten des Sichtbaren bildet".[14] Der Zuschauer wird regelrecht in die Sichtbarkeit positioniert und inszeniert. Er ist nicht mehr auf seine Rolle als Betrachter oder Voyeur zu reduzieren, sondern ihm wird eine völlig andere Identität zugewiesen, die ihn *zwischen* Macht (als Seh-Subjekt) und Ohnmacht (als Seh-Objekt) oszillieren lässt.

Die Präsenz des Zuschauers ist mit dem „Makel, [dem] blinden Fleck" Slavoj Žižeks – in Anlehnung an Jacques Lacan – zu konzeptualisieren, der seine „Inklusion [in die Realität] anzeigt", welche er deswegen niemals „ganz" sehen kann.[15] Merleau-Ponty hat ebenfalls den Moment der Unsichtbarkeit als genuinen Bestandteil des Sichtbaren problematisiert, und zwar als „das geheime Gegenstück des Sichtbaren, [...][als] dessen virtuelle[n] Brennpunkt"[16] – dieser ‚unsichtbare Ort' ist das blickende Subjekt, das die Sichtbarkeit zum Teil besetzt. Es hat den Anschein, als wäre die Krise, welche der Zuschauer hier erlebt, nämlich nicht allmächtiger Herr des subjektiven Blicks zu sein, die normale Situation – vielmehr würde man sagen, dass das Theater den Ort par excellence darstellt, wo diese Situation auf unmissverständliche Art und Weise bewusst wird. Der Zuschauer ist nämlich im Theater zugleich Herr und Opfer einer durch ihn ermöglichten und doch nicht von ihm zu lenkenden, zugleich autonomen und heteronomen Zukunft. Diese Paradoxie, in die der Zuschauer verstrickt ist, versetzt ihn in die ausweglose Situation des *Dazwischen*, die sich letztendlich als seine ureigene Position herausstellt. Der Zuschauer positioniert sich zwischen Macht und Ohnmacht; zwischen Produktion und Rezeption; zwischen Führen und Führen-Lassen; zwischen Aktivität und Passivität; zwischen Sehen und Gesehen-Werden oder Nicht-Sehen. Das Entscheidende bei diesen Oppositionspaaren sind nicht die Pole, sondern in der Tat das *Zwischen*, wo der Zuschauer sich befindet. Seine Zeit ist dieses Zwischen, wo auch das ganze Potenzial des Werdens akkumuliert wird und das mit dem Moment der Instabilität der *feedback*-Schleife (Fischer-Lichte, 2004) zusammenfällt. Seine tatsächliche Macht ist dementsprechend nicht seine Fähigkeit zu sehen, und dadurch eventuell zu handeln, sondern vielmehr das Privileg, diesen Moment der Instabilität, des Innehaltens oder sogar des Blinzelns bewohnen zu dürfen, wo alles entschieden und zugleich alles offen ist.

---

14   Merleau-Ponty 1994, S. 173; auch: Merleau-Ponty 2003, insbes. S. 279–281.
15   Žižeks 2006, S. 21 f.
16   Merleau-Ponty 1994, S. 275.

Das Ende des Spiels

Ich habe in meiner Analyse bis jetzt diesen Zwischenzeitraum des Blickaustausches zwischen Akteur und seinen Zuschauern fokussiert und ihn als Ort der Artikulation einer Krise des (mächtigen) Blicks ausgelegt. Diese Artikulation lässt sich als ein Schwinden von Präsenz, Status und Identität beschreiben, welches Aspekte dies- (Raum der Aktion) und jenseits (Raum des Zuschauens) sichtbar macht, die sonst eventuell als unsichtbar verbleiben würden. Dazu zählen z. B. die nicht ideellen, defizitären Bewegungen des Performers in *Bildbeschreibung*, die Verlegenheit über das Vermögen einer zerlegten bzw. sinnentrückten Sprache in *Lenz** und das Bewusstwerden der Krise als normalen Zustand des Zuschauers. Zusammenfassend ließe sich sagen, dass durch das Schwinden eine andere Zukunft des Sichtbaren möglich wird.

Die endliche Antwort – wenn man so will –, welche die Aufführungen im Sinne einer Überwindung des Gedankens, dass Krise eine Ausnahmesituation sei, vorschlagen, fällt mit dem Triumph der Unsichtbarkeit zusammen, über welchen nicht unbedingt entschieden werden kann, dass er als heilende Geste überzeugen kann. Der Zustand der Unsichtbarkeit spricht jedes Privileg ab – es gibt nichts mehr zu sehen und insofern auch keine Seh-Subjekte mehr. Das Ende des Spiels erweist den *Agon* und die Agonie, die Krise also, als den ‚glücklichen Zustand' des Ereignisses.

So sieht das Ende der Aufführung von *Lenz** aus, das keine Erlösung im Kampf des Zuschauers um seinen Status zu bringen vermag: Aktions- und Zuschauerraum verdunkeln sich vollständig, keiner sieht etwas und keiner wird gesehen. Doch die Zukunft des Spiels ist noch im Gange: Eine Klang- und Geräuschaktion wird für eine Weile durchgeführt und die Zuschauer, plötzlich zum Zuhörer verwandelt, versuchen mühevoll die nicht mehr auszumachende Aktion zu verfolgen. Doch nach einer Weile ist ihnen der Status als Zuhörer, nach dieser Seh-Orgie, offensichtlich nicht mehr genug; sie entschließen sich, zu klatschen, und somit selbst der Aufführung ein Ende zu setzen. Sobald den Zuschauern die Rolle als Sehende entzogen wird, entscheiden sie sich, die Zeit anzuhalten: Offenbar ist die Zukunft nicht mehr interessant, wenn sie nicht mehr ‚in sie sehen' können.

In der *Bildbeschreibung* ist die Situation noch vielschichtiger: Der Schlussteil des Müller'schen Textes, der ja die Beschreibung eines Bildes sein soll, spricht vom Aufgang des Betrachters im Bild, von der Absorption des blickenden Subjekts in sein angeblicktes Objekt: Willens spielt mit einem leeren Diaprojektor, in dessen nichtszeigenden Rahmen er selbst sich positioniert. Jedes Bild, das der Apparat bei jeder Betätigung projiziert, ist der sich an der hinteren Wand lehnende, sitzende Tänzer, der dort reglos das Ende seines Monologs spricht. So vollzieht er selbst seinen Aufgang in die Sichtbarkeit, sein Verschwinden ins Bild. Anschließend steht er auf, richtet den

Diaprojektor auf die Zuschauer, kommt in den Zuschauerraum und nimmt darin Platz. Sehende und Gesehene sind nicht mehr zu unterscheiden. Auch die bis dahin Sehende sind nun zum Bild geworden bzw. die Sichtbarkeit selbst, die sie bis zu diesem Punkt vor ihren Augen hatten. Der Aufgang in die absolute Sichtbarkeit hat für die Betrachter eine schmerzliche Konsequenz: sie ist nämlich mit einer verhängnisvollen – weil endgültigen – Unsichtbarkeit verbunden: nicht nur gibt es weder einen Blick-Attraktor bzw. ein -Objekt, noch Blick-Subjekte mehr; der Zuschauer kann außerdem durch das direkt auf ihn gerichtete, grelle Licht des Diaprojektors regelrecht nichts mehr sehen. Die Sichtbarkeit, in mitten welcher, nach Merleau-Ponty, das Sehen geschieht, ist ohne diesen Moment von Unsichtbarkeit, „dessen virtuellen Brennpunkt", undenkbar.

Chétouane – so könnte man zugespitzt formulieren – inszeniert die Krise als Schwinden der Präsenz und die Heilung als Verschwinden der Präsenz. Die Herrschaft der Unsichtbarkeit als Antwort auf das krisenhafte Ereignis bewirkt vielmehr als eine Auslöschung, eine Verschiebung von Identität, Sinn und Präsenz: Sehende und Gesehene sind immer noch präsent, es hat aber eine irreversible Ent-Rückung stattgefunden, ein Ortswechsel, welcher sie oder uns alle durch den kritischen Zwischenzeitraum in eine finstere Zukunft geführt hat.

Literatur

Brennan, Teresa, „The contexts of Vision from a Specific Standpoint", dies. & Jay, Martin (Hg.): *Vision in Context. Historical and contemporary perspectives on sight*, New York/ London 1996, S. 218–230.

Fischer-Lichte, Erika, *Ästhetik des Performativen*, Frankfurt/Main 2004.

Haß, Ulrike, *Das Drama des Sehens*, München 2005.

Lévinas, Emmanuel, *Die Spur des Anderen – Untersuchungen zur Phänomenologie und Sozialphilosophie*, Freiburg/München 1983.

Merleau-Ponty, Maurice, *Das Auge und der Geist – Philosophische Essays*, Hamburg 2003.

Merleau-Ponty, Maurice, *Das Sichtbare und das Unsichtbare*, München 1994.

Rancière, Jacques: *Ist Kunst widerständig?*, Berlin 2008.

Vogl, Joseph, *Über das Zaudern*, Zürich/Berlin 2008.

Waldensfels, Bernhard, *Sinnesschwellen – Studien zur Phänomenologie des Fremden*, Frankfurt/Main 1999.

Warstat, Matthias, *Krise und Heilung. Wirkungsästhetiken des Theaters*, München 2010.

Žižeks, Slavoj, *Parallaxe*, Frankfurt/Main 2006.

Nicolas Salazar-Sutil

Paradox to Paradance:
Schizoanalysis of the Dance Equation "I am not I"[1]

Dancing with oneself

Georg Cantor, described by some as one of the fathers of modern mathematics, spent the last years of his life at a clinic in Halle University after suffering from a mental breakdown. Whilst at hospital Cantor claimed to have received instructions directly from God for the confirmation of his groundbreaking theory of sets. Now then, although the relation between madness and mathematics has proven to be an attractive area of study[2] prompting further discussion on the life and work of Nobel laureate John Nash, mathematician turned terrorist Ted Kaczynski, and other so-called "mad geniuses," it is questionable whether Cantor's creativity can be reduced to a clinical diagnosis. The question of schizophrenia in mathematics does not concern me in the least in the clinical sense, but rather in terms of what Gilles Deleuze and Félix Guattari would call "schizophrenic mathematics," where schizophrenia is not understood in the medical sense, even though it is used as a provocation to psychoanalytic thinking.

I will argue that the question of paradox, which can be linked back to logic and mathematics (as in the case of Cantor's paradoxes in set theory), are emblematic of this schizophrenic mathematics, even though the term, it must be pointed out, is used neither in the clinical nor strictly mathematical sense. Rather, paradox can also refer to objects (i.e. topological objects) – objects that defy logic and present themselves, in concrete and physical form, as self-contradictory. One could even argue that paradoxes may occur at the level of the body and bodily movement. What follows might then be read as a rehearsal for the choreographics of paradox: a para-dance.[3] I offer the term to designate move-

---

1   Video clips and photographs accompanying this article are available at: http://www. choreomania.org.

2   See: Bishop 1973; Pickover 2005; Henderson 2007.

3   Para-, according to the definition provided by dictionary.com, is a prefix appearing in loanwords from Greek, most often attached to verbs and verbal derivatives, with the meanings "at or to one side of, beside, side by side" (*parabola; paragraph; parallel; paralysis*), "beyond, past, by" (*paradox; paragogue*); by extension from these senses, this prefix came to designate objects or activities auxiliary to or derivative of that denoted by the base word (*parody; paronomasia*). As an English prefix, **para-** may have

ments that might generate the kind of unsettling undecidability Cantor's paradox generates in the line of mathematical logic. In this particular rehearsal, paradance might refer to movements that are circular, looped, or knotted, so that the predicate of this movement denies its own subject, in the sense that the decision to move is cancelled out by the folding back of the movement to its starting-point, to the decision not to move or not to communicate the movement. Let me simplify the premise of my argument: a paradox is a statement that denies itself. Take the so-called liar paradox: "The truth is that this statement is false." The statement is self-contradictory, so it is impossible to decide whether the statement is in fact true or false. The statement moves in one direction, then moves in the opposite direction, and thus finishes where it started: truth is not truth. If the forward and backward movement of this paradoxical statement can be translated to movement in space, we would encounter the following paradox: movement is not movement. Paradance thus refers to movement whereby a moving body ultimately remains in the same spot, unchanged.

What I am about to argue is that the kind of circularity or self-recursion that leads to paradox is to be found not only in the realm of logic. When making this shift away from logic, and when speaking of the self-folding of, say, topological objects (lemniscates, Moebius strips, Kline bottles, knots), we find that these objects are indeed also defined by paradox – not least because the distinction between inner-outer, inside-outside remains undecidable. I would go as far as saying that paradox might be also evoked in a topology of physical objects and spatial movements. I am not alone in saying this: movement theorist Rudolf Laban recognized this when describing how topological shapes might be used as models to understand what he called the "dynamosphere," which refers to psychological implications and to the emotional content of dance movement. It must be noted, however, that I am not thinking of dance here. I am not thinking of paradox as a conceptual model to describe the nature of certain contradictory human emotions that trigger movement. I am thinking of paradox that takes over movement in its entirety, and not just at the emotional level. Thus, paradox and topological shaping should not be limited to a conceptual model of the dynamosphere, as it is for Laban, but to a certain type of movement that is intrinsically paradoxical – and not just because it is fuelled by self-contradictory emotions.

The type of movement I am thinking of is called stereotypy. One must bear in mind that this is not a dance movement. My initial question, therefore, is not whether stereotypies can be danced, but why these movements are paradoxical. Stereotypies are often circular, looped, and repetitive movements.

---

any of these senses; it is also productive in the naming of occupational roles considered ancillary or subsidiary to roles requiring more training, or of a higher status, on such models as **paramedical** and **paraprofessional**: *paralegal; paralibrarian; parapolice.*

They can be found in people with mental retardation, autism, schizophrenia, or captive animals. As it will become apparent in what follows, the use of terms like stereotypy, autism and schizophrenia in this article is by no means meant in their clinical sense, but in a cultural sense, particularly in the way Deleuze makes use of them. From this cultural theoretical and speculative standpoint, stereotypy is an inviting phenomenon as a choreographic element insofar as it represents a movement paradox. Crucially, stereotypy occurs amongst animals held in captivity, perhaps because the animal does not and indeed cannot move outside its confined space. We might never know why captive animals move in this way. What is clear, however, is that the animal is moving (it is going round in circles) and yet, at the same time, it is not going anywhere. It remains rooted to the same spot: hence the paradox. Motion, in this case, does not lead to locomotion, to change, to movement in a fuller sense, for the simple reason that the animal moves only to remain entrapped. Does the animal not move to move, but to escape this entrapment/stasis? Does it make use of locomotion as imaginary freedom? Whatever the case, the problem in the somewhat arbitrary example I have used here is that movement in this case does not lead to a positional or locational change. In other words, the purpose of movement is here defied. The animal does not move to move, but to create a sensation of movement. The nudity of the operations of paradox is transmissible by a return to sensation.

Perhaps the same applies to the stereotypy of autistic and schizophrenic people, although – I insist – I am not a position to argue that from a medical standpoint. From the speculative position I have taken here, I will suggest that in the performance of stereotypy in this case, there might be no sense of Other to whom an autistic person's bodily movements are addressed. In other words, autistic stereotypy appears from a choreographic observation as movements that not only remain in stasis, as in the case of the captive animal, but also in a static sense of incommunication. So rather than communicating movement with another, the autistic person might move in order *not* to communicate the meaning of such movements to anyone – hence the paradox. Because there is no distinction between inside and outside, I and Other, the meaning of these stereotypies is undecidable.

The notion of paradance I am rehearsing here is, rather than a denial of dance, a denial of what I would call the subject-predicate of movement. In spoken or written grammar, a sentence is made of a subject and a predicate – there is a distinction between these two parts that makes up a logical sentence. By way of an analogy, the grammar of motion is predicated on the basis of the difference between moving and standing still, so that movement might be said to depend on establishing the difference between being here and being somewhere else. One moves in order to be somewhere else, or in order to reach someone else. Paradance occurs when the predicate of a movement (being elsewhere) folds back on its subject (the still body). The result is that you move without ever finding yourself anywhere else. Put differently, in paradance the mover moves in such a way that he finishes where he started, thus regressing to a point of motionlessness. He remains in the same spot, uncommunicated. Even when dancing solo, with no-one else present or watching, the dancer expresses something outside himself, because dance is a means of finding that difference between the inside and the outside, the I and the Other, the predicate and the subject (even when the latter is absent or passive). This division founders in paradance. The paradancer dances with no partner other than his own. There is no inside-outside: like the Moebius strip, or the wild cat in the cage, or the autist. Movement is not movement – hence the paradoxical equation.

Schizophrenic mathematics

One of the main theses of Deleuze and Guattari's theory of schizoanalysis is the distinction between two poles of social libidinal investment, which the authors associate with the paranoiac fascist pole, and the schizophrenic revolutionary pole. One is sovereign, territorializing, regulatory, and axiomatizing; the other ruptural, deterritorializing, deregulating and decodifying. This is a problematic distinction by the authors' own admission, but one which allows them to discuss the dynamics of capitalist modes of social investment in terms of the interplay of bipolar forms of the libido. The polarity at the heart of schizoanalysis surfaces further along their *Anti-Oedipus* in terms of a distinction between two types of sciences. One is axiomatizing, and it is installed and institutionalized to feed market needs and zones of technical innovation. Deleuze and Guattari explain that the paranoiac pole imposes a goal on this science, subjugating scientists to the formation of sovereignty. This "axiomatizing acting" is epitomized by its oedipalizing factor. This is why, as a polar opposite to this "paranoiac-Oedipal-narcissistic role" and its "rigorous mathematics," Deleuze and Guattari offer the schizoid pole, in whose proximity flows of knowledge pass beyond its own axiomatics and its institutions, generating increasingly deterritorialized signs and figures-schizzes that are produced with no aim other than mere experimentation. In other words, the de-territorializing libido and the mad machinic drive of schizophrenic science are obtained in a state of heightened experimentation and revolutionary schism. The authors go on to point out, drawing from Lacan, that because of this bipolar tension there is in fact a "drama for the scientist," which, as in the case of Georg Cantor's life, "sometimes leads to [clinical] madness."[4]

---

4   Deleuze/Guattari 2004a, p. 406.

Summing up, Deleuze and Guattari propose a further polarization between "rigorous" or "royal mathematics," on the one hand, and an uncontrollable and mad-desiring machine they refer to as "schizophrenic mathematics."[5] This tension is rephrased in *A Thousand Plateaus*, where the authors speak of a royal or state science vis-à-vis nomad science. The latter is portrayed as a "parascientific agency,"[6] which can deterritorialize, decodify and ultimately de-axiomatize scientific establishment. One good example of the Deleuzian-Guattarian notion of the parascientific (or in this case the paramathematical) is of course Georg Cantor's set theory, which the authors dutifully acknowledge as a schizophrenic symptom. This is meant only in the cultural use of the word schizophrenia used by these authors; as Cantor was said to have suffered from manic depression and bipolar disorder, not schizophrenia.

The task, on a broader scale, is to construct an ontological argument which may be derived not from "royal mathematics," or classical geometry, as Plato's ontology is. Against the classical mathematical grounding on axiomatization and the rules of singularity and division, Deleuze and Guattari propose schizophrenic or nomadic mathematics as the mad-desiring machine that opens up the multiple no longer in its predicate form, and no longer as a mathematical notion, but as a paradoxical notion applied to their consideration on the nature of being-as-becoming.

The paradoxical "I"

Taking the idea of paradox away from its mooring in pure logic and onto the logic of sense is a project Deleuze takes up solo in his book the *Logic of Sense*. For Deleuze, paradoxes inhere in language: but unlike a logical statement (a syllogism), paradoxes are entities that move in two directions at once. Logic and good sense are distributive, insofar as here one moves from premise to conclusion in order to traverse a line between self-standing and differentiated points or singularities: from beginning (A) to end (B). In addition, this movement assumes a necessary and single direction. Paradox, on the other hand, is bijective, for it moves in two opposite directions at once to cancel out singularity and division by calling forth a strange double-bind: a beginning-end or past-future. The challenge for Deleuze is to rewire paradox in order to give it an ontological character.

Deleuze breaks down his argument to a formulation of the basic unity of the ontological: a unity that is capable of saying "I". Thus language, and by

5   Ibid., p. 406
6   Deleuze/Guattari 2004b, p. 405.

extension paradoxes in language, does not seem possible without this "I" that expresses and manifests itself in it. But in the same way that there is a singular "I" derived from the use of good sense giving limit and logical quality to this unity, so there is a paradoxical "I" that doubles itself and moves bi-directionally. This paradoxical "I" is pure becoming, with its capacity to create a sense of the one that is in fact a two: a schizogenesis.

> It is the paradox of infinite identity (the infinite identity of both directions or sense at the same time – of future and past, of the day before and the day after, of more and less ... it is a language which transcends the limits and restores them to the infinite equivalence of an unlimited becoming.[7]

Deleuze's alibi here is author and logician Lewis Carroll, whose characters or doubles (particularly in the Alice novels) "represent the two senses or two directions of the becoming-mad."[8] By noting that in the doublet of the Hatter and the March Hare the direction of these characters' lives occur, paradoxically, in one direction, Deleuze argues that the becoming-mad is thus characterized by the fact that each direction subdivides itself into the other, to the point that both are found in either. Deleuze concludes: "Two are necessary for being mad; one is always mad *in tandem*."[9]

Deleuze also makes a bold statement when claiming that paradox should not be seen to be the cancellation of meaning, but rather a gift where meaning occurs. "For here," he concludes, "with the passion of the paradox language attains its highest power."[10] What the paradoxical element does is to bestow high power upon mania – a power that might be realised as the capacity to function as complementary to oneself and thus to see double – to see the future in the present, the there in the here, the "not-I" in the "I". Like the characters in Lewis Carroll's novels, the becoming-mad shows the rare capacity to function as two in one, which renders impossible any limit of becoming, any fixing of quality and discrete quantity, and thus any exercise of good or common sense.

I am not I

The ontologization of paradox is a project Steven Rosen also takes up in his book *Topologies of the Flesh*. He argues that it is through paradox that one can begin to challenge traditional formulae. The challenge is to see paradox as

---

7   Deleuze 2004, p. 4.
8   Ibid., p. 91.
9   Ibid.
10   Ibid.

a topological feature; in other words, as a logic-defying proposition which also occurs in space and which might be rendered as topological objects (lemniscates, Moebius strips, Klein bottles). Rather than staying put in a mathematical understanding of topology, the challenge lies – the same as with Deleuze – in that paradox can and indeed must become ontological. Rosen adds:

> Rather than saying "X is" or "X is not-" one says "X is not-X". This is no mere affirmation or denial of a predicated content, but predication's denial of itself. In asserting that X is not-X the customary subject/predicate format is being used ("X" is the subject, "is not-X" is the predicate) but in a manner whereby the content that this sentence expresses calls the form into question.[11]

In a move reminiscent of Deleuze's own argument on the question of being as becoming, Rosen argues that in order to confound predicative boundary-drawing in the most radical way, paradox must be taken beyond its mere formulation in the sphere of logic in order to impinge upon the subject "I"- that basic unit of the ontological.

> Thus, in saying "X is not-X" one must mean "I am not-I" with "I" taken as ontological: not just a particular (i.e., objectified) subject [...] Rather than being some object of reflection, the "I" in the formula for paradox must be the prereflectively established subject that reflects.[12]

In other words, by ontologizing the formula X is not-X, and rephrasing it as I am not- I, one acknowledges that paradox is not just a logical operation, it is not just an abstract equation. It is an ontological equation, where "I" refers to being human in a general sense. Human beings are not human beings. Being is not being. The equation is mindboggling. What Deleuze and Rosen are doing here is not as complex as it sounds: it seems to me they are rebooting the notion of paradox in mathematical topology and logic so as to speak of an ontological paradox. In very simple terms, the ontological paradox tells us that it is sometimes impossible to decide what being is in relation to not-being. Sometimes, being and not-being might be the same.

Because this is not the right place to dwell on the philosophical implications of this equation, I must rethink this idea in order to speak of physical paradoxes once more, and so as to activate a sense of paradox at the level of the schizobody. Thus, and drawing again on Deleuze's analysis of paradox, the question of doubling is soon re-organized to further remove the question of paradox from the realm of logic or philosophy, in order to embrace the question of "schizophrenic speak" and paradox as an embodied occur-

---

11   Rosen 2006, p. 18.

12   Ibid., p. 19.

rence, which is where Deleuze stumbles upon the writings of Antonin Artaud.

Here we find yet another formulation of the same X is not-X equation, which we might call here the Artaudian paradox: "I am beneath myself."[13] "What I feel in me are the others."[14] "I, Antonin Artaud, am my son, my father, my mother, my self."[15] The paradigm reworks itself further when Deleuze takes up the Artaudian paradox in his own terms, such that the question of division and separation in common sense becomes first a question of materiality, a division between corporeal objects. Whilst the line of logic traverses these objects at a single stroke, touching upon subject and object only once in order to render them singular and free-standing entities, for the paradoxical self there is no difference between I and not I – the line folds back upon itself and closes itself in a figure of 8. There is no recognition of object-before-subject in space. The "I", which is the predicate in Artaud's paradox, is also the object which folds back, thus eliminating the distinction between "I" and that which is "not I". In other words, Artaud is not Artaud. He is himself but beneath himself. He is himself and his father and mother. Paradox forces a double-take and a bijective move between subject-object or subject-predicate, thus cancelling out their division.

Deleuze pushes the whole argument to a question of the body, which is the direction we seek here, such that he finds himself impelled to speak of the Artaudian paradox ("I am beneath myself") in terms of a "schizophrenic body."[16] Likewise, Rosen argues that the ontological paradox "I am not-I" must be fleshed out, and that it must be made into a concrete reality.[17] In other words, the equation X is not-X (or I am not-I) must be turned into a dance-equation.

Schizobodies

The primary aspect of the schizophrenic body, according to Deleuze, is that it is a sort of body sieve.[18] So instead of displaying the surface of logic, which stretches from objects separated by the blade of common sense, in the world of paradox this surface is punctured and collapses, which is why the

13   Artaud 1965, p. 7.

14   Ibid., p. 207.

15   Ibid., p. 238.

16   Deleuze 2004, p. 100.

17   Ibid., p. 20.

18   Ibid., p. 99.

entire world makes no sense as a divided order. By the same token, the schizobody is a punctured body, a fragmented body, a dissociated body; it is also a body that suffers a complementarity at its most quantic core: it is two things at once. Deleuze muses over what kind of languages might emerge from this bipartite schizophrenic body: for instance, what a schizophrenic body-language might look like, or else, what schizophrenic-speak might sound like. In other words, if schizophrenic bodies were to be formalized into verbal and physical patterns, how would it be rendered as ritualistic or artistic practice? One answer to the former question is to be found in Artaud's onomatopoeia and grunts as a form of what Artaud himself called "concrete language": the creation of breath-words and howl-words in which the values of conventional language are replaced by intensities of poetic language and tonal qualities. The answer to the former question, which Deleuze answers once more via Artaud, will occupy us for the reminder of this rehearsal. What, then, is schizophrenic body language? What is a schizophrenic dance?

Deleuze first argues that for the schizophrenic speaker it is less a question of recovering meaning than of destroying the word, of conjuring up its affect. The same applies to the schizophrenic's transformation of the passion of the body into a triumphant action. To the values of the schizophrenic body correspond "an organism without parts which operates entirely by insufflation, respiration, evaporation, and fluid transmission (the superior body or body without organs of Antonin Artaud)."[19] This schizobody that corporealises all differences into the same boundless and continuous body topologic is immersed in itself, it acknowledges nothing other than its own bodiliness – for this reason, it cannot position itself in any point of externality, it has no perspective outside itself, it does not objectify itself in reference to some universal metric out there. Under this condition of total bodily immersion, and because it operates entirely by bodily processes, this schizobody might begin to move in a way altogether different to those bodies which can find externality and subjectivities outside their own. The schizobody cannot see the difference between himself/herself and another not within himself/herself, which is why the autistic "I" in the Artaudian paradox sees the others only within. Whilst for one of these bodies the "I" is categorically different to the "He," "She" or "It", in the case of the latter these differences co-exist in the paradoxical immersion of the becoming-mad.

And in the same way that in schizophrenic speak all literal, syllabic, and phonetic values have been replaced by values that are tonal and not written (Artaud's concrete language), so schizophrenic movement replaces the metaphors of dance with the crude euphoria of self-stimulating stereotypy.

---

19   Deleuze 2004, p. 101.

The stereotypy of the schizophrenic body is the paradoxical element from which it draws its force: the autistic person moves in repetitive and patterned ways and yet does not outreach himself, the captive animal moves in stereotyped ways because it cannot move outside the cage, thus movement never renders an externalization, nor does it find the division between internal and external that gives rise to the line of good sense. The movement and moment of a paradancer is endless and non-distributive, it does not finish elsewhere but always where it started (which means it does not end – it starts anew), confounding the very aim of motion and locomotion, which is to find oneself somewhere else. The paradox actualized as movement: the paradoxical self moves continuously in order not to move. And because all stereotyped motion finishes and starts in that same hereness, it amounts to no change, no difference, no variation, or transposition. This is the first secret of the paradancer: in the total hereness of the cage, in the unanimous "I" that is also a double (I am not I), the paradancer finds beauty in dancing with himelf. In perfect stillness and the endless invariance of that stereotyped autism, the paradancer remains perpetually rooted to himself.

Stereotypy in Configur8's *I am not I*: rehearsals for a paradance

In March 2010, and as part of the event *Performing Topology* held at Goldsmiths College, I collaborated with visual artist Juley Hudson and mathematician and philosopher Brian Rotman on two short choreographic exercises (*Choreographing Category Theory* and *I am not I*). Our aim was to actualize and physicalize two specific mathematical entities (a category theory diagram for Number 4 and the topological object of the lemniscate). I will bypass the main preoccupation of this event, which Rotman articulated in terms of rendering these mathematical structures corporeally, or else as a question of how one might perform these mathematical entities as an enacted temporal process in physical and gestural space[20]. The question that I am concerned with in the final section of this article is the choreography itself, as a structure that physically reproduces a particular logical entity like a lemniscate or a paradoxical equation.

I am not I is a very short choreographic exercise for five players that explores a number of basic visualizations drawn from mathematical topology, particularly the lemniscate or infinity symbol (∞). More pertinent than the use of mathematical visualizations is the effect these have in the movement

---

20 See "Math Dance," unpublished article by Brian Rotman, available at Configur8's website forum: http://www.configur8.org/index.php?option=com_content&view=article&id=71&Itemid=94

Fig. 1 I am not I, *by Configur8, performed at Lockwood Studio, Goldsmiths College, 2010.*
Photo: J. Henriques.

patterns developed by the performers in rehearsal, which often evoked a kind of choreographed stereotypy. Because Configur8's *I am not I* was focused mainly on a choreographic interpretation of mathematical symbols, particularly on the development of looped motion and looped locomotion based on the lemniscate or infinity symbol (∞), further research into stereotypy is needed to develop more in-depth practical knowledge of these movements as a choreographic device. In his book *Interpretation of Schizophrenia*, however, Silvano Arieti makes an interest point to this effect, noting that in stereotypy two major elements are distinguishable: (1) the repetition of the act and (2) the rigidity of the act, which allows minimal variation or none at all. Arieti adds that the acts are "stylised, occasionally assuming the form of an archaic ritual, gesture or dance."[21]

Deleuze himself makes a passing remark on this respect when noting that the reply given by Herman Melville's Bartleby to his manager when given a work instruction: I WOULD PREFER NOT TO, is at once a stereotypy and a highly poetic expression.[22] The same could be said about the two phrases repetitively uttered by the dancers in Configur8's performance: "I am!" or "Am I?" During a short verbal exchange halfway through the piece,

---

21   Arieti 1974, p. 399.
22   Deleuze 1998, p. 69.

these phrases were repeated four times over in a continuous string of sound, with the last word omitted in the final phrase. This would thus turn the phrase from positive statement to question form and vice versa. The result is a stereotyped and looped dialogue, during which Performer 1 and 2 speak the following lines simultaneously, whilst circling the stage in a figure of 8 or ∞:

> PERFORMER 1: I am I am I am I am I
> PERFORMER 2: Am I am I am I am I am

The exchange not only actualizes poetically the idea of a continuous transformation from the positive statement I am! – to the question Am I? (uttered by Performer 1) but also a movement in the opposite direction, such that the question Am I? turns into the statement I am! (uttered by Performer 2). This dialogue neatly expresses the idea of a topological homeomorphism through a speech pattern, where the discrete separation between a positive statement and a question, between affirmation and interrogation, is abolished. I am! and am I? become the same, for the transformation from one to the other is achieved through a continuous string of sound. Looking back onto a more Deleuzian argument, this exchange also points to an ontological question regarding the undecidability or complementarity of the schizophrenic speaker (in the Deleuzian sense). The position of the performer is cast in a double-bind, a state of complementarity that is articulated simultaneously as question (Am I?) and positive statement form (I am!). So is the Performer making a self-affirming claim or asking a question? Does he or she know who he or she is, or is s/he in doubt? In the absence of a decided state, the performer is both herself and not herself, she is I and not I at once – she is performing the paradoxical position of becoming-mad.

The same applies to the choreographic movement that accompanied these words. And because engaging in such movement patterns and paths made the behavior of the performers noticeably stereotyped, particularly at fast speed or in the case of smaller or more shadowy movements, the performers often debated during rehearsal time how looped motion evoked at once a sense of the mathematical object (infinity loop) and a becoming-mad (loopy). From the most literal rendition of the loop, which was physicalized by one of the performers drawing an invisible lemniscate with one finger repetitively on the floor, to more complex movements involving many parts of the body, the same effect is evoked: that is, the looping of the movement back onto itself leads to the repetition and rigidity of a choreographic stereotypy. The rendition of the concept of paradox via the shorthand of stereotypy also points to the quality of stereotypy to convey meaning in the most rigid and economic way possible, one might even add in the most mathematical way possible. There is a ritualized and formalized language that inheres in the schizobody, a mathematical syntax of very rigid and precise movements, gestures and postures, which constitute a kind of algebra of schizo-dance, a bodily mathesis. The schism is found not only in the plane of the stereotyped person, or at the level of his-her movements, but also at the level of a mad idea behind such movements.

So if we began with a note on Georg Cantor's eponymous paradox, we might as well conclude not by way of a loop, but by a parallelism with another great mathematician that is no stranger to madness, John Nash. Thus Nash is quoted as saying: "I would not dare to say that there is a direct relation between mathematics and madness, but there is no doubt that great mathematicians suffer from maniacal characteristics, delirium, and symptoms of schizophrenia."[23] The question to me has been not only how the mathematician becoming-mad thinks, but also how his thinking moves and dances.

Literature

Arieti, Silvano, *Interpretation of Schizophrenia*, New York 1974.

Artaud, Antonin, *Artaud Anthology*, edited and translated by Jack Hirschman, San Francisco CA 1965.

Bishop, Errett, "Schizophrenia in Contemporary Mathematics," in special edition of *Contemporary Mathematics* 39, Errett Bishop: Reflections on him and his Research, Providence, RI 1985.

Deleuze, Gilles, *The Logic of Sense*, trans. Mark Lester with Charles Stivale, London 2004.

———. *Essays Critical and Clinical*, trans. Daniel W. Smith and Michael A. Greco. London 1998.

Deleuze, Gilles and Félix Guattari, *Anti-Oedipus: Capitalism and Schizophrenia*, trans. Robert Hurley, Mark Seem, Helen R. Lane, London 2004a.

———. *A Thousand Plateaus: Capitalism and Schizophrenia*, trans. Brian Massumi, London 2004b.

Henderson, Harry, *Mathematics: Powerful Patterns in Nature and Society*, New York 2007.

Pickover, Clifford, A. *The Math Book: from Pythagoras to the 57th Dimension, 250 Milestones in the History of Mathematics*, New York 2009.

———. *A Passion for Mathematics: Numbers, Puzzles, Madness, Religion, and the Quest for Reality*, Hoboken, NJ 2005

Rosen, Steven, *Topologies of the Flesh: a Multidimensional Exploration of the Lifeworld*, Athens, Ohio 2006.

Internet Sources

Rotman, Brian, "Math Dance," in: *Perform by numbers*, http://www.configur8.org/index. php?option=com_content&view=article&id=71&Itemid=94 (Accessed 14 February 2010).

---

23 Quoted in Pickover, p. 400.

Sidsel Pape

Animal Magnetism – The Dance of Hysteria, the Hysteria of Dance

Introduction

> Henriette Pedersen has for a long time stood out with a distinctive signature to her
> productions, which often revolve around the tension surrounding humans/ani-
> mals, our physical forms of language, and not least an element of expressive the-
> atricality connected to themes with absurd traits, and through this somewhat sub-
> versive cultural comments through all her bubbly comedy. When it comes to genre
> her work has been based on a form of dance which carries the same adjectives, and
> which erases the boundaries between dance as a physical discipline, and move-
> ment and choreography as a fundamental element and tool in the theatre as a
> narrative, body based, live medium, with a tendency towards the conceptuality of
> performance art crossed with relational drama. In other words Pedersen's artistic
> language is such that strict labels of discipline become redundant, something that
> echoes in the rebellious motive that seeps through her work in the interaction
> between form and theme.[1]

In February 2009 choreographer Henriette Pedersen premiered the first
part of the performance trilogy *Animal Magnetism* in Oslo. The performance series has also been shown in Gothenburg, Leipzig, Berlin and Paris.
In December 2010 the third and last part was premiered in Oslo. The series
is touring in 2011[2].

In *Animal Magnetism* the choreographer tackles various displays of hysteria from the 19th Century to today. *Animal Magnetism 1* is inspired by the
first patients diagnosed with hysteria at the Salpêtrière hospital in Paris, and
their symptoms. In *Animal Magnetism 2* the choreographer has created a
fictitious display of the hysterics who played out their diagnosis in American freak shows. *Animal Magnetism 3* focuses on the more hidden male
hysteria.

The trilogy *Animal Magnetism* draws its title from the German doctor
Franz Anton Mesmer. Mesmer believed there is a magnetic fluid in all living creatures, hence *animal magnetism*. With the aid of magnets and laying

---

1 Høyland 2009, http://www.kunstkritikk.no/kritikk/barnevenleg-spasmetease-i-
  galleriet/

2 Video clips and photographs accompanying this article are available at: http://www.
  choreomania.org.

on of hands Mesmer restored the balance in the sick, and the treatment became the precursor of hypnosis. The term *mesmerized* is directly derived from the state the patients could end up in.

Historical overview

Hysteria is one of the oldest and most controversial diagnoses in history. The first written sources of hysteria are recorded on papyrus from 1900 BC. The syndrome has been strongly tied to the female gender, hence the name hysteria, Greek for uterus. The father of Western medicine, Hippocrates, described hysteria as a wandering uterus. It is a chameleon like illness characterised by imitation, simulation and acting. The syndrome frequently changes its expressions, but also changes names over time depending on which sex practices it. The symptoms have probably always shared common features with the popular diseases of different times.[3]

In the *American Psychiatric Association*'s *Diagnostic and Statistical Manual* the diagnosis of *hysterical neurosis* was in use until 1994. Not until then did the term *conversion disorder* replace it.[4] In Norway the diagnosis came to an end in 1926. *Panic attacks, dissociative disorder, histrionic and multiple personality disorder* and *fibromyalgia* seem to be similar collective terms as once hysteria was.[5] Histrionic personality disorder is more often diagnosed in women than men; men with some quite similar symptoms are often diagnosed with narcissistic personality disorder. *Histrionic* is synonym to theatrical and dramatical, and this *personality* is known as attention-seeking in need for approval. Many a stage performer have been accused of such since Sigmund Freud developed psychoanalysis on the basis of hysteria.

Whilst the connection and intersection between hysteric/histrionic and dance/performance are widely known, it is not always clear whether hysterics become dancers or dancers go hysterical. Jane Avril is an example of the first. This great cancan dancer was declared insane as a child and grew up at the Salpêtrière hospital under the protection of Jean-Martin Charcot. He was the first appointed and highly influential neurologist, whose research *Animal Magnetism* is based upon. When Avril was 16 she was let out of the asylum and went straight to the Moulin Rouge where she started an extensive career at the end of the 19th century.[6]

---

3   Micale 2008.
4   Ibid.
5   Cf. Bondevik 2007.
6   Cf. Caradec 2001.

Even though hysteria no longer exists in medical diagnostic systems, *hysteric* lives on as a metaphor and description of unacceptable behavior, especially women's and maybe also dancers'.[7] The behavior which in Norwegian every day language is described as *hysterical* today, resembles the syndrome as it was expressed in asylums like Salpêtrière about 100 years ago.[8] How hysteria expresses itself today is difficult to say, and that is partly what Pedersen has wanted to explore with her *Animal Magnetism* trilogy.

The heydays of hysteria

Hysteria reached epidemic proportions and engaged many doctors during the upheaval surrounding the start of the 20th century. Hilde Bondevik, a researcher in the history of ideas, calls this era from 1870 to 1910 "the Golden Age of Hysteria" mainly because the syndrome then became an object of research and thus important progress in medical science was made.[9] Hysterics have contributed to drive this research forward by acting out symptoms that cannot be demonstrated, and thus "truths" about disease are undermined.

The validity of medical science was questioned when the hysterics were found to be able to perform hysteria when encouraged to under the auspices of researcher Charcot at the Salpêtrière hospital in Paris. Charcot was the first to part with antiquity's gynaecological and medieval demonological explanations of hysteria. He understood the syndrome as a neurological illness that could strike anyone.[10]

Displays of hysteria

Towards the end of the 19th Century there was a general interest in animal magnetism. Both hypnosis and hysteria were objects of Charcot's research during the golden age of hysteria at the Salpêtrière. His research could not have been performed without the patients. Charcot staged hysteria by showing carefully selected hysterical patients in front of an audience every Thursday. André Brouillet recorded the sessions in the painting *A Clinical Lesson with Doctor Charcot at the Salpêtrière* (1887–88). Charcot is here seen

---

7   Cf. Bondevik 2007, p. 12.

8   Ibid., p. 12.

9   Ibid., p. 13.

10   See also Micale 2008.

demonstrating hypnosis on a hysterical patient nicknamed BLANCHE, in real life Marie Wittman. She was one of Charcot's so called *star hysterics*.

In the auditorium at the Salpêtrière many men were inspired by the exhibitions, amongst them Scandinavian writers like August Strindberg and Bjørnstjerne Bjørnson. Freud and Gilles de la Tourette,[11] who later took over Charcot's research, also watched Charcot's displays of hysteria at Salpêtrière that are recorded on Brouillet's painting. There are also indications that Henrik Ibsen found inspiration in the hysterics for both Nora with her tarantella dance in *A Doll's House* and the suicidal Hedda Gabler.[12] The fact that Jane Avril danced the role of Anitra in Alfred Jarry's Peer Gynt paraphrase *Doctor Faustroll*, is interesting in light of Ibsen's inspirations.[13]

Several others of Charcot's star hysterics also performed outside of Salpêtrière, amongst other places at Pigalle. It is said that some of them were also the scientist's lovers. Charcot's use of patients in his research would very likely be seen as unethical today. The question is to what extent the star hysterics had freedom to interpret, and maybe even shape hysteria in their own image. Who knows to what degree these ladies tricked their audience with their acts and imitations, and therefore undermined the position of power the scientists enjoyed.[14]

The great hysterical fit

Today hysteria is being explored by academics and artists, but not by medical clinicians.[15] Around 150 years after Charcot's examinations at the Salpêtrière choreographer Henriette Pedersen has examined his research findings together with her performers. Dancer Kristine Karåla Øren has especially contributed by trying out hysteria on her own body. Her Orlandoesque character has journeyed through the trilogy and unveiled hysteria in its different historical and physical phases. She has interpreted the typical female hysteria of the golden age in *Animal Magnetism 1*, the androgynous expression of the post war age in *Animal Magnetism 2* and a more hidden male hysteria in *Animal Magnetism 3*.

---

11   Gilles de la Tourette separated out Tourettes syndrom from the collective term of hysteria.

12   Cf. Bondevik 2009.

13   See Caradec 2001.

14   Cf. Bondevik 2007.

15   Cf. Mitchell 2001.

Charcot categorized and almost choreographed hysteria's symptoms and fits. He photographed and recorded what he called the perfect hysteria's *grande attaque* on aesthetically developed illustration charts.[16] Charcot's description of the four phases of a hysterical fit has contributed in shaping the movement material and dramaturgy in *Animal Magnetism 1*. The fits common amongst Charcot's female patients started with the so-called false fits, the *epileptoid*,[17] which manifests itself in rhythmic movements. The second phase was called *violent movements*, characterized by contractions and gesticulations. In the third phase the *attitudes passionelles (the hallucinatory phase)* came to expression, before the concluding ecstasy and delirium phase.

Included in these phases were physical positions like *arc de cercle*, arching backwards from head to heels. If the patient reached the so-called *crucifix* or *crucified position*, this was the expression of the perfect hysteria. As Bondevik has demonstrated in her research, the last term also shows the continuing medieval mixture of medicine and religion.[18] The following symptoms that both ushered in fits and/or constituted the female hysteria could be:

> Over-sensitivity and numbness in skin, mucus membranes, muscles, bones and in the higher senses. Pain in skin, muscles, joints, head, abdomen, chest, neck and other hysterogenic zones.[19] Paralysis, contraction, convulsion and retching. Spasms in the digestive organs, airways, circulation and in the genitals. Over-active muscle activity in face and limbs, grimaces and cramps. Disturbances in movements, emotions, blood circulation and secretions like menstruation, sweat and urine. Changes to mental and spiritual life, nerves at the verge of insanity. Depression, irritation, deviant disposition and will. Complaints, exaggerations, lively imagination, unfaithful recollection, false accusations about rape and dishonour. Self-assertion, erotic acts, pathological swindling, theft, obsession with reading and religious scruples. Whinging, dumbness, deafness and speaking in tongues.[20]

Charcot's taxonomy of hysteria has been like a script for *Animal Magnetism 1* that came to be a foundation for the rest of the performance trilogy. The symptoms listed above worked as a choreological compendium for the

---

16   Bondevik 2007, p. 59

17   Charcot was later to separate out epilepsy from hysteria as a collective term, but is also known for the discovery of Multiple Sclerosis.

18   Bondevik 2007.

19   Charcot launched the term *hysterogenic zones*, which is in active use in medical diagnostics in Sweden even to this day. To satisfy traditional criteria for *fibromyalgia*, patients must test positively in 11 out of 18 possible points of pain, also called *tenderpoints*, over a period of three months.

20   Cf. Bondevik 2007, p. 87.

Fig. 1 Marianne Kjærsund and Marianne Skjeldal in Animal Magnetism 1 *at Galleri Maria Veie, Oslo 2010. Photo: Sveinn Fannar Johannsson.*

dancers. With Charcot's level of detailed descriptions, it was easy for them to imagine what hysteria of his time felt and looked like. When taking on the symptoms on their own bodies, the dancers were doing what hysterics have done for centuries. They were simulating symptoms, imitating movements and acting out hysteria. Like the star hysterics at the Salpêtrière, the dancers performed "hysterically" on assignment in front of an audience with the reflective distance and possibility of choice that Charcot's patients supposedly also had. The difference was that the dancers did not imitate the most popular contemporary illnesses of our age, but tried out the hysterical symptoms and attacks that Charcot "choreographed" at the end of the 19th century.

Hysterical penis envy

In addition to Charcot's research, Freud's theories on hysteria have given inspiration to *Animal Magnetism 2*. His focus on the great importance and influence sex has for human development led him to what he called *the problem of female sexuality* and *penis envy*. In this way Freud contributed to feminizing hysteria as a syndrome all the way back to antiquity's reasoning, instead of following Charcot's attempt to separate hysteria from the female sex by also documenting male symptoms of hysteria, similar or different from female. Hysteria therefore continued to be the *quintessential female malady* all the way up to our time.[21] This gendering of a disease has inspired the choreographer, leading her to question why hysteria is considered a disease and not a healthy human expression, and why the problem has been stuck to female gender for so long.

In *New Series of Lectures on The Introduction to Psychoanalysis*, Freud emphasizes that the significance of the penis must be acknowledged.[22] Little girls who have not yet discovered their vagina should be seen as men with a crippled penis (clitoris). The defect causes an inferiority complex and the girls experience penis envy. This jealousy causes a strong impulse to masturbate and spoils all sexual gratification. Freud's peculiar construction of the female psyche has been treated with shrewdness and disdain in many a feministic manifesto. In *Animal Magnetism* 2 Pedersen and her dancers physically explored the psyche of penis envy and put it into an American post war frame.

When Pedersen tackled Freud's attempt to explain hysteria, she focused on the history of hysteria's psychological era. Perhaps this is why a darker side of the syndrome was performed in *Animal Magnetism 2*, a darkness that was released with untamed fury and absurd props. There were 26 000 hen's eggs on stage, and one should note that these were inedible since the hens had been medicated with antibiotics. Dancer Øren portrayed a very loud character wearing a dildo and a deep plunging body, as she marched over the eggs in black shiny leather shoes. As the performance came to an end, the audience was invited to throw eggs at the dancer who slipped and slid around in "eggnog."

Distinguished hysteria

Even though the syndrome named after the female reproductive organ was not seen as masculine enough, the symptoms were not equally scorned. During the Georgian age it was considered distinguished for the upper class man to display hysterical attributes: *The English Malady* reflected status. Without a certain fragility you were not worthy of a place in the upper classes.[23] During the heydays the display of light hysteria was even in Norway

---

21 See Micale 2008.

22 Freud 1932.

23 Micale 2008, p. 42.

considered "noble," especially amongst the women of the finer homes.[24] These hysterics were rarely sick enough to be admitted to asylums.

Freud understood hysteria to be a mental disorder and his development of psychoanalysis was anchored in the syndrome. Amongst Freud's patients and male research objects there were several men, for example the very wealthy Russian "Wolf-Man."[25] Even so, with few exceptions Freud's hysterical patients were women, as for example Ida Bauer, alias "Dora," described in *Fragment of an Analysis of a Case of Hysteria*.[26]

Freud's favourite opera, *Don Giovanni*, presents one of the perhaps most hysterical male characters in stage art history.[27] His hysteria is characterized by projecting his own feelings onto others. A strategy of creating a smokescreen confuses and frustrates the male hysteric's surroundings. The smokescreen as a metaphor was interpreted literally and used as an artistic effect in *Animal Magnetism 3*. The stage was at one point covered in smoke, which could, as well as creating utter confusion, give associations to the battlegrounds of the First World War.

The male hysteria

Amongst Charcot's patients diagnosed with hysteria there were many men, though this has been written out of medical history by his successors. When the male hysteria was no longer possible to deny, the doctors changed the name of the syndrome. They instead introduced *melancholy* and *hypochondria* as explanations for the hysterical syndromes in men.[28] With the advent of the First World War, the term *shell shock* was introduced. The symptoms that in women were perceived as inner turmoil, were in men explained as having been caused either by infections of their mothers, or else by having been victims of disastrous accidents or war.

Since then there have been many new names for the ailment, although the symptoms have not necessarily been taken seriously or explored. These days, Norwegian soldiers return from Afghanistan with *posttraumatic stress syndrome*. Their colonels, on the other hand, are more prone to what was

---

24   Cf. Bondevik 2007, p. 182.

25   Freud's first publication on the Wolf-Man was in *From the History of an Infantile Neurosis* (Freud 1918).

26   See Freud 1905.

27   Cf. Mitchell 2001.

28   See Micale 2008, p. 158.

Fig. 2 Fredrik Strid in Animal Magnetism 3, *Oslo 2010. Photo: Sveinn Fannar Johannsson.*

earlier called *chronic fatigue syndrome,* now named *myalgic encephalomyelitis.*[29] The symptoms are not unlike hysteria.

Male hysteria. according to Charcot, had mostly the same symptoms as the female form, but with fewer and shorter seizures. The seizures ranged from 30 seconds to 30 minutes. Hysterical men were especially prone to what Charcot called *globus hystericus,* a formidable lump stuck in the throat, which paralyzed the vocal chords and gave the patient a sense of being choked. Traces of Hippocrates' *migrating uterus* can thus be seen far into the 19th Century's understanding of illness and shows how the syndrome was connected to the female sex, even by Charcot.[30] Other stigmata of the male hysteria that have inspired *Animal Magnetism 3* were, according to Charcot:

> Storm in the hysterical atmosphere. Stiff or unmoving limbs lasting from a few months to several years. Loss of taste, dumbness, stuttering, slurring. Paralysis of the left side of the body, especially in the tongue and the larynx. Uncontrolled retching. Swearing, a fixation on uttering abuse in public. Speaking in foreign languages and tongues. Compulsive greeting and tics. False ovaries and female body hair distribution. Super-sensitive hysterogenic zones, especially along the sperm ducts.[31]

---

29   See Bondevik 2009, p. 366.
30   See Micale 2008, p. 117.
31   Ibid., pp. 148 ff.

In addition to one female dancer, the choreographer took on the tenor Fredrik Strid to explore the male hysteria in *Animal Magnetism 3*. His well-trained larynx and voice skills became useful when trying on the male hysteric symptoms listed above. Strid actually lost his voice when simulating these symptoms, just as many of the male hysterics at the Salpêtrière fell dumb. This is one out of many examples on how taking on hysterical symptoms made the performers in *Animal Magnetism* hysterical according to Charcot's standards. Through personalization of the disease, one could argue that the dancers were "infected" during rehearsals and performances. Nevertheless, the dancers in *Animal Magnetism* have experienced the displays of hysteria as predominantly positive for their health.

Cyclical dramaturgy

Based on these experiments, the dancers developed several characters each of which were named. These names constituted the choreographical lingo shared between choreographer, dancers and dramaturge. This common language was important in order to construct *Animal Magnetism*. The choreographer and the dramaturge have actively invited the dancers' personal viewpoint on hysteria. The performers' reflections have been acknowledged and used as a resource. Dialectics like these, between a personal viewpoint, physical display and conversation/description of experiences, have constituted an important strategy in developing the range of movements and/or key characteristics of the characters. All of the performances have had a cyclical build up of their movements, a sort of spiral without an obvious beginning or end. This figure seems to indicate a synchronicity in light of several of the project's suppliers of theory.

Both Charcot and Freud, but also the psychoanalyst Juliet Mitchell, believe that the vicious cycle of trauma and re-traumatizing is a precursor to and a consequence of hysteria. Mitchell claims that sibling rivalry predisposes people for the syndrome, as the hysteric seeks out the bodily condition of symbiosis with the mother. Being replaced by a sibling is experienced as a threat to the identity. Who am I if I can simply be traded for another? The sufferer regresses back to the time before a sibling replaced him/her. But for everyone who is not an infant, it is unbearable to be exclusively body and emotions. The hysteric reacts by adopting whatever behavior or symptom is necessary to become somebody. He/she enters imitation and play. The assumed identity re-traumatizes the sufferer. In this way the hysteric is caught in a hysterical circular dance, *only body, nobody, somebody and back.*[32]

---

32   See Mitchell 2001, p. 68.

Interpreting this vicious cycle literally, a spiral without beginning nor end, is a good description of the dramaturgy of *Animal Magnetism*. It is also possible to consider the whole trilogy an expression of hysteria's circular dance illuminated by the loss and grasping of identity. *Animal Magnetism 3* can seem to be the prelude to the first performance. It contains the traumatization that precludes and triggers the development of hysteria and practice of hysterical fits with accompanying stigmas as displayed in *Animal Magnetism 1* and *2*.

Chameleon illness

One of the most important perspectives on hysteria to the *Animal Magnetism* trilogy was the performative aspect, the so-called chameleon disease characterized by the sufferers simulating other illnesses. Creating an atmosphere of a show off of hysterical symptoms has been an important dramaturgical choice. In *Animal Magnetism 1* this was especially important as the production thematized hysteria as it was constructed during the heydays of its symptomology under the direction of Charcot at Salpêtrière. In the first, but also the last performance, the audience was greeted when they entered the performance room. The dancers approached the spectators towards the end of all three performances, which emphasized the fact that the performers were aware that they were being observed in their imitations of hysteria. Likewise the performers enforced the audience's awareness that the "hysteria" was play-acted.

The reason for this focus was the choreographer's aim to destabilize a very ancient link between female sex and hysteria, and an oppressively pathological labelling of what might be normal human behaviour. When Pedersen choreographs and stages hysteria, it is to demonstrate the obscene, burlesque, grotesque and vulgar details that especially female dancers and their choreographers don't normally allow on stage, unless they want to be considered hysterical. It is to break with the attractive and comfortable image of woman that much concert dance uncritically reproduces. In this way Pedersen brings value to the improper things that dancers rarely allow themselves to indulge. Thus she encourages us to dare to defy norms, the reign of reason, patriarchal law and order. *Animal Magnetism* takes the light and power present in girlish giggling and nonsense, hollering and silliness off the sick list, which is reflected in hysteria's impersonation, imitation, simulation and acting.

Animal Magnetism mesmerizes its audience until they cry and laugh – not necessarily with humor, and certainly not with somber sincerity, but because the performances seem so amazingly liberating. *Animal Magnetism* is an unhinged burlesque staging of the performers' uncensored and delightful outbursts of aliveness, with the aim of infecting the audience with the same. The trilogy can be called subversive stage art in the service of a silent revolution.[33]

Literature

Bondevik, Hilde, *Medicine's order – hysteria's disorder. Hysteria in Norway 1870–1915*, Oslo 2007.

Bondevik, Hilde, *Hysteri i Norge. Et sykdomsportrett*, Oslo 2009.

Caradec, François, *Jane Avril, Au Moulin Rouge avec Toulouse-Lautrec*, Paris 2001.

Enqvist, Per Olov, *The Book about Blanche and Marie*, New York 2006.

Freud, Sigmund, *Fragment of an Analysis of a Case of Hysteria*, Berlin 1905.

Freud Sigmund, *From the history of an infantile neurosis*, The Standard Edition of the Complete Psychological Works of Sigmund Freud, Volume XVII, London 1917–1919.

Freud, Sigmund, *New Series of Lectures on The Introduction to Psychoanalysis*, Oslo 1929.

Gardiner, Muriel, ed., *The Wolf-Man: With The Case of the Wolf-Man By Sigmund Freud*, New York 1971.

Micale, Mark S., *Hysterical Men: The Hidden History of Male Nervous Illness*, Cambridge 2008.

Mitchell, Juliet, *Madmen and Medusas: Reclaiming Hysteria*, New York 2001.

Platon: *Timaeus*, 360 BC.

Internet Sources
Elin Høyland, "Barnevenleg spasmetease i galleriet," 2009, http://www.kunstkritikk.no/kritikk/barnevenleg-spasmetease-i-galleriet/ (Accessed 28 February 2011).

---

33   Credits:
     Choreographer: Henriette Pedersen. Performers: Kristine Karåla Øren, Christine Kjellberg, Marianne Kjærsund, Marianne Skjeldal, Fredrik Strid. Dramaturge: Sidsel Pape. Light Design: Tilo Hahn. Composer: Lars Petter Hagen. Music Consultant: Timo Kreuser. Costume/Scenography: Elinor Ström. Costume Consultant: Dagny Drage Kleiva. Producers: Anette Therese Pettersen and Pernille Nonås Mogensen. Supported by: Norsk Kulturråd, Fond for lyd og bilde, Fond For Utøvende Kunstnere and Dansens Hus Stockholm. Co-producer: Galleri Maria Veie and Black Box Teater.

Eila Goldhahn

Being Seen Digitally: A Filmic Visualization of a "Long Circle". Movers and Witnesses in "Authentic Movement"

Long Circle (2010/ 11 minutes) is a short film and was made
and contextualized by Eila Goldhahn[1].

Rationale for *Long Circle*

Contemporary choreographic practices as well as Dance and Movement Psychotherapy use and facilitate embodiment of inner states in order to make experiential and visible what can only ever be expressed through the body. This phenomenon of embodying inner states pays tribute to the complexity and the vast array of possibilities contained in human movement and dance. Seen by someone without prior knowledge or initiation, some dance and embodiment practices can give the impression that they mimic madness or states of mental disorder when this is not actually the case.The practice of "Authentic Movement"[2] sets a frame within which an unrestricted expression of movements is given safe and free reign. Not surprisingly then, especially those states of consciousness that are akin to heightened experiences of sensations, feelings, so-called energetic phenomena and spiritual experiences constitute the predominant themes that are discussed in the literature on Authentic Movement.[3]

My introductory description here is an account of the production of a short film that offers a different insight into this usually sealed world: without interpretation it shows a "Long Circle" of movers and witnesses. Normally contained within the confidential and private realm of a closed studio setting and performed under the guidance of an experienced Dance Movement Psychotherapist or psychologically trained dance educator, participants' danced movement material in Authentic Movement can have a ben-

---

1   A video clip accompanying this article is available at: http://www.choreomania.org.

2   I have written extensively about the use of the word "authentic" in relationship to this practice and prefer to call it Mover Witness Exchange or, simply, Movers & Witnesses instead (Goldhahn 2007 & 2009).

3   Cf. Adler 2002; Whitehouse, Chodorow, Castle, Lowell, Plevin et al. in Pallaro 1999 and 2007.

eficial therapeutic, artistic or educational effect.[4] However due to its confidential nature its proceedings are seldom available to outsiders. The film *Long Circle* opens a window into this work.

Background

In 2008 the American-Italian dance therapist Marcia Plevin asked me whether I would like to co-teach and make a film about one of her Authentic Movement groups in Finland. Plevin was familiar with my arts-led research on Janet Adler's work and had seen some of my visualizations. Both of us had been part of a study group with Adler during the 1990s when she developed the primer of her *Discipline of Authentic Movement*.[5] During the recent few years I have been writing on, and making films and installations about the movement pedagogy adopted and renamed by me (Movers & Witnesses or MoverWitness Exchange), and exploring its aesthetic and educational potential. We agreed to co-lead the teaching of a group's retreat to facilitate my full immersion into the group both as a facilitator and as an artist- researcher engaged in filming.

Plevin's semi-open[6] group had been meeting under her guidance annually for more than ten years and there was an easy sense of allowing newcomers into the group. I was met with interest and curiosity. The group's confidence in practicing Authentic Movement was well established and there had been some experimentation with film the previous year. In this joint retreat and film project, session time was allocated to discuss participants' questions and concerns regarding the influence of my camera work on their practice and the potential uses of the filmed material. Their permissions were obtained to publish the final materials within arts and research related contexts.

Long Circle now provides a filmed account of one particular session during this week-long retreat on the island of Pettu in Finland in 2009. Using an ethnographic approach, similar to being a participant-witness within the circle of movers and witnesses, the film tracks a group of mainly experienced practitioners. The group is made up of professional European and

---

4 Cf. Adler, Chodorow: in Pallaro 1999, Olsen 1993; Hämäläinen 2007.

5 Cf. Adler 2002.

6 A semi-open group is a term that describes a therapeutic group that meets on a regular basis for an indefinite span of time. Each time a participant leaves the group his/her space is made available for a new member to join. Whilst a certain number of individuals in the group is maintained the group is "closed," when someone leaves it becomes "open" until their space is filled. The group featured in this film includes two newcomers.

American women. Issues pertaining to gender, age and culture and to specific dance-therapeutic questions are not discussed in this article nor does
the film aim to provide an interpretation of such issues. Shot on a Canon
XL1 (digital HD) the film instead digitally mediates to the viewers an impression of "having been there."

Long Circle

Long Circle shows the group moving and witnessing each other within a
dramatic, improvised group-choreography. The film portrays and is named
after a particular group format that Adler describes as "one circle" or "long
circle" in her chapter The Collective Body.[7] Between practitioners this format is now commonly refered to as "The Long Circle".

The film depicts purely the movement element and not the ritualized
speaking circle that followed the movement improvisation. This is because
the focus of the film is on the embodied elements and not on their personal
integration through speaking. The omission of the spoken element of this
particular Long Circle does not condone an elimination of speaking from
the practice itself but is a choice in service of my film and the topic of this
publication. In these specific contexts the visible nature of the movement
stands alone.

McCarren[8] elaborates that dance and madness seem to have their origin
within an *absentia of speech*, or the elimination of speaking. In the spoken
recall of movement that usually follows a Long Circle, experiences of altered
states of consciousness are formulated and transformed. This transformation is based on the premise that embodiment can be unravelled in speech,
or, put differently, that it can be integrated into the personality for pedagogical or therapeutic purposes.[9] By providing visualization of the movement alone, however my intention in *Long Circle* is to place viewers into a
quasi-witnessing position. I aim to create a situation in which experiencing
the filmed, silent movement can precede remembering, thinking and
speaking about it.

For that reason I also frequently use visual arts settings to show my
works. I like to present films and images in a manner that can be freely
encountered by an (non-seated) audience. Spectators can choose to see or
not see a work by staying or by walking away. These meta-witnesses then
form their own impressions and views of the movements seen and have an

---

7   See Adler 2002, pp. 110 and 115.

8   McCarren 1998, p. 17.

9   Cf. Adler 2002, pp. 3–77.

opportunity, also by merit of repetitive viewings, to establish whether what they encounter is just "mad" or "an unusual and intriguing aspect of human expressiveness in movement that touches in unexpected ways."[10] As I wish to communicate the visual aesthetics of this usually hermetic performance, working in this way seems to me to be methodologically consistent to the living practice itself.

In a Long Circle all participants are simultaneously potential witnesses and movers, depending on their own choice. They can respond to the collective by instantly joining in and becoming movers or they may decide to return to their place in the circle of witnesses. Each mover, in pursuit of their own pathway and movement pattern that feels "correct" to them at any given moment, responds accordingly. As movers improvise with their eyes closed they are responsive to collective sounds and to a kinaesthetic landscape that is constantly changing and unfolding according to individual inputs and collective needs. The rules of the Long Circle determine that no less than three alert witnesses observe the group's improvisation. This is to maintain a witnessing position that can physically and psychologically safeguard the intense processes of this form of free embodiment.

Embodiment in a Long Circle can turn particularly intense because of its time frame that allows participants to enter their movement material intensively. In a Long Circle movers and witnesses improvise and interact for about 45 to 60 minutes at a time. The film is an eleven-minute edition of an originally 45 minute long session. Potentially a mover could remain a mover for the entire span of time. As movers always have their eyes shut when they dance, they do not know who are fellow movers and who are witnesses at a given moment in time. This means that a powerful psychological element of not knowing is involved. This in turn can evoke psychological states that are characterized by heightened imagination and intensity of feeling, or perceived "madness" by an outsider.

The perceived "madness" of movement by an outsider may be attributed either to repetitive (seemingly monotonous) movement, to idiosyncratic movement (the viewer has no explanation or everyday reference that the movement can be likened to, it is "strange") or to movement that is accompanied by a striking facial expression or utterance of sounds (that leads the viewer to associate it with feelings of pain or pleasure). In all these cases the absence of speech in general and, in the case of the practice here discussed, the additional absence of sight and eye contact, can heighten a sense of being in the presence of something out of the ordinary or indeed "mad."

---

10   Commentary from spectators of the visual 2-channel installation *Slapton* showing movers on a beach in South Devon.

The group's process in a Long Circle regulates itself through each individual being able to choose participation as *acteur* or as audience. The format thus challenges participants to choose between roles of embodiment and of observation. A witness may become a mover and alter the direction of a Long Circle's choreography substantially. Participants' sensibilities are normally motivated by their own integrity and by their goodwill towards everybody's wellbeing. Witnessing affords and trains this kind of attitude. On a systemic level the whole group can be considered to be taking part in a *shared habitat* of embodiment,[11] namely one in which all participants notably influence each other.

All systems contain numerous and multiple influences, and performative settings in which movers, witnesses and, in this case, a digital apparatus of visual recording "interact" are no exception; all participants including the camera-witness are part of what I refer to as *shared habitats*. This means that feelings and energetic states expressed in movement, stillness and focussed awareness permeate and in turn influence the actions of all those present. Luckily, groups seem to adjust within the psychological capabilities of those who are present, so that seeming madness is a precipitous embodied state that is performed and guarded by an *inner witness* (Adler[12]), a conscious inner safeguard so to speak of all those present. At times of heightened emotional intensity within the movement sphere witnesses can be glued to their places as they respond inwardly and provide containment for the enactment. At other times they become movers when they feel that their own unconscious material draws them to move, sometimes as physical helpers and supporters to those on the edge of an emotionally intense state of embodiment.

Within a Long Circle participants often experience themselves as active members of a constantly evolving *collective choreography*, the Collective Body.[13] Emotional experiences, such as fear, joy or loss, are spontaneously embodied without any script or visual orientation. Participants, movers and witnesses, later in the Speaking Circle appear to construct their own understanding of these blind performances, providing often complex and deeply felt spoken records that in turn feed into the participants' sense of the collective. Interrelationships are thus discovered as permeating and profound qualities of group-presence and embodiment, in the shared habitat.[14]

---

11   Goldhahn 2007, pp. 233–37.
12   Cf. Adler 2002, p. 6 and p. 59.
13   Ibid., p. 91.
14   Goldhahn 2007, p. 28.

Being Seen Digitally: Camera-Witnessing

Using a reflexive approach to the filmic process of *Long Circle* I mirrored witnessing albeit from behind a camera. Experimenting with "camera-witnessing" in previous film projects I have been seeking to create a sensitive and respectful way to portray performances of movers and witnesses.[15] James Benning's very slow moving films, shot from a single perspective,[16] did originally provide me with artistic inspiration. Using a single perspective means simply to stay in one's place and to not alter the viewpoint from which the seen is filmed. Camera-witnessing applies the same principles as personal witnessing namely oberserving with interest, positive regard and the intention to not judge or categorize the seen. Whilst turning the camera from my seated perspective as I might do my neck and head as a witness, I do not try to capture footage by entering the movement space itself. These self-imposed rules have their origin in my wish to visualize whilst using a methodology that is coherent with the practice itself. This means using a subjective viewpoint (as a witness, an ethnographer or an artist) and openly acknowledging the influence of the participative, shared habitat on the digital document thus created.

Even when applying these respectful principles to making a film, the physical presence of a camera within such an intensely embodied space can seem incongruent and to threaten the desired intimacy between movers and witnesses. The lens can seem like a voyeur or an instrument of surveillance. By merit of the authority that is given to digital media, the camera, its lens and the one who yields this visual machinery can seem to overpower, be considered impersonal or like a parasite. The presence of a camera can feel as if the filming was taking something away from the living and moving event itself. Viewing the digital record in turn can evoke mixed feelings, too.[17]

On this occasion most participants felt fascinated by seeing themselves by the camera-witness, afterwards when reviewing tape. For some of them it provided additional confirmation to having been seen by a witness. Others felt that a filmic record was superfluous for their own purposes, as what mattered to them most was the lived, embodied experience and its memory. Some in turn feared that something of their experience could be disturbed or taken away by seeing themselves and others on film, whilst others were fascinated by the same and were curious to learn more. In the end the finished film was received very positively by all participants.

---

15   Goldhahn 2007; Goldhahn, Hämäläinen, Rouhiainen 2010.
16   Cf. Anderson 2005, Zuvela 2006.
17   Cf. Goldhahn 2007, pp. 84–90.

My approach in camera-witnessing attempts to mediate the actual practice of witnessing. The perspective is altered only minimally during the time of a movement session and so provides a recognizably positioned viewpoint. The camera may move slowly or occasionally focus in close. Surprisingly to participants what may seem dramatic, tender, mad or spirited from one place in the Long Circle may not seem quite like that from another place. Having the filmic record shows that the recall of participants is not only based on personal differences of memory, perception or colored by psychological projection but based on a tangible difference of actual, visual perspective. This is in the performance of Movers and Witnesses particularly so, as it does take place in the round and so offers 360 degrees of different possible angles on the action in the middle.

My place of filming was also determined by the difficult lighting conditions in the studio. Having windows at different angles, natural light had to be balanced with ambient interior lighting. No proper stage lighting was available, and this has resulted in a graininess of the film. The editing process took place under the same premise as the filming itself, namely that of a witness. My editing from an originally 45 minute tape to 11 minute (approx. ratio: 4 to 1) edit is by digital film making standards an unusually small ratio. Due to the cost-effective way in which digital film operates much higher ratios are practiced. This film *Long Circle* is thereby more like an ethnographic and artistic document tracing an unrepeatable and unique event.

So what was left out of the film from the real time document? Repetitions that went on for a very long time were shortened as were times of primarily contemplative and still movement, sequences that were like a waiting for things to take shape and happen. I also did not include those moments in which movers were seen to be distracted, bored, tired, or completely off guard. However I included moments where movers showed their facial and body expression freely and unashamedly to me and to the camera. I did not chase or try to obtain or include footage that conveyed a feeling of an entirely self-unconscious vulnerability to me. It was important to me that all participants' integrity was protected and honored, and that when seeing the film each one of them should feel the complete respect offered from the camera-witness's position towards their person. I was also interested to make a document that could be followed and made sense of as a whole, without altering the narrative or the order of events. These are subjective, artistic and qualitative judgements, however they were tested when the film was sent out to all participants and their renewed permission to show the film publically was sought and given.

Divine and Mad Dances

The digital film *Long Circle* opens with one mover wandering and another mover performing a rhythmic and repetitive circular movement, propelling herself around a central point of her head with one leg pushing against the floor. Gliding like this around and around, the expression on her face is serene and happy. The other mover seems to be wandering with a sense of searching for a movement or for a standpoint. More movers soon join in, each one seemingly connecting to their own movement quest and displaying focus and concentration on their activity.

Later movers begin to connect in physical contact with each other and a new web of constellations and movements result from these. These configurations culminate in a figure of three movers ostensibly connecting and lining up in a tender and sensitive seeming way. They stand with hands reaching and touching – forming a line with their heads tilted as if listening out to something. Indeed at the same time one of the movers has begun to sob deeply. In the actual session this central, emotionally charged outburst by one participant became mirrored and reflected within the visibly tender embodiment of an increasingly intensely focussed and caring movement and witnessing environment in which most of the group is involved. Whilst from my standpoint that particular individual mover was not visible, the group's response and subsequent gathering around was.

Meanwhile another individual mover was seen in a sitting position touching and moving her hands with concentration. At times her face showed emotions that appeared to result from these movements. She seemed to be pulling at her fingers in a manner that was reminiscent of removing something that appears to cling or stick to her skin. As this activity became particularly intense and her face seems to express anguish, a witness was seen to enter the circle seemingly aiming to move towards this seated, handwringing mover. She, the entering mover, extended a care giving almost embracing gesture towards her. However this was evidently not desired but experienced as interference or disturbance of a process that had its own meaning and dynamic. The seated mover abruptly moved away.

A little later the group of movers seems to be drawn towards a mover who has been crying, but who, interestingly, is not actually visible to the camerawitness. The sobbing eventually culminates whilst most of the movers of the group have gathered around, touching, holding, rocking or somewhat supporting these emotionally charged expressions. This mover seems to accept the comforting gestures. She does not move away but stays within the group.

The film at this point looks again at the single mover sitting on the floor and wringing her hands. Whilst her actions too could be seen as being emotionally charged, she, moving in silence, is not the center of attention of the group who is instead responding to audible distress. This mover, too, gently lifting her head seems to be aware of the distress and whilst staying with her own agenda opens the front of her seated body toward it ...

Conclusion

Speaking from a psychoanalytic perspective, informed by Freud and Lacan, Felicia M. McCarren states that, "... dance repeats in some important respects the mechanism of illness, externalizing inner states, translating ideas into the body as do psychosomatic disorders."[18] From my perspective informed by the participative, democratic and embodied practices of Movers & Witnesses "a translation of ideas into the body" is however a too simplistic view. I have observed that repetitive movement or idiosyncratic movement can actually *lead* to ideas, memories and feelings. However I would assign no temporal, nor a purely causal, relationship between one and the other. Acausal workings and the effect of embodiment on scientific enquiry within the fields of physics, philosophy, psychotherapy and in Authentic Movement have been described by Heisenberg, Jung and Pauli, Deleuze and Guattari, McShaun, Plevin, to name just a few that I am familiar with. Their questions and descriptions of phenomena, whilst also coming under review in the light of 21st century scientific insight, are more akin with what I would describe as shared habitats, meaning the complex interweavings of influences. Plevin[19] brings inquiry into phenomena on a quantum physics level, hypothesizing that there could be an exchange of energy between mover and witness on a sub-atomic level. Phenomena such as these can to my own mind be described in a descriptive, sensitive, phenomenological manner, with a statement of the subjective viewers' qualitative participation in the event, or indeed made visible through an artistic medium, that clearly states the parity of the artist.

Seeming madness can be invoked by movement itself as it can be relieved and released by movement. This becomes apparent to the careful observer or witness. I do agree with McCarren's statement that the absentia of speech contributes to embodiment in movement. Ideas can crystallize and become expressed in language and speech, but not only in speech. A blind and silent contemplation in dance and movement may lead to and express new ideas. In that case a true translation might take place from body to mind or from embodiment and movement to thinking and speaking and not the other way around.

---

18   McCarren 1998, p. 24.
19   Cf. Plevin 1999 & 2007.

Fig. 1 Long Circle. *Eila Goldhahn 2009.*

Participation in the practices of Movers & Witnesses invokes a set of responsibilities with or without camera and filmmaking. It becomes clear that the film *Long Circle* is as much a record about a particular event as it is an expression of personal values, witnessing and filming perspectives. Methodologically speaking, the meta-level of film is congruent with the rules of practice documented. The practice itself teaches to accept and view with compassion many different forms of embodiment and many forms of individual and collective responses to such embodiment. In order to afford an insight into private practices such as this one, circumspection and philosophical reflection of the medium used to record, to visualize and to communicate with, seems to me to be extremely important and is akin to ethnographic and artistic work. However the credit for obtaining and being able to share such intimate moments of movement, that may or may not be seen digitally by outsiders as "mad" or indeed as aesthetically moving, goes to the participants of the group who permitted a rare insight into very personal and dignified performances.

Literature

Adler, Janet, *Offering from the Conscious Body: The Discipline of Authentic Movement*, Rochester 2002.

Goldhahn, Eila, *Shared Habitats, the Mover Witness Paradigm*, Doctoral Thesis, University of Plymouth & Dartington College of Arts, 2007.

Goldhahn, Eila, "Is Authentic a meaningful name for the practice of Authentic Movement?" *American Journal of Dance Therapy* 31:1 (2009), pp. 53–64.

Goldhahn, Eila, Hämäläinen, S., Rouhiainen, L., "Collective Choreography Experimenting with a Multi-Modal Approach," Embodiment of Authority Conference, Sibelius Academy, Helsinki 2010.

Hämäläinen, Soili, "The Meaning of Bodily Knowledge in a Creative Dance-making Process," in: *Ways of Knowing in Dance and Art,* ed. Leena Rouhiainen, *Acta Scenica* 19, Helsinki, 2007.

Klien. Michael et. al. eds. *Framemakers: Choreography as an Aesthetics of Change,* Limerick 2008.

Olsen, Andrea J., "Being Seen, Being Moved: Authentic Movement and Performance," *Contact Quarterly* 93 (Winter/Spring 1993), pp. 46–53.

McCarren, Felicia M., *Dance Pathologies: Performance, Poetics, Medicine,* Stanford 1998.

McNiff, Shaun, *Art-Based Research,* London 1998.

Pallaro, Patricia (ed), *Authentic Movement: Essays by Mary Starks-Whitehouse, Janet Adler and Joan Chodorow,* London, 1999.

Plevin, Marcia, "The Movement of All Things, Authentic Movement and Quantum Physics", first published in *A Moving Journal* 6:2 (1999), pp. 4–9, and revised version in Pallaro, Patricia (ed), *Authentic Movement, Moving the Body, Moving the Self, Being Moved: A Collection of Essays, Volume Two,* London 2007.

Internet Sources

Anderson, M. J. , "Benning's Art of Landscape: Ontological, Pedagogical, Sacrilegious," http://www.sensesofcinema.com/contents/05/36/james_benning.html (Accessed 1st November 2005).

Zuvela, D., "Talking About Seeing: A Conversation with James Benning," http://www.sensesofcinema.com/contents/04/33/james_benning.html (Accessed 2nd August 2006).

Neil Ellis Orts

The Camera Tells No Lies – Except When It Does

I remember, in the 1980s, a review of the movie, *Staying Alive,* the sequel to *Saturday Night Fever.* The reviewer asked, and tried to answer the question, "But can John Travolta dance?" We knew Fred Astaire could dance because the camera seldom cut away from his full dancing form. In the 1980s, however, music videos and movies such as *Flashdance* relied on feverishly quick, frenetic cuts – no shot longer than four beats, I recall hearing at the time – which could turn just about anyone with a film presence into a dance star and grip the viewers with their hyperkinetic energy.

I bring this up because it parallels my reaction to *Dance With Camera,* which was on exhibit at the Contemporary Arts Museum Houston (a portion of a previous, larger show of the same name at the Institute of Contemporary Art at the University of Pennsylvania, Philadelphia), August 7 through October 17, 2010. Dance film is really about the film maker and dancers are optional. The performers in the more than 20 films in this exhibit range from the unrehearsed non-dancer to the rehearsed and serious amateur all the way to the highly trained professional dancer, both improvisational and choreographed. The daunting task before me is to write about this gathering of films.

I will start with a recent film, Joachim Koester's *Tarantism* (2007), which strikes up curious resonances with many of interrelated themes discussed in this book. The title refers to a "dancing cure," a wild, uncontrolled, convulsive dance thought to dispel the venom of a tarantula bite. It is a dance of madness that dates back to fifteenth century in southern Italy, and eventually evolved into the folklore dance known as the tarantella.

Koester's film does not use set choreography, but does have trained dancers whose direction included reading a description of the dancing cure and then convulse in their interpretation of madness. Dancers are dressed in casual street clothes – jeans, t-shirts, open sport shirts – and filmed in black and white against a black background. The dancers appear isolated, separate from any distinct place, time suggested only by the fashion of the clothes and hairstyles. The camera pans across their isolated bodies or else moves through a group. At one point, one dancer is lying on the floor, writhing and convulsing. The others stand around, only their feet and legs visible, suggesting a crowd gathered to watch a seizure.

The irony of the film is that to an eye trained for dancing, it is clearly a group of trained dancers *performing* madness, pretending to be in the grip of a poison-induced seizure. Dancers know how to move, how to twist the spine and contract the abdominals for aesthetic and safety purposes. A flailing hand will betray a mind that has thought about holding a hand just so. The end of the film gives in to the pretense. The dancers simultaneously stop convulsing and walk away casually. This struck me as humorous. Although the film has no audio component, in my mind I imagined a director calling out, "Cut! Take ten! Smoke 'em if you got 'em!"

In striking contrast to this film of trained dancers pretending to be out of control, there is a series of photographs and companion video on display by Eleanor Antin. Her *Caught in the Act* (1973) shows, in the still photography, a woman in traditional ballerina costumes, taking on traditional ballet poses. The video, however, reveals the woman to be an untrained dancer who learned the poses from a book. Here a pretender does her best to pass herself off as a paragon of grace and control. In both cases, the camera creates the artifice and reveals the reality. Koester's black background and resultant feeling of isolation distract us from the virtuosity of the dancers while Antin's still photography tricks us into believing the subject's virtuosity. The sudden end of the collective seizure reveals the artifice of the madness, and the video of a struggling model reveals the poseur behind the posing. The camera shrouds and reveals reality. Both films are more interesting because of the film maker's manipulation of reality than because of the performers' performances.

The materials that accompanied *Dance With Camera* made repeated mention of dances that could not be recreated on stage, dances that could only exist in post-production, dances not so much choreographed as edited. Bruce Conner's *Breakaway* (1966) is a prime example of this. Antonia Christina Basilotta (later more famously known in pop music as Toni Basil) dances, and there are very brief moments when it's apparent she is, in fact, a trained dancer. For the most part, however, the performer could have been just about any photogenic person who moves – or even just poses – well. Basilotta is seldom seen in focus, the camera making quick cuts of her blurred image. The body is, more often than not, distorted. The song, also performed by Basilotta, is a fairly standard pop anthem, a slightly trite declaration of freedom ("Break away from everything!") and is little more than a thin excuse for the camera trickery. It is a fitting precursor to the music videos of the 1980s, when arresting imagery was often juxtaposed against inane lyrics and music. (Yes, I am implicating Basil's catchy-to-the-point-of-annoyance "Mickey.")

What is most interesting, if not puzzling, about Conner's film is the choice to rewind the whole thing, soundtrack and all. We have this woman declaring, via pop anthem and video, her break away from convention, only to have it all rewind. (Unwind?) It's visually and aurally interesting to watch and hear, but I cannot help but ponder if Conner was giving this young woman her independence and then taking it all back.

Three pieces caught my attention because of the intentional use of performers who were not trained dancers, each presenting varying degrees of performance qualities. At one end of the spectrum are Oliver Herring's three short videos. Two of them, *Dance I* (2002) and *Joyce and Davis* (2005), feature the same performers, one a short, stocky, middle aged woman covered from neck to foot by a plain dress, and a tall young man wearing only baggy gym shorts and sneakers. The third, *Nathan (Hotel Room, CT)* (2007) features a solo male performer in casual business attire. In both cases, the performers have a playful, spontaneous quality, as if they were entertaining themselves and happened to capture the play on videotape.

> What if we try to lean on each other?
> Who can stand on one foot the longest?
> What if I jump around on the hotel bed and allow the covers to entangle my feet?
> Now, I'll pretend the bed covers are a net and I'm getting all tangled up!

That sort of thing. All three videos have the unrehearsed – and unrepeatable – quality of kids at a slumber party.

A middling example of an untrained dancer (or evidently so) is Luis Jacobs's *A Dance for Those of Us Whose Hearts Have Turned to Ice, Based on the Choreography of Françoise Sullivan and the Sculpture of Barbara Hepworth* (2007). In this film, performance artist Keith Cole (who may or may not have had dance training – I have found no evidence of it) dances in a snowy landscape, wearing nothing but a furry hat and high top sneakers. (There exists a clothed version of this film, but the CAMH had the nude version.) The performance is earnest, at least planned if not choreographed. Cole is a hirsute man of ordinary build, which makes his nudity a source of vulnerability and sympathy. The wintry environment lends an air of insanity to it all. There is no virtuosity to his movements, stylized as they are, and at times he teeters on the edge of overwrought emotion and camp. It's hard to tell if he's dancing seriously or mocking serious dance. The tension created between these emotional responses – vulnerability, sympathy, earnestness, mockery – make it impossible to look away. The camera, for the most part, moves with Cole through the landscape, seldom cutting away or zooming in. Jacobs lets the dance take precedence over camera tricks.

On the other end of the untrained dancer spectrum is the rather slick *Sloss, Kerr, Rosenberg and Moore* (2007), made by Ann Carlson and Mary Ellen Strom. Four real-life lawyers stand between elevator banks in an office building, in a square formation, facing out at each corner. They are dressed in suits and ties, as they might for a day in the courtroom. Movement and text are extracted from their everyday work lives, rearranged in abstract yet comedic fashion.

These men are clearly not trained dancers, but they are clearly rehearsed. Lawyers have sometimes been compared to actors, so the slickness of this presentation isn't too surprising. Their timing is impeccable. Their intent to perform at their very best is apparent. Some of the text is chanted in unison, with rhythms too difficult to have been performed without some time in rehearsal. ("I didn't know that he'd say no, I know, I didn't know that he'd say no. I didn't know.) The emotional content of this film covers territory between frustration and bliss with an overall sense that these men are enjoying themselves immensely. I admit, this is the piece I watched over and over, always drawn back to it.

The point being that these pieces were not chosen due to a quality of performance found, say, in the Charles Atlas and Merce Cunningham videos found elsewhere in the museum. Jacobs' and Carlson and Strom's performers could – and have – pulled off live performances, but not because they're exceptional dancers. These camera-caught performances are all more arresting for being on a screen.

Major dancers and choreographers are represented in *Dance With Camera*, of course; William Forsythe, Yvonne Rainer, Merce Cunningham, to name a few. None of them adhere to the Astaire standard of showing the entire body with the notable exception of Tacita Dean's *Merce (Manchester)* (2007), in which Cunningham sits in a chair, shifting slightly twice, to the "accompaniment" of John Cage's *4'33"*. Filmed two years before Cunningham's death, this film is a poignant, whimsical, and quietly beautiful memorial to the partnership Cunningham and Cage shared in life and art. Rainer gives a solo to her fingers in *Hand Movie* (1966), which is five minutes of black and white footage of her hand moving in (of course) pedestrian ways against a gray background. Forsythe's body is seen in full, powerful motion for a portion of *Solo* (1997), but we also see close-ups on his feet, or extended bust shots when we can only see what is happening from his chest up. It's a beautiful, even exciting film, but also frustrating for people (like me) who like to see what the whole body is doing.

And here's where I come to a point of sorts. Dance film is really about the film craft. The choreography and performances are secondary to the way it is filmed, edited, presented in its final form. The film maker controls the viewer, to some extent, dictating whether the viewer sees a foot, a torso, a hand. Continuity, speed, rhythm, all can be altered or *created* in the editing, regardless of what happened when the dancer was present. Staging convulsions for the camera or letting the camera simply record four minutes and thirty-three seconds of an old man sitting in a chair – Dance With Camera calls into question definitions of simple words such as "dance," "performance," or "reality." Would people who have been bitten by a tarantula rec-

Fig. 1 Joachim Koester, Tarantism *(still), 2007. 16mm film installation, silent, 6:31 minutes. Photo: Courtesy of Galleri Nicolai Wallner, Copenhagen, and Greene Naftali, New York.*

ognize *Tarantism* as having anything to do with them? Would your average person on the street call Cunningham shifting slightly in his chair a dance? If Antin can pass for a ballerina, how do we trust any photo?

Dance is basically a type of behavior and these films may also call into question what, when, and where we accept certain behavior. If we came across a naked man dancing in the snow in our everyday life, we would likely call for help, of either the medical or law enforcement kind. On a screen, we do not question it so quickly. We know it's an act, we know the performer is, to some large degree, all right. In the end, looking at dance on film, as with most every modern art, is a way at looking at ourselves. What do you see when you see yourself looking at dance on film? What are you willing to buy as real? What are you quick to judge as artifice? Why? In a world inundated with recorded images at every turn, our answers might help us navigate our daily lives.

Fabrizio Manco

Bodied Experiences of Madness: A *Tarantato*'s Perception[1]

> *I have always danced in a manner where I grope within myself*
> *for the roots of suffering by tearing at the superficial harmony.*[2]
> Tatsumi Hijikata

In per sona

"Mmela Paccia" – Carmela the Mad Woman, as translated from the Salentine dialect – was one of the most oneiric, uncanny and earliest memories from my childhood in the 1970's in the Salento peninsula at the southeastern limit of Italy. Regularly, during the hot June nights, Mmela, wearing her white night gown, would come out of her house by the main road and would obsessively and rhythmically walk barefoot up and down on the edge of the narrow pavement, then at times stopping her rhythmic stamping walks and starting to dance, while mumbling to herself a sort of hypnotic incantation. The sound of her bare stamping feet hitting the ground echoed in the empty road, whilst she continued her looped performance of a balancing act on the edge. The edge where two surfaces met, a concrete step before the asphalted road, was the boundary to her house and the limiting threshold to her state, which I later realized to be that of a woman on the edge, dancing between architectural, physical, social, economic and environmental constraints: a *tarantata*.[3]

The account of an event still ingrained in my memory, is one of the many stories in the collective one which formed the complex stratification of Salentine tarantism. My interest in tarantism began in the late 1980s, before it was a fashionable subject, becoming a stronger influence in my art practice

---

1   Video clips accompanying this article are available at: http://www.choreomania.org.
2   Viala and Masson-Sekine 1988, p. 185.
3   *Tarantata* is the Salentine dialectal word for the Italian *tarantolata* (fem.) and *tarantatu/tarantato* for the Italian "tarantolato" (masc.). For practical purposes, I am here using the Italianized version *tarantato* of the dialectal *tarantatu*. The mythic spider of tarantism is called *taranta*, in the Salentine dialect, which is *tarantola* in Italian (English/Latin: tarantula). For the collective plural, I will use both gender terms in the dialectal words, as well as the dialectal *tarantati* (Italian: *tarantolati*).

when I moved to London in 1991, although I continued to return to Salento each summer. These returns were marked by changes in people's growing awareness of their Mediterranean culture, in a sort of political shift by the new generation, which was later to become increasingly critical of globalization and reflective on questions of identity, always in a constant flux. Each time I returned, I could identify subtle changes in the social, cultural and physical landscape of Salento, and found myself re-discovering a rooted and familiar voice. I became aware of a sort of self-exoticism, the distance from my own culture, enough to live it as a form of my own "otherness."

Tarantism, although extinct, remains in the Salentine consciousness. A younger generation has been engaging with the older, that of my parents and grandparents, inheriting a culture infolded in survival, joy and sorrow. The pre-modern has often been designated as the exotic, emblematic "purer" tradition. This is obviously a romanticization, a belief in the naive illusion of a permanence, with the resulting nostalgia of an idealization of the past, which makes the harsh contemporary reality more insufferable. The mythology of the "backward south" in Italian culture has been a strong one. Salento was called "the Italian Indies" (*Indias de por allá* in Spanish)[4] by the Jesuit missionaries in 1561, when they had to reimpose the Church's authority on what they saw as a "semi-barbarian" land, mainly because of the presence of tarantism.

In this land the body rebelled in the South's warm climate: for the "bite" of a mythical tarantula often occurred during the hot season, the time when tobacco had to be harvested. Times of very hot weather and of hard work under the sun are times of sensual arousal, magical times of summer stillness and inner agitation, but they are also times for the religious festivals of patron saints. It is then that the tarantula at the feet of the tobacco stalks bites again, freeing the controlled body through spasmodic coarse acts of madness, taking apart the culturally imposed body with the creative and simultaneously devastating energy of nature within those bodies, deformed and sometimes debilitated by their work. That same nature in tarantism is a mystical possession, where its alterity generates a "natural" trance, pushing the body to the limits of space and environment.

My own longing is not merely nostalgia, but a call for that culture of the body, which is ultimately hybrid and transgenerational. It is a memory from my childhood of that illiterate subaltern community, the one along a stony unasphalted street, where families of peasants and of emigrants to the north of Italy and abroad (returning for the summer) had only one black and white television serving as a "fireplace" where, in the evening, we gathered around, sitting together on the blanketed floor. In hot summer eve-

---

4   De Martino 1961 (1994), pp. 22–23.

Fig. 1 Melissano, Puglia, Italy 1975. Left: Fabrizio as a child near the tiraletti, traditional frames which were used hang the tobacco to dry. Right: Fabrizio's mother is seen threading a neighbor's tobacco with a friend and her daughter.

nings, we sat in groups outside the too hot houses to catch the breeze and to catch up with many intriguing stories of the present and past. So, later in the echo of those many story-tellings, I started the quest for my re-embodiment of the culture of Salentine tarantism, from those reliquary aerial traces. As a child, I heard stories from my neighbors, whilst treading tobacco with them. My parents also told me stories they had heard when they went to Pisticci in Basilicata, to work in tobacco fields. My grandmother whom I never met (she died in 1952) was struck by lightning, whilst sheltering from the rain under an olive tree. It was "whispered" that she might have been a *tarantata*. In a strongly patriarchal society the stories about my grandmother, a matriarchal figure within the social confines of the town of Ugento, became for me stories of a meaningful resistance.

There was a sense of shame associated with tarantism, and still, for my parents, there is a sense of bewilderment as to why I would be interested in such a phenomenon of madness, which for them – whatever its folkloric valorization – had mostly negative connotations. Yet, this has, in the past twenty years or so, given way to a more positive re-evaluation in its re-contextualization in what ended up being called neotarantism. This is a space for a discovered expressive voice, opening up culture and resisting its flattening. In its many resonances, tarantism became for me also a way of "making oneself queer" (or *tarantato*), resisting the prejudiced part of the world in which I lived. With Felicia Hughes-Freeland, I would call this "a translocal experience," in her addressing Eugenio Barba's[5] experience as an

---

immigrant which "produced the reflexivity which prompted him to explore and theorize about different traditions of embodiment and action."[6] This experience is a means of insight into another history of the post-traumatic body, one in crisis, and one which is inscribed in a theatre of suffering, the *mise en scène* on the limens of varied experiences of a trance state in its most radical embodiment.

Consequently, my perspective in this writing is personal and experiential and with my cultural heritage infusing my artistic practice. Tarantism offers me a suitable ground for performance and research, precisely because it is a para-theatrical phenomenon with an historical and ethnographic specificity, and a language of emancipation in ritualistic form.

As the archaeologist of all corrupted superficial layers, those of centuries of "civilized" thought, Antonin Artaud predicated tactics of clash for individual liberation. In tarantism this emancipation was that of a dance indeed intended as a somatic act of emancipation, one towards a need to be visible and to be heard, as a weapon of intent from an induced madness. The *tarantati* danced their right of possession and poison of folly until collapse, hoping for a drastic transformation and a re-integration in the community. A "theatre of suffering" and also one of "cruelty,"[7] where the shadowy side found its way through Artaud's form of Gnostic struggle towards a remedial ecstatic condition, albeit momentary. For Artaud "plague" was *necessary,* and here is the identification with the illness itself, where the *tarantati* were regenerating through the lancing of the abscess of a social and a mental/physical affliction.

In ombra

In 1959 Ernesto De Martino, the ethnologist and student of the philosopher-historian Benedetto Croce, with his team produced – after merely three weeks' research – a study of Salentine tarantism, which might still be considered a reference. Beyond its specificity, Salentine tarantism, and its history in that land which De Martino called *The Land of Remorse*, might be seen to have a more universal significance, for its territory "is our own planet itself, or rather that part of it which entered that zone of shadow of its

---

6   Hughes-Freeland (ed.) 1998, p. 4.

7   The *tarantati* could have become aggressive towards members of the audience who wore colors which recalled those of their *taranta*. "Cruelty" here has to be intended not only in its literalness, but especially as it was for Artaud, a means of performing and showing what is dark and rejected and not wished to be perceived and seen by others.

bad past".[8] In the midst (and mist) of this corner of shadow, it is difficult to find the "essence" of Salentine tarantism. As well as an inheritance from ancient rituals like that of Bacchus or Cibel (Corybantism) and Orphic spirituality, tarantism has been categorised by De Martino as a form of exorcism (inscribed in a psychoanalytic and Christian interpretation, although exorcism is not solely a Christian practice). Yet, this approach rather marginalizes it as an archaism of the religious life of the south, and it might be viewed more centrally as part of the continuing conflict between Christianity and the Pagan world. Appropriately, De Martino's interpretation is contradicted by Gilbert Rouget seeing it instead as an identification with the spider and as a "partaking of an alliance," in other words, as an "adorcism."[9]

To go beyond essentialist recounting, one needs to find specific elements for a strategy of narration. My choice is to concentrate on components of somatic rebellion and the negotiation of the environments of body and the world in tarantism. Undoubtedly, the emancipation from restriction and isolation, which is also one of the body-mind, is here pivotal, and I consider it in its intertwined cultural and physical performance aspects. Over the recent years, a lively discussion has taken place, especially within the frame of folk music. The discussion often occurs within a superficial dichotomy between the polarities of the "authentic" and its "opposite." Of course, something can be both ancient and new, but the new has got to be aware of the implication of its synonymy. The sentimental sugaring, and to a certain degree reactionary, longing for the "authentic" and the bucolic world is that of individuals who themselves had no direct experience of rural life,[10] and who have romanticized it. A more difficult and a challenging enterprise, however, is to tread that inconvenient line between the nostalgic and regionalist attitude towards folk forms of traditions and the acquisition of a body-memory of an intrinsic relation to nature. The stereotype of the city/country and culture/nature dichotomy has long been a dominant one. In it, still, the country is seen as a limited sphere of backwardness and ignorance. Salentine tarantism suffered from this prejudice, in its having been regarded as culturally inferior, as a reflection of *mainly* peasant culture, illiterate and superstitious.

---

8   De Martino 1961 (1994), p. 13 (my translation). *La terra del rimorso* is the original title in Italian. Here, *rimoroso* as well as translating as "remorse," also has, in Italian, the double meaning of "re-bite," alluding to the recurring bite (*morso*) of the *taranta*.

9   Rouget 1985, p. 164. Adorcism is the opposite of exorcism. The term was coined by Luc de Heusch, "Possession and Shamanism" in Ibid., *Why Marry Her?*, pp. 154–58. This is a shorter version of his original essay, "Cultes de possession et religions initiatiques de salut en Afrique," in Vol. 2 of *Annales du Centre d'Étude des Religions*, Brussels 1962.

10 Mabey, 1984, p. xii.

Stepping outside of its social and cultural meaning, tarantism, originating in a manic psychophysical state, was believed to be caused by the supposedly poisonous *lycosa tarantula*. An ancient phenomenon, developed in the middle ages, it had as a character the symbolism of the bite and the venom of the *taranta*, with the subsequent healing therapy through dance, healing music (or "iatromusic," as it was called in the Baroque period)[11] and colors, which unfolded itself as a sequence of "bite," "poison," "crisis," "cure" and "healing." The *taranta* was also many other mythical spiders with their own specific colors, tunes and moods, and this was reflected in the *tarantati* who identified with their own specific *taranta* and its specifically loaded bite. It was believed that a particular *taranta* might communicate lustful behavior, or assume behaviors of power and glory, as well as those who asked for funereal laments. In reality the *lycosa tarantula* is innocuous, unlike the *latrodectus tredecimguttatus* (or Black Widow). In terms of its symbolism, we need to ask what the tarantula and the related animal realm of scorpions, snakes and the basilisk[12] represented.

This realm has also ecological and cultural connotations, because of its relationship with the earth, where the *taranta* becomes an archetype in this global "theatre of the spider," a paradigm where the spider is a kaleidoscope of "others," multiple manifestations of "self" and nature. In this "self" as the field of body consciousness, tarantism is a somatic language in an extra-ordinary state and performance framing, where the body is central in its relation with, but also in contrast to, its environment and boundaries. The dance becomes the tarantella – the dance of the little tarantula – which in Salento is referred to as *pizzica-pizzica* with its variants, according to the precise ritual performed. This form of tarantella is the most ancient of all tarantelle,[13] and it is very specific in its having different uses: the *pizzica de core* is a dance for courting, *pizzica-pizzica* variants are also used for the *danza scherma* – a vicarious fighting dance, indirectly related to tarantism – as well as for therapy in the *pizzica-tarantata*. The *pizzica-tarantata* and the music which accompanies it, what Rouget defines as possession trance is, according to him, not therapy, but a means of contact with the possessing

---

11   However, some *tarantati* did not ask for the music therapy.

12   A "kind of serpent, goldcrest [...] A fabulous reptile, whose gaze or breath is fatal, hatched by a serpent from a cock's egg." *The New Shorter Oxford English Dictionary* 1993, p. 188. There are also stories on the *sacàra* (or *cervone* in Italian), an actual snake, yet believed to have horns and capable of hypnotizing and emitting different sounds.

13   Over-generalized discussions on tarantella often fail to perceive the specific distinction between the Salentine tarantella (especially the *pizzica-tarantata*) and the Neapolitan tarantella. This latter did not significantly have a therapeutic intent and was formalized and folkloric. With its accompanying music of *tammurriata*, it is the one which remains the most popular of all the forms of tarantella of Southern Italy.

entity and with the society where the cult functions. More likely, it is a communicative and objectifying identification which creates the therapeutic situation.[14]

As a result, the dancing of the *pizzica-pizzica* became increasingly distinct from the generalized performance of tarantism itself, where the choreic spasmodic unfolding of the *tarantati*'s dance was uncoordinated in its appearance. It was the manifestation of the intelligence of the body in finding its attuning, a sort of musical vibrating instrument through perception. In their spontaneous actions, the *tarantati* could attempt a few recognizable *pizzica-pizzica* steps but, most of all, their performance in the de-sacralized chapel of *Santu Paulu* in Galatina,[15] would be that of a chaotic and less structured movement. In this sense, the body became one which expressed itself beyond any codified form that can be normally identified as dance. If dance as therapy is crucial to tarantism, it is also because of the effect of vestibular functions for hearing and balance, together with the general sensory experience.

A simultaneous creating and undoing of the existential condition, of the illness and the cure, in tarantism were ambivalently intermingled. As in Artaud's Theatre of Cruelty, the consequence is that cathartic effect of the renewing "cruelty," which offers a relief from a psychic block. In tarantism, this occurs in the unfolding of the motions and the emotional behavior-in-motion, where corporeal collapse and exhaustion are a total abandonment of every interpretive mind, ultimately and finally freed from the self, because of the obsessiveness and weariness of this unaware exodus and return. In letting go through restriction and framing, what is allowed to emerge is the peripheral, where all elements of sound, utterance, lamentation, shouts, music and movement originate from an obscure source. This "obscurity" is the source which holds an enigmatic violence, where even psychological discourse and analysis find a limit and, where reason appears as utter madness. In its esoterism, this source activated an intoxicating delirium and a *sincere* dance. The well of nothingness is that obscurity, which is also located in the conditioned and the queer body, or of "making oneself strange," a body which sometimes both reflects and rejects social control, and expresses itself spontaneously in many corporeal affects and responses to power(s). In the altered state of consciousness of the *tarantati*, untrained bodies behaved in completely unexpected ways when, for instance, older

---

14   Rouget 1985, p. 168. He states: "To attribute the effect of music on trance to its incantatory power is to interpret the evidence in a totally arbitrary way. It means introducing magic where it does not belong" (p. 239).

15   I will be using this dialect version instead of the Italian San Paolo (patron saint of Galatina, protecting the town's citizens from the illness of tarantism) or English St. Paul, for it is more culturally specific.

women and men were able to execute dangerous physical acts of climbing, hanging, twisting, crawling, a theatre of the un-skilled, of the un-trained, sometimes of the un-fit, socially as well as physically. It is a dance imprisoned and relieved by the guiding *taranta* in charge of "giving the thread" to one's dance as a life, and a dance of negotiation within oneself of the *exo* and the *endo* limits of oneself in the world, and as a gendered body.

Although in tarantism there were many *tarantati*, there were far more female *tarantate*. In socio-economic and gender repression, the *tarantate* short-circuited a constituted order, within a frame of the religious, social and patriarchal power and their control. Some scholars believed that women became more exposed to tarantism than men because of the extensive cultivation of tobacco after 1791, when they were the main source of its labor. The era of tobacco marked the change from feudalism, whereby the nobility became the agrarian bourgeoisie. Women, most of all, needed to draw attention to themselves in that society, and more so because as *tarantate*, they faced the disparaging attitude of those who saw the phenomenon as a mere freak show. These women exposed and exhibited themselves to the public to assert their need for attention and sympathy, and to be accorded their dignity as individuals. A *tarantata*'s cruelty, in an Artaudian sense, was that of offering a "spectacle" of herself by, at the same time, staging a crisis, both social and individual. The behavior of the minority of men was frequently similar. Stories are told of those who rolled onto the floor, and of others who hung from trees, or dug themselves into the earth or jumped into the water. One such story tells of a man who affected parturience and was calmed down by being presented with a child, having been convinced it had been delivered by him. The *tarantati* might have appeared as hysterical, but they were in an entranced state, not only produced by individual psychology, but by a ritual which was also, and especially, culturally programmed. Hence, the spider was not the cause of the crisis. Still, the crisis was real, undergone in an extreme state of trauma, a general unsettling which worked on the disrupting of automatic behavioral patterns of thought and movement, thereby recuperating a wholeness. After experiencing a vigil, an initial dissociation of consciousness is to be intended as constructive and where, paradoxically, consciousness becomes transparent. A clear consciousness in a trance was a channel of detachment and a way of entering an intermediated state, by becoming the voice of a diversity. The "vocal movement" is itself also an event that negotiates through action and instinct, and is linked to the gestural.

As in other cultures, this was a result of a dominant religious dogma, which collided, then syncretically mixed with native cultures, in a sort of survival of the animistic through the Pagan, and the Pagan through the Catholic. The components of tarantism survived, even if integrated in the cult of *Santu Paulu*, as a cult of possession. A contradictory cultural substrate in the co-existence of contrary parts and cults is fundamental to a sense of identity which is constituted by the very co-existence and dissonance of fragments. Within this syncretism, the therapeutic ritual, from its most archaic roots in nature rites, was itself a visually and acoustically scenographic performance, a combination of movements contained by visual, musical and spatial frames. In the domestic therapy, one evident frame was a bed sheet on the floor, delimiting a ritual perimeter.

Aaaaaaahi mamma!

Fig. 2   Bed sheet on the floor. Drawing © Fabrizio Manco.

On the sheet – which often was covered with vegetation, a sword, a mirror, red, yellow and green ribbons (zacareddhe) and images of *Santu Paulu* – one started crawling on the back, sometimes on all fours, the head shaking and beating the *pizzica tarantata*'s rhythm, before standing up vertical and starting to go around that ritual perimeter. The choreic turn ended with exhaustion or when *Santu Paulu* had granted his grace. The dance also moved towards an abrupt end, together with its percussive music, to a still point – a sudden rupture – although still vibrating in an inner moving stillness. Stillness and motion, finally resolving the tension with each other, calling out to each other, an intrinsic correlation, where the place of this correlation is the body; the compulsive body of the *tarantati*, longing to be reanimated. Dancing their returns for twenty to sixty years, until the "bursting" of the *taranta*, the *tarantati*'s somatic combustibility burned itself in the dance. The type of domestic dance differed according to the dancer. Some actions took place only on the floor, others by turning, others by climbing on walls, or hanging and swinging from ropes (which in ancient tarantism functioned as a trance inducer).

The choreic cycle was then repeated in the *Santu Paulu*'s chapel, at the end of June, in occasion of the patron saint's festivity in Galatina, connecting this with the rhythms of nature and harvest. It is, of course, the same cyclical rhythm which gave rise to the summer symptoms of the *tarantati*. Each June, or generally during the summer, the remembering and returning of the symptoms of the bite, implied a constant switch of the time of suffering and remembrance. Therefore the first bite was already a re-bite.[16]

In the chapel, the phase on the floor took place also in front of the niche where the statue of the saint was kept, behind a metal grate to protect it from the aggressive beating of the *tarantati* beseeching for the saint's grace. The standing up phase was often performed in front of the statue, where there was more collapsing on the floor as well as repeated fainting, as if this was a "performance," and a previous fainting in the domestic ritual had been a "rehearsal."[17] This fainting suggests a theatrical dimension, and a theatre also facilitated by the specific architectural space. At the same time, this theatrical spatial aspect was enhanced by the *tarantato/a* running around the altar, or standing or jumping perilously on the baroque corbels. Also by often wearing a white dress, the *tarantata* became a "bride of *Santu Paulu*," in the attempt to mystically marry the saint's healing power and to touch the painting of the saint at the centre of the chapel. Sometimes, the performative aspect was imbued in a small surrounding circle of the assisting family, forming a ritualistic circular gathering around the *taratato/a* in the contriving small space of the chapel. This transgressive, sometimes sexual behaviour of disorder, far from the actual control of the authoritative image of St. Paul, aimed against what was a parasitical and culturally authoritarian attitude towards the body and, taken out of the theological frame, enables us to see it more broadly. Concluding the chapel's ritual, the *tarantati* drank the water from the miraculous well behind the chapel, into which snakes and scorpions were thought to be thrown, and the *tarantati* would drink from it and vomit.

Visceral polymorphic but also polyphonic moods were achieved in the state of possession, of creating an empty space within, in order to be danced

---

16   De Martino 1961 (1994), p. 178.

17   This repetition of an act could be seen as fictional but, instead, shows a *living through* the body, a knowledge of emotions, and through that body, an ability to repeat them.

by the spider's dance. The ancient echoes of nature's chthonic divinities became alive in their frenetic dances, in the multiplicity of voices within the trance state, where an antagonism was established, an imposing of one's choreic movements onto the imaginary spider's, obliging one to dance beyond one's will and capacities. Running after the *taranta*, the *tarantati*'s dance, as possessed victims and as heroes who submit to the force by dancing with it, was performed in the tension and oscillation between becoming the spider and separating from it. Thus, it transcended any dichotomy, within a historically formed consciousness. Yet, the contemporary attitude is not that different from the primordial, when faced with real suffering, or when it feels itself faced with another agent over which it has no control, risking not being oneself, and with no individual choice, in what De Martino (in his analysis of Lucanian magic rites) calls the experience of *to be-acted-upon*.[18] In this sense, I would like to employ a shamanistic interpretation in which "to know is to personify, to take on the point of view of that which must be known."[19] In dealing with the animistic relation between humans and nonhumans, shamanism is a way of going through ontological limits, and the body in tarantism is a result of a renovating becoming the spider, rather than by mimesis. Here, knowing means becoming. The transformation of the tarantula in an anthropomorphic form was in order for a dance-fight to be established, where the conflict and negotiation were also a turning point. The *taranta* as a metaphor became a physical metamorphosis. The whole concept of what it meant to be human was therefore challenged in the "animal" as "natural," where natural was pantheistically understood as "super-natural," a returning restless spirit, from this nature into the automotive processes of daily life.

Tarantula auris

I believe that the *tarantato/a*'s was most importantly what I call an "ear body": a body surprisingly renewed by being danced by sound, floored by the difficulty of having an erect position, establishing a friendship with gravity and cornered by the *taranta*'s de-stabilizing power. The power of sonic vibrations through the framework of the rhythmic percussive sounds, a transduction of sound through the *tarantati*, is here intended as channeled perception, as embodied hearing and listening perceived across the "body-membrane." The ear becomes body and the body becomes ear.

---

18   De Martino 1959, p. 98 (my translation).

19   De Castro 2004, p. 468.

A double interpretation of spatial experience of the body can be con-
ceived, space as "object" and space as metaphor. Yet here, space is first of all
a meeting of physical-sensorial experience, between a "state of mind" and a
"mind" filtered by a complex network of cognitive processes, which have no
legal or rational order. Before even becoming a question of making sound
"visible" through the entranced body of a *tarantoto/a*, what I want to make
tangible is not sound, but tarantism's call for our somatic-auditory attuning,
yet not as a privileging of one sense over the others, but as a democratizing
relationship through auditory aspects of embodiment. In incorporating the
dancing tarantula the *tarantati* tuned themselves to the music, becoming a
musical instrument, vibrating in accordance and in parallel with the sound
vibrations of the strings and the tamburello's rhythms.

The research conducted by Giorgio Baglivi and the Jesuit Athanasius
Kircher in the 17th and 18th centuries has been influential in the study of the
phenomenon. Most importantly, within the context of Cartesian philosophy
and a mechanistic understanding of acoustic transmission through bodies,
we might mention Immanuel Swedenborg, who was aware of Baglivi's
ideas, iatromechanics and his research in Puglia. He described sound waves
flowing with the speed of lightning and augmenting in various degrees in
the body, through the nerves, bones and membranes with his concept of
tremulations. A tremulation is the subtlest vibrations in the body so as to
recover a lost balance and a factotum to nature, hearing and the living body
in an effort to recover its balance is

> like a ball thrown against the floor which makes smaller and smaller rebounding,
> until finally it returns out of the balance of motion into an equilibrium which is in
> a state of rest [...] a single tremulation may in a moment spread over entire sys-
> tems, and thus over that whole part or body which is in a state of tension.[20]

Thus, physical tension is essential for the event of tremulation, and the
body needs to be free from obstructions to enable its reception. A tension is
a musical trembling chord, or a tight tamburello's skin resembling the ear-
drum in order to enable the rhythmic quivering alleviation of the *tarantati*.
This is, therefore, a somatic tension, a vital tension which is in relation to
release and, therefore, is here intended positively.

The *tarantato* body of one and many tremulations and ears is the one
moving from tension, and from an initial mimesis to becoming, making an
identification with the *taranta*. The becoming of an animal or another insect's body, a cricket's ears just below the knees, or another insect with abdominal ears, created further adherence to surfaces, when any event of vibration moved progressively through the body to unrest a *tarantato/a*. The

---

20   Swedenborg 1719.

same happens with spiders, responding and "dancing" to the subtlest vibration in the air, conducted through vegetation and surfaces. The *tarantati* were a tremor amongst tremulations, organically unfolding across the trembling time and space that the percussive sound created, the being-time and an inaugural healing event of audition. In this event, rhythm made the confines of the body fluctuate within the body, limitless within its confines. This was a manifold phenomenological relationship between the listening body and the body beyond cochlear hearing. The performance of the healing process through sounds and lamentation needed a crisis, where the *tarantati* were the receivers and creators of distance, where subsequently the subject became its problematizing. Their listening body's adhering to the horizontal stage of their life unsettled and channeled their condition, was urgently attentive in gleaning any subtle vibration, and affecting the most infinitesimal tremulations. This adherence to the horizontal guides us to a non-discriminating attitude of an insular state of being, to those crawling on the earth, where there exists no separation, where abjection can only be understood in relationship with, but not in opposition to, "purity." It is a problematical term, but here "pure" is intended as something even more encrusted and anamorphic. Classical thinking, with its dichotomous approach, has created a distance that we need to occupy.

The sacred power of dance as rhythm, vital force and *Thanatos*, is heightened by the role of aggressiveness in ancient dances within funerary ceremonies, distantly echoing the *Danse Macabre* of medieval Europe. Indeed, it has been suggested that one form of tarantism originated from the choreomania of dancing mass hysteria in graveyards.[21] A tight relationship between death and trance is intended as a symbolic experience of death, as the arachnophobia was also the fear of dying with the poison. The poisoned nerves of the *tarantati* in their restlessness, agitated and resuscitated the innermost part, where *Thanatos* danced with life. The *tarantati* danced the swinging, jumping and stamping of the *pizzica-tarantata* for survival, in the symbolic attempt in squashing the *taranta* with their foot. This swinging between life and death can be seen, paradoxically, as an erasure of that very dualism which is implied in Gnosticism and its Christian heritage. The struggle between good and evil was transcended in the animistic milieu ingrained in tarantism. During the antagonistic process of the *pizzica-tarantata* – a form most rooted in the "rawness" of the original musicochoreutic therapy – the struggle was that of keeping the dance's oscillation between life and death. The same swinging and dancing relationship is within tarantism's cyclical recurring of symptoms, all leading towards the desperate call for the cure and returning to balance. I wilfully complicate a

---

21   Gloyne 1950, p. 36.

Fig. 3 Fabrizio Manco, [STATES OF]TRANCEformation, *performance research, Chisenhale Dance Space, London 2005. Photo: Patrick Curry*

dichotomy of depth and surface, conscious and subconscious, external and internal, in the *tarantati*'s struggle to move towards the most important element of rhythm and rupture, where all polarities were radically and continuously realized and annulled at the same time.

In struggling to connect to the phenomenological reality of being-in-the-world, the victim of the *taranta*'s bite was constantly trying corporally to remember that reality. The habitual, culturally and at the same time physiologically conditioned trance of the *tarantati*, had to find specific actions in response to habits, even attuning along a *via negativa*. In what appears abject behavior, one *tarantato* is described as slowly licking the floor itself,[22] a possible way of digesting the substrate, through literally incorporating it in an animal way. The very moment of becoming a crawling animal obviates the dichotomizing process of thought and its related objectification of the animal or the world. Here is a phenomenon which sees the human as animal body in relation to hearing the world, through the body. Amongst animals, of course, the somatic listening lesson has always been present, and

22   di Lecce 1994, p. 132.

tarantism, in connecting with these roots, would appear to have similarities with Tatsumi Hijikata's butoh.

*Terragumo*²³

It may appear arbitrary to make a comparison between tarantism and butoh, but it is perhaps possible to insert tarantism into a field of unexpected associations. When I refer to butoh, I mainly mean the "historical" one of Tatsumi Hijikata, and his *Ankoku Butoh* (Dance of Utter Darkness). Both *Ankoku Butoh* and tarantism are far from each other in history and geography, yet have similarities in their specificity as cultures and of the body in crisis and rebellion as well as of ritual, transformation and becoming. Artaud is the connective thread between tarantism and *Ankoku Butoh* (and at its root), where the cathartic cruelty of his theatre resonated in Hijikata's "psychedelic" and pre-modern performances.

Like tarantism, butoh presented a negative view of their own societies. Just as the mythology of the "backward south" was strong in Italian culture, so that of the backward and "inhospitable north" was strong in the Japanese. Hijikata was born in the northeast of Japan, the dark and cold Tohoku, in the prefecture of Akita. It was Japan's poorest region, with a culture quite different and alien from the rest of Japan and a place of ghosts and barbarians, where to be civilized meant pushing away "these barbarians." Unlike in Salento, where the weather conditions functioned as a small input of preliberation, in Tohoku it was the contriving effect of cold, working in the rice fields immersed in water, which conditioned and deformed the body. Yet both locations share the marginalization and exploitation of power and the effects of nature on the body.

Like tarantism, butoh was disparaged in the past and was looked upon with shame and as something to avoid talking about. Because it went outside of Japan, to be experienced by the world, it was considered to have harmed the image of the Japanese nation, although for some time, it has been accepted as a sort of re-import. Though it was an avant-garde form, butoh arose from Hijikata's look at pre-modern traditions and it bears the

---

23 I made this hybrid word combining the Italian word *terra* (earth) and the Japanese *kumo* (*gumo*, when placed next to another word) to suggest a potential metamorphosis and relationship with the earth. It mirrors the existential milieu of butoh and tarantism. The Shinto legend of *tsuchigumo* (earth spider) was influential in Kagura, Noh and Kabuki. In Kabuki the actor, in order to simulate the throwing of spider threads, throws lines of sticky paper from a roller attached on his wrist. *Tsuchigumo* was also an agent of the "spider people," at the margins of society, a resistance against dominant controlling power.

imprint of medieval Japanese trance rituals and peasant ceremonies, with their re-living through that "dance of darkness" and his work of the group *Hakuto-bo*[24] and later with the *Tohoku Kabuki* project. Here, the word kabuki is an appropriate description, as the root lies in that plebeian performance of marginalized people in the form of debauchery.[25] In Hijikata's work, the body found a link with nature, also in a broader sense, of a post-modern world, in a sort of heretical ceremony of restless spirits.

Kamaitachi[26] is the title of a photographic book of Eiko Hosoe in collaboration with Hijikata, a poetical personal chronicle, mixed with both love and hate for the countryside. *Kamaitachi* is also part of the Japanese folklore. It literally means "sickle of a weasel," a small invisible animal which attacks people in the rice fields in late spring. A person who is attacked by a *Kamaitachi* finds any part of the body sliced as if it were cut by a very sharp knife, but without any blood. This disaggregated body is also the one in Hijikata's butoh. Out of a negative experience in his childhood and early adolescence, Hosoe tells about his experience in the countryside, after being forced to move out of Tokyo with his parents in 1944. The American bombing had reduced the metropolitan population to starvation. Dance in Japan also served as a call for the spirits *tama* (present in man as well as in nature and objects) that gave vitality. The spiritual power of dance and rhythm was as strong in the substrate of Japanese culture, which fed into butoh, as it was similar to that which fed into tarantism. In other events of rural origin in Japan, this could be observed as a *tamafuri*, an entrancing action of shaking, in order to activate the spirits and embody them.

In the Japanese mythological substrate of *Ankoku Butoh* and the Japanese memory in general, dance is at the origin, restoring light to the world. Here the sun goddess Amaterasu withdraws into the celestial grotto and she reappears to the world thanks to a sexual dance by another goddess who performed for her a dance of stamping feet. The particle *toh* in bu-*toh* alludes to this rhythm generating movement of stamping feet. This also recalls the oldest and most basic elements of cadence, obsessive repetition in a frenetic crescendo of drumming, together with that subtle hint and accentuation in the beginning of the choreic performance of the *tarantati*. In fact, they were

---

24   Hijikata formed this troupe together with Yoko Ashikawa, his pupil. Here he concentrated only in directing and choreographing. It is in this occasion that he set his personal "surrealist" language of *butoh-fu*.

25   Kabuki has its origin in all-woman troupes, where also male and female prostitution was part of it "but due to problems of public morals, the Tokugawa Shogunate banned women from the stage in 1629." Toita & Yoshida 1986, p. 110.

26   In September 1965, Eiko Hosoe and Hijikata visited Tashiro, a simple farm village in the Akita prefecture. Tashiro was also the childhood home of Hijikata; he returned there with Hosoe after 20 years.

believed to have been bitten most of all on the heels – in general in the lower limb area – and it was from here that the dance started. This, appropriately, corresponds with the language of the intrinsic chtonic root of both tarantism and *Ankoku Butoh*: there were beating feet, beating sounds, beating bodies which then collapsed onto the floor, beating hands on the vibrating skin of the tamburello, affecting the pluri-rhythmic empty body which was carried-over. Yet, there existed an important asymmetry, an incongruity between the *tarantati*'s agitated "noise" and the outer rhythmic sounds, which triggered the syncopated cadenced movements. It is this incongruity which eventually found its organization in a sort of rhythmical sequence. For instance, in the choreutic therapy, the rhythms of the body were manifested through the most infinitesimal tremors in an oscillation between response to the percussive rhythm of the tamburello and the more disordered jerky spasms. The sonic aspect in tarantism and the proprioceptive one during a butoh improvisation, can allow rhythm to be articulated to any degree of temporality and forms, in many possible subtle or extrinsic ways, externalized in infinitesimally small or more visible impulses. Movement and response to sonic inputs happen in almost tight synchronicity. No matter how immediate and accurate a movement can be in reacting to sonic cues, it requires entrancing, with the minimum cognitive mediation; it is always an effort to find a direction, an adherence, or a locus. In butoh, rhythmicity[27] and fluctuation exist in a more *Samadhi*-like form.[28]

Toshiharu Kasai, in his psychosomatic explorations of butoh, says that the dancer after a performance feels a sense of calmness, without clearly understanding the reason why; it is a reconnecting with the environment after a sort of quest intended in non-schizoid terms. The body in Hijikata was objectified in an empty *sôma*, one which becomes debilitated in thinking, in a restlessness of the dead. That same restlessness also agitated the "poisoned" ones, the blood of the *tarantati* revived in their real and metaphoric illness, where death danced with struggle. In Hijikata's dance, this became a complete denial of the controlled body in favour of *nikutai*, a focussed perceptive, anarchic and yet mindful body, one which was an attack on the disciplined urban body[29]. Therefore, Hijikata's was a pre-war and pre-disciplinary rural body. As with butoh, tarantism is an *un-dance*, as Kasai calls

27 During my training with Akiko Motofuji (Hijikata's widow, now herself deceased), she often used beating a drum, as also Hijikata used to do in his classes.

28 I believe that the *tarantati* moved continuously from an ecstatic (ergotropic) to a relaxation (trophotropic) trance state. For details on ergotropic and trophotropic arousals, see Fischer 1971, pp. 897–904.

29 I argue that this body and that of tarantism was also an incorporation of a *contingent* environmental, cultural, social and physical site. Here, I have coined the term *site-contingent*.

*Fig. 4 Fabrizio Manco, Blue Cicada, performance, Felline, Puglia, Italy 1999.
Photo: Fausta Muci.*

it.[30] This un-dance is the departure in tarantism from what nowadays has become formalized as fashionable *pizzica*, instead of the more unruly performances and spirit of ancient tarantism.

Ending

Today, tarantism's realm of madness and its dancing culture is a rich and profound inheritance from the past, partly surviving in its documentation. In our memory and cultural inheritance, Salentine tarantism has a vitality, which pushed the marginalized to be performers of their own life and tribulation. It left in popular memory a heritage which spoke more than words could do, regarding the infinite ways in which a body and performance can operate within a specific and trans-cultural space, whether historical, economic, political or physical. The living archive of tarantism, through the many generations, is still an intense stimulation. It manifests a range of distinctive ideas and practices, dis-sonant within its specific somatic and transgressive character. Still weaving its real-imaginary textile, tarantism in new-ancient forms and transforming manifestations becomes a collective world of

---

30   Kasai 2000, p. 336.

social and environmental interrelations, by passing on the experiencing of our animal wisdom through the physical earth.

The folly of tarantism is also a wisdom in its most somatic sense. Here, pain and suffering unfold themselves as an event in the most infinitesimal creases and folds of bodied minds, creating uncomfortable or eased movements. It is the dance of a spirit with an unhinging dynamic vigor in the existential strain against surveillance, the liminality of dancing between madness and grace, between mortification and bliss. Fluctuating in the delirious space of their dis-possessed bodies, I invite again the *tarantati*, as myself, to the audition's floor. Detailed sensations and precise perceptions prevailed through chaos: dancing is the same as remembering, the beginning of a feverish rhythm which was already a final and sudden ending.

Literature

Batson, Glenna, "Proprioception," *The Journal of Dance Medicine & Science* 4 (2008), pp. 1–4.

Becker, Judith, *Deep Listeners: Music, Emotion, and Trancing*, Bloomington 2004.

Benedict, Ruth, *Il crisantemo e la spada* (The Chrysanthemum and the Sword), Milan 1991.

Blacking, John (ed.), *The Anthropology of the Body*, London 1977.

Chiriatti, Luigi & Nocera, Maurizio, *Immagini del tarantismo, Galatina: il luogo del culto*, (Images of Tarantism, Galatina: the Place of the Cult), Lecce 2002.

De Castro Viveiros, Eduardo, "Exchanging Perspectives: The Transformation of Objects into Subjects in Amerindian Cosmologies," *Common Knowledge* 10:3 (2004), Symposium: Talking Peace with Gods, Part 1, pp. 463–84.

De Martino, Ernesto, *La Terra del Rimorso, Contributo a una storia religiosa del Sud* (The Land of Remorse, Contribute to a Religious History of the South), Milan (1961) 1994.

De Martino, Ernesto, *Sud e magia* (South and Magic), Milan (1959) 2001.

Fischer, Roland, "A Cartography of the Ecstatic and Meditative States" *Science* 174:4012 (1971), pp. 897–904.

Freeland-Hughes, Felicia (ed.), *Ritual, Performance, Media*, London 1998.

Gloyne, f. Howard, "Tarantism. Mass Hysterical Reaction to Spider Bite in the Middle Ages," *The American Imago, A Psychoanalytical Journal for the Arts and Sciences* 7:1 (1950), pp. 29–42.

Goodal, Jane, *Artaud and the Gnostic Drama*, Oxford 1994.

Heusch, Luc de, *Why Marry Her? Society and Symbolic Structures*, Cambridge 1981.

Hosoe, Eikoh, *Kamaitachi*, New York 2006.

Hughes-Freeland, Felicia, "Introduction," in Ibid.(ed.), *Ritual, Performance, Media*, London 1998, pp. 1–28.

Kasai, Toshiharu: "A Note on Butoh Body," *Memoir of Hokkaido Institute of Technology* 28 (2000) pp. 353–360.

Klein, Susan Blakeley, *Ankoku Butoh: The Premodern and Postmodern Influences on the Dance of Utter Darkness*, Ithaca, NY 1988.

Kurihara, Nanako, *The Most Remote Thing In the Universe: Critical Analysis of Hijikata Tatsumi's Butoh*, New York, 1997.

Lapassade, Georges, *Intervista sul tarantismo* (Interview on Tarantism), Maglie 1994.

Lecce, Giorgio di, *La danza della piccola taranta, cronache a Galatina 1908–1993*, (The Dance Of The Little Taranta, Chronicles in Galatina 1908–1993), Rome 1994.

Massumi, Brian, *Parables of the Virtual: Movement, Affect, Sensation*, Durham, NC & London 2002.

Nacci, Anna (ed.), *Tarantismo e Neotarantismo, musica, danza, transe* (Tarantism and Neotarantism, Music, Dance, Trance), Nardò 2001.

Mabey, Richard, "Introduction: Entitled to a View?" in Ibid.(ed.), *Second Nature*, London 1984, pp. ix–xix.

Rouget, Gilbert, *Music and Trance: A Theory of the Relations between Music and Possession*, Chicago & London 1985.

Swedenborg, Immanuel, "On mechanical Tremulation, Vibration in the Body" (1719), http://www.soc.hawaii.edu/leonj/499s99/cachola/borg/sborg.html. (Accessed on 15 March 2003), no pagination.

Toita, Yasuji & Yoshida, Chiaki, *Kabuki*, Osaka 1986.

Viala, Jean and Masson-Sekine, Nourit, *Butoh, Shades of Darkness*, Tokyo 1988.

Per Roar

An Unfinished Story: On Ghostly Matters and a Mission Impossible[1]

It was a sunny spring day in Sarajevo in 2006. The young urbane man in his early twenties listened attentively as I talked about my choreographic project. It was probing into the psychobiological impacts caused by the recent Bosnian war (1992–1995)[2] and what happens to a society and culture surviving such ordeals. As I mentioned how the word "surreal" would pop up whenever people talked about their war experiences, he nodded in support and added a story of his own. It was from his childhood in Sarajevo during the war. While staying in a shelter he remembered the paradox of seeing the kind man who had given him sweets in the morning being brought back headless in the evening. He mentioned it only in passing to underline my observation. For him the story was just one of those things he remembered from his childhood. The gap between his level-headed re-count and the content of his story struck me as much as the grimness of the story itself. It seemed as if this gap contained the very abyss of trauma: An experience that could not be made an integral part of one's past, even when it could be remembered and recalled; simply because such experiences are too much for a human being to carry. The stark contrast to the sunny day, the gentle lightness of the storyteller and our friendly meeting, and the disturbing experience of an eight year old boy recalled, hit me as if I was propelled into a void of ghostly matters. It forced me – one more time – to realize the impossible mission I had undertaken: To choreographically embody a sense of the communal grieving caused by the Bosnian war.

In order to meet the challenge I had ventured into a contextual background research and micro-ethnographic fieldwork on this social-political situation, and made this work an integral part of my choreographic process. Out of this

---

1   Video clips and photographs accompanying this article are available at: http://www.choreomania.org.

2   For more information on the war and its impact, see Research and Documentation Centre Sarajevo 2007; The International Criminal Tribunal for former Yugoslavia: *www.icty.org*; or sources such as Drakulic 2004; Fischer 2007; Judah 2000; Neuffer 2003; Seierstad 2000; Suljagic 2005; Ugresic 1998, 1999; Warsinski 1998; and Woodhead 1999.

composite and transdisciplinary process[3] emerged the notion of "griefscape." It denotes for me the affective and entangled impact traumatic events and complicated grieving have in circumscribing our lives.[4] As each such traumatic context of grieving constitutes a tensional field with its own emotive topography and hauntology, it takes hold of the present through what is absent, the invisible experiences of loss and the absentees. This situation applies also to the Bosnian griefscape. But as its traumatic core took place recently and was caused by politically inflicted violence – based on a nationalistic and discriminatory ideology – its social-political situation provides a destabilizing and uneven ground for any movements.[5] I will here report on my attempt to choreographically construct and embody a sense of this griefscape with its ghostly matters. This attempt resulted in the performance entitled *An Unfinished Story*[6] and the concept of "docudancing," which evolved as a term to describe the choreographic approach that developed through this process.[7]

A short background story

I went to Mostar[8] in 1994 during the Bosnian war. This was my first direct encounter with the surreal madness of war without a filtering television

---

3   The term is used here as defined by Henk Borgdorff (2009): to describe a "type of [artistic] research that combines the aesthetic project and the creative process with questions and topics from broader areas of life" (ibid., p. 3).

4   Scholars such as Sturken 1997; Taylor 1999, 2006; Gordon 1999; Hirsh 1999; Langer 1991 and Mendelsohn 2007 have from their different perspectives addressed how traumatic events can circumscribe our lives. Sturken writes from a cultural-political perspective; Taylor, Gordon and Hirsch on the blurring of the personal and the public; Langer accounts for the specific consequences of the Holocaust for the survivors, while Mendelsohn writes about the Holocaust from a personal perspective by addressing the implications it had for his own family. Both Hirsch and Mendelsohn write from the position of being second-generation survivors of the Holocaust.

5   I will limit the scope of this article by not discussing the political situation framing the grieving processes after the Bosnian war.

6   This performance is also part of my doctoral project in choreography at The Theatre Academy in Helsinki, entitled: *Life & Death: Docudancing grieving. Choreographic strategies for embodying traumatic contexts.*

7   Docudancing denotes a transdisciplinary approach to choreography based on contextual background research and fieldwork in order to make a choreographically based performance work. My understanding of the term has more affinity with the blend of fact and recollections used in Sebald's (2001) fictional writing than the ethnodrama offered by Saldana (2001).

8   The main city of Herzegovina. I went with a friend who was working for an NGO helping Bosnian refugees in Croatia. Our mission was to check up on some elderly people left behind in Mostar by their younger relatives.

screen in between. The experience was followed by other visits to Pristina and Belgrade in 2000[9] witnessing the post-war situation not long after the NATO bombing and the Kosovo war had ended – in what were the last bleak days of Milosevic's manipulative regime in Serbia. Whereas everything in Mostar in 1994 had been in a state of emergency and about surviving, the situation in Belgrade after the recent bombing was more one of shock. Everybody I met used the same phrase to describe the situation: "It is surreal." The phrase was repeated again and again. The accumulated experiences from the last decade of wars culminating in the NATO bombing and the social-political reality circumscribing everyday life seemed too unreal to be true. Survivors of the siege of Sarajevo and the genocide in Srebrenica that I met in 2004, nine years after the war had ended, simply summed up their war experiences by saying: "no one who wasn't there, can know what it was like." Both statements describe the incomprehensible and inherent madness of war, impacting and unsettling the common sense of order. In fact the statements also capture what is often said about a traumatic memory or event: it cannot be shared or comprehended.[10] It can only be approximated in translations and excavations "from the mass grave of historical reference."[11] Grieving the losses of one's beloved, a community broken apart, and an envisioned future suddenly cancelled, becomes more complicated under circumstances that make normal grieving processes difficult or postponed,[12] such as exposure to the terror of violence and war.[13] Their traumatic events may simply shatter one's comprehension and outlook on life.

The unsettling state of grieving and "the return of the real"

The loss and grieving experienced by many Bosnians after the war was often overshadowed by the immediate problems caused by economic hardships and the uncertainty of not knowing the whereabouts of their family mem-

---

9   I was participating in a post-graduate program hosted by Oslo National Academy of the Arts on "The Role of Art in the Situation of Conflict," a pilot project initiated by OSCE, the Organisation for Security and Co-operation in Europe, and funded by the Ministry of Foreign Affairs in Norway. The project involved six professional artists from each of the cities Oslo, Prishtina and Belgrade, and it took place just a year after the war on Kosovo officially had ended. The journey was included in this project, and started my professional engagement in the region.

10   Cf. Herman 1992; van der Kolk 1987.

11   Morris 2001, p. 371.

12   Fyhr 1999, p. 55

13   Cf. Taylor 2006. The extensive research on and accounts related to survivors of Holocaust testify to this: see for example: Engelking 2001; Hirsch 1999; Gross 2003; Levi 1987 and 1988; Hoffman 1989; Zelizer 1998.

bers. By 2010 there are still people missing and unaccounted for.[14] These factors complicate a normal grieving process and increase the risks for developing post-traumatic stress disorders (PSTD)[15] in the aftermath of exposure to traumatic events – like the one described by the young man above. The risk increases the more extraordinary the stress factors are and the longer the duration lasts,[16] as in the case of the siege of Sarajevo.[17] It will typically leave the traumatic incident un-integrated in the person's life narrative, as the experience is simply too much to take in. Cathy Caruth sums up the individual consequences of this lack of integration: "this failure to arrange the memory in words and symbols leaves it to be organized on a somatosensory or iconic level: as somatic sensations, behavioral reenactments, nightmares, and flashbacks."[18] In a clinical perspective, as psychotherapist Pat Ogden points out, such traumatic experiences makes the individuals "prone to revert to rigid 'fixed action patterns': the automatic behavioral flight, fight, or freeze responses that are our evolutionary heritage,"[19] which may cause a state of hyperarousal in the traumatized individual, set off incidentally by the sound of a car door slamming or the

---

14   According to a press statement of 25 October, 2010 from the International Committee of the Red Cross (ICRC), 14,600 people still remain unaccounted for after the wars in the Western Balkan region. See: http://www.icrc.org/eng/resources/documents/news-release/2010/belgium-news-251010.htm (accessed 4 January, 2011).

15   Shortly summarized, the diagnostic criteria for PTSD include "a history of exposure to a traumatic event and symptoms from each of three symptom clusters: intrusive recollections, avoidant/numbing symptoms, and hyper-arousal symptoms. A fifth criterion concerns duration of symptoms." (Friedman 2010: 2); (APA 2000: DSM-IV-TR). Characteristic for the individual with PTSD is that "the traumatic event remains ... a dominating psychological experience," which over years or even decades has the power of evoking strong emotional reactions (Friedman 2010: 2–3). According to the American Psychiatric Association (APA 2000) the intrusive recollection criterion can manifest itself in many ways, including flashbacks and traumatic nightmares etc. The avoidant/numbing symptoms consist of strategies that people with PTSD use in order to avoid triggering traumatic recollections or minimizing the affect of these – with the numbing providing a kind of anaesthesia to procure a self-protection. The hyper-arousal criterion is the most typical characteristic of PTSD, which is brought on when traumatic memories are triggered. Producing a raw and hyper-vigilant response, which appears out of proportion or context to its surroundings. I will not explicate further into the psychiatric diagnosis here, as I am not approaching these symptoms from a therapeutic perspective. For more information on PTSD, symptoms and diagnostics, see for example Christianson 2002; Friedman 2010; Wilson 2004; and American Psychiatric Association, APA: Diagnostic and statistical manual of mental disorders (DSM-IV) 2000.

16   See for example: Wilson, John P. 2004, pp. 7–44 or Friedman 2010, p. 1.

17   Judah 2000, pp. 211–19. The siege lasted from April 1992 to December 1995.

18   Caruth 1995, p. 172.

19   Ogden 2006, p. xx.

particular whiff of something uncannily familiar or the sight of somebody saying goodbye at the train platform or the sensation caused by an elevator door shutting-in or, or, or ...

Such small everyday episodes might result in sudden flashes of sensorial and bodily sensations causing a state of emergency within the individual experiencing them.[20] According to Ogden, this happens simply because the "fragmentation of perceptual experience into emotional and/or sensory elements" brings on somatic sensations in addition to behavioral re-enactments[21] that destabilize the order we like to think exists around us. "These dissociated perceptual memory fragments recur as symptoms in the form of flashbacks and nightmares"[22] and make the traumatized individuals "unable to trust their bodily sensations to ... alert them to take appropriate action."[23] According to clinical psychologist Gurli Fyhr this leaves the traumatized person – in a situation of complex grieving – often "in a confused, structureless and very unsafe world. Everything seems as if dissolving. It feels like living in chaos [...]. This dissolving is painful."[24] The traumatic event causing the grieving destroys the protection shield provided by linear time by collapsing the categories of past, present and future into a traumatic now.[25] Thus grieving does not run through a set of neatly sequential phases as often conveyed in the popularized reading of Elizabeth Kübler-Ross[26] but in messy and unpredictable cyclic repeats that hits the grief-stricken.[27]

While choreographically constructing and embodying a sense of the communal griefscape caused by the Bosnian war, I was therefore attentive to the psycho-biological impact of such ephemeral and "invisible" experiences and their unsettling effect/affect on the individuals. Such complex and traumatic grieving harbors a raw physical power that is beyond a conscious reach, shooting out of an abyss, resurfacing again and again, and as in the case of Bosnia, creating an uneven ground were the mines no longer comprise just any hidden military devices in the ground, but also include the emotional ones erupting in the social topography of the griefscape caused by the war and the break-up of Yugoslavia. Detonating and exploding sometimes in the face of the bystanders, or the neighbours, while most of the time imploding in the individual in his or her privacy.

---

20   Cf. van der Kolk 1987.

21   Ogden, 2006, p. 34.

22   Ibid.

23   van der Kolk et al 1996, p. 421 as quoted by Ogden 2006, p. 34.

24   Fyhr 1999, p. 188 (my translation).

25   Ibid., pp. 181–190.

26   Elizabeth Kübler-Ross 1967.

27   Cf. Fyhr 1999, p. 27; Brock-Utne 1998.

Fig. 1 *The opening scene of* An Unfinished Story *in Viječnica, Sarajevo, June 2006.*
Photo: Foco Fuoxos.

In this phenomenon, the repeated reoccurrence of traumatic flashbacks, lies also conceptually the ground for what Hal Foster calls "the return of the real" in the arts.[28] These returning concerns with "the real" are here linked to the notion of authenticity and the "authentic." He argues that terms such as "experience," "the lived," "the experiential" have "come back with a whole other meaning" at the turn of the twentieth century as they are returning "in an absentee way," fuelled "by the authority of the traumatic."[29] By referring to "the artist as an ethnographer," Foster discusses the dilemma artists run into when pursuing the "real."[30] The core challenge here is to strike the critical balance between "over-identifying" and "dis-identifying" with the social context one enters as an artist. I recognize in his analysis concerns that closely correspond to those I focused on while working as a choreogra-

---

28   Foster 1996, pp. 166–68.

29   Ibid., pp. 5–6.

30   Ibid., pp. 171–203. As Foster states: "*In trauma discourse, then, the subject is evacuated and elevated at once.* And in this way trauma discourse magically resolves two contradictory imperatives in culture today: deconstructive analyses and identity politics. This strange rebirth of the author, this paradoxical condition of absentee authority, is a significant turn in contemporary art, criticism, and cultural politics. Here the return of the real converges with the return of the referential" (Foster 1996, p. 168, italics in original).

pher on constructing/embodying a sense of the Bosnian griefscape. In this respect, I am by reporting on this choreographic attempt indirectly discussing the critical potential of choreography for taking part in producing and creating a societal memory by giving a body to unmarked grieving.[31]

The structural and factual frame

I ventured into this task of capturing a sense of the composite complexity of the Bosnian griefscape through a transdisciplinary choreographic approach. The process resulted in the choreography entitled *An Unfinished Story*. It was the last part in the performance trilogy *Life & Death*, which addressed three different traumatic events related to death and dying.[32]

An Unfinished Story was devised in collaboration with dancers and performers from Oslo, Belgrade and Sarajevo; and was produced on location partly in Belgrade, but mainly in Sarajevo, where the performance also had its premiere in Vijećnica, the old national library in Sarajevo. The performance lasted approximately 50 minutes and was made to fit any larger assembly and congregation halls where the audience could share the floor with the performers. The performers were Slaven Vidak (Sarajevo), Peder Horgen, Kristianne Mo, Terje Tjöme Mossige (Oslo), and Marija Opsenica (Belgrade).[33]

---

31 By "unmarked" I allude to Peggy Phelan's (1993) concept to get at "that which is not 'really' there, that which cannot be surveyed within the boundaries of the putative real" (p. 1) but still works within and among us as a subject. I use the concept here in a simplistic way in order to point to subjective experiences that are often lost sight of in the visibly representable. The questioning of the aesthetic body politics constructed through choreography is one of the focal point for my doctoral work; it draws in addition to Foster 1996, on Franko 2007; Lepecki 2006; Phelan 1993, 1997 et al.

32 It was the last part in the performance trilogy *Life & Death*, which constitutes the core of my doctoral project in choreography. The trilogy is based on a choreographic exploration of three different traumatic contexts of grieving that are discerned by respectively being centred on private loss, "memento mori," i.e. the existential challenge of facing one's mortality, and communal grieving. The first part of the trilogy, *A Song to Martin*, premiered in November 2003, and the second part, *A Rehearsal for Mortals*, in October 2005.

33 Other collaborators in the project include: soundscape by Jørgen Larsson (Bergen); costumes by Samina Zajko (Sarajevo); local project coordinators Ivan Vrhunc (Sarajevo), Dušica Parezanović (Belgrade), and Sandra Sandbye (Oslo); choreographic support on traditional folk dances from Sarajevo by Hamo Muhommod – assisted by Mersiha Zembo and Kolo Bosansko at Bosnian Cultural Centre (Sarajevo). The project was co-produced with Dance House Norway Oslo; Oslo National Academy of the Arts; Rex cultural centre in Belgrade; and MESS in Sarajevo. And supported by Arts Council Norway, Ministry of Foreign Affairs in Norway, Fond for lyd og bilde, Program for artistic research Norway, and Intermedia at University in Oslo.

I began the artistic research process in June 2000, while the work with the performers took place in four periods between June 2005 and September 2006, and lasted in total almost five months fulltime. The artistic strategy I used for approaching the social-political context of the Bosnian postwar situation and its griefscape drew on ethnographic tools.[34] They included fieldwork accompanied by informal interviews and meetings with local residents and survivors,[35] medical experts, psychological clinicians and researchers, political analysts, Human Rights organizations, and other activists in non-governmental organizations (NGOs) working with peace and reconciliation in the area.[36] I engaged the performers in taking part in the work of collecting and processing the insights gained.[37] The latter took place through continuous conversations and exchanges in the field as well as while working in the studio. I searched with the performers for a choreographic response to the social-political context we encountered. Through this composite process a physical focus for the movement exploration emerged; I decided to probe into the functions of the vestibular system, or our physical sense of balance, and psycho-biological or somatic strategies for coping with post-traumatic stress.

Before I go into more details about what this choreographically implied, I will share some of the experiences from our encounters with the social-political context of the Western Balkans, which became pivotal for this decision and the process of constructing and embodying our perception of its griefscape.

Entering the griefscape: A bodily impact

One of the pivotal experiences and close encounters with this traumatic abyss took place on 11 July 2004 as I participated and witnessed for the first time the annual commemoration of the Srebrenica genocide – with its mass burials of identified victims – in Potočari memorial park.[38] It is situ-

---

34   Denzin 1997, 2003; Heaton 2002; Emerson et al. 1995.
35   Out of an ethical stance I did not seek out pathologically diagnosed trauma survivors, but concentrated instead on talking to ordinary people we met as well as colleagues from the area. My interest was in how people dealt with their everyday life living under the predicament of such a traumatic past. In other words, how the legacy of the war with its complicated grieving processes influenced their present lives in various ways.
36   Cf. the listing of initiatives mentioned at the end of this article.
37   The processing took place through continuous conversations and exchanges in the field as well as while working in the studio in search for a choreographic response to the social-political context we encountered.
38   The annual commemorations in Potočari had begun the year before in 2003. Source:

ated just a few kilometres south of the town of Srebrenica. The experience ruptured my accumulated knowledge of trauma, politics and culture, and connected it to the fragmented but troubling imprints from my visit to Mostar in 1994. It gave the communal grieving a body. Here follows an account from this encounter:

Seeing the time and energy involved in moving the 380 caskets from the site of the sermon to their burial in separate graves made an immense impact. Carried to their final resting place by countless numbers of hands, the caskets were floating over our heads like tiny boats on a moving sea. The consequences in time and space became real: transporting 380 caskets to their final resting places and filling these graves with earth[39] takes both time and effort. The spatial organization of all the prepared graves demands careful planning. All these practical and undeniable aspects of the burials made the number 380 something become startlingly real. These factual consequences went beyond the defence mechanisms in my body. They struck like vertigo. I am on the edge of emotional suffocation or overload. Threading an uneven ground. My grief seems without any address. My feelings ambivalent, in a flux between moral disgust at the barbarity of the war and its perpetrators, and self-contempt for being an intruder into others' miseries, a sensation seeker. Despite the cordial reception of the people around me, who perceive me both as an outside witness who can testify about the horrors that once took place here and contributing to keeping the history alive abroad, as well as a living proof that the outside world hasn't forgotten them. The complexity of emotions in and around me, and the recapturing of a past played out "live" cracks the linear sense of time. Together with the crowd of people and the heat – the sum of all this – force upon me a brutal reality without any shade wherein to rest. The dancing other – the dead bodies set in motion towards their final resting place – moves me, despite the fact that they have been long dead.[40]

I knew intuitively that I had to share this overwhelming experience with my collaborating performers. By making this encounter an integral part of our artistic process, I wanted to give the performers a chance to make their

---

The Srebrenica-Potočari Memorial and Cemetery for the Victims of the 1995 Genocide: www.potocarimc.ba/.

39   The shuffling of dirt to fill the grave is a part of the burial and all male relatives of a diseased Bosnian Muslim are expected to take part in this.

40   Recaptured from my field notes, 11 July 2004, from written, photographic and video recorded documentation. Excerpt from previously published article (Roar 2006, pp. 133–4). The concept of "dancing the other" comes out of a larger discussion on ethical conduct of artistic interventions (Foster 1996; Guattari 1995; Lepecki 2006; Franko 2007). First presented at the seminar "Dance Moves – into the social and political context" at OktoberDans 2004 in Bergen. Cf. Roar 2006.

own individual experience of this sensorial and affective reality,[41] which engulfed me into a larger body of grieving: the communal griefscape in post-war Bosnia. In 2005 I returned with the performers to witness the burial of 610 green caskets. The fieldtrip included this time also the participation in the three-day long march from Nezuk near Zvornik[42] to Potočari prior to the commemoration itself. The march backtracked the route many Bosnian Muslims had opted for after the fall of Srebrenica in July 1995 in order to escape the overwhelming power of the nationalist Bosnian-Serb forces.

Though many of the men never made it through the forest, but were rounded up on the way and killed, the thousands who stayed behind trusting the UN forces in Potočari to protect them were worse off as they were handed over to the custody of the nationalist Bosnian-Serb forces. This meant that all men above early puberty were separated from the women and their children and then executed.[43] Mass graves are still discovered and unearthed in the area 15 years later. By 2010 there are 8372 missing people identified.[44]

Embodying a sense of insight by walking

The march crossing through the forested and sparsely populated countryside of Eastern Bosnia offered few mental escape routes, but confronted the performers and myself with first hand accounts from our marching companions, marking out individual nodes in the larger web of the griefscape we all participated in constructing. This embodied and existential experi-

---

41 This intuitive necessity I experienced echoed the one I had while making *A Rehearsal for Mortals*, part two of the trilogy *Life & Death*, knowing that we, the performers and I, had to encounter a dead body, a corpse. Just as I knew then that to touch and feel the material difference between a living body and corpse would provide a crucial reference for our work on death and dying, I presumed that the psycho-biological and sensory experience of encountering the grieving in Potočari would make a difference. Cf. Roar 2010, p. 77.

42 Nezuk was on the frontline to the Tuzla dominated area, which was a UN-protected "safe" enclave controlled by Bosnian Muslims (Judah 2000, pp. 239–40).

43 According to the International Criminal Tribunal for the former Yugoslavia (ICTY), a cautious estimate in 2005 were 7000 - 8000 Bosnian Muslim men and boys killed between 11 - 19 July 1995. See: http://www.icty.org/x/file/Outreach/view_from_hague/jit_srebrenica_en.pdf (Accessed 20 September 2009).

44 From this number, 6414 have been identified by DNA analysis, according to Edina Becirevic, University of Sarajevo, and Gunnar M. Ekeløve-Slydal, Deputy Secretary General, Norwegian Helsinki Committee, speakers at the seminar "The Genocide in Srebrenica 15 years on," organized by The Norwegian Helsinki Committee, 3 June 2010.

ence offered the performers and their performance skills another ground to move from, providing an understanding that would seep into the choreographic process that followed.[45]

The magnitude of the situation and the numbers of dignitaries attending the ceremony made the politics involved in such manifestations apparent. This brought home James Young's eloquent observations of the importance of recognizing "that the shape of memory cannot be divorced from the actions taken in its behalf."[46] The experience helped me to understand that the politics of memory is not for the soft-hearted: It is entangled in a complicated mesh of raw emotions and political agendas and interests,[47] which set the dead in motion and conjure sentiments and opinions in us about the past, and hence shape our present experience and prospect of the future. The 610 green coffins enter this politics of memory by touching the abyss – and the unmarked – within us:[48] By calling upon our empathy or provoking "states of denial,"[49] in other words, making demands by engaging us e/motionally.

Polls made the same year (in 2005) showed that half of the Serbian population denied that there had been a genocide in Srebrenica.[50] Together with the silent roars emanating from the imprint of the hundreds of green coffins in Potočari, these denials uncannily formed parts of the larger wounds of the Bosnian griefscape.[51] These circumstances created a precarious situ-

---

45   In the program notes for our premiere in Sarajevo June 2006, we therefore asked: "How do people find equilibrium in a precarious state of unbalance? How do we deal with what we can't deal with? *An Unfinished Story* is listening to the echo of atrocities, the sound of falling bodies, and the emotional pain left behind in human tragedies such as the Bosnian War."

46   Cf. Young 1993, p. 15. I will not go further into these issues here, even though I am critically aware and acknowledge the importance of questioning the underlying political issues in such public commemoration, as many scholars have done by offering critical perspectives on the politics of remembering and claims of victimhood. In addition to Young, see, for example, Finkelstein 2003; Sturken 1997; and Struk 2004. They represent some of the insights and concerns that have informed my thinking around the politics of shared or communal grieving.

47   Cf. Sturken 1997.

48   Tearing open subtle, but affective terrains within us, as explicated by Phelan 1993 with her concept of the unmarked. See also footnote 30.

49   Cf. Cohen 2001.

50   Cf. LeBor 2005 and our sources at Centre for Cultural decontamination (CZKd) and The Serbian Helsinki Committee in Belgrade. For recent updates, see Schneider (2010) and the International Centre for Transitional Justice (ICTJ) 2010.

51   By working in the stretch between the Bosnian Muslim and Serb dominated areas, I had to relate to the highly politicized and volatile states of affairs governing the region of former Yugoslavia at large. Cf. Sen 2001, and the challenges he faced with the performance *The Continuum: Beyond the Killing Fields* (2001) in Cambodia. Source: Ong Keng Sen in a talk 18 February 2006 at Dance House Norway in Oslo.

ation that enveloped the project, and became itself an important feature of the context we were addressing. The volatile situation was not an abstract, but was visible in the cityscape as physical scars on buildings, surfaced in conversations with survivors, and in the blatant aggression one encountered if running into the wrong crowd, politically speaking.[52] This totality provided no even ground. In Viječnica, where we had our premiere, this become even literally the case: The middle of the floor in the hall was still only dirt and rubble after the missiles that hit it in 1992. In many ways the situation we faced was not about how to evoke the haunting ghosts, but rather how to negotiate our interaction with them and their ghostly matters.

The impossible task: dancing the other

Our fieldwork and personal exposure confronted us with the challenging and complex topography of this griefscape in which social-political issues and individual stories were interlaced. The process revealed also the many challenges involved. Through it pertinent questions to the choreographic project became crystallized: How can we – as human beings – deal with irretrievable losses and at the same time seek a needed closure without surrendering memories to amnesia? Can a performance situation offer a rehearsal space for such attempts? In short: How to create a space for both remembrance and reconciliation under the ruling circumstances in Bosnia? I did not have the answers to these questions, but became aware of the important concerns imbedded in them – concerns that challenged and framed the development of the choreographic work with the performers.

One particularly precarious challenge here became the issue of proximity and critical distance, although a strong emphatic identification with the suffering victims is both understandable and perhaps even needed in order to engage with such tragedies. An "over-identification" on the other hand would only prove counterproductive when searching for an aesth/ethical potent response. As Foster emphasizes, "the self-reflexivity of contemporary art" is therefore "needed to protect against an over-identification with the other that may compromise this otherness."[53] The insight gained from my fieldwork made me therefore insist on approaching our highly politicized material from a strictly physical and sensorial angle. This choice became apparent as I saw the affective impact the exposure had on the performers. Particularly the Norwegian performers' response mirrored my first immediate reactions years earlier. It made me realize that the main

---

52   I know this from personal experience.
53   Foster 1996, p. 203.

thing we could offer in this situation was our embodied knowledge about the body. Based on my professional skills I therefore chose to approach the mosaic mesh of the griefscape from a bodily and psycho-biological angle by inquiring into its physical impact, rather than exploring with the performers their emotional and personal experiences or associations from their encounter with the griefscape.

This strategy for developing choreographic material meant that we explored psychosomatic states and psycho-biological reaction patterns to such traumatic events, while keeping ourselves well informed about the social-political context of this particular griefscape. Paradoxically by pursuing this strictly physical-sensorial approach, rather than one based on emotional and personal identification, we touch the existential ground on which the experience of the war in Bosnians continues to live, and where the identification most primarily lives on: embodied in the body. The presumption was also that such an approach might further offer a sort of formal rigor and help for the performers to contain and channel their personal engagement – hence, create a critical distance needed without "dis-identifying" with the issue at stake, but rather communicating to and through our proprioceptive perception on a more fundamental and preverbal kinetic level.

In order to achieve this we needed to know more about how the nervous system functions on a basic level in the body. This explains also the subtitle of the performance: *a study in the neurology of loss*, and the concerns framing our exploratory period. We met several medical and psychiatric/psychological researchers and experts working on issues spanning from clinical work with trauma survivors to specialized areas of microbiological and neurological research.[54] Based on this background information we addressed and explored the basic psycho-biological impact of trauma on our bodies by pursuing two fundamental strands of our neurological system related to our perception of (1) physical balance and gravity[55] and (2) post-traumatic reaction patterns in the body.[56]

---

54   The experts consulted included Professor Tim Brennen, Center for the Study of Human Cognition, University of Oslo (research on Trauma, PSTD and cognition, with a particular interest in memory); Dr. Psycol, Nora Sveaass, Norwegian Center for Violence and Traumatic Stress Studies (research on migration and psychological effects of impunity); Specialist in Psychology Gry Stålsett, Modum Bad Research Institute (research on religion and psychology with focus on existential issues); Dr Psychol, Dr Med Evelin G. Lindner (research on humiliation and international conflict); Professor Joel Glover, Department of Physiology, Institute of Basic Medical Sciences, University of Oslo (research on neural stem cells).

55   This included an understanding of the vestibular system (Cf. Goplen 2000).

56   Cf. footnote 14 above on bodily consequences of Post-traumatic Stress and PTSD.

In addition to probing into the constituting factors of our physical balance, we particularly explored the bodily reactions of flashbacks with hyper arousal, excessive startle response, and the state of avoidance; i.e. shunning reminders and showing extreme distress when exposed to such triggering situations. We further looked into bodily manifestations of intrusion with dissociation and emotional detachment or numbing feelings, to states of denial, depression and memory loss. By investigating these as physical states, rather than as emotional affects, I focused on patterns of breath containment, weight distribution, spatial orientation, the placement of the gaze, the intensity of listening or being alert to external sounds, and muscular tension levels. For example, in the case of depression we probed into its etymological meaning, implying "pressing-down." With "intrusion," we searched for the bodily sensation of surrendering and submitting to an invasive force or recollection, the sense of release experienced as a reward at the moment one ceases to fight and instead waver and abandon hopes for any escape. These states have psycho-biological implications relating to tension levels and degree of effort spent in the body. I was pursuing the physicality of these states by appealing to the performers' kinetic and sensory awareness combined with an analytical approach to moving.

The project developed, hence, into a search for embodying a sense of the communal griefscape as a composite and layered mosaic of physical states, rather than as an emotional driven moralistic treaty on the war. The kinetic work emerged out of the web created by the different – but through our intervention – interconnected nodes of psychosomatic information about the situation. The physical approach to deconstructing highly emotional states was also devised to enable the performers to keep a critical distance to the material, and not confuse it with the intoxicated seduction caused by a narcissistic or "reductive over-identification."[57] Instead, the deconstruction process provided the dancers with tools for strengthening their artistic insights of their medium, that is movement, while at the same time also challenging their approach to moving itself.

A search for conjoining personal and interpersonal interests

Foundational bodily work such as I conducted with the performers in our exploratory period often stirs and disturbs self-concepts or self-images, and sets in motion or ruptures unconscious survival patterns and scars from the

---

57   Foster 1996, p. 203.

past.[58] Exposures to extreme traumatic and social-political wounds such as
the Bosnian griefscape are in themselves known to cause a similar unsettling effect, as we learn from research and observations on aid workers,[59]
therapists,[60] and ethnographic fieldworkers.[61] The combination of a probing
bodywork and the exposure to the Bosnian griefscape amplifies this ruptur-
ing effect. As one of the performers in this project accurately described it:

> Both what we are experiencing and seeing is horrendous and hard to grasp, but also
> one's own story and memories that pop up while working can be painful to relate
> to in midst of all this. Making it at the same time also a very personal journey.[62]

The fieldwork and the following explorative process involuntarily made the
performers "remember or reflect on [their] own history."[63] The totality experienced from meeting people, visiting places, being exposed to mass graves,
watching documentary films, attending seminars and talks etc., was simply
too much to contain and comprehend. However, the distress experience
was simultaneously also what made the process of rehearsal equally profound. It created a strong need amongst the performers to connect the "personal journeys" emerging from these encounters directly to the process of
making the performance itself: By literally wanting to utilize these personal
stories and associations. I was convinced, on the contrary, that these emotions were better channelled into the sensorial and neurological based psycho-biological investigation of bodily reactions related to PTSD symptoms
and traumatic experiences. The choreographic work became therefore
based on a succession of small tasks questioning basic conditions for our
being in the world, thus putting forward a whole series of highly existential
issues to be explored. They were formulated in nearly haiku-like forms:
Such as the action of transferring weight and falling into walking, running,
floating in a vertigo of off-balance, or struggling between surrendering or
fighting against the pull of gravity, while exploring the alchemy of will
power and the "fight", "flight" or "freeze" impulses in the body. By develop-

---

58   Hartley 2004, pp. 176–78. The physical approach was informed by bodyworks prac-
     tices such as Body-Mind Centering and Gindler/Jacoby's work. For more informa-
     tion, see, respectively, Hartley 1995 and Loukes 2006.

59   Sven-Åke Christianson, an expert in the field and professor at Stockholm Univer-
     sity, demonstrates "how a strong sense of identification and communion with the
     victims (a sort of emotional over-involvement) can be triggered. Identification is a
     process through which we perceive others as confusingly similar to ourselves"
     (2002, pp. 342–43, my translation).

60   Herman 1997, pp. 140–47.

61   Ghassem-Fachandi 2009.

62   Transcribed from a video interview dated 14 December 2005.

63   Ibid.

Fig. 2 An Unfinished Story – *Marija Obsenica crossing the floor in Viječnica, Sarajevo,*
June 2006. Photo: Foco Fuoxos.

ing a higher degree of precision concerning the psycho-biological and physical premises for executing these movement tasks, I argue that such an approach offered a conjugational tool for making the personal and the
interpersonal interests conjoin.[64]

---

64   Trained dancers and plastic performers may through their bodily insights and tools
     consciously access and work with the unconscious layers (the deposits of move-
     ments accumulated through living) within us, and at times even make art out of this
     complicated mesh with skillful ingenuity.

The performers' initial concerns – originating from a discussion on "authenticity" or what it means to be "true" to oneself as a performer[65] – opened in this way up for an exchange on fundamentals related to moving. This enabled the group to distinguish between the performer's personal needs and desires for capturing something "true" and the professional role of identifying the task required or asked for by the artistic project. The distinction offers a more multilayered understanding of the agendas involved while performing and allows for multiple perspectives, whereas in a situation where this distinction is not made conscious, blurring of interests and focus may obstruct the efficacy of the performers' performance and the choreographic work.

Consequently, a larger part of the delineating period of our work was spent on clarifying and probing into the bodily specificity and the foundational physical premises underlining the movement tasks used in the choreography. From my point of view it became important to stress that we did not work with the traumatic event itself, but with its post-traumatic manifestations – the tension levels in these reactions and their deposits by addressing how such traumatic experiences are embodied physically and kept alive long after the traumatic incident itself ended.

An unfinished story has always a beginning

Shortly summed up, the performance begins as an installation that the audience enters. The performers transform this situation into a performance, which evolves towards the end into a social choreography, involving both the audience and the performers. Dramaturgically the performance unfolds by a succession of situations; opening up for a flood of physically manifested reaction patterns. The performers appear at times as if chased from one task-oriented operation to the next, as if governed by invisible necessities, creating and communicating a sense of urgency, experienced as a disturbing reality; a griefscape embodied with its *e/motionscape*. Simultaneously, the performers' actions point to a void: The jarring gap between the surroundings in which the actions are performed and the experiential states experienced by the performers in the space. Hitting the dilemma Susan Sontag in *Regarding the Pain of Others* writes:

> We don't get it. We truly can't imagine what it was like. We can't imagine how
> dreadful, how terrifying war is; and how normal it becomes. Can't understand,

---

65 A concern much stressed among Norwegian contemporary dancers and performers
    in the first decade of the 21st century but most often without being based on a more
    reflexive thinking around the concept of "authenticity."

can't imagine. That's what every soldier, and every journalist and aid worker and independent observer who has put in time under fire, and had the luck to elude the death that struck down others nearby, stubbornly feels. And they are right.[66]

Though acknowledging this gap, I still believe in the importance of connecting emphatically to others suffering, hence, conjuring this griefscape in order to do so. I trust the intersubjective realm emerging out of such physical translation – in this case through practical tasks relating to gravity and physical mechanics and movement explorations on psycho-biological symptoms of traumatic reactions – as they speak to our shared kinesthetic intelligence and bodily reflexes.[67] Despite being allegedly unbridgeable divides, such work distorts time-bound constraints by entering a preverbal discourse recognized by our corporeal being and empathic ability. The gap discerned summons Marcel Duchamp's statement on the purpose of artistic endeavours: "What Art is in reality is this missing link, not the links which exist. It's not what you see that is Art, Art is the gap."[68]

I like this idea and even if it is not true I accept it as a truth. I have experienced the transformative dimension of approaching this griefscape. By engaging and constructing our perception of it, the griefscape and its social-political context have challenged me both as an artist, a colleague, a researcher, and as a human being. Not only due to my laborious incorporation of all the insight gathered, but more so as a result of my unconscious adoption and sensory process of absorbing this composite as a reality. In this respect I have been moved by ghostly matters into choreomanic action as much as docudancing[69] these matters into a choreographic response; floating in the suspenses between off-balance tilts in a mission impossible – while being marked by the uneven and unsettling ground of this griefscape.

Literature

American Psychiatric Association (APA) (ed.), *Diagnostic and Statistical Manual of Mental Disorders (DSM-IV, text rev.)*, Washington, D.C. 2000.

---

66 Sontag 2003, p. 113.

67 The performance was also well received by our audience. As one of the audience members expressed it after our premiere in Sarajevo: "I lived in the city during the nearly four years of the siege. Nobody who wasn't here can understand what it was like. So this performance must have been made with help from above."

68 Judovitz 1995, p. 135: Duchamp quoted in an interview with Arturo Schwarz.

69 A concept and term I will situate more thoroughly in "Life & Death: Docudancing grieving," forthcoming in Acta Scenica, Helsinki.

Brett, E. A., and R Ostroff, "Imagery and Post-Traumatic Stress Disorder: An Overview," *American Journal of Psychiatry* 8, 1985, pp. 14–31.

Brock-Utne, Birgit, *En Mors Tåre: Vi Som Mister Våre Barn*, Spartacus, Oslo 1998.

Christianson, Sven-Åke, *Traumatiska Minnen* (3rd ed.), Natur og Kultur, Falun 2002.

Cohen, Bonnie Bainbridge, *Sensing, Feeling, and Action: The Experiemental Anatomy of Body-Mind Centering. The Collected Articles from Contact Quarterly Dance Journal 1980–1992*, ed. by Lisa Nelson and Nancy Stark Smith, *Contact Quarterly*, Northampton MA 1994.

Cohen, Stanley, *States of Denial. Knowing About Atrocities and Suffering*, Cambridge MA 2001.

Denzin, Norman K., *Interpretive Ethnography: Ethnographic Practices for the 21st Century*, Thousand Oaks 1997.

———. ed., *Performance Ethnography: Critical Pedagogy and the Politics of Culture*, Thousand Oaks 2003.

Drakulic, Slavenka, *They Would Never Hurt a Fly. War Criminals on Trial in The Hague*, London 2004.

Engelking, Barbara, *Holocaust and Memory: The Experience of the Holocaust and Its Consequences: An Investigation Based on Personal Narratives*, London 2001.

Emerson, Robert, et al., *Writing Ethnographic Fieldnotes*, Chicago 1995.

Finkelstein, Norman G., *The Holocaust Industry: Reflections on the Exploitation of Jewish Suffering*, London & New York 2003.

Fischer, Martina, ed., *Peacebuilding and Civil Society in Bosnia-Herzegovina: Ten Years after Dayton*, (2nd ed.), ed. by Berghof Research Center for Constructive Conflict Management/ Berghof Forschungszentrum für konstruktive Konfliktbearbeitung, Berlin 2007.

Foa, Edna B. et al., *Effective Treatments for PTSD: Practice Guidelines from the International Society for Traumatic Stress Studies*, 2nd Ed. Part IV, Treatment Guidelines, New York 2009.

Foster, Hal, *The Return of the Real: The Avant-Garde at the End of the Century*, Cambridge MA 1996.

Foster, Hal, Leigh French, Peter Suchin, and Billy Clark, "Hal Foster Interview," *Variant*, (retrieved 7 Oct. 2008) 1997, pp. 1–8.

Franko, Mark, "Dance and the Political: States of Exception," in *Dance Discourses: Keywords in Dance Research*, ed. by Susanne Franco and Marina Nordera, London & New York 2007, pp. 11–29.

Fyhr, Guri, *Hur man möter mäniskor i sorg*, Stockholm 1999.

Ghassem-Fachandi, Parvis, ed., *Violence. Ethnographic Encounters*, Oxford 2009.

Gordon, Avery f., *Ghostly Matters: Haunting and the Sociological Imagination*, Minneapolis 1997.

Gross, Jan T., *Neighbours. The Destruction of the Jewish Community in Jedwabne, Poland, 1941*, London, 2003.

Goplen, Frederik, *Vertigo og det indre øret: En oversikt over svimmelhet og balanseproblemer med hovedvekt på det indre øret*, Bergen 2000.

Guattari, Félix, *Chaosmosis: an ethico-aesthetic paradigm*, Bloomington 1995.

Hartley, Linda, *Somatic Psychology: Body, Mind and Meaning*, London & Philadelphia 2004.

Heaton, Daniel W., "Creativity: Between Chaos and Order or My Life as a Messy Text – a Case Study and a Challenge," *American Communication Journal* 6:1 (Fall 2002), pp. 1–11.

Herman, Judith Lewis, *Trauma and Recovery: The Aftermath Og Violence - from Domestic Abuse to Political Terror*, New York 1997.

Hirsch, Marianne, "Projected Memory: Holocaust Photographs in Personal and Public Fantasy," in *Acts of Memory: Cultural Recall in the Present*, ed. by M. Bal, J. Crewe and L. Spitzer, Hanover NH 1999, pp. 2–23.

Hoffman, Eva, *Lost in Translation. A Life in a New Language*, London 1989.

Judah, Tim, *The Serbs. History, Myth and the Destruction of Yugoslavia*, New Haven & London 2000.

Judovitz, Dalia, *Unpacking Duchamp: Art in Transit*, Berkeley 1995.

Langer, L. L., *Holocaust Testimonies: The Ruins of Memory*, New Haven 1991.

LeBor, Adam, "The road to death at Srebrenica" *The Times*, 3 June 2005. Downloaded from *www.timesonline.co.uk/tol/news/world/article529329.ece* (Retrieved 12 July 2010).

Lepecki, André, *Exhausting Dance. Performance and the Politics of Movement*, New York 2006.

Levi, Primo, *If This Is a Man. The Truce*, introduction by Paul Bailey, translated by Stuart Woolf, London 1987.

———. *The Drowned and the Saved*, introduction by Paul Bailey, translated by Raymond Rosenthal, London 1988.

Loukes, Rebecca, "'Concentration' and Awareness in Psychophysical Training: The Practice of Elsa Gindler," *New Theatre Quarterly* 22:4 (2006), pp. 387–400.

Malcolm, Noel, *Bosnia: A Short History*, London 1994.

Mendelsohn, Daniel, *The Lost. A Search for Six of Six Million*, London 2007.

Morris, Leslie, "The Sound of Memory," *The German Quarterly* 74:4 (2001), pp. 368–78.

Neuffer, Elizabeth, *The Key to My Neighbour's House: Seeking Justice in Bosnia and Rwanda*, London 2003.

Ogden, Pat; Kekuni Minton; Clare Pain. *Trauma and the Body: A Sensorimotor Approach to Psychotherapy*, (Foreword by Bessel Van Der Kolk), The Norton Series on Interpersonal Neurobiology, New York & London 2006.

Okely, Judith. "Fieldwork Embodied." In *The Sociological Review* 55 (2007), pp. 65–79.

Jonker, Gerdien. "The many facets of Islam: Death, dying and disposal between orthodox rule and historical convention," in Parkes, Colin Murray (et al.), *Death and Bereavement Across Cultures*, London 1997, pp. 147–165.

Phelan, Peggy, *Unmarked: The Politics of Performance*, New York & London 1993.

———. *Mourning Sex: Performing Public Memories*, New York & London 1997.

Research and Documentation Center Sarajevo (ed), *Human Losses in Bosnia and Herzegovina 91–95*, Research and Documentation Center Sarajevo, Sarajevo 2007.

Roar, Per, "The Dancing Other / Dancing the Other: The Choreographer as an Ethnographer," in: *KHiO - Annual Review 2006*, ed. by Peter Butenschøn, Oslo 2006, pp. 129–41.

———. "A Rehearsal for Mortals," in *Performance Research* 15:1 (2010), pp. 72–80.

Saldana, Johnny, ed., *Ethnodrama: An Anthology of Reality Theatre*, Walnut Creek & Oxford, 2005.

Sebald, W.G., *Austerlitz*, translated by Anthea Bell, New York 2001.

Seierstad, Åsne, *Med ryggen mot verden. Portretter fra Serbia*, Oslo 2000.

Sontag, Susan, *Regarding the Pain of Others*, London 2003.

Struk, Janina, *Photographing the Holocaust: Interpretations of the Evidence*, London & New York 2004.

Sturken, Marita, *Tangled Memories: The Vietnam War, the Aids Epidemic, and the Politics of Remembering*, Los Angeles & London 1997.

Suljagic, Emir, *Postcards from the Grave*, translated by Lejla Haveric, London 2005.

Taylor, Diana, "Dancing with Diana: A Study in Hauntology," *TDR (The Drama Review - the journal of performance studies)* 43:1 (1999), pp. 59–79.

———. "Trauma and Performance: Lessons from Latin America", *PMLA* 121:5 (2006), pp. 1674–677.

Ugresic, Dubravka, *The Culture of Lies. Antipolitical Essays*, translated by Celia Hawkesworth, London 1998.

———. *The Museum of Unconditional Surrender*, translated by Celia Hawkesworth, London 1999.

van der Kolk, Bessel A., *Psychological Trauma*, Washington, D.C. 1987.

van der Kolk, Bessel A., and van der Hart, Onno, "The Intrusive Past: The Flexibility of Memory and the Engraving of Trauma," in *Trauma: Explorations in Memory*, ed. by Cathy Caruth, Baltimore & London 1995, pp. 158–82.

Warsinski, Maria Fuglevaag, *Crime and Punishment: Witnessing the Massacres in Srebrenica*, (duration: 75 min.) Speranza Film AS, Oslo 1998.

Wilson, John Preston, "PTSD and Complex PTSD: Symptoms, Syndromes, and Diagnoses," in: *Assessing Psychological Trauma and PTSD*, ed. by John Preston Wilson and Terence Martin Keane, New York 2004, pp. 7–44.

Wilson, John Preston; Keane, Terence Martin, *Assessing Psychological Trauma and PTSD* (2nd ed.), New York 2004.

Woodhead, Leslie, *A Cry from the Grave*. Duration: 104 min. Great Britain: BBC2/PBS, 1999.

Young, James E, *The Texture of Memory: Holocaust Memorials and Meaning*, New Haven & London 1993.

Zelizer, Barbie, *Remembering to Forget: Holocaust Memory through the Camera's Eye*, Chicago & London 1998.

Documentary films and performances

Sen, Ong Keng; Theatreworks. *The Continiuum: Beyond the Killing Fields*, 2001.

Warsinski, Maria Fuglevaag. *Crime and Punishment: Witnessing the Massacres in Srebrenica*, Duration: 75 min. Speranza Film AS, Oslo 1998.

Woodhead, Leslie. *A Cry from the Grave*. Duration: 104 min. Great Britain: BBC2/PBS, 1999.

Internet sources

1. Sources on trauma

The American Psychiatric Association (APA): *www.psych.org*

On DSM-IV, see: *www.psych.org/MainMenu/Research/DSMIV.aspx* (Accessed 20 January 2011).

On APA's Practice guidelines, see: *www.psychiatryonline.com/pracGuide/pracGuideTopic_11.aspx* (Accessed 20 January 2011).

For a brief summary of DSM-IV, see: *www.behavenet.com/capsules/disorders/ptsd.htm* (Accessed 20 September 2009).

National Center for PTSD, U.S. Department of Veterans' Affairs, Friedman, Matthew J. (2010), Posttraumatic Stress Disorder: An Overview: *http://www.ptsd.va.gov/professional/pages/ptsd-overview.asp* (Accessed 20 January 2011).

Human Dignity and Humiliation Studies (HumanDHS): www.humiliationstudies.org/

2. Theory on arts and artistic research

Borgdorff, Henk. "Onderzoek in kunsten bloeit (an interview)." Scienceguide.nl. Amsterdam, ScienceGuide BV. (2009). URL: *www.scienceguide.nl/200903/onderzoek-in-kunsten-bloeit.aspx*. (Assessed 21 April 2009).

Foster, Hal; French, Leigh et al. (1997): "Hal Foster Interview" in Variant, Summer, pp. 1–8: *http://www.variant.org.uk/3texts/Hal_Foster.html* (Accessed 20 December 2010).

3. Initiatives dealing with the past; human rights; and the aftermath of the Bosnian war in the region

The Balkan Insight: www.balkaninsight.com

Centre for Cultural decontamination, Belgrade (CZKd): www.czkd.org

The Helsinki Committee

Norway: www.nhc.no

Serbia: www.helsinki.org.rs/

Human Rights House Network: http://humanrightshouse.org/

Sarajevo: http://humanrightshouse.org/Members/Bosnia_and_Herzegovina/index.html (Accessed 20 January 2011)

Oslo: http://humanrightshouse.org/Members/Norway___Oslo/index.html (Accessed 20 January 2011).

International Centre for Transitional Justice (ICTJ) in the former Yugoslavia: www.ictj.org/en/where/region4/510.html (Accessed 15 July 2010).

On public opinions in Serbia towards the issue of war crimes 9 April 2010: http://www.ictj.org/en/news/features/3619.html (Accessed 15 July 2010).

International Commission on Missing Persons, Sarajevo: www.ic-mp.org/

International Committee of the Red Cross: http://www.icrc.org/eng/where-we-work/europe-caucasus/serbia/index.jsp (Accessed 20 January 2011).

On missing people dated 25 October 2010, see: www.icrc.org/eng/resources/documents/news-release/2010/belgium-news-251010.htm (Accessed 4 January, 2011).

International Criminal Tribunal for Yugoslavia: www.icty.org

On ICTY Case No. IT-04–81_T dated 30 September 2009, see: http://www.icty.org/x/cases/perisic/tdec/en/090930.pdf (Accessed 19 May 2010).

Mars Mira (Peace March): www.marsmira.org/

Nansen Dialogue Project: www.nansen-dialog.net

Research and Documentation Centre, Sarajevo (IDC): www.idc.org.ba.

The Srebrenica-Potočari Memorial and Cemetery for the Victims of the 1995 Genocide: www.potocarimc.ba/

Žene Ženama Sarajevo (Women to Women Sarajevo): www.zenezenama.org

Žene Srebrenice (Women of Srebrenica): http://www.fondacijacure.org/organizacije/spip.php?article198 (Accessed 20 January 2011)

Žene u crnom Beograd (Women in Black Belgrade): www.zeneucrnom.org/

Helmut Ploebst

Die gestörte Wunschmaschine: Spuren einer pathologischen Normativität des Tanzes im Film von Fritz Lang bis Darren Aronofsky

Mary Treadwells doppelter Charleston

Das Jahr des Schreckens 1933. Ein Ozeandampfer läuft vom mexikanischen Hafen Vera Cruz aus in Richtung Bremerhaven. An Bord eine Zweiklassengesellschaft, oben die Bourgeoisie, unten drängt sich das Proletariat. Katherine Anne Porters Bestseller-Roman *Ship of Fools* (1962)[1] ist eine Metapher auf die bürgerliche Gesellschaft zu Beginn des Nationalsozialismus. In Stanley Kramers gleichnamiger Verfilmung des Stoffs (1965) gibt es – abseits von den politischen Auslassungen der in ihren Einbildungen driftenden Upperclass-Passagiere – eine kurze Tanzszene der von Vivian Leigh dargestellten Figur Mary Treadwell, die als frostige ehemalige Diplomatengattin vorgestellt wird.

Treadwell stolziert betrunken eine Treppe hinunter in den Kabinentrakt, begleitet von bedrohlich klingender Geigenmusik. Am Fuß der Treppe angekommen, stellt sie ihr Glas ab, wirft ihre Zigarette weg, dreht sich in die Frontale und beginnt unvermittelt zu abrupt wechselnder Musik einen wilden Charleston zu tanzen – und für einen kurzen Moment ist sie wieder die umschwärmte junge Dame von einst. Bis sie abbricht und die Charleston-Musik wieder in das Sirren der Geigen übergeht. Und nun, Treadwell ist von hinten zu sehen, wie sie in einem düsteren Korridor von einer Wand zur anderen wankt, setzt die Tanzmusik schlagartig wieder ein und begleitet sie bis zu ihrer Kabinentür.

Diese insgesamt nicht mehr als eine Minute dauernde Szene zeigt zwei Arten von Tanz: einmal den aus einem Regelwerk generierten Charleston als Mary Treadwells Rekurs auf die Repräsentation ihrer Vergangenheit und zum anderen das regellose Schwanken der Figur als Darstellung ihrer gegenwärtigen Lebensrealität. Hier ist es die Musik, die auch das Torkeln – für alle Zuschauer nachvollziehbar – als Tanz markiert. Eine auffällige Dualität, die sich auch im künstlerischen und im Gesellschafts-Tanz wiederfindet. Einerseits zum Beispiel im disziplinierten Modernismus von Merce Cunningham und im undisziplinierten Postmodernismus etwa bei Yvonne Rainer; andererseits im reglementierten Standardtanz und im offenen Club-Tanz seit den 1960er Jahren.

---

[1] Vgl. Porter 2010.

Der Tanz-Schub der Mary Treadwell ist Ausgangspunkt für die folgende, von zwei methodischen Entscheidungen geprägte Untersuchung. Einerseits für die Konzentration auf literarische und filmische Quellen, in denen der Tanz innerhalb eines weiter gefassten Kontexts aufscheint. Und zum anderen für den Gebrauch eines einfachen, strukturierenden Systems, dem der politisch hoch aufgeladene Dualismus von Repräsentation und Realität zu Grunde liegt. Daher werden *intentionale, geregelte und kanonisierte* Tanzformen hier als *normativ* bezeichnet, und solche, die *jenseits von Regeln* und sogar *jenseits der Intention zu tanzen* entstehen, als *innormativ.* Innormative Formen können sowohl intramediale als auch transmediale Erscheinungen sein[2] und ebenso extramediale Phänomene aufweisen. Letztere sind Formen von Tänzen außerhalb des Kunstfeldes im weitesten Sinn, die über Wahrnehmungsassoziation auf Bewegungserscheinungen ohne eigene Tanz-Intention projiziert werden. Etwa im Sinn von Max von Boehn, wenn er schreibt, dass der Mensch den Tanz von der Natur empfangen habe und mit den Tieren, etwa Vögel, Mücken und Bienen, teile: „Der Tanz ist den Tieren nicht unbekannt [...]."[3] Oder im Sinn der Verwendung des Begriffs Tanz als Metapher über die Eigenleistung der Sprache als autopoietisches Kommunikationssystem.[4]

Der Titel *Ship of Fools*, Narrenschiff, ist von Katherine Anne Porter als Metapher eingesetzt. Denn auf dem von ihr beschriebenen Dampfer werden nicht etwa Kranke transportiert, sondern Durchschnittsmenschen, die bei vollem Verstand in verschiedenen wahnhaften Normgebilden leben. Die bourgeoise Amerikanerin Mary Treadwell hat den Glanz ihrer jungen Jahre unwiederbringlich verloren. Anfallsartig bricht die Repräsentation dieses Verlusts, der Charleston, aus ihr hervor. In Bremerhaven gehen Besatzung und Passagiere an Land. Nur der während der Fahrt verstorbene Schiffsarzt Dr. Schumann (gespielt von Oskar Werner) nicht. Sein Sarg gelangt, diskret abseits der Ausstiegsrampe, auf den Anhänger eines Wagens. Und weil dieser Anhänger zu schnell über das Kopfsteinpflaster fortgezogen wird, beginnt der Sarg auf der Ladefläche zu hüpfen und zu tanzen. Dieser extramediale Tanz ist das Äquivalent zu Treadwells Korridorszene: Die Kamera hält auf dem sich entfernenden Gefährt, bis es um eine Ecke verschwindet.

---

2   Da der Begriff der „Disziplin" in erster Linie mit Sport und (militärischer) „Zucht" verbunden ist, erscheint er in Zusammenhang mit künstlerischer Arbeit als überholt. Hier wird künstlerische „Disziplinarität" durch künstlerische „Medialität" ersetzt. Vgl. etwa Simanowski 2006, S. 39 ff. und auch die einführende Verhandlung von transmedialem Tanz in Ploebst; Haitzinger 2010.

3   Boehn 1925, S. 7 f. Dabei ist zu berücksichtigen, dass der Begriff des Tanzens allein durch kulturelle, menschliche Assoziationsleistungen auf die Bewegungsmuster der Tiere übertragen wird.

4   Vgl. dazu auch Ploebst 2005, S. 99 ff, insbes. S. 104 und 109 f.

Quasimodo tanzt die Glocken für Esmeralda

Im ausgehenden Mittelalter lehrte an der Universität Basel ein Autor, der Katherine Anne Porters Buch „mitgeschrieben" hat: der Professor für beide Rechte Sebastian Brant (1457–1521). In dessen berühmtem Buch *Daß Narrenschyff ad Narragoniam* (1494) wird das „Stultifera Navis", mit dem Michel Foucault auch seine *Histoire de la folie* beginnt[5] und das Porter als Vorlage diente,[6] von einem Büchersammler geführt, der sagt: „Den vordantz hat man mir gelan // Dann jch on nutz vil buecher han // Die jch nit lyß/ vnd nyt verstan."[7]

Abb. 1 „Von unnutze Buchern", Sebastian Brant, Daß Narrenschyff ad Narragoniam *(1494), Faksimile der Erstausgabe, Straßburg 1913, S. 8.*

---

5   Vgl. Foucault 1996, insbes. S. 25 ff.

6   Porter schreibt in ihrem Vorwort: „Der Titel dieses Buchs, ‚Das Narrenschiff', ist von Sebastian Brant (1457–1521) übernommen [...]. Ich [...] beschloss [...], dieses fast universale, einfache Sinnbild zu übernehmen: das Schiff dieser Welt auf seiner Fahrt in die Ewigkeit. Es ist keineswegs neu – schon vor Sebastian Brant war es ein altbewährtes, vertrautes Symbol. Aber es drückt genau das aus, was ich sagen will: Ich bin ein Passagier auf diesem Schiff." Porter 2010, S. 5.

7   Brant 1494, S. 14.

Zwei Jahre vor der Publikation von Brants Werk, 1492, stießen drei sehr reale Narrenschiffe auf eine „Neue Welt". Mit Christoph Kolumbus' Landung in Amerika begann ein gigantischer Genozid, der von Motiven ökonomischer und religiöser Wahnbildungen angetrieben wurde. Ähnliche Motive – hier in rassistischer Ausprägung – beherrschen auch den Nationalsozialisten Rieber auf Porters *Ship of Fools*. In seiner Einleitung für sein „Narrenschyff" schreibt Brant: „Die gantz welt lebt in vinstrer nacht // [...] // All strassen/gassen/sindt voll narren."[8]

Ein ähnliches mit dem Narrentanz verbundene Vanitasmotiv findet sich auch in dem Roman *Notre-Dame de Paris* (1831)[9] von Victor Hugo. Darin vernarrt sich der Glöckner und „Narrenpapst" Quasimodo in die Tänzerin Esmeralda. Das führt in der Verfilmung – unter dem Titel des Romans 1956 von Jean Delannoy –, auf die hier Bezug genommen wird, zu einer Tanzszene, die wie bei jener der Mary Treadwell ebenfalls aus einem normativen und einem innormativen Teil besteht und in den konsternierten Ausruf einer feinen Dame auf dem Platz vor der Notre-Dame-Kirche mündet: „Die Glocken sind verrückt geworden!"

Die von der Inquisition verfolgte Esmeralda (Gina Lollobrigida) hat zuvor versucht, ihren Retter Quasimodo (Anthony Quinn) aufzuheitern, indem sie im Glockenturm, wo sie vorübergehend Asyl gefunden hat, für ihn tanzt und singt. Verzückt schaut ihr der Glöckner zu. Esmeraldas Tanz endet, als sie versehentlich auf ein Holzpedal tritt, mit dem die „Große Marie", die mächtigste der Glocken, in Bewegung gesetzt werden kann. Das Pedal gibt unter ihren Füßen nach, und sie erschrickt. Quasimodo übernimmt. Er hechtet auf „Marie", beginnt einen leidenschaftlichen Tanz mit den Glocken und entfesselt ein orgiastisches Liebesgeläute. Esmeraldas „Fehltritt" unterbricht ihren zierlichen Tanz, und Quasimodo durchbricht das Regelwerk sowohl seiner eigentlichen Aufgabe, die Glocken zu gegebenem Anlass zum Klingen zu bringen, als auch jenes des normativen Tanzes.

Tatsächlich wahnsinnig agiert in der 1482 einsetzenden Erzählung jedoch nicht etwa der verzückte Glöckner, sondern ganz eindeutig die inquisitorisch paranoide Gesellschaft,[10] deren Gewalthaftigkeit die Tänzerin und den Glöckner schließlich das Leben kostet. Im Film zeigt die schöne Esmeralda die hübsche Konvention des seduktiven Tanzes, wie Delannoy sich diesen 1956 vorstellte. Der Tanz als unmittelbare, ästhetisch nicht präformatiert inszenierte Handlung, den Quasimodo mit der Glocke aufführt,

---

8 Brant 1494, S. 9 (1913, S. 8).

9 Vgl. Hugo 1985.

10 Die Inquisition als Instrument einer europäischen, auf extreme Gewalt gebauten Rechtsnorm setzte in Frankreich ab dem 13. Jahrhundert ein und dauerte Ende des 15. Jahrhunderts noch an. 1484 etwa erließ Papst Innozenz VIII. die berüchtigte „Hexenbulle".

unterläuft diese Konvention und setzt ihr eine innormative Form entgegen – wie der Torkeltanz der Mary Treadwell und der Hüpftanz des Sarges in Kramers Film *Ship of Fools*.

Treadwells Charleston-Anfall verweist in die „Roaring Twenties" des vergangenen Jahrhunderts, als Fritz Lang wenige Jahre vor der Machtübernahme durch die Nationalsozialisten in Berlin *Metropolis* (1927) drehte. Eine berühmt gewordene Tanzszene darin nimmt jenen dualistischen Diskurs vorweg, den Kramer und Delannoy später durchspielen: Der Tanz der von dem sinistren Erfinder C. A. Rotwang in den Roboter Hel übertragenen Maria in dem Upper-Class-Etablissement Yoshiwara führt die verblendete (Männer)Welt der suppressiven Diktatur Metropolis vor. Gierig verschlingen die Augen der anwesenden Herren den überhöhten Leib der apokalyptischen biblischen Allegorie, der Seduktion und Sünde an sich verkörpert und das Publikum mit minimalen normativen Bewegungen zur Raserei bringt. In dieser Szene findet sich zeitgleich ein zweiter Tanz – als innormative, transmediale Form in der *choreographischen Montage* des Films:[11] zwischen der Figur der Hel, den Augen der Voyeure und dem im Fieberwahn liegenden Freder Fredersen in seinem Bett zu Hause, der – wie Siegfried in die edle Odette bei *Schwanensee*[12] – in die „reine" Maria verliebt ist. Es ist ein höllischer Reigen.

Der Hintergrund dafür ist, dass die Gleichsetzung des Tanzens mit der Symptomatik einer vermeintlich irre gewordenen Gesellschaft eine Tradition besitzt, die über Sebastian Brants „Narrenschyff" bis zurück zur Bibel reicht. Noch einmal also Brant: „Aber so ich gedenck dar by // Wie dantz/ mit sünd entsprungen sy // Vnd ich kan mercken/vnd betracht // Das es der tüfel hat vffbracht // Do er das gulden kalb erdaht".[13] Vor diesen Text wurde eine Illustration von Albrecht Dürer gesetzt, die das Motiv des Tanzes um das Goldene Kalb aus dem Buch Exodus (32,19) zeigt.[14]

In den Augen der biblischen Autorenschaft waren diese Menschen Narren, die dem Götzendienst verfielen – Wahnhafte also wie das Völkchen auf Brants Narrenschiff, wie aber auch die verblendete Elite in Metropolis, wie die Inquisitoren im *Glöckner von Notre-Dame* und die Gesellschaft auf Porters *Ship of Fools*. Und doch kristallisiert sich eine Bedeutungsverschiebung in der Auffassung dessen, was als Wahn *dargestellt* ist, heraus. Die biblischen und brantschen Tänzer galten aus Sicht der Autoren als vom Teufel verführte Repräsentanten eines Abfalls von der ideologischen Norm. Der

---

11   Vgl. Ploebst 2010, S. 52 ff.

12   Tatsächlich finden sich in *Metropolis* motivische Parallelen zu *Schwanensee*, wenn Maria als Odette und Hel als Odile gelesen sowie die Figur des Rotwang bei Lang als Anlehnung an den Zauberer Rothbart verstanden wird.

13   Brant 1494, S. 157 (1913, S. 150).

14   Die Bibel 1977, S. 88.

Abb. 2 „Von dantzen", Sebastian Brant, Daß Narrenschyff ad Narragoniam *(1494), Faksimile der Erstausgabe, Straßburg 1913, S. 150.*

Akt des Tanzens selbst – vor allem der unteren Gesellschaftsschichten – wurde als wahn- und narrenhaftes Laster verurteilt. Die christliche Kultur unterhielt ein durchgehend schizophrenes Verhältnis zum Tanz. Zwischen statthaftem und unziemlichem Tanz zog sich ein Riss bis ins 20. Jahrhundert hinein. In der Moderne galt allerdings nicht mehr das *Tanzen selbst* als Beleg von Wahnsinn, vielmehr wurden durch die *Darstellung von Tanz* gesellschaftliche Wahnzustände repräsentiert.

Adolf Hitler und die pathologische Vernunft

Am Vorabend des Ersten Weltkriegs zeichnete sich erst mit *L'après-midi d'un faune* (1912) und danach mit *Le sacre du printemps* (1913) ein Bruch im künstlerischen Tanz ab. Die Skandale, die diese beiden Stücke unter ihrem Publikum provozierten, machen einen Bruch mit den Normen in der bisherigen Musik und im Tanz deutlich. Gleich darauf führte die alte Elite Europas den Kontinent in einen Showdown, der den Wahnsinn ihrer bisherigen profanen Ordnung und Norm so radikal sichtbar werden ließ wie zuvor nur die Inquisition den paranoiden Exzess ihrer sakralen Ordnung, die wiederum ihre profane Reanimation nach dem Ersten Weltkrieg in der Ideologie des Nationalsozialismus fand. Immer wieder ist in der europäischen Geschichte zu sehen, wie zur Norm sedimentierte Wahnhaftigkeit aus eigener Perspektive sich selbst keineswegs als pathologisch erscheint, sondern auf eigene Logiken der „Vernunft" rekurriert. Genau in diesen Fällen kann der Wahnsinn nicht mehr als einer *in* einer Gesellschaft verhandelt werden, sondern nur noch als *Wahnsinn einer Gesellschaft*.

Dafür liefert der Psychoanalytiker Ernst Simmel in seiner Erörterung der Massenpsychose in Bezug auf den Antisemitismus[15] einen wertvollen Hinweis. Von Bedeutung ist dabei nicht primär der Wahnsinn einzelner Herrscherfiguren, wie bei Vivian Green[16] vorgeführt, sondern pathologische Normierung wie bei Elias Canetti[17] dargestellt. Diese Normierung ergibt sich durch Austauschdynamiken zwischen impulssetzenden, normgebenden Eliten und den von ihnen verwalteten Bevölkerungen, also zwischen der ideologischen Verfasstheit von Herrschaftsdefinitionen und ihren entsprechenden Disziplinierungen sowie Propaganden als Auslöser für von Narzissmus und Hysterie, Paranoia und Schizophrenie getragene pathologische Kommunikationen, die sich über historische Perioden und über kulturelle Grenzen hinweg entwickeln, zu destruktiven Schüben führen und weiter wirken – wie eben etwa jene des Antisemitismus.

Dieser stellt ein Musterbeispiel für destruktive Vernunftgebilde dar, die wahnsinnig gewordene Gesellschaften kennzeichnen. „Ziel und Weg" des Nationalsozialismus sollten bestimmt werden „von der Sorge für die Erhaltung der Gesundheit unseres Volkes an Leib und Seele", schrieb Hitler in *Mein Kampf*[18] – etwa in der Zeit, als Fritz Lang *Metropolis* zu drehen begann –, und daraus sollte eine todbringende Norm werden. „Kubismus und Dadaismus" seien „krankhafte Auswüchse irrsinniger und verkommener Menschen" und es sei „Sache der Staatsleitung, zu verhindern, dass ein Volk dem geistigen Wahnsinn in die Arme getrieben wird".[19] Hitler schwärmte von einer besonderen Art des Tanzes, im Zusammenhang mit dem Beginn des Ersten Weltkriegs 1914: „Vaterlandsliebe im Herzen und Lieder auf den Lippen war unser junges Regiment in die Schlacht gegangen wie in den Tanz."[20] Hier wird der Tanz als Metapher im Sinn einer milita-

---

15   Vgl. Simmel 2002.
16   Vgl. Green 2006.
17   Vgl. Canetti 1985.
18   Hitler 1942, S. 279.
19   Hitler 1942, S. 283.
20   Hitler 1942, S. 219. Der Begriff Tanz kommt übrigens in „Mein Kampf" nur vier
     Mal und in kunstfernen Zusammenhängen vor, während Hitler gegen die Moder-

ristisch-ideologischen Auffassung verwendet. Im NS-Reich hatte der Tanz leicht und unterhaltend zu sein, ganz im Sinn seines Einsatzes als die Bevölkerung sedierendes Entertainment etwa noch 1944 in Georg Jacobys Film *Die Frau meiner Träume*. Während die Menschenvernichtungsmaschinen der KZs auf Hochtouren liefen, hüpfte Marika Rökk in den letzten Monaten des Krieges noch auf dem Parkett von Joseph Goebbels' Durchhaltepropaganda: als Symbol exzessiver Normativität im Endstadium einer untergehenden Gesellschaft.[21]

Hitlers Auslassungen darüber, was seinem Verständnis gemäß „Wahnsinn" sei, stellen ein großes propagandistisches Performativ auf Basis eines pervertierten Vernunftverständnisses dar. Ein Performativ übrigens, dessen Ausläufer sich bis in die Gegenwart hinziehen und etwa in der kontinuierlichen Publikation des Werks der ehemaligen Tänzerin und nachmaligen Propagandafilmerin Hitlers, Leni Riefenstahl, das Körperbild der Gegenwart mitgestalten.[22] Die wahnhafte Hetzschrift *Mein Kampf* und die nachfolgende NS-Geschichte zeigen, dass von einem ideologischen Impuls als Ergebnis durch ältere historische Perioden vazierender Kommunikationen – der Nationalsozialismus und vor allem der Antisemitismus haben eine lange Vorgeschichte – eine normgebende Propaganda ausgehen kann, die dann invasiv wirkt, wenn bei den Zielgruppen entsprechende Prädispositionen gegeben sind. Der Tanz im Nationalsozialismus war strikt geregelt: entweder in der erwähnten „harmlosen" Unterhaltung[23] oder in der Inszenierung von Macht.[24] Die propagandistischen Choreographien des Nationalsozialismus bei Parteitagen und ähnlichen Anlässen zeugten von Ordnungswahn und Militarismus.

Wie ist unter diesen Vorzeichen das Verhältnis zwischen Vernunft und Wahn zu diskutieren? Kann dabei überhaupt von einer Dichotomie die Rede sein? Michel Foucault beschreibt in *Wahnsinn und Gesellschaft*, dass sich zu Beginn der Renaissance ein diskursiver Wandel ereignete. „Bis zur zweiten Hälfte des fünfzehnten Jahrhunderts [...] herrscht" über 60 Jahre

---

nismen aller anderen Kunstformen aggressiv hetzt.

21 Dieser Film wird im deutschsprachigen Fernsehen bis heute, zuletzt auf 3sat am 3.1.2011, 9.50 Uhr, unkontextualisiert als unverfängliches Unterhaltungsprogramm ausgestrahlt.

22 Vgl. u.a. Riefenstahl 2002. Die Website www.amazon.de führt unter dem Begriff Leni Riefenstahl 828 Posten auf (zuletzt eingesehen 31.1.2011).

23 Die Tänzerin Friderica Derra de Moroda hatte als kulturelle NS-Kollaborateurin 1941 ein „Kraft durch Freude Ballett" gegründet und fiel damit bald in Ungnade. Vgl. Jeschke; Haitzinger 2010, S. 112; und www.salzburgmuseum.at (zuletzt eingesehen 31.1.2011).

24 Ebenfalls als kulturelle und propagandistische NS-Kollaborateurin choreographierte Mary Wigman für die Eröffnungsfeier der Berliner Olympiade am 1.8.1936 den Tanz *Totenklage*.

hinweg „allein das Thema des Todes."[25] Dies sei durch zahlreiche Toten-
tanz-Darstellungen belegt. Doch dann wurde Sebastian Brants *Narrenschyff*
publiziert, und wenig später entstand Hieronymus Boschs Gemälde *Das
Narrenschiff*. In zahllosen Holzschnitten und Stichen wurden „die ineinan-
dergefügten Themen des Narrenfestes und des Narrentanzes" wiederge-
ben.[26] „Der Spott des Wahnsinns tritt an die Stelle des Todes und seiner
Feierlichkeit."[27] Und bei Brant trägt am Ende „ein gewaltiger Sturm [...] das
Narrenschiff in einem wahnsinnigen Lauf davon, der dem Zusammenbruch der Welt gleich ist."[28] Foucault fasst zusammen: „Der Wahnsinn
wird eine Bezugsform der Vernunft, oder vielmehr, Wahnsinn und Vernunft treten in eine ständig umkehrbare Beziehung, die bewirkt, dass jede
Wahnsinnsform ihre sie beurteilende und meisternde Vernunft findet, jede
Vernunft ihren Wahnsinn hat, in dem sie ihre lächerliche Wahrheit
findet."[29]

Mit Deleuze und Guattari in ihrem *Anti-Ödipus* lässt sich dieser Erörterung ein weiterer Aspekt anfügen: „[...] die Schizophrenie ist das Univer-
sum der produktiven und reproduktiven Wunschmaschinen, die universel-
selle Primärproduktion als ‚wesentliche Realität des Menschen und der
Natur'."[30] Später im Buch verweisen die Autoren auf Canettis *Masse und
Macht*. Canetti habe „sehr gut gezeigt, wie der Paranoiker Massen und
‚Meuten' organisiert, wie er sie kombiniert, sie in Gegensatz stellt, sie
steuert."[31] Wie aber werden diese Massen zu *Meuten*? Dazu heißt es: „Der
Paranoiker macht Massen zu Maschinen, er ist der Künstler [...] herdenhaf-
ter Gebilde, organisierter Massenphänomene."[32]

Diese Heranführung des Künstlerischen an das Paranoische schmerzt,
und es erinnert daran, dass Hitler gerne Maler geworden wäre. Aber er
wechselte sozusagen ins Bühnenfach oder besser in die Performative der
politischen Propaganda. In einer umgekehrten, pervertierten Vernunft[33]
fand der Paranoiker Gelegenheit, Massen zu Maschinen zu machen, die
ihn wiederum als politischen Performer konstituierten. Meute und Macht
standen zueinander in einer Wechselbeziehung, die in wahnhafter Normierung kulminierte.

---

25 Foucault 1996, S. 33.

26 Ebd.

27 Ebd., S. 34.

28 Ebd., S. 51.

29 Ebd.

30 Deleuze; Guattari 1977, S. 11.

31 Ebd., S. 360.

32 Ebd., S. 361.

33 Eine Vernunft also, deren Entscheidungen auf reflektierten, bewussten Handlungen beruhen.

Ludwig XIV. als normativer Staatskörper

Deleuze und Guattari beschreiben den Paranoiker definitiv als *Choreographen*, als Organisator von Herdengebilden und Massenerscheinungen, der in einem Gebiet operiert, in dem es „nur den Wunsch und das Gesellschaftliche, nichts sonst" gibt.[34] In diesem Zusammenhang sind nun auch die NS-Kollaborationen von unter anderem Rudolf von Laban und Mary Wigman[35] sowie Friderica Derra de Moroda[36] besser zu verstehen. Ihre entsprechenden Produktionen unter dem NS-Regime sind Beispiele für wahnhaften Tanz in einer repräsentational normativen, schizophrenen Ausformung.

Der Choreograph und der Diktator sind hier Figuren, die aufeinander verweisen. Vor allem über ihren Auftrag, Wunschmaschinen zu konstruieren, in denen Form und Formlosigkeit, Norm und Offenheit einander diametral gegenüberstehen. Man könnte auch sagen, Figuren von – vermeintlicher – Produktivität und Unproduktivität. In der „Konfrontation des Produktionsprozesses der Wunschmaschinen mit dem unproduktiven Stillstand des organlosen Körpers" entsteht, führen Deleuze und Guattari aus, „die paranoische Maschine", eine „Umwandlung der Wunschmaschine"[37], die selbst „nur als gestörte" läuft, „indem sie sich fortwährend selbst kaputt" macht.[38]

Im Kommunikationsfluss der Geschichte ist diese Selbstdestruktion der Wunschmaschine jedoch eine Funktion ihres Fortbestands in verwandelter Gestalt und Mächtigkeit. Dass „der Kapitalismus im Zuge seines Produktionsprozesses eine ungeheure schizophrene Ladung erzeugt"[39], lässt sich bei Fortführung der historischen Entwicklung in den Kommunikationen neoliberaler Kunstproduktion und -rezeption sehr gut beobachten. Denn im schizophrenen *politischen* System des Neoliberalismus wird der Kunst zunehmend die Funktion einer Serviceleistung zugewiesen. Das geschieht in einem größeren Zusammenhang, in dem etwa unter dem Vorwand der Vernünftigkeit eine Körperpolitik durchgesetzt wird, die unter dem Primat der Rationalisierung der Ideologie des „gesunden Volkskörpers" beunruhigend nahe kommt.[40]

---

34   Deleuze; Guattari 1977, S. 39.
35   Vgl. Karina; Kant 1999, (u. a.) S. 176.
36   Siehe FN 23.
37   Deleuze; Guattari 1977, S. 16.
38   Ebd., S. 14. Damit führen die Autoren jede Annahme, totalitäre Systeme seien als „Einzelerscheinungen" verhandelbar, *ad absurdum*.
39   Deleuze; Guattari 1977, S. 39.
40   Vgl. dazu Pfaller 2008. Pfaller stellt u. a. fest (S. 15), „dass die Raucherdebatte nur der erste Schritt einer voranschreitenden Biopolitik ist […]".

Das Entstehen des Neoliberalismus seit den 1970er Jahren war begleitet
von einem zügigen Aufschwung des Tanzes. Und zwar vor allem jener Formen, die vitale und virtuose Körperlichkeit mit populären Philosophien
und einem exotistischen Interkulturalismus verbrämen. Die Musicalwelle
der 1980er Jahre seit *Cats*, diverse Tanzspektakel wie *Feet of Flames* von
Michael Flatley, eine Akrobatik-Industrie mit Tanzelementen wie beim
Cirque du Soleil bis hin zu populistischen Kompanien wie etwa das Eifman
Ballet kennzeichnen einen normativen Tanz, der sich als affirmativ neoli-
berales Wellness-Erlebnis popularisiert hat. Um den Zusammenhang zwischen dem spektakelhaften Tanz und dem Wahngebilde des Neoliberalismus eingehender zu beleuchten, sei noch einmal in die Geschichte
zurückgegriffen.

Sebastian Brants Buch *Daß Narrenschyff ad Narragoniam* erschien in einer
Zeit, in der die Erscheinung des sogenannten „Tanzwahns" unter dem
Druck der gesellschaftlichen Verhältnisse bereits eine längere Geschichte
hinter sich hatte, die auch noch einige Zeit anhalten sollte. Zeitgenössische
Berichte darüber legen nahe, dass es sich dabei um dionysische Ausbrüche
innormativen Tanzens bei oft prekären sozialen Verhältnissen handelte. Da-
her müssen die in den Quellen vorhandenen „Diagnosen" als affirmative
Instrumente wahnhafter Gesellschaftsnormen sehr kritisch gelesen werden.

Eindeutig wahnhaft dagegen begann die Elite des 17. Jahrhunderts zu
werden, als jegliche politische Realitätskonstruktion auf narzisstische Repräsentation gebaut wurde. Mit Ludwig XIV. (1638–1715) kulminierte der
Staatskörper in einer einzigen Symbolfigur und wurde zu einem Tänzer-
körper:[41] Diese monomanisch wahnhafte Inkarnation des Staates übernahm nun den „vordantz" und ging sogleich daran, den Tanz selbst zu nor-
mieren und zu institutionalisieren.

> „In den *Lettres patentes du roy, pour l'etablissement de l'Academie royale de danse en la
> ville de Paris* aus dem Jahre 1662 wird die Einführung von Statuten und Zensur-
> maßnahmen mit der Unordnung, Konfusion und dem Missbrauch des Tanzes
> während der letzten Kriege argumentiert. In vergangenen Zeiten seien dem Tanz
> zwar unbestreitbare Qualitäten in der direkten Formung des (Gesellschafts-)Kör-
> pers und des Divertissements in Kriegs- und Friedenszeiten zugesprochen wor-
> den; allerdings [...] müsse nun eine gegenwärtig um sich greifende Korruption
> und der Missbrauch des Tanzes verhindert werden. Daher legt der höchste und
> mächtigste Repräsentant und Verfasser, König Ludwig XIV., zwölf prinzipielle
> und allgemeingültige Statuten für die Tanzakademie fest. Der öffentliche und
> theatrale Tanz wird unter die Kontrolle von dreizehn ernannten professionellen
> und an die Akademie berufenen Tanzmeistern gestellt."[42]

---

41 Vgl. u. a. Braun; Gugerli 1993.
42 Haitzinger 12.10.2010.

Diese seine radikale Ausrichtung als narzisstische und neurotische, absolutistische Staatsrepräsentation prägt den europäischen künstlerischen Tanz bis zum heutigen Tag. Auch in der Gegenwart gilt das zutiefst autoritär geprägte klassische Ballett in weiten Teilen der Gesellschaft noch als die „Königsdisziplin" des Tanzes. Erst Ende des 19. Jahrhunderts regte sich Widerstand gegen das hegemoniale Monopol des Balletts.

Zwischen Leistungsparanoia und intellektuellem Exzess

Sowohl Ludwig XIV. als auch Adolf Hitler gehören, auf unterschiedliche Art, zu jenen pathologischen Figuren, denen es gelungen ist, den Wahnsinn zur Norm zu erheben. Beide nutzten den Tanz als repräsentationale Propaganda. Ludwig XIV. begründete die absolute Norm des höfischen Balletts, und Goebbels in Hitlers Namen die absolute Norm der gymnastisch tänzerischen Sportivität. Beide wahnhaften Normen, die Ästhetik des höfischen Elitismus mit ihrem fetischhaften Körperverständnis und die nationalsozialistische Körperselektion, belasten den Tanz vor allem im Übergang von der bürgerlichen Hochkultur zum Neoliberalismus und damit, um mit Jon McKenzie zu sprechen, von der „Disziplin zur Performance".[43]

Der österreichische Philosoph Robert Pfaller beschreibt diesen Übergang so: „Ideologische Hegemonie bedeutete im klassischen Verständnis, dass eine Klasse es fertigbringt, ihre partikularen Interessen als allgemeine Interessen der Gesellschaft darzustellen [...]. Heute üben herrschende Klassen ihre Hegemonie aus, indem sie die allgemeinen Interessen der Gesellschaft als ihre eigenen, partikularen Interessen darstellen."[44] Das gesellschaftliche Allgemeine wird in der Folge zu einer Spekulationsware der neoliberalen Hegemonisten, als solche ausgebeutet, entleert und letztlich unbrauchbar gemacht. Die Wunschmaschine zerstört sich auch hier wieder selbst.

Der französische Regisseur Gérard Corbiau stellte im Jahr 2000 mit seinem Film *Der König tanzt* dar, wie die lächerliche Wahrheit im Sinn von Foucault einer pathologischen Vernunft, wie sie sich in den *Lettres patentes du roy* von 1662 widerspiegelt, ausgesehen haben mag. Die Französische Revolution (1789–1799) ließ auf sich warten, aber sie war schließlich die *Konsequenz* des Wahns einer Klasse, die ihre Gesellschaft hemmungslos ausbeutete und trotz ihres blutigen Verlaufs ein Akt sozialer Vernunft. Doch zu dieser Zeit, am Ende des 18. Jahrhunderts, hatte bereits ein ande-

---

43 McKenzie 2001, S. 18.
44 Pfaller 2008, S. 31.

rer, ein fataler Umbruch begonnen: die Industrielle Revolution.[45] Charles Chaplin zeigte 1936 in seinem Film *Modern Times* mit einer sarkastischen choreographischen Sequenz in Form eines innormativen Tanzes die Bedingungen fordistischer Arbeitsverhältnisse in Folge der Industriellen Revolution. Vier Jahre später ließ er in *The Great Dictator* seine Hitler verkörpernde Persiflage-Figur Hynkel in karikiert normativer Form einen Tanz des (Größen)Wahns aufführen. Hier tritt der Diktator wie ein Ludwig XIV. als pathologische Inkarnation des Staates auf.

Auffällig in der Zusammenschau der Filmbeispiele wird das Wechselspiel zwischen normativem und innormativem Tanz. Mary Treadwells Charleston, Esmeraldas Tanz für Quasimodo, Hels Tanz im Yoshiwara, Marika Rökk, Ludwig XIV. und Hynkel referieren auf individuierte Diskursbildung der Repräsentation. Treadwells Torkeln, der Tanz des Sarges von Dr. Schumann, Quasimodos Glockentanz, die Montage-Choreographie bei *Metropolis* und Chaplins Figur in *Modern Times* dagegen referieren auf die Realität verrückt gewordener Gesellschaften. Treadwell schwankt für das gesamte Gesellschaftssystem, der Sarg zeigt den Totentanz der NS-Gesellschaft an, Quasimodos Glocken tanzen als Zeichen der Inquisition, Langs Montage verhandelt die fieberhafte Gier der Zwischenkriegs-Eliten, und Chaplin demonstriert ein wahnhaftes wirtschaftliches Produktionssystem.

Mit anderen Worten: Während der Charleston, der seduktive und der zerstreuende Tanz, der Tanz des absoluten Herrschers und des Diktators spektakelhafte Norm und politische Macht repräsentieren, machen die innormativen Tanzformen den Wahnsinn von sich selbst zerstörenden Wunschmaschinen deutlich. Eine daraus abzuleitende Dichotomie zwischen affirmativer Normativität und kritischer Innormativität (die oft miteinander verknüpft sind) wird allerdings erst aktiviert, wenn sich ein wahnhaftes System im Tanz propagandistisch darstellt.

Je „disziplinierter" daher der Tanz auftritt, desto verfügbarer erscheint er zur Verstärkung von pathologischen Ideologien. Der Tanz führt – wie andere Kunstmedien auch – einen negativen Diskurs gerade dort, wo er seine maximal leistungs- und konventionskonforme „Peak Performance" erreicht und die Parameter von hochgetunten Körpern, servicebestimmtem Inhalt über eine subordinative Leistungsparanoia in diskursiver Kontextlosigkeit den Irrsinn einer aus dem Ruder laufenden Wunschmaschine als Norm propagieren. Hier wird der Tanz wahnsinnig. Und nicht in ekstatischen, dionysischen und innormativen Aus- oder Aufbrüchen wie in den

---

45   Mit dieser historischen Juxtaposition sei an die Ambivalenz des Begriffs Revolution erinnert, die sich in den gegenwärtigen Debatten über den Aufstand und die Empörung mischt. Vgl. dazu Unsichtbares Komittee 2010 und Hessel 2010. Von Hessel ist auf Deutsch 1998 – auch ein Erinnerungsband unter dem Titel „Tanz mit dem Jahrhundert" (frz. *Danse avec le siècle*) herausgekommen.

Phasen der „Tanzwut" oder bei Raves oder dort, wo er nach dem bulgarischen Philosophen Boyan Manchev zum Ausdruck des Widerstands wird.[46]

Der Neoliberalismus ist das jüngste und umfassendste totalitäre System nach dem Monarchismus, dem Faschismus, dem Staatskommunismus und dem Nationalsozialismus. Er nutzt die Demokratie als Mimikry, ersetzt die direkte Zensur durch Strategien von Absorption und Effizienz, und er tauscht die zentralisierte Bürokratie durch dezentrale halluzinatorische Seduktionsapparate aus. Die Defekte seiner Wunschmaschine, etwa die Finanzkrise ab 2007, der Klimawandel, die Zerstörung der europäischen Demokratien und ihrer Bildungssysteme sowie die von dem Philosophen Byung-Chul Han diagnostizierte „Müdigkeitsgesellschaft"[47] lassen die Ausmaße der Wahnbildung erkennen, die der Neoliberalismus generiert.

Effektgeladene Kritik an der neoliberalen Ausbeutung des Balletts übt der amerikanische Regisseur Darren Aronofsky in seinem Film *Black Swan* (2010). Die Protagonistin Nina Sayers wird durch ein korruptes und brutales System zerstört, in dem wahnhafte normative Gesetze gelten, deren Ursprünge Gérard Corbiau in *Der König tanzt* ausgemalt hat. Sayers' Schizophrenie, die sich dem Irrsinn des Gockels Ludwig XIV. und dessen symbolischen Reinkarnationen verdankt, ist sinnbildhaft für eine elitäre Gesellschaft des Spektakels, die sich solch ein Ballett als perversen Zirkus einbildet und mit ihrer Wunschmaschine das Begehren der TänzerInnen und des Publikums pathologisiert.

Aronofski hält sich an die Normen des Unterhaltungsfilms, und seine Kritik schwimmt formal selbst auf der Oberfläche des Spektakulären. Und doch stellt er etwas dar, das Guy Debord schon 1967 formuliert hat: die „sichtbare *Negation* des Lebens"[48] durch das Entertainment im umfassenden System des Spektakels. „Das Spektakel ist die Ideologie schlechthin"[49] schreibt Debord und: „Es ist das Herz des Irrealismus der realen Gesellschaft."[50] „Das Spektakel ist der materielle Wiederaufbau der religiösen Illusion."[51] Mit Bezug auf Joseph Gabels Studie über *Ideologie und Schizophrenie*[52] schreibt Debord über gesellschaftliche Wahnhaftigkeit „unter der von der Organisation des Scheins gewährleisteten *reellen Präsenz* der Falschheit".[53]

---

46   Manchev 11.8.2010.
47   Vgl. Han 2010.
48   Debord 1996, S. 16.
49   Ebd., S. 182.
50   Ebd., S. 15.
51   Ebd., S. 20.
52   Vgl. Gabel 1967.
53   Debord 1996, S. 185.

In seinem Film *La societé du spectacle* von 1973 setzt Debord Szenen aus „Found Footage"-Materialien ein: Bilder von Tänzerinnen, die sich prostituieren, von marschierenden Soldaten, die in den Kampf ziehen „wie in den Tanz" und von Napalm-Bombardements, Szenen aus Westernfilmen und Dokumentationen von Massenaufläufen oder Demonstrationen, durchzogen von Texten als Inserts oder von einer sonoren Stimme gesprochen. Ein Tanz medialer Elemente also, ein innormativer Exzess der Reflexion politischen Wahnsinns als normativen Terrorismus. Gegen diesen stellt Debord eine diskursive „Tanzwut", die einen möglichen Aufstand gegen die Dichotomie als intellektuelles Konzept genauso wie gegen die Schizophrenie als gesellschaftliches Paradigma verspricht.

Literatur

Boehn, Max von, *Der Tanz*, Berlin 1925.

Brant, Sebastian, *Daß Narrenschyff ad Narragoniam*, Johann Bergmann von Olpe, Basel 1494. Digitalisat d. Ex. in d. Sächs. Landesbibliothek – Staats- u. Universitätsbibliothek Dresden. (Abb. aus dem Faksimile der Erstausgabe, Straßburg 1913).

Braun, Rudolf & David Gugerli, *Macht des Tanzes, Tanz der Mächtigen. Hoffeste und Herrschaftszeremoniell 1550–1914*, München 1993.

Canetti, Elias, *Masse und Macht*, Frankfurt a. M. 1985, urspr. 1960.

Debord, Guy, *Die Gesellschaft des Spektakels*, Berlin 1996.

Deleuze, Gilles & Félix Guattari, *Anti-Ödipus. Kapitalismus und Schizophrenie 1*, Frankfurt a. M. 1977.

Die Bibel. Die Heilige Schrift des Alten und des Neuen Bundes, Freiburg i. Breisgau 1977.

Foucault, Michel, *Wahnsinn und Gesellschaft. Eine Geschichte des Wahns im Zeitalter der Vernunft*, Frankfurt a. M. 1996.

Gabel, Joseph, *Ideologie und Schizophrenie*, Frankfurt a. M. 1967.

Green, Vivian, *Macht und Wahn. Geisteskranke Herrscher von der Antike bis heute*, Essen 2006.

Han, Byung-Chul, *Müdigkeitsgesellschaft*, Berlin 2010.

Hessel, Stéphane, *Indignez-vous*, Montpellier 2010.

Hitler, Adolf, *Mein Kampf*, München 1942.

Hugo, Victor, *Der Glöckner von Notre-Dame*, Zürich 1985.

McKenzie, Jon, *Perform or else. From discipline to performance*, London/New York 2001.

Jeschke, Claudia & Nicole Haitzinger, *Tanz & Archiv. Biografik Heft 2*, München 2010.

Karina, Lilian & Marion Kant, *Tanz unterm Hakenkreuz. Eine Dokumentation*, Berlin 1999.

Pfaller, Robert, *Das schmutzige Heilige und die reine Vernunft. Symptome der Gegenwartskultur*, Frankfurt a. M. 2008.

Ploebst, Helmut, „Tanzen [Totsein! Vanitas] Vitalität. Über das Skandalon des Verschwindens in der zeitgenössischen Choreographie", Kruschkova, Krassimira (Hg.), *OB?SCENE. Zur Präsenz der Absenz im zeitgenössischen Tanz, Theater und Film*, Wien/Köln/Weimar 2005.

Ploebst, Helmut & Nicole Haitzinger, *Versehen. Tanz in allen Medien*, München 2010.

Porter, Katherine Anne, *Das Narrenschiff*, München 2010.

Riefenstahl, Leni, *Olympia*, Köln 2002.

Simanowski, Roberto, „Transmedialität als Zeichen moderner Kunst", Meyer, Urs; Simanowski, Roberto & Christoph Zeller, *Transmedialität. Zur Ästhetik paraliterarischer Verfahren*, Göttingen 2006.

Simmel, Ernst, „Antisemitismus und Massen-Psychopathologie", Simmel, Ernst (Hg.), *Antisemitismus*, Frankfurt a. M. 2002, urspr. 1946.

Unsichtbares Komitee, *Der kommende Aufstand*, Hamburg 2010.

Internetquellen

Haitzinger, Nicole, „Die Kunst ist dazwischen. Konzepte, Programme und Manifeste zur kulturellen Institutionalisierung von Tanz", *corpus. internetmagazin für tanz, choreografie und performance*/www.corpusweb.net, Wien 12.10.2010 (zuletzt eingesehen: 12.1.2011).

Manchev, Boyan, „Der Widerstand des Tanzes. Gegen die Verwandlung des Körpers, der Wahrnehmung und der Gefühle zu Waren in einem perversen Kapitalismus", *corpus. Magazin für tanz, choreografie, performance*. www.corpusweb.net, 11.8.2010 (zuletzt eingesehen: 31.1.2011).

Herausgeberin und Herausgeber

Johannes Birringer

Dr. phil., choreographer and artistic director of AlienNation Co., a multimedia ensemble based in Houston (www.aliennationcompany.com). He has created numerous dance-theatre works, videos, digital media installations and site-specific performances in collaboration with artists in Europe, the Americas, China, and Japan. Recent productions include the digital oratorio *Corpo, Carne e Espírito*, premiered in Brasil at FIT Theatre Festival (2008); *Suna no Onna (2007–08)*, and the choreographic installation *Ukiyo [Moveable Worlds]*, premiered at London's Sadler's Wells in 2010. He has taught performance studies at Yale University, University of Texas-Dallas, Rice University, Northwestern University and Giessen Institute of Applied Theatre Science; from 1999 to 2003 he created the new Dance & Technology MFA at Ohio State University. He has numerous publications on performance and new media; books include *Theatre Theory Postmodernism* (1989), *Media and Performance* (1998), *Performance on the Edge* (2000), and *Performance, Technology, and Science* (2008). In 2005 he edited the first book on dance and neuroscience with Josephine Fenger (*Tanz im Kopf/Dance and Cognition*). As co-founder of ADaPT (Association for Dance and Performance Telematics), he developed a number of online performances; in 2003 he founded the Interaktionslabor (http://interaktionslabor.de), initiating sustainable research into interactive systems and real-time theatrical processes. Currently he is Professor of Performance Technologies at Brunel University in London, where he directs the Design and Performance Lab (www.brunel.ac.uk/dap).

Josephine Fenger

Dr. phil., arbeitete nach einer Ausbildung in Klassischem und Modernem Tanz als Balletttänzerin in Südamerika. Sie studierte Publizistik und Theaterwissenschaft an der Freien Universität Berlin und promovierte am Fachbereich Kulturwissenschaften der Universität Bremen; ihre Dissertation diskutiert Aspekte der Analyse von Theatertanz und den Einfluss zeitgenössischer ästhetischer Theorien auf Theatertanz und Tanzanalyse. Mit Johannes Birringer gab sie bereits das GTF-Jahrbuch *Tanz im Kopf/Dance and Cognition* (2005) heraus; zu weiteren Beiträgen im Bereich Tanzforschung zählen „*Welcher* Tanz? Richard Wagners Frage nach dem Tanz der Zukunft" (*Jahrbuch Tanzforschung* 9, Wilhelmshaven 1998), „Methoden, Mythos, *Metanarration*" (*Tanz. Theorie. Text.* Gabriele Klein & Christa Zipprich (Hg.), Münster 2002), „Pavlova *Enterprise.* Reisen in Metropolen und Provinzen Lateinamerikas" (Hardt, Yvonne & Kirsten Maar (Hg.): *Tanz – Metropole – Provinz.* Münster 2007) und „Erinnerungsstrukturen oder Welcome to *Dancylvania*: Leitmotive im Tanztheater vom Romantischen Ballett bis zum Konzepttanz". (Betzwieser, Thomas et al. (Hg.): *Tanz im Musiktheater – Tanz als Musiktheater. Thurnauer Schriften zum Musiktheater* Bd. 22, Würzburg 2009). Ihr Buch *Auftritt der* Schatten ist 2009 in der Reihe AESTHETICA THEATRALIA [Monika Woitas & Guido Hiß (Hg.)] im epodium Verlag (München) erschienen.

Autorinnen und Autoren

Yvonne K. Bahn

MA Tanzwissenschaft an der Freien Universität Berlin, Diplom in Medienwissenschaften an der Universität Nancy – Frankreich (1992), absolvierte eine Weiterbildung als Somatic Movement-Art Trainerin (SMAT) in Berlin und macht derzeit eine Trance-Tanz Ausbildung. Schwerpunkt ihrer darstellerischen Arbeit bilden interaktiven sowie multimediale Performances, sie war u. a. auch als Gast-Schauspielerin am Berliner Ensemble tätig. Im Bereich der Medien arbeitet sie u. a. als Mediengestalterin, als Autorin und Regisseurin von Kurzfilmproduktionen, als Produktionsleiterin für das Europa-Parlament in Brüssel sowie in der elektronischen Musikproduktion (London). Sie unterrichtet Tanz Improvisation & SMAT. Es liegen Veröffentlichungen im Bereich Musik, Tanz und Medien sowie Übersetzungen zu medizinischen Forschungsberichten vor.

Aura Cumita

Diplom in Journalismus und Kommunikationswissenschaften (in Bucharest), M.A. in Kommunikationswissenschaften (in Bucharest und Madrid), Magister in Philosophie und Geschichte an der Technischen Universität Berlin. Regelmäßige journalistische Beiträge in den Bereichen Kultur und Geschichte für rumänische Zeitschriften. 2006 Stipendiatin der V. Konferenz „Marie Curie" in Ljubljana mit einem Vortrag über die „Kulturelle Identität der Aromounen". 2007 Mitautorin des Austellungskatalogs „Social Cooking Romania" (Hg. NGBK Berlin) mit dem Aufsatz „Grundprobleme der Agrarpolitik nach dem Beitritt Rumäniens zur Europäischen Union". 2008 Veröffentlichung des Aufsatzes „Freiheit und Vernunft in Kants Moral- und Rechtsphilosophie" für die Noua Revistă a Drepturilor Omului (Neue Zeitschrift für Menschenrechte), Bukarest, C.H. Beck Verlag. 2010 Tanzausbildung: „Seneca Intensiv" – Bildungsprogramm für künstlerische Bewegung, Dock 11, Berlin. November 2010 Vortrag über „Das Tanzen in Nietzsches Philosophie" im Berliner Nietzsche Colloquium, TU Berlin.

Anna Furse

Anna Furse is an award-winning writer, director, scenographer, curator, teacher and Reader in the Department of Drama, Goldsmiths, University of

London where she directs the international laboratory MA in Performance Making, and, from September 2011, is Head of Department. She is a published writer of play texts and critical essays as well as dance/ theatre journalism. Her artistic directorships include the new writing company Paines Plough in the 1990s. Among 50 international productions she has directed and created is *Augustine (Big Hysteria)*. The production toured the UK and to Russia in the early 1990's and has been published and staged in Denmark, the USA, Canada and the Czech Republic. With her production company Athletes of the Heart (founded in 2003) she has created a range of experimental research including 'sci-art' projects funded by awards from the Wellcome Trust, the Arts and Humanities Research Council ,The British Council, The British Academy, and Arts Council England; recent international collaborations include *Don Juan. Who?/Don Juan. Kdo?* – a co-production with Mladinsko Gledalisce, Slovenia, and *Sea/Woman* with Maja Mitic (DAH Teatar, Serbia) and Antonella Diana (Teatret Om, Denmark). She is editor of a new anthology series for Methuen, *Theatre in Pieces* and a regular speaker at international conferences. Website: www.athletesofthe-heart.org.

Annette Hartmann

Annette Hartmann studierte Theaterwissenschaft (Schwerpunkt Tanzwissenschaft), Romanische Philologie und Hispanistik in Bochum, Madrid und Paris. Mitarbeit im Strawinsky-Forschungsprojekt (2005–2008), Lehraufträge an der Ruhr-Universität Bochum, der Folkwang Universität der Künste sowie der Sporthochschule Köln, Dissertationsprojekt zu choreographischen Erinnerungsformen, Mitherausgeberin von *Strawinskys „Motor Drive"* (München 2010).

Eila Goldhahn

Eila Goldhahn (Doctor of Philosophy, Dartington College of Arts and University of Plymouth, UK, Senior Registered Dance and Movement Psychotherapist ADMP UK; BA Hons Theatre in a Social Context, DCA UK) is a dance scholar, educator and artist. Her research interests include embodiment practices, in particular Authentic Movement, performance, arts in sites as transformative agents of change and arts in psychotherapy. Her specialism has led her to develop a practice led methodology approach to performance and interdisciplinary research that she named *the Mover Witness Exchange* or simply *Movers & Witnesses*. Eila's interests in embodiment, visualisation and ecology have led her to work widely across disciplines: From 1991 to 2006 she successfully founded and ran a company in the UK consulting on eco-design for modern and vernacular architecture as well as run a practice in Dance Movement Psychotherapy in South Devon. Over the past 10 years Eila has created a number of short films and art works inspired by embodiment and ecological themes and exhibited these works in the UK, Germany and Belgium in public gallery settings. At the same time her writing and her visualizations have been published through international peer reviewed conferences and journals. She currently works as a mentor and lecturer and as a Visiting Professor at the Performance Research Centre in Helsinki. Since 2001 Eila has presented at international venues, most recently in 2010: at interdisciplinary conference *Kinesthetic Empathy* at Manchester University, *The Embodiment of Authority* confernece at Sibelius Academy, Helsinki (as part of the *Collaborative Choreography Research Group*), and at *TUTKE*, the Performance Research Centre at the Theatre Academy Helsinki.

Kélina Gotman

Kélina Gotman is Lecturer in Theatre and Performance Studies at King's College London, and Convenor of the MA in Theatre and Performance Studies. She was Audrey and William H. Helfand Fellow in the Medical Humanities at the New York Academy of Medicine (2008–2009), and an invited speaker at the Epilepsy, Brain and Mind Congress (Prague, 2010) and the Institute for the History of Psychiatry Research Seminar, Weill-Cornell Medical Center and New York Presbyterian Hospital. She is currently completing a book on dance manias in nineteenth-century medical literature, provisionally titled *Choreomania: Dance, Disease and the Colonial Encounter*, based on her PhD research at Columbia University. She has contributed articles, translations and reviews to *PAJ, TDR, Theatre Journal, Conversations across the Field of Dance Studies, Parachute Contemporary Art Magazine*, and others, and works regularly in theatre and dance as a dramaturge, translator, and performer. She is translator of Félix Guattari's *The Anti-Oedipus Papers*, published by Semiotext(e)/MIT Press, 2006.

Alexa Junge

Alexa Junge, M.A., studierte Ethnologie und Religionswissenschaft an der Freien Universität Berlin und an der Universitat Autònoma de Barcelona. Verschiedene Reisen führten sie an Orte unterschiedlichster Tanzkulturen; unter anderem betrieb sie Feldforschung in Indien über religiösen Tanz in Rajasthan und besuchte die Shambhavi School of Dance, Bangalore.

Seit 2007 ist sie tätig im Bereich Kulturmanagement, u. a. als Assistenz der künstlerischen und organisatorischen Leitung von Zukunft@ BPhil, der Education-Abteilung der Berliner Philharmoniker und im Rahmen des Tanzplans Potsdam. Alexa Junge ist freie Mitarbeiterin im Bereich Tanz des Internationalen Theaterinstituts ITI Germany, Berlin, für den Dachverband Tanz Deutschland und das Kulturzentrum freiLand Potsdam. Sie absolvierte die einjährige Basis-Ausbildung nach I-TP (Integrative

Tanz-Pädagogik) am Deutschen Institut für Tanzpädagogik (DIT) und tanzt seit vielen Jahren Afrikanische und Lateinamerikanische Tänze, Street Dance und Indischen Tanz.

Fabrizio Manco

Fabrizio Manco's varied artistic practice includes performance and live art, choreography, drawing, installation and video, cutting across artistic forms and sensory modalities, working with different sites, landscapes, architectural and cultural spaces. His writing and artistic work is versatile in nature, exploring embodied hearing, the listening and the vulnerable body, in relation and in a democratizing relationship with visual, physical performance and writing practice. He has lived in London since 1991 and has trained in Art & Design, Fine Art, both in Italy and London (Parabita Art Institute, City Lit, UCL-Slade School of Fine Art, BA/MA). He studied Arts & Humanities at the University of Salento, Italy, and has trained in Butoh and in performance in Italy, England and Japan. He has shown and performed work, nationally and internationally, (including Italy, Singapore, India, Canada, Finland, Germany, Croatia, Spain), as well as taking up art residencies and conducting research, organizing and devising projects, working both solo and collaboratively. He is a Visiting Lecturer, and continues to facilitate workshops, giving talks and seminars at various universities, centers and arts establishments. Projects include *[STATES OF]TRANCEformation* (2005) on Tarantism and Butoh at Chisenhale Dance Space, London; *Ringing Forest* (2005) on Tinnitus (Sci-art award, Wellcome Trust); *Ear Bodies* (2009) at Central School of Speech & Drama, London; *Building Sound* (2010), supported by the AHRC Beyond Text initiative, in collaboration with Ella Finer. Fabrizio is currently a PhD candidate at Roehampton University with a research entitled *Ear Bodies: Acoustic Folds and Ecologies in Site-Contingent Performance*, where he also weaves together his previous practice and research on Carmelo Bene and the Baroque (1998–2000), on Tarantism and Butoh (1998–2007) and tinnitus/hyperacusis (1998 to present).

Neil Ellis Orts

Neil Ellis Orts is a freelance writer based in Houston, Texas, where he is a frequent contributor to *OutSmart Magazine*. He has also written for *Dance Studio Life*, *The Christian Century*, and *The Gay and Lesbian Review Worldwide*. He holds a Master of Arts in Interdisciplinary Arts from Columbia College Chicago and was a 2009 National Endowment for the Arts fellow with the Institute for Dance Criticism at the American Dance Festival.

Sidsel Pape

Sidsel Pape holds a major in dance from European Dance Development Center, NL (1994) and Nordic Master's Degree in Dance studies, No-MA-ds

(2005). She works as a lecturer of dance at the University of Tromsø (N) and an art consultant for the KULT, center for the arts, culture and church in Oslo. She freelances as a dance dramaturge and a dance critic for Norwegian and Swedish media.

Helmut Ploebst
Dr., ist Autor und Theoretiker mit Schwerpunkt Tanz und Choreografie. Tanzkritiker der Tageszeitung Der Standard, Wien. Gründer und Redaktionssprecher von CORPUS/www.corpusweb.net. Unterrichtet Performancetheorie an der Anton-Bruckner-Privatuniversität, Linz und an der Universität Salzburg. Promoviert am Institut für Publizistik und Kommunikationswissenschaft der Universität Wien. Publizist seit 1986. Projekt-Kurator, Organisator und Leiter von Labors, Researcher, Theoriearbeit, zahlreiche Vorträge und Essays. Lebt und arbeitet in Wien. Publikationen (Auswahl): Helmut Ploebst, *NO WIND NO WORD – Neue Choreografie in der Gesellschaft des Spektakels*. München: K.Kieser 2001; Helmut Ploebst & Nicole Haitzinger (Hg.), *VERSEHEN. Tanz in allen Medien*. München: epodium 2010.

Per Roar
Per Roar is a choreographer and performance practitioner engaged in artistic research. He was educated at Oslo National Academy of the Arts, holds an MA in Performance Studies from New York University, and is currently completing his doctorate at The Theatre Academy in Helsinki. He came to the arts with a background from social sciences and history (Oslo, Budapest, and Oxford). His artistic works include *White Lies/Black Myths* (1995); the trilogies *House of Norway* (1997–2000) – with its interactive camping happening – and *Life & Death* (2002–2006). His latest work is *This is my body* (2010). His next project will be made on the Balkans in 2012.

Gregor Rohmann
Dr. phil.; Mittelalterhistoriker, zur Zeit wissenschaftlicher Assistent an der Johann Wolfgang Goethe-Universität Frankfurt am Main. Von 1990–1997 studierte er Geschichte, Völkerkunde und Historischen Hilfswissenschaften in Hannover und Göttingen; im Jahr 2000 promovierte er in Göttingen mit einer Dissertation über: „Clemens Jäger und das Ehrenbuch der Fugger. Verwandtschaft, Status und historisches Wissen in der Familienbuchschreibung des 16. Jahrhunderts". Von 2000 bis 2002 war er Volontär am Museum für Hamburgische Geschichte, danach bis 2004 freiberuflich für diverse Museen und Medien tätig. In den Jahren 2004 bis 2008 war er wissenschaftlicher Mitarbeiter an der Universität Bielefeld, seitdem ist er wissenschaftlicher Assistent an der Johann Wolfgang Goethe-Universität Frankfurt am Main. Im Februar 2011 hat er dort seine Habilitation abgeschlossen über: „Tanzwut. Kosmos, Kirche und Mensch in der Bedeutungs-

geschichte eines spätmittelalterlichen Krankheitskonzepts". Er hat zahlreiche Artikel zu Themen der mittelalterlichen und frühneuzeitlichen Geschichte veröffentlicht, außerdem zwei Monographien und einen Sammelband: „Eines Erbaren Raths gehorsamer amptman". Clemens Jäger und die Geschichtsschreibung des 16. Jahrhunderts, Augsburg 2001; Das Ehrenbuch der Fugger. Darstellung – Kommentar – Transkription, Augsburg 2004; (Hg.): Bilderstreit und Bürgerstolz. Herforder Kirchen im Zeitalter der Glaubenskämpfe, Bielefeld 2006.

Nicolas Salazar-Sutil

Nicolas Salazar-Sutil is a Chilean cultural theorist based in London. He has published widely on the interface between symbolic languages (mathematics and computer languages), and performance. He is also a performance and theatre practitioner, and he has developed a number of cross-artistic installations and performances with his company Configur8. He obtained a PhD from the Centre for Cultural Studies at Goldsmiths College, and an MA-Res in Theatre and Drama from Royal Holloway University of London.

Natascha Siouzouli

Dr. Natascha Siouzouli hat Theater, Philosophie und Literaturwissenschaft in Athen studiert. Sie promovierte 2006 am Institut für Theaterwissenschaft der Freien Universität Berlin, wo sie bis 2009 als wissenschaftliche Assistentin tätig war. Seit 2010 ist sie Gastwissenschaftlerin am International Research Centre Interweaving Performance Cultures (Berlin) und leitet das Institute of Live Arts Research II (Athens, Greece). Sie arbeitet auch als Übersetzerin (Walter Benjamin, Heiner Müller, Sigmund Freud, Elfriede Jelinek etc.). Ihre Forschungsschwerpunkte beziehen sich u. a. auf Themen wie: Präsenz, Geschichtlichkeit/ Biographie auf der Bühne, Raum, Zeit, Blick, Fest und Theater, Theater und das Politische. Sie ist Autorin des Buchs: *Wie Absenz zur Präsenz entsteht. Botho Strauß inszeniert von Luc Bondy* (Bielefeld 2008).

Alexander Schwan

Alexander Schwan ist Tanzwissenschaftler und Ev. Theologe. Er studierte Evangelische Theologie, Judaistik und Philosophie in Heidelberg, Jerusalem und Berlin sowie Theaterregie an der Hochschule für Musik und Darstellende Frankfurt am Main. Nach seinem Vikariat an der Sophienkirche Berlin arbeitete er als Pfarrer der Ev. Kirche im Rheinland. Zurzeit promoviert er an der Freien Universität Berlin im Rahmen des DFG-Graduiertenkollegs „Schriftbildlichkeit" über *Tanz als Schrift im Raum. Graphismus im postmodernen und zeitgenössischen Tanz bei Trisha Brown, Jan Fabre, Lin Hwai-min und William Forsythe* (Betreuung: Prof. Dr. Gabriele Brandstetter). Neben zahlreichen Publikationen im Bereich der Homiletik veröffentlichte er u. a.: „Expression, Ekstase, Spiritualität. Paul Tillichs Theologie der Kunst und Mary Wigmans Absoluter Tanz", in: Dagmar Ellen Fischer/ Thom Hecht (Hgg.), *Tanz, Bewegung & Spiritualität*, Jahrbuch Tanzforschung Bd. 19, Leipzig 2009. In Vorbereitung sind: „Jesus re-enacted. Authentizität und Wiederholung im Abendmahlsstreit", in: Uta Daur (Hg.), *Authentizität/Wiederholung. Künstlerische und kulturelle Manifestationen eines Paradoxons*, Berlin 2011" sowie „*Dancing is like scribbling, you know. – Schriftbildlichkeit in Trisha Browns Choreographie 'Locus'*", in: Sprache und Literatur 44 (2011). Zusammen mit Charlotte Bomy ist Alexander Schwan Herausgeber des Sammelbandes *Tanztheater. Perspectives historiques, esthétiques et européennes*, Paris 2011.

Katharina Stoye

Katharina Stoye studierte Geschichte und Pädagogik an der Universität Heidelberg und Duisburg-Essen und absolvierte studienbegleitend eine Ausbildung zur Tanz- und Bewegungstherapeutin sowie eine Weiterbildung in den Niederlanden für Modernen Tanz und Tanzimprovisation. Seit 1999 ist sie freiberuflich tätig, u. a. als Museums- und Tanzpädagogin, als MUS-E-Künstlerin der YMSD, als Tanztherapeutin, als Gastdozentin in der Aus- und Weiterbildung sowie als Leiterin wissenschaftlich-künstlerischer Projekte. Sie ist Autorin des Beitrags „Persönliche Gebärde, Gebärdensprache und Tanz. Erfahrungen eines tanz-soziotherapeutischen Ausflugs in die Welt der Stille", *Therapie Kreativ. Zeitschrift für kreative Sozial- und Psychotherapie* (1998, Hf. 21, S. 24–45) und des vom Leo-Baeck-Programm geförderten Online-Handbuchs „*Die rheinischen Juden im Mittelalter. Ein Online-Handbuch für Lehrer und Dozenten in Schule, Hochschule und kultureller Bildungsarbeit*", welches u. a. einen Schwerpunkt zur christlich-jüdischen Tanzkultur des Mittelalters beinhalten wird. In ihrer Dissertation an der Universität Duisburg-Essen/Paris-Lodron-Universität Salzburg arbeitet sie über „Kontinuität, Wandel und Kulturtransfer von Ritual und Tanz in der spätmittelalterlich-frühneuzeitlichen Stadtkultur".

Hanna Walsdorf

Dr. phil., studierte Musik- und Tanzwissenschaft, Politische Wissenschaft sowie Historische Hilfswissenschaften und Archivkunde an den Universitäten Salzburg, Bonn und Bern. Im Juli 2009 Promotion mit Auszeichnung am Fachbereich Kunst-, Musik- und Tanzwissenschaft der Universität Salzburg über „Politische Instrumentalisierung von Volkstanz in den deutschen Diktaturen". Seit September 2009 wissenschaftliche Mitarbeiterin im SFB 619 „Ritualdynamik" an der Universität Heidelberg, Teilprojekt B 7: „Ritual und Inszenierung der musikalischen Aufführungspraxis im Zeitalter des Barock". Von 2006 bis 2010 Mitglied im Vorstand der Gesellschaft für Tanzforschung.

Anja Weber
Tänzerin, Choreographin, Tanzpädagogin, Magister der Philosophie, Musik- und Theaterwissenschaften, Diplom-Psychologin, Ärztin: 3-jährige Tanzausbildung an der Iwanson-Schule München, danach Trainingsaufenthalte in Paris und New York. Stipendiatin der Studienstiftung des Deutschen Volkes (M.A. phil. zur postmodernen Ästhetik Lyotards1993); biopsychologische und neurowissenschaftliche Forschungstätigkeit (Max-Planck-Institut, LMU und TU München). Leiterin der Dance-AARTS-Cie. (1992–1998), danach freie Choreographin und Tänzerin in verschiedenen Projekten an der Schnittstelle zwischen elektronischer Musik, bildender Kunst und zeitgenössischem Tanz sowie interaktiven kompositorischen Konzepten. Anja Weber arbeitet als freie Tanzpädagogin und Choreographin in Berlin. Sie befindet sich zur Zeit in Weiterbildung zur Fachärztin für Psychosomatische Medizin und arbeitet psycho- und tanztherapeutisch. Sie betreut bei tamed (Tanzmedizin Deutschland e. V.) den Arbeitskreis Neuroscience & Dance/Movement Research.

Bildnachweis

Birringer

Abb. 1 William Forsythe, *The Fact of Matter*, MOVE: Choreographing You, 2010. Photo: Michèle Danjoux/DAP-Lab.

Abb. 2 *Is You Me*, co-created by Benoît Lachambre, Louise Lecavalier, Hahn Rowe and Laurent Goldring. A ParBLeux production © 2009 André Cornelier. Courtesy of Latitudes Prod.

Stoye

Abb. 1 „Epileptikerinnen von Meulenbeeck", aus dem Umkreis von Pieter Brueghel dem Älteren. Reproduktion mit freundlicher Genehmigung der Albertina, Wien.

Weber

Abb. 1 „Gehirn unter Stress", Kombinationsgrafik mit Bezugnahme auf *Arnsten, Amy F. T.*, „Stress signalling pathways that impair prefrontal cortex structure and function", NatureReviews/Neuroscience vol. 10, June 2009; *www.utdallas.edu/.../Arnsten%20 stress%20and%20PFC%20NNR%2009nrn2648.pdf*.

Walsdorf

Abb. 1 Alla Nazimova als Salome, Standbild bei 34:57 Min. aus: *Salomé. D'après le chef d'œuvre d'Oscar Wilde* (Regie: Charles Bryant), USA 1923, © Bach Films 2008.

Hartmann

Abb. 1 *Giselle*, Choreographie: Mats Ek, Bayerisches Staatsballett. Mit freundlicher Genehmigung der Bayerischen Staatsoper und durch Herrn Wilfried Hösl. © Photo: Wilfried Hösl.

Abb. 2 Photo Durchführung einer präfrontalen Lobotomie. http://baldomero.online.fr/ lobotomie/lobotomie-2.jpg.

Furse

Abb. 1 *Attitudes Passionelles:* "Extase" in *L' Iconographie Photographique de la Salpêtrière, 1870–80*. Photo: Albert Londe.

Abb. 2 Shona Morris as Augustine in *Augustine (Big Hysteria)* by Anna Furse, Paines Plough, 1991. Photo: Sheila Burnett.

Siouzouli

Abb. 1 *Lenz**, Regie: Laurent Chétouane, Performer: Fabian Hinrichs. Photo: Oliver Fantitsch.

Abb. 2 *Lenz**, Regie: Laurent Chétouane, Performer: Fabian Hinrichs. Photo: Oliver Fantitsch.

Salazar-Sutil

Abb. 1 *I am not I*, by Configur8, performed at Lockwood Studio, Goldsmiths College, 2010. Photo: J. Henriques.

Pape

Abb. 1 Marianne Kjærsund and Marianne Skjeldal in *Animal Magnetism 1* at Galleri Maria Veie, Oslo 2010. Choreographie: Henriette Pedersen. Photo: Sveinn Fannar Johannsson.

Abb. 2 Fredrik Strid in *Animal Magnetism 3*, Oslo 2010. Choreographie: Henriette Pedersen. Photo: Sveinn Fannar Johannsson.

Goldhahn

Abb. 1 *Long Circle*, © Eila Goldhahn 2009.

Ellis Orts

Abb. 1 Joachim Koester, *Tarantism* (still), 2007. 16mm film installation, silent, 6:31 minutes. Photo: Courtesy of Galleri Nicolai Wallner, Copenhagen, and Greene Naftali, New York.

Manco

Abb. 1 Melissano, Puglia, Italy 1975, Family photos. © Photo: Fabrizio Manco.

Abb. 2 Bed sheet on the floor. © Drawing: Fabrizio Manco.

Abb. 3 Fabrizio Manco, *[STATES OF]TRANCEformation*, performance research, Chisenhale Dance Space, London 2005. Photo: Patrick Curry.

Abb. 4 Fabrizio Manco, *Blue Cicada*, performance, Felline, Puglia, Italy 1999. Photo: Fausta Muci.

Roar

Abb. 1 The opening scene of *An Unfinished Story* in Viječnica, Sarajevo, June 2006. Photo: Foco Fuoxos.

Abb. 2 *An Unfinished Story* – Marija Obsenica crossing the floor in Viječnica, Sarajevo, June 2006. Photo: Foco Fuoxos.

Ploebst

Abb. 1 „Von unnutze Buchern", Sebastian Brant, *Daß Narrenschyff ad Narragoniam* (1494), Faksimile der Erstausgabe, Straßburg 1913, S. 8.

Abb. 2 „Von dantzen", Sebastian Brant, *Daß Narrenschyff ad Narragoniam* (1494), Faksimile der Erstausgabe, Straßburg 1913, S. 150.

Weitere Bücher der Gesellschaft für Tanzforschung:

Claudia Fleischle-Braun / Ralf Stabel (Hg.)
Tanzforschung & Tanzausbildung
368 Seiten, 30 s/w-Abbildungen
ISBN 978-3-89487-629-6

Vom Wandel der Tanzforschung, ihrer Gegenstände und Methoden über Fragen der Tanzpädagogik und Tendenzen der aktuellen Ausbildungssituation hin zu Berichten von experimentellen Projekten aus Tanzpraxis und -reflexion. Hier wird jeder fündig, der sich zum Thema „Tanzforschung & Tanzausbildung" informieren möchte.

Helga Burkhard / Hanna Walsdorf (Hg.)
Tanz vermittelt – Tanz vermitteln
240 Seiten, 21 s/w-Abbildungen
ISBN 978-3-89487-679-1

Die in diesem Band versammelten Beiträge beleuchten aus historischer, ästhetisch-künstlerischer, pädagogischer und therapeutischer Perspektive die verschiedenen Möglichkeiten der bewegten und bewegenden Kommunikation. Die Betrachtungsansätze reichen dabei vom Bühnentanz des 19. Jahrhunderts über die Tanzvermittlung in Schule und öffentlichem Raum bis hin zur analytischen Bewegungstherapie.